Roberto Campos

Roberto Campos

DIPLOMATA, ECONOMISTA E POLÍTICO
– O CONSTITUINTE PROFETA

2021

Coordenação
Gilmar Ferreira Mendes
Ives Gandra da Silva Martins

ROBERTO CAMPOS
DIPLOMATA, ECONOMISTA E POLÍTICO – O CONSTITUINTE PROFETA
© ALMEDINA, 2021

COORDENAÇÃO: Gilmar Ferreira Mendes e Ives Gandra da Silva Martins

DIRETOR ALMEDINA BRASIL: Rodrigo Mentz
EDITORA JURÍDICA: Manuella Santos de Castro
EDITOR DE DESENVOLVIMENTO: Aurélio Cesar Nogueira
ASSISTENTES EDITORIAIS: Isabela Leite e Larissa Nogueira

DIAGRAMAÇÃO: Almedina
DESIGN DE CAPA: Roberta Bassanetto

ISBN: 9786556271927
Março, 2021

Dados Internacionais de Catalogação na Publicação (CIP)
(Câmara Brasileira do Livro, SP, Brasil)

Roberto Campos: diplomata, economista e político: o constituinte profeta / coordenação Gilmar Ferreira Mendes, Ives Gandra da Silva Martins. – 1. ed. – São Paulo: Almedina, 2021.

Vários autores
Bibliografia
ISBN 978-65-5627-192-7

1. Assembleia Constituinte 2. Brasil – Política econômica 3. Campos, Roberto, 1917-2001 – Brasil Política econômica 4. Constituição – 1988 – Brasil 5. Democracia 6. Economistas – Brasil – Biografia 7. Ética 8. Liberalismo 9. Reforma constitucional – Brasil

I. Mendes, Gilmar Ferreira. II. Martins, Ives Gandra da Silva

21-55489 CDD-330.981

Índices para catálogo sistemático:

1. Economistas brasileiros: Artigos 330.981

Maria Alice Ferreira – Bibliotecária – CRB-8/7964

Conselho Científico Instituto de Direito Público – IDP
Presidente: Gilmar Ferreira Mendes
Secretário-Geral: Jairo Gilberto Schäfer; *Coordenador-Geral:* João Paulo Bachur;
Coordenador Executivo: Atalá Correia
Alberto Oehling de Los Reyes | Alexandre Zavaglia Pereira Coelho | Antônio Francisco de Sousa | Arnoldo Wald | Sergio Antônio Ferreira Victor | Carlos Blanco de Morais | Everardo Maciel | Fabio Lima Quintas | Felix Fischer | Fernando Rezende | Francisco Balaguer Callejón | Francisco Fernandez Segado | Ingo Wolfgang Sarlet | Jorge Miranda | José Levi Mello do Amaral Júnior | José Roberto Afonso | Elival da Silva Ramos | Katrin Möltgen | Lenio Luiz Streck | Ludger Schrapper | Maria Alícia Lima Peralta | Michael Bertrams | Miguel Carbonell Sánchez | Paulo Gustavo Gonet Branco | Pier Domenico Logoscino | Rainer Frey | Rodrigo de Bittencourt Mudrovitsch | Laura Schertel Mendes | Rui Stoco | Ruy Rosado de Aguiar | Sergio Bermudes | Sérgio Prado | Walter Costa Porto

Este livro segue as regras do novo Acordo Ortográfico da Língua Portuguesa (1990).

Todos os direitos reservados. Nenhuma parte deste livro, protegido por copyright, pode ser reproduzida, armazenada ou transmitida de alguma forma ou por algum meio, seja eletrônico ou mecânico, inclusive fotocópia, gravação ou qualquer sistema de armazenagem de informações, sem a permissão expressa e por escrito da editora.

EDITORA: Almedina Brasil
Rua José Maria Lisboa, 860, Conj. 131 e 132, Jardim Paulista | 01423-001 São Paulo | Brasil
editora@almedina.com.br
www.almedina.com.br

SOBRE OS COORDENADORES

Gilmar Ferreira Mendes
Ministro do Supremo Tribunal Federal. Doutor em Direito pela Universidade de Münster (Alemanha). Professor de Direito Constitucional do Instituto Brasileiro de Ensino, Desenvolvimento e Pesquisa (IDP).

Ives Gandra da Silva Martins
Professor Emérito das seguintes instituições: Universidades Presbiteriana Mackenzie, UNIP, UNIFIEO, UNIFMU, do CIEE/O – SP, Escolas de Comando e Estado-Maior do Exército – ECEME, Superior de Guerra e da Escola da Magistratura do Tribunal Regional Federal – 1ª Região. Professor Honorário das Universidades Austral (Argentina), San Martin de Porres (Peru) e Vasili Goldis (Romênia). Doutor *Honoris Causa* das Universidades de Craiova (Romênia), da PUC-RS e da PUC-PR. Catedrático da Universidade do Minho (Portugal). Presidente do Conselho Superior de Direito da FECOMERCIO – SP. Fundador e Presidente Honorário do Centro de Extensão Universitária – CEU/Instituto Internacional de Ciências Sociais – IICS.

SOBRE OS AUTORES

Arnaldo Sampaio de Moraes Godoy
Livre-docente em Teoria Geral do Estado pela Faculdade de Direito da USP. Ex-Consultor-Geral da União.

Bernardo Cabral
Advogado e político (foi deputado estadual, deputado federal e senador pelo estado do Amazonas e Relator da Constituição brasileira na assembleia nacional constituinte).

Gastão Alves de Toledo
Doutor e Mestre em Direito do Estado pela PUC- SP. Membro do Instituto dos Advogados de São Paulo. Membro da Academia Paulista de Letras Jurídicas. Membro do Conselho Superior de Direito da Federação do Comércio do Estado de São Paulo.

Ives Gandra da Silva Martins
Professor Emérito das seguintes instituições: Universidades Presbiteriana Mackenzie, UNIP, UNIFIEO, UNIFMU, do CIEE/O – SP, Escolas de Comando e Estado-Maior do Exército – ECEME, Superior de Guerra e da Escola da Magistratura do Tribunal Regional Federal – 1ª Região. Professor Honorário das Universidades Austral (Argentina), San Martin de Porres (Peru) e Vasili Goldis (Romênia). Doutor *Honoris Causa* das Universidades de Craiova (Romênia), da PUC-RS e da PUC-PR. Catedrático da Universidade do Minho (Portugal). Presidente do Conselho Superior

de Direito da FECOMERCIO – SP. Fundador e Presidente Honorário do Centro de Extensão Universitária – CEU/Instituto Internacional de Ciências Sociais – IICS.

Lenio Luiz Streck

Doutor em Direito pela UFSC e pós-doutor em Direito pela FDUL. Professor titular-perrmanente das Universidades: Unisinos/RS e UNESA/RJ. Professor Visitante da Universidade Javeriana de Bogotá, da Universidade de Málaga e da Universidade de Lisboa. Professor emérito da Escola da Magistratura do Rio de Janeiro. Membro catedrático da Associação Brasileira de Direito Constitucional. Coordenador do Dasein – Núcleo de Estudos Hermenêuticos. Advogado. Ex-Procurador de Justiça do Estado do Rio Grande do Sul.

Ney Prado

Desembargador Federal aposentado. Presidente da Academia Internacional de Direito e Economia.

Paulo Roberto de Almeida

Doutor em Ciências Sociais pela Université Libre de Bruxelles. Diplomata de carreira. Diretor do Instituto de Pesquisa de Relações Internacionais.

APRESENTAÇÃO

A obra apresenta ao leitor uma seleção de publicações de Roberto Campos sobre o processo constituinte e a revisão da Constituição de 1988.

A maioria dos textos foi publicada originalmente nos Jornais Correio Braziliense, O Globo e o Estado de São Paulo, durante quase uma década, entre os anos de 1987 e de 1996. Dado o escopo da seleção, a maior parte dos textos foi publicada entre os anos de 1987 e 1988, por oportunidade dos trabalhos da Assembleia Nacional Constituinte. Os textos subsequentes, notadamente aqueles publicados quando da revisão da Constituição, mostram como, na visão de Roberto Campos, as regras constitucionais foram recebidas pela sociedade brasileira daquele período.

Desejamos boa leitura!

Os coordenadores.

SUMÁRIO

APRESENTAÇÃO   9

PARTE I
ENSAIOS SOBRE O HOMENAGEADO

1. Roberto Campos: O Profeta da Catástrofe Institucional
   e dos Desacertos Econômicos da Constituição de 1988
   Arnaldo Sampaio de Moraes Godoy   19

2. Roberto Campos: Breve Depoimento
   Bernardo Cabral   45

3. Roberto, o Gênio Incompreendido
   Ives Gandra da Silva Martins   49

4. Roberto Campos na Constituinte de 1987
   Gastão Alves de Toledo   55

5. Roberto Campos e a "Democratice"
   Lenio Luiz Streck   73

6. Roberto Campos como Amigo e Inspirador
   Ney Prado   77

7. Roberto Campos e a Utopia Constitucional Brasileira
   Paulo Roberto de Almeida   81

ROBERTO CAMPOS

PARTE II
TEXTOS DO HOMENAGEADO

1. PUBLICAÇÕES DE 1987 125
   1. O Radicalismo infanto-juvenil, originalmente publicado em Correio Braziliense, n. 8706, p. 21, 8 fev. 1987 125
   2. Pianistas no "Titanic", originalmente publicado em O Globo, p. 8, 15 mar. 1987 128
   3. Por Uma Constituição não bio-degradável. Originalmente publicado em O Estado de São Paulo, n. 34404, p. 10, 26 abr. 1987 132
   4. O Besteirol constituinte, originalmente publicado em O Estado de São Paulo, n. 34439, p. 9, 7 jun. 1987 135
   5. O Besteirol constituinte (ii), originalmente publicado em O Estado de São Paulo, n. 34451, p. 4, 21 jun. 1987 139
   6. O Bebê de Rosemary, orginalmente publicado em Correio Braziliense, n. 8850, p. 16, 5 jul. 1987 143
   7. As Soluções suicidas, originalmente publicado em O Estado de São Paulo, n. 34499, p. 5, 16 ago. 1987 145
   8. Mais gastança que poupança, originalmente publicado em O Globo, p. 7, 6 set. 1987 149
   9. O direito de ignorar o Estado, originalmente publicado em Correio Braziliense, n. 8.927, p. 5, 20 set. 1987 152
   10. O "Gosplan" caboclo, originalmente publicado em Correio Braziliense, 27 set. 1987 154
   11. Na Contramão da história, originalmente publicado em O Estado de São Paulo, n. 34511, p. 5, 30 ago. 1987 ... 158
   12. No país dos paradoxos, originalmente publicado no O Estado de São Paulo, n. 34571, p. 8, 8 nov. 1987 160
   13. Dois dias que abalaram o Brasil, originalmente publicado em Correio Braziliense, n. 8982, p. 7, 15 nov. 1987 163
   14. Progressismo improdutivo, originalmente publicado em O Estado de São Paulo, n. 34507, p. 9, 20 dez. 1987 ... 166

2. PUBLICAÇÕES DE 1988 169
   15. A ética da preguiça, originalmente publicado em O Globo, p. 8, 24 jan. 1988 169

SUMÁRIO

16. O escândalo da Universidade, originalmente publicado
    em O Globo, 31 jan. 1988   172
17. A vingança da história, originalmente publicado em
    O Estado de São Paulo, n. 34664, p. 7, 28 fev. 1988   174
18. Retorno a um país obsoleto, originalmente publicado
    em Correio Braziliense, n. 9090, p. 14, 6 mar. 1988   178
19. As consequências não pretendidas, originalmente publicado
    em O Globo, 13 mar. 1988   182
20. Perigo de melhorar, originalmente publicado em O Globo,
    p. 8, 20 mar. 1988   185
21. Xenofobia minerária, originalmente publicado em Folha
    de S. Paulo, 10 maio 1988   189
22. A revolução discreta, originalmente publicado em O Estado
    de São Paulo, n. 34711, p. 2, 24 abr. 1988   192
23. A Marcha altiva da insensatez, originalmente publicado
    em O Estado de São Paulo, n. 34717, p. 8, 1 maio 1988   195
24. A Humildade dos liberais, originalmente publicado em
    O Estado de São Paulo, n. 34723, p. 5, em 8 maio 1988   198
25. O buraco branco, originalmente publicado em Folha
    de S. Paulo, 10 maio 1988   201
26. A Constituição – espartilho, originalmente publicado
    em O Estado de São Paulo, n. 34753, 12 jun. 1988   205
27. Indisposições transitórias, originalmente publicado em
    O Estado de São Paulo, n. 34677, 10 jul. 1988   210
28. Os quatro desastres ecológicos, originalmente publicado
    em O Globo, 24 jul. 1988   214
29. A Constituição promiscuísta, originalmente publicado
    em O Estado de São Paulo, n. 34695, 31 jul. 1988   217
30. Desembarcando do mundo, originalmente publicado
    em O Globo, p. 18, 21 ago. 1988   221
31. A Sucata mental, originalmente publicado em O Estado
    de São Paulo, n. 34819, 28 ago. 1988   225
32. Loucuras de primavera, originalmente publicado em
    O Globo, 4 set. 1988   227
33. Democracia e democratice, originalmente publicado
    em Correio Braziliense, n. 9285, p. 4, 18 set. 1988   230

ROBERTO CAMPOS

3. PUBLICAÇÃO DE 1990   235

  34. Razões da urgente reforma constitucional, originalmente
publicado em "Constituição de 1988 – "O avanço do
retrocesso", Coordenador: Paulo Mercadante   235

4. PUBLICAÇÕES DE 1991   251

  35. A Constituição dos miseráveis, de 20 jan. 1991,
originalmente publicado em Livro "Reflexões do
crepúsculo", p. 127-130   251

  36. Besteira preventiva, de 7 abril 1991, originalmente
publicado no Livro "Reflexões do crepúsculo", p. 209-212   254

  37. *Nihil novum sub sole*, de 12 maio 1991, originalmente
publicado no Livro "Reflexões do crepúsculo", p. 205-208   257

  38. Saudades da chantagem, de 16 ago. 1991, originalmente
publicado no Livro "Antologia do bom senso", p. 301-304   259

  39. O fácil ofício de profeta, originalmente publicado
em Correio Braziliense, 1º set. 1991   262

  40. A modernidade abortada, originalmente publicado
em Correio Braziliense, 22 set. 1991   265

5. PUBLICAÇÃO DE 1992   269

  41. *Spes in arduis*, de 26 jan 1992, originalmente publicado
no Livro "Antologia do bom senso", p. 305-308.   269

6. PUBLICAÇÕES DE 1993   273

  42. *Impeachment* por incompetência, de 4 fev. 1993,
originalmente publicado no Livro "Antologia do bom senso",
p. 309-312   273

  43. Como não fazer constituições, originalmente publicado
no Correio Braziliense, 28 fev. 1993   276

  44. As perguntas erradas, originalmente publicado no O Globo,
4 abril 1993   279

  45. Da dificuldade de ligar causa e efeito, originalmente
publicado no Correio Braziliense, 23 maio 1993   282

  46. Da necessidade de autocrítica, originalmente publicado
no O Estado de São Paulo, 4 julho 1993   285

  47. O grande embuste, originalmente publicado no Correio
Braziliense, em 11 de julho de 1993, p. 7   289

48. Piada de alemão é coisa séria, originalmente publicado
no O Globo, 26 set. 1993 — 292

7. PUBLICAÇÕES DE 1994 — 297

49. A Constituição saúva, originalmente publicado no Folha
de S. Paulo, 8 de maio de 1994 — 297
50. Pregando no deserto, de 5 de junho de 1994, originalmente
publicado no Livro "Antologia do bom senso", p. 393-396 — 300
51. A paranoia dos milicratas, originalmente publicado
no Livro "A lanterna na popa", p. 1088-1104 — 303
52. A dupla travessia, originalmente publicado no Livro
"A lanterna na popa", p. 1112-1114 — 323
53. Parlamentarismo e privatismo – dois ensaios frustrados,
originalmente publicado no Livro "A lanterna na popa",
p. 1115-1118 — 326
54. O avanço do retrocesso, originalmente publicado no Livro
"A lanterna na popa", p. 1183-1190 — 331
55. A vitória do nacional-obscurantismo, originalmente
publicado no Livro "A lanterna na popa", p. 1191-1197 — 340
56. O hiperfiscalismo, originalmente publicado no Livro
"A lanterna na popa", p. 1198-1204 — 348
57. A utopia social, originalmente publicado no Livro
"A lanterna na popa", p.1205-1208 — 356
58. Democracia e demoscopia, originalmente publicado
no Livro "A lanterna na popa", p. 1209-1212. — 360
59. "O porquê da revisão constitucional", originalmente
publicado no Livro "A lanterna na popa", p. 1213-1216 — 364

8. PUBLICAÇÕES DE 1995 — 371

60. Assim falava Macunaíma, originalmente publicado
no Folha de S. Paulo, 26 fevereiro 1995 — 371
61. Três vícios de comportamento, de 7 de maio de 1995,
originalmente publicado no Livro "Antologia do bom senso",
p. 347-350 — 374
62. O Estado do abuso, 21 de maio de 1995, originalmente
publicado no Livro "Antologia do bom senso", p. 339-342 — 378
63. Falsidade ideológica, 4 de junho de 1995, originalmente
publicado no Livro "Antologia do bom senso", p. 343-346 — 381

ROBERTO CAMPOS

9. PUBLICAÇÕES DE 1996   385

    64. Reforma política, de 28 de abril de 1996, originalmente
        publicado no Livro "Na virada do milênio", p. 448-451   385

    65. Os sem-teta, de 9 de junho de 1996, originalmente
        publicado no Livro "Na virada do milênio", p. 427-430   388

PARTE I

ENSAIOS SOBRE O HOMENAGEADO

1. Roberto Campos: O Profeta da Catástrofe Institucional e dos Desacertos Econômicos da Constituição de 1988

ARNALDO SAMPAIO DE MORAES GODOY

> "*P.S. Logo após a promulgação* [da Constituição] *pedirei, como idoso, um mandado de injunção para que o Bom Deus seja notificado de que tenho garantia de vida, mesmo na ocorrência de doenças fatais (art. 233), sendo portanto inconstitucional afastar-me de meus compromissos terrestres*".
>
> Roberto Campos, *O Século Esquisito*.

Introdução e contornos da pesquisa[1]

Roberto Campos (1917-2001) notabilizou-se como pensador liberal, diplomata, político, economista e homem de letras. É uma das inteligências mais iluminadas na história do pensamento brasileiro. Ingressou no Ministério das Relações Exteriores, por concurso, em dezembro de 1938, em pleno Estado Novo. Aprovado em sétimo lugar, foi nomeado por Oswaldo Aranha, nosso então chanceler. No mesmo ano, Getúlio nomeou também mais 13 diplomatas, que não fizeram o concurso, e que ao lado dos 18 aprovados na turma de Roberto Campos ampliaram o quadro do Ministério, que ainda naquele ano foi chefiado por Maurício Nabuco, filho de Joaquim Nabuco[2].

---

[1] Dedico esse ensaio ao Ministro Gilmar Ferreira Mendes, de quem fui assessor no Supremo Tribunal Federal. Agradeço a oportunidade de imenso aprendizado e registro meu respeito à qualidade intelectual e a formação jurídica e humanística que caracterizam o Ministro Gilmar Ferreira Mendes.

[2] Cf. CAMPOS, Roberto. *A Lanterna na Popa*, Rio de Janeiro: Topbooks,1994, p. 31.

Egresso de um seminário católico, onde estudara filosofia, teologia, direito canônico e línguas clássicas, Roberto Campos definia-se como um "legalmente analfabeto"; o curso de teologia não era então oficialmente reconhecido[3]. O concurso do Itamaraty parecia ser uma rota possível, o que comprova a importância das humanidades nesse qualificadíssima forma de seleção. Roberto Campos, ao longo de sua vida, notabilizou-se como humanista, na fiel tradição de Terêncio[4], para quem tudo o que fosse humano, estranho não poderia ser. Nesse sentido, Roberto Campos foi além disso substancialmente um homem de ação, que repudiava qualquer forma de radicalismo[5].

Ainda que no Itamaraty inicialmente relegado a tarefas de menor responsabilidade (às quais jocosamente referia-se como "almoxarifado") Roberto Campos logo no início dos anos de 1940 seguiu para os Estados Unidos. Participou da criação da ONU[6], retornou ao Brasil, acompanhou a instalação da Comissão Mista Brasil-Estados Unidos[7], participou da criação do BNDE- Banco Nacional de Desenvolvimento Econômico[8], conviveu intelectualmente com Eugênio Gudin[9], colaborou no governo Castello Branco[10], foi senador constituinte[11]. Protagonista de uma biografia que revela intensa atuação na vida política brasileira, Roberto Campos é exemplo emblemático das relações entre os intelectuais e o poder, entre os intelectuais e a sociedade[12].

---

[3] CAMPOS, Roberto. *A Lanterna na Popa*, p. 28.

[4] Públio Terêncio Afro, nascido na África Setentrional, no século II a. C.

[5] Essa resistência ao radicalismo, que qualifica um modo conservador de pensar os problemas do Brasil, foi explorada por MERCADANTE, Paulo, *A Consciência Conservadora no Brasil*, Rio de Janeiro: Topbooks, 2003.

[6] CAMPOS, Roberto. *A Lanterna na Popa*, p. 91.

[7] CAMPOS, Roberto. *A Lanterna na Popa*, p. 159.

[8] CAMPOS, Roberto. *A Lanterna na Popa*, p. 191.

[9] CAMPOS, Roberto. *A Lanterna na Popa*, p. 237. Para o pensamento de Eugênio Gudin, consultar GUDIN, Eugênio, *Reflexões e Comentários – 1970-1978*, Rio de Janeiro: Nova Fronteira, 1978.

[10] CAMPOS, Roberto. *A Lanterna na Popa*, p. 555.

[11] CAMPOS, Roberto. *A Lanterna na Popa*, p. 1063.

[12] Assunto explorado por POSNER, Richard, *Public Intelectuals- a Study of Decline*, Cambridge: Harvard University Press, 1973 e SOWELL, Thomas, *Os Intelectuais e a Sociedade*, São Paulo: Realizações Editora, 2011, tradução de Maurício G. Righi.

No presente trabalho ocupa-se com as reflexões e premonições que Roberto Campos externou no contexto da Assembleia Nacional Constituinte. O pensamento de Roberto Campos especialmente dá conta de um forte ceticismo para com o texto constitucional que então se preparava. Roberto Campos profetizou vários constrangimentos pelos quais a vida econômica brasileira mais tarde se submeteu, e sustentou coerentemente suas posições ao longo de sua vida pública.

Nas linhas que seguem esforça-se para um resgate de opiniões de Roberto Campos, publicadas em livros e na imprensa, em momentos distintos. Primeiramente, pretende-se inventário das intervenções de Roberto Campos ao longo do processo constituinte. Em seguida, esforça-se também para as opiniões de Roberto Campos ao longo dos primeiros anos de vigência da Constituição de 1988, tempo em que continuou com sua atividade parlamentar, a par de colaborar sistematicamente na imprensa.

Roberto Campos e os trabalhos da Assembleia Nacional Constituinte
Senador pelo então Partido Democrático Social (PDS), representando o Estado do Mato Grosso, Roberto Campos participou ativamente do processo de confecção da Constituição de 1988. O PDS continha parlamentares que foram filiados à Aliança Renovadora Nacional (ARENA). Do PDS alguns políticos seguiram posteriormente para o Partido da Frente Liberal (PFL), embrião do Democratas (DEM). O PDS chegou a liderar a Câmara e o Senado na primeira metade da década de 1980.

Roberto Campos foi membro titular da Comissão da Ordem Econômica na Assembleia Nacional Constituinte; seus colegas de PDS nessa Comissão foram Delfim Netto, Myriam Portella e Virgílio Galassi. Ao lado de Delfim Netto, Campos também representou o PDS na Subcomissão de Princípios Gerais, Intervenção do Estado, Regime da Propriedade do Subsolo e Atividade Econômica[13]. Campos participou ativamente das discussões em torno de uma ordem econômica. Discordou da maioria das soluções então construídas. Profetizou o caos econômico e administrativo que sobreviria. Em intervenções publicadas em vários livros, Roberto Campos criticou o ambiente conceitual e programático da Assembleia.

---

[13] Os dilemas relativos à ordem econômica na Assembleia Nacional Constituinte foram explorados por PILATTI, Adriano, *A Constituinte de 1987-1988- Progressistas, Conservadores, Ordem Econômica e Regras do Jogo.* Rio de Janeiro: Lumen Juris, 2008.

ROBERTO CAMPOS

Qualificava o esforço na construção de uma nova ordem constitucional como a vitória do *"nacional-obscurantismo"*[14]. Adiantou-se nas críticas ao novo modelo tributário da Constituição de 1988, reputando-o como *"hiperfiscalista"*[15].

Previu perda de receitas da União, que mais tarde seriam recuperadas com ampliação de bases tributárias[16], especialmente mediante a proliferação das *contribuições*. Efetivamente, enquanto impostos seguem uma ordem constitucional de repartição de receitas, as contribuições – criadas pela União – seguem para os cofres federais sem os constrangimentos da repartição. A Contribuição Social sobre o Lucro Líquido-CSLL seria, nesse sentido, uma espécie de Imposto de Renda-IRPJ disfarçado. Isto é, o resultado arrecadatório da CSLL ficaria com a União, em contraposição ao resultado do IRPJ, que é objeto de repartição fiscal com demais entes federados. Roberto Campos revelou-se como um profeta. Criticando a carta de 1988, Campos afirmou que *"a cultura antiempresarial de que se impregnou a Constituição em breve fará* [faria] *o Brasil o país ideal onde não investir*[17]. Durante as discussões em Plenário, enquanto se construía a Constituição de 1988, Roberto Campos já se mostrava muito crítico:

> *"Tenho lido e relido o texto constituinte, um dicionário de utopias de 321 artigos. Pouco ou nada se parece com as constituições civilizadas que conheço. Seu teor socializante cheira muito à infecta Constituição portuguesa de 1976, da qual Portugal procura agora desembaraçar-se a fim de embarcar na economia de mercado da Comunidade Econômica Europeia. O voto aos dezesseis anos dizem copiado da Constituição da Nicarágua. A definição de empresa nacional parece só existir na Constituição de Guiné-Bissau. Em ambos os casos, nem o mais remoto odor de civilização*[18]...

A Constituição que então se construía era reputada como um dicionário de utopias. Campos percebia uma integral disfunção entre o texto que se

---

[14] CAMPOS, Roberto, *A Lanterna na Popa*, p. 1191.

[15] CAMPOS, Roberto. *A Lanterna na Popa*, p. 1198.

[16] CAMPOS, Roberto. *A Lanterna na Popa*, p. 1199.

[17] CAMPOS, Roberto. *O Século Esquisito*, Rio de Janeiro: Topbooks, 1990, p. 190.

[18] CAMPOS, Roberto. *O Século Esquisito*, p.192.

cogitava e sua implicação prática para com a vida econômica brasileira. Copiávamos muita coisa da constituição de Portugal. À época, Portugal passava pelo processo de adesão à União Europeia. As conquistas sociais da Constituição Portuguesa de 1976, de fortíssima feição socialista, eram abandonadas pelos portugueses, como condição direta para a entrada no bloco europeu. Ao escarnecer com supostas trânsito de ideias políticas e jurídicas, Roberto Campos ironizava, aproximando-nos a países africanos e centro-americanos, cujas tradições constitucionais não eram reconhecidas pela qualidade ou pela eficiência.

Roberto Campos, problematizava a subordinação da liberdade política ao desenvolvimento econômico. Lembrava que a ditadura de Pinochet, no Chile, ilegítima, resultara, paradoxalmente, em números que comprovavam algum desenvolvimento. Desafiava, assim, premissa que vincularia democracia a desenvolvimento econômico. Campos era um realista. Não há fórmulas fáceis. Assim, escrevia:

"A realidade não é tão simples. Alfonsín é um presidente inquestionavelmente legítimo e a Argentina experimenta inflação e estagnação. Pinochet é ilegítimo e conseguiu desinflação e desenvolvimento. Donde se conclui que a legitimidade presidencial pelo voto direto, altamente desejável para a consolidação democrática, não é fórmula mágica para garantir êxito na luta anti-inflacionária, nem na restauração do desenvolvimento. Tudo depende do senso de prioridade e da coragem cívica do governante[19]".

Ferinamente, condenou toda forma indevida de interferência do Estado na vida econômica (o Estado é o mais frio dos monstros, segundo Nietzsche, por Roberto Campos citado[20]). À época, início dos anos 90, uma decisão do Supremo Tribunal Federal afastou o antigo Imposto Provisório sobre a Movimentações Financeiras-IPMF, que mais tarde ressurgiu como Contribuição Provisória sobre Movimentações Financeiras-CPMF. Comentando aquela decisão, Campos se lembrava das profecias que fizera sobre a Constituição de 1988, especialmente comparando o texto com um festejado filme de um conhecido diretor polonês:

[19] CAMPOS, Roberto. *O Século Esquisito*, p. 192/193.
[20] CAMPOS, Roberto. *Antologia do Bom Senso*, loc.cit.

ROBERTO CAMPOS

"Recente decisão do Supremo Tribunal, rejeitando o IPMF, na preliminar de inconstitucionalidade, foi economicamente sensata. O imposto fora concebido como uma heroica simplificação- substituir o atual manicômio fiscal por um imposto único sobre a moeda eletrônica. Eliminar-se-iam a burocracia da declaração, a corrupção do fiscal e a engenhosidade do sonegador. A ideia foi distorcida pelo governo, piorada no Congresso e tornou-se 59º tributo. Uma espécie de O bebê de Rosemary, do filme de Roman Polansky, oriundo de uma transa inconsciente de Mia Farrow com Belzebu. Aliás, durante as discussões da Constituição de 1988, profetizei que estávamos criando um bebê de Rosemary: o diabo íncubo era o nacional populismo, que o Brasil somente começou a exorcizar depois da queda do Muro de Berlim[21]".

A participação de Roberto Campos na discussão e na construção da Constituição de 1988 ilustra interface entre o neoliberalismo e o direito brasileiro na medida em que boa parte das críticas do diplomata mostrou-se realidade no futuro. Roberto Campos, o mais expressivo defensor do neoliberalismo no Brasil, e que foi legislador constituinte na Assembleia de 1987-1988, alertava veementemente para incompatibilidades entre a Constituição que então se escrevia e se promulgava e o mundo mais interligado que então se desenhava:

"Os estudiosos de Direito Constitucional aqui e alhures não buscarão no novo texto lições sobre arquitetura institucional, sistema de governo ou balanço de poderes. Em compensação, encontrarão abundante material anedótico. Que constituição no mundo tabela juros, oficializa o calote, garante a imortalidade dos idosos, nacionaliza a doença e dá ao jovem de dezesseis anos, ao mesmo tempo, o direito de votar e de ficar impune nos crimes eleitorais? Nosso título de originalidade será criarmos uma nova teoria constitucional: a do 'progressismo arcaico'[22]".

A passagem acima reproduzida é emblemática do desprezo de Campos para com excertos da Constituição de 1988. A observação de que os estudiosos do direito constitucional iriam colher em nossa experiência "farto material anedótico" é indicativa de uma ironia fina. A teoria constitucional que invoca, marcada por um oximoro, dá-nos conta de

---

[21] CAMPOS, Roberto. *Antologia do Bom Senso*, cit., p. 327.
[22] CAMPOS, Roberto. *O Século Esquisito*, Rio de Janeiro: Topbooks, 1990, p. 198.

uma contradição intrigante. Campos falava de um "progressismo arcaico", ambivalência conceitual de mútua exclusão.

Roberto Campos escreveu que a Constituição que então fazíamos nos colocava na contramão do processo de integração inspirado pelo neoliberalismo que em alguns pontos parecia triunfar. O excesso de regulamentação e o velho apego ao Estado de bem-estar social denunciados por F. Hayek, Milton Friedman e Karl Popper nos alijaria da distribuição das benesses que esse ambiente de internacionalização parecia oferecer e proporcionar. A Constituição então votada, garantia Campos, excluiria o Brasil de uma onda modernizante, que agitava, ao que consta positivamente, várias economias. Nesse sentido, escrevia:

> *"Que contribuição trará a nova Constituição para inserir o Brasil nessa onda modernizante? Rigorosamente, nenhuma. O Brasil está desembarcando do mundo. Em vez da ' desregulamentação', o Estado fará planos globais e normatizará a atividade econômica. Em vez de encorajar o Poder Executivo a intensificar a privatização, amplia-se o monopólio da Petrobrás, nacionaliza-se a mineração, a União passa a ser proprietária e não apenas administradora do subsolo, os governos estaduais falidos terão o monopólio do gás canalizado. Enquanto a Inglaterra, o Japão e a Espanha, entre outros, privatizam suas grandes empresas telefônicas, o Brasil transforma em monopólio estatal todas as telecomunicações, inclusive a transmissão de dados. Na sociedade de informação isso representa enorme concentração de poder nas mãos da 'nomenklatura' estatal, sujeita a frequentes perversões ideológicas[23].*

Denunciava que corríamos na contramão da história. Em um contexto de recorrente modernização, advertia Campos, o texto constitucional nos paralisava, retirando qualquer sintonia possível para com um processo de um novo rigor de arranjos institucionais. Desembarcávamos do mundo; muito menos do que metafórica essa imagem denunciava desligamento de nossa economia para com economias ascendentes. Em um mundo no qual o Estado se afastava de vários setores de atuação, em processo conhecido como de "desregulamentação", retomávamos e continuávamos a sanha intervencionista.

---

[23] CAMPOS, Roberto. *O Século Esquisito*, p. 197.

ROBERTO CAMPOS

Roberto Campos indignava-se com uma Constituição que reputava de *"promiscuísta"*[24], que reconhecia um salário-mínimo nacionalmente unificado, garantindo *"ao peão de Piancó salário igual ao do trabalhador do ABC paulista"*[25]. Lamentava que a Constituição *"promete-nos uma segurança social sueca com recursos moçambicanos*[26]*"*. Para ele a Constituição de 1988 era *saudavelmente libertária no político, cruelmente liberticida no econômico, comoventemente utópica no social*[27]. Para o criador do Banco Nacional do Desenvolvimento Econômico- BNDE os constituintes [e ele fora um deles] haviam extrapolado o mandado que o povo lhes conferira, avançado em todos os temas da vida nacional, de forma irresponsável e anacrônica, promovendo uma antinomia entre o processo de internacionalização e nossa estrutura constitucional. Escrevia, nesse sentido, que:

> *"Durante a gravidez e parto da nova Constituição, os constituintes brincaram de Deus. Concederam imortalidade aos idosos. Aboliram a pobreza por decreto. Legislaram custos, acreditando que legislavam benefícios. Tabelaram juros, esquecendo-se de que o governo é o principal demandante de crédito. Dificultaram despedidas, sem se dar conta de que assim desencorajariam novas contratações. O resultado dessas frivolidades será mais inflação e menos emprego. Nem chegaram a aprender que, num país sem inimigos externos que lhe ameacem a sobrevivência o verdadeiro nacionalismo é criar empregos*[28].

A invectiva de que os constituintes teriam "brincado de Deus" parece ser a mais série e grave crítica de Roberto Campos a seus pares. Ainda que em tom burlesco, Campos tocava em vários campos da ordem econômica que sofreram ataques de regras constitucionais a seu ver inconsequentes.

Roberto Campos de algum modo contrapunha teoricamente direito e economia. Conhecia certamente a tese do *behavioral claim*, segundo a qual a economia pode oferecer uma teoria útil para previsão dos comportamentos a serem qualificados pelas regras jurídicas. Intuitivamente defendia o *normative claim*, percepção que insiste que o direito deve ser eficiente, protagonizando o papel fomentador da ordem econômica. A obtenção de

---

[24] CAMPOS, Roberto. *O Século Esquisito*, p. 192.
[25] CAMPOS, Roberto. *O Século Esquisito*, p. 194.
[26] CAMPOS, Roberto. *O Século Esquisito*, p. 195.
[27] CAMPOS, Roberto. *O Século Esquisito*, p. 199.
[28] CAMPOS, Roberto, *O Século Esquisito*, p. 205.

bons resultados deveria orientar o direito, e parece ser essa a concepção de Roberto Campos para com os desacertos econômicos da Constituição de 1988.

A economia é a ciência das escolhas racionais, orientada para um mundo no qual os recursos são inferiores aos desejos humanos. Nesse sentido, o homem é um maximizador de utilização racional. As satisfações são aumentadas na medida em que comportamentos são alterados. Custos informam as opções, os custos sociais diminuem a riqueza da sociedade, os custos privados promoveriam uma realocação desses recursos. Valor, utilidade e eficiência norteariam escolhas. Quando percebemos decisões jurídicas ou métodos normativos como escolhas, do juiz ou do legislador – no caso um texto constitucional – –, conclui-se que decisões poderiam se orientar por referenciais de valor, utilidade e eficiência, que por sua vez podem se distanciar de concepções abstratas de justiça, meramente teóricas e contemplativas. A racionalidade (instrumental e convencional) instruiria as relações entre direito e economia. Roberto Campos não compreendia essa racionalidade no texto de 1988, por isso, as críticas que então lançou, e que hoje podem ser lidas em forma de profecia.

Roberto Campos insistia que uma nova Constituição seria insuficiente para promover melhora nas condições de vida dos brasileiros. Alertava que o excesso de apego à forma, que denominava de *constitucionalite*, em nada resolveria problemas estruturais. Por isso, profetizava:

> *"O povo percebe que a 'constitucionalite' não lhe melhorou as condições de vida. Aliás, se isso acontecesse, os ingleses estariam perdidos, pois não têm constituição escrita. E os japoneses ainda pior, pois sua constituição foi escrita pelos americanos vitoriosos na guerra. Ante a prosperidade japonesa, chegar-se-ia à bizarra conclusão que a melhor constituição é a escrita pelos inimigos*[29]*...*

A distância entre a realidade e o universo constitucional intrigava o senador Roberto Campos, que denunciava a utopia que envolvia e emulava o modelo constitucional que então que se produzia. A Constituição de 1988 promovia uma catarse nacional, após o longo jejum que a Era Militar impusera ao país. Fazia-se uma nova carta política sem que se tivesse uma ruptura jurídica. Tinha-se que a Assembleia Constituinte

---

[29] CAMPOS, Roberto. *O Século Esquisito*, p. 209.

ROBERTO CAMPOS

operava um suposto resgate de nossa dignidade e da nossa história, à luz de um postulado liberal que plasmava uma sociedade civil acima do Estado. Roberto Campos denunciava certa pressa na trajetória da Assembleia Constituinte, provocando seus leitores e desesperando seus críticos:

> *"Segundo o primeiro-ministro do trabalhismo inglês, James Calaghan, nada mais perigoso do que a feitura dos textos constitucionais. Isso desperta o instinto utópico adormecido em cada um de nós. E todos somos tentados a inscrever na Constituição nossa utopia particular. Foi o que aconteceu. É utopia, por exemplo, decretar que prevaleça no Nordeste um salário mínimo igual ao de São de Paulo. É utopia dar garantia de vida, ou seja, a imortalidade, aos idosos. É utopia imaginar que num país que precisa exportar competitivamente se possa ao mesmo tempo encurtar o horário de trabalho e expandir os benefícios sociais[30]".*

O Brasil aproximava-se de um modelo que os portugueses estavam prestes a abandonar, como condição para entrada na comunidade europeia, configurando-se um desses paradoxos e dramas do direito contemporâneo[31]. Trasladava-se um modelo normativo de pós-guerra, prenhe de preocupações sociais[32], oposto ao período de influência iluminista, síntese da evolução do ciclo evolutivo do direito canônico na península ibérica[33], e pelo coletivismo português esquecido. Satirizando a circunstância, escreveu Roberto Campos:

> *"Para infelicidade dos brasileiros, a nova Constituição entrou para o anedotário mundial. A piada dos lusitanos é que os brasileiros botaram na nova Constituição tudo o que os portugueses querem tirar da deles. Como não considerar anedótico um texto que, na era dos 'mercados comuns', declara o mercado interno um 'patrimônio nacional'? Na era dos mísseis balísticos, declara fundamental para a defesa nacional uma área de até 150 quilômetros ao longo das fronteiras? Como singularizar os advogados como*

---

[30] CAMPOS, Roberto. *O Século Esquisito*, loc. cit.

[31] CUNHA, Paula Ferreira da. *Para uma História Constitucional do Direito Português*, Coimbra: Almedina, 1995, p. 427.

[32] COSTA, Mário Júlio de Almeida. *História do Direito Português*, Coimbra: Almedina, 1996, p. 483.

[33] SILVA, Nuno J. Espinosa Gomes da. *História do Direito Português*, Lisboa: Calouste Gulbenkian, 1991, p. 363.

'insubstituíveis na administração da justiça', quando todos nos queremos livrar deles nos juizados de pequenas causas e nos desquites amigáveis?[34]"

Roberto Campos estava convicto que adotávamos – em momento absolutamente impróprio – – as linhas mestras da constituição portuguesa que nascera de uma revolução socialista. Um desastre institucional:

> "A desastrosa Constituição de 1988- inspirada pela portuguesa, da qual os lusitanos se arrependeram quando se deram conta de que haviam sido cravados pela 'revolução dos cravos' – representou, para usar feliz expressão do professor Paulo Mercadante, um 'avanço do retrocesso'[35].

E em outro texto, Roberto Campos com extremo rigor persistia na crítica ao romantismo do texto de 1988. Subliminarmente citava constitucionalista português (J. J. Gomes Canotilho) que se notabilizara por robusta tese relativa ao papel pedagógico e dirigente dos textos constitucionais. Para Roberto Campos as constituições chamadas "dirigentes" qualificavam-se pela pouca durabilidade. Na constituição plasmada pelo intervencionismo estatal Campos percebia romantismo institucional preocupante:

> "A Constituição brasileira de 1988, triste imitação da Constituição portuguesa de 1976, oriunda da Revolução dos Cravos, levou ao paroxismo a mania das Constituições 'dirigentes' ou 'intervencionistas'. Esse tipo de constituição, que se popularizou na Europa após a Carta Alemã de Weimar, de 1919, tem pouca durabilidade. Ao contrário da mãe das Cartas Magnas democráticas- a Constituição de Filadélfia- que é, como diz o professor James Buchanan, a 'política sem romance', as constituições recentes fizeram o 'romance da política'. Baseiam-se em dois erros. Primeiro, a 'arrogância fatal', de que nos fala Hayek, de pensar que o processo político é mais eficaz que o mercado na promoção do desenvolvimento. Segundo, a ideia romântica de que o Estado (...) é uma entidade benevolente e capaz. Essa idiotice foi mundialmente demolida com o colapso do socialismo na inesperada Revolução de 1989/91, no Leste Europeu[36]".

---

[34] CAMPOS, Roberto *O Século Esquisito*, p. 210.
[35] CAMPOS, Roberto. *Antologia do Bom Senso*, p. 301.
[36] CAMPOS, Roberto. *O Século Esquisito*, p. 322.

A agenda neoliberal no pensamento de Roberto Campos

A agenda política neoliberal, da qual Roberto Campos foi importante protagonista, radica no término do conflito mundial em 1945. O modelo capitalista vitorioso suscitou a presença de Estado ainda intervencionista, marcado por ampla extensão de atividades na vida econômica. No entanto, a guerra demonstrou o perigo dos regimes totalitários, que haviam exagerado na intervenção econômica e no dirigismo estatal. Roberto Campos lutava para que não reproduzíssemos no Brasil quaisquer condições para a retomada de governos intervencionistas e populistas.

O núcleo do pensamento neoliberal radicava então na sistemática denúncia dos males causados pelos países de altíssimo nível de intervenção. Consequentemente, a par dos elogios feitos ao capitalismo e ao regime de livre concorrência, a vertente teórica do neoliberalismo criticou e hostilizou qualquer ordem de pensamento comprometida com as aventuras ditatoriais. Há um ingrediente democrático que matiza o pensamento de Roberto Campos.

A linha de combate do pensamento neoliberal dirigiu-se especificamente a todo modelo de planificação econômica e, nesse sentido, Friedrich Hayek, recorrentemente lembrado por Roberto Campos, revela-se como o mais importante teórico e articulador do movimento. Brilhante representante da segunda geração da *Escola Austríaca,* Hayek criticou implacavelmente o Estado de bem-estar social e o modelo de Keynes, economista inglês nascido em 1883 que concebera alternativas para o Estado de *laissez-faire,* durante os anos de depressão econômica, mais dramaticamente sofrida pelos Estados Unidos da América[37].

O texto seminal de Hayek, vertido em português para *O Caminho da Servidão,* consiste em ataque muito bem concebido contra qualquer limitação dos mecanismos de mercado por parte do Estado, denunciadas como uma ameaça letal à liberdade, não somente econômica, mas também política. Hayek afirmou que o fato de que grande parte de pensadores progressistas terem aderido ao ideário socialista, não significava que tivessem esquecido o que os pensadores liberais disseram a respeito das consequências do coletivismo. Com base no significado mais profundo e representativo da ideia de liberdade, Hayek obtemperou que a adesão dos progressistas ao socialismo decorria tão somente de uma falsa ideia e

---

[37] HAYEK, F. A., *The Road to Serfdom,* Chicago: University of Chicago Press, 1994.

expectativa de liberdade, de uma grande utopia (*the great utopia*). Campos seguia fielmente esse roteiro intelectual.

A ânsia pelo planejamento estatal suscitaria inusitado desejo por um ditador, o que de fato ocorrera na Alemanha. A presença do Estado no modelo econômico promoveu a criação de regimes de monopólio, determinante de privilégios, que devem ser combatidos, uma vez que determinam disfunções que resultam no empobrecimento e na ruína econômica dos Estados que admitem a proliferação desses odiosos esquemas. As posições que Roberto Campos defendia eram efetivamente ligadas a concepções liberais. Na imprensa, defendia os pensadores dessa tradição, com especial deferência a Hayek, sobre quem escreveu:

> *"Foi o homem de ideias que mais bravamente lutou, ao longo de duas gerações atormentadas, pela liberdade do indivíduo contra todas as modas totalitárias, do socialismo soviético ao nazismo. E contra outras formas de opressão resultantes da sobreposição do Estado burocrático à pessoa humana, a pretexto de interesses sociais que ele próprio, Estado, reserve para si o poder de determinar[38]".*

A liberdade negocial é ponto principal no pensamento de Hayek, que defendia Estado-mínimo como condição para o desenvolvimento. Campos seguia essa linha. Ao homem, ao ser humano, deve ser garantido o direito de escolha, de optar pela profissão, pela atividade econômica, elegendo dentre as várias formas de vida, a que melhor lhe parece. Hayek é influência central no pensamento de Roberto Campos. Esteve presente em sua atividade como constituinte. Esteve também presente em seu trabalho de pregação na imprensa. Hayek foi um dos pontos de referência conceitual do profeta dos desacertos econômicos da constituição brasileira de 1988.

Referida liberdade negocial, fomentada por um Estado garantidor do exercício de atividades econômicas, formataria os exatos contornos de uma organização política desejável. Nossa Constituição, intuiu Roberto Campos, impediria essa aproximação. Do Estado, exigir-se-ia apenas que não interrompesse, não incomodasse e não limitasse: é a tese neoliberal, no limite. O Estado, na perspectiva de Hayek, seguida por Campos, apenas assistiria ao livre jogo do mercado, olimpicamente, promovendo a livre concorrência e garantindo aos mais aptos a vitória no jogo do capitalismo.

---

[38] CAMPOS, Roberto. *Antologia do Bom Senso*, Rio de Janeiro: Topbooks, 1996, p. 71.

É essa a linha mestra conceitual de Roberto Campos, adaptada para nossa realidade nacional.

Logo no fim da 2ª Guerra Mundial, F. Hayek convocou e realizou uma reunião em Mont Pèlerin, na Suíça, da qual participaram Milton Friedman e Karl Popper, entre outros. O propósito era combater o keynesianismo e o solidarismo reinantes e preparar as bases de um outro tipo de capitalismo, duro e livre de regras para o futuro. Dos Estados Unidos, Roberto Campos acompanhava o desate do conflito. Milton Friedman também representa significativamente o núcleo do pensamento neoliberal do pós-guerra, influenciando Roberto Campos. Um dos mais importantes expoentes da *Escola de Chicago*, seu texto mais conhecido é *Capitalism and Freedom*. Friedman defendeu insistentemente as relações entre liberdade econômica e política[39]. A liberdade econômica seria um fim em si, assim como meio indispensável para a obtenção e a realização da liberdade política. Liberdade é expressão que mais caracteriza o movimento neoliberal, pelo menos em seu início, e com efeito em detrimento da própria igualdade, pelo que a desigualdade passaria a ser um valor positivo.

Combatem-se as ideias intervencionistas de Keynes, o Estado do bem-estar social, acusado de destruir a liberdade dos cidadãos e a força viva da concorrência, colocando em perigo a prosperidade geral[40]. Mais tarde, a agenda neoliberal pôde renunciar a liberdade política em prol da liberdade econômica, que passou a ser valor máximo, de modo mesmo a justificar a aproximação do neoliberalismo com modelos ditatoriais. A discussão sobre a Constituição brasileira de 1988 é campo fértil para enfrentamento desse dilema.

Durante duas décadas o pensamento neoliberal hibernou enquanto as condições de desenvolvimento do capitalismo durante a Guerra Fria se otimizaram. Foram 20 anos de progresso espetacular para os Estados Unidos e para os países capitalistas da Europa Ocidental. A crise do petróleo, em 1973, abalou o que se acreditava como o sólido alicerce do modelo capitalista. A recessão advinda, o desemprego e o desaquecimento das atividades negociais acenaram para uma presunção que vislumbrava a incompetência do Estado do bem-estar social. O aumento dos gastos

---

[39] FRIEDMAN, Milton, *Capitalism and Freedom*, Chicago: University of Chicago Press, 2002.
[40] Para os pontos de dissenso entre Keynes e Hayek, consultar WAPSHOTT, Nicholas, *Keynes X Hayek*, Rio de Janeiro e São Paulo: Record, 2016. Tradução de Ana Maria Mandim.

sociais por parte do Estado passou a ser uma fantasia. O engessamento desses mesmos gastos, subordinados a orçamentos comprometidos com estratégias de combate à crise energética, abriram espaço para uma retomada do ideário neoliberal, que parecia apresentar opções concretas para que se fizesse frente à violenta crise.

Reformas fiscais subordinadas a disciplinas orçamentárias passaram a ser cogitadas nos termos das propostas de Hayek e de Friedman, defensores de um processo de enxugamento do Estado. Campos também queria diminuir o tamanho do Estado. O proselitismo em torno da onda neoliberal da época ganhou o republicanismo norte-americano, cristalizado na revolução de Reagan e sintetizado na concepção de uma plataforma discursiva que exigia menos impostos para os mais ricos. O direito de ser *quadrado* (*hip to be square*) passou a configurar um novo modo de ação, que qualificava um conservadorismo que traduzia certo desconforto com os avanços de setores mais progressistas da sociedade norte-americana. A esquerda brasileira não tolerava essa movimentação. A esquerda brasileira hostilizou Roberto Campos de forma sistemática.

A busca da estabilidade monetária passou a ser o objetivo mais perseguido por setores do pensamento neoliberal. No Brasil, o pensamento de Eugênio Gudin, que também influenciou Campos, é um exemplo. Simultaneamente, desmontava-se o modelo de proteção trabalhista de alguns Estados, propiciando-se a restauração de uma *saudável* taxa de desemprego (*sic*), vista como natural, fomentadora de um exército laboral de reserva, responsável pela diminuição de salários e consequente ampliação de margens de lucro. Procedimentos de assepsia fiscal fulminavam germes patogênicos limitadores do avanço dos agentes econômicos, sufocados pelo Estado de bem-estar social.

De qualquer forma, e a década de 1970 oferece panorama para análise, o projeto neoliberal mostrava-se vitorioso, logrando êxito, reanimando o capitalismo mundial avançado, restaurando taxas altas de crescimento estáveis, como existiam antes da crise dos anos 1970. E ainda em termos midiáticos e ideológicos, a derrota do socialismo real alimentou a crença nos valores neoliberais. Tem-se a impressão de que o neoliberalismo sobreviveu hegemônico, no pensamento de Roberto Campos, seu representante mais importante no contexto do pensamento brasileiro.

Roberto Campos e a continuidade das críticas: as profecias que se confirmavam

No contexto de vários artigos que publicou na imprensa, especialmente entre os anos de 1995 a 1999, Roberto Campos reforçava as profecias que fizera, em relação ao texto constitucional de 1988. Crítico agudíssimo de algumas políticas protagonizadas ao longo da década de 1990, traduzidas em emendas constitucionais, que não se implementavam, Campos combatia a resistência governamental relativa ao cumprimento do que previsto nessas várias emendas. Era exatamente um modo continuado e permanente de condenação à Constituição de 1988. Roberto Campos questionava recorrentemente o papel e a necessidade das grandes estatais, a exemplo da Embratel. É o que se lê em excerto que segue:

"'Piada inicial do Paste – Programa de Recuperação e Ampliação do Sistema de Telecomunicação e do Sistema Postal – apresentado pelo ministro Sérgio Motta em 29 de novembro de 1995. Em matéria de telecomunicações, o Brasil está combinando a garrulice dos tucanos, ao nível de programação, com a lerdeza dos dinossauros, em matéria de execução. A emenda constitucional nº 8, que flexibiliza as telecomunicações, foi promulgada em 16 de agosto último. Desde então, rigorosamente nada foi flexibilizado. Continuamos sujeitos ao despotismo monopolista da Embratelssauro e humilhados pelas ineficiências da Telessauro. (...) O citado projeto de lei em seus artigos 2º (parágrafo 2º) e 3º restringe as concessões "a empresas brasileiras que tenham pelo menos 51% do capital votante pertencente, direta ou indiretamente, a brasileiros". Em suma, restabelece a discriminação contra empresas brasileiras de capital estrangeiro, que foi abolida com a revogação do art. 171 da Constituição de 1988[41]*".*

A Previdência Social, tal como disciplinada no texto constitucional de 1988, era também ponto de intermináveis críticas de Roberto Campos, que não admitia que o cidadão fosse obrigado a contribuir e a acreditar na atuação do Estado, como condição para dispor de prestações e auxílios da Previdência. Campos inquietava-se com a presença de corporações de trabalhadores no âmbito da previdência pública. Em texto de algum modo muito atual lembrava de um tipo de vespa, inseto que veicula a polinização das plantas, como predicado do modelo previdenciário:

[41] CAMPOS, ROBERTO, *Sobre tucanos e dinossauros*. 10/12/95.

"As ichneumonidae são umas vespas que imobilizam lagartas com infecções paralisantes, e depois põem nelas os seus ovos, os quais geram larvas que se alimentam do corpo vivo que lhes é, assim, assegurado. É a situação da Previdência Pública brasileira, consumida por dentro pelo corporativismo e pelo parasitismo fisiológico. Por ser compulsoriamente estatal, a Previdência é antidemocrática, obrigando o cidadão a confiar sua poupança a esse administrador catastrófico, o Estado. É também um "absurdo atuarial", uma "fonte de injustiças sociais" e um "megadesperdício econômico". Sob o nome pomposo de Seguridade Social, a Constituição de 1988 misturou três coisas diferentes em sua natureza e fontes de financiamento: a previdência, que deve ser financiada por contribuições individuais; a assistência social aos desvalidos, que exige cobertura orçamentária; e a saúde, que sob o aspecto preventivo é principalmente responsabilidade governamental, podendo a medicina curativa ser partilhada com o setor privado. Absurdos atuariais, injustiça social e desperdício econômico são características também de centenas de regimes especiais financiados pela União, Estados e municípios, falimentares em sua maioria[42]".

A crítica de Roberto Campos é dificilmente rebatida. É provavelmente o único politicólogo brasileiro que se referiu à *Seguridade Social* como construção predicada em nome pomposo. Apontou – também criticamente – a imprestabilidade de funcionamento de três instâncias cujas fontes de financiamento derivavam de rubricas distintas. De fato, a previdência deveria, de acordo com Campos, espelhar atuarialmente contribuições individuais, a assistência social depende do orçamento, e a saúde da ação governamental, bem como de alguma contribuição do setor privado. Para Roberto Campos a situação se explicava por um denominador comum: o desperdício.

A modernização administrativa, continuava Roberto Campos, não seria alcançada com o modelo constitucional inaugurado em 1988. Campos cogitava de um "hexágono de ferro", dentro do qual não conseguia se mover, e do qual não conseguiríamos escapar. Trata-se da mais objetiva crítica ao texto constitucional que setores mais ingênuos apenas enxergavam como garantidor direitos. Direitos tem custos. E Roberto Campos também os calculava. A imagem do "hexágono de ferro" é perturbadora, especialmente no sentido em que privilégios corporativos são denunciados; é o que se lê em seguida:

---

[42] CAMPOS, ROBERTO, *As ichneumonidae da Previdência*. 19/11/95.

ROBERTO CAMPOS

"A Constituição de 1988 criou um hexágono de ferro, que dificulta a modernização administrativa. Os lados do férreo hexágono são: a estabilidade do funcionalismo, a irredutibilidade dos vencimentos, a isonomia de remunerações, a autonomia dos Poderes para fixação de seus vencimentos, o direito quase irrestrito à greve nos serviços públicos e o regime único de servidores. Tratam-se de atributos típicos do Estado patrimonial e paternalista, inexistentes nos modelos das constituições clássicas, anteriores à Constituição alemã de 1919[43]".

Roberto Campos insistia em denunciar privilégios que beneficiavam setores do funcionalismo público. A atuação nos serviços público e privado seria distinta, quanto à atuação e expectativas do trabalhador. Esse último trabalhador, do serviço privado, deveria comprovar uma eficiência que não se exigia do servidor público, clivagem que fora ampliada pela Constituição de 1988, no entender de Roberto Campos. A passagem que segue denuncia esse estado de coisas, fulminando o conceito de estabilidade, instrumento mais representativo dessa discriminação:

"Estabilidade é um nome simpático que se dá na Constituição a uma discriminação entre duas categorias de cidadãos: uma minoria do setor público, desobrigada de demonstração contínua de eficiência, e uma vasta maioria no setor privado, exposta aos riscos do mercado. Transformar essa discriminação em cláusula pétrea é um exagero paternalista. A verdade é que a Constituição é contraditória. Se mantido o hexágono de ferro, é incumprível o teto de 65% da receita corrente para despesas de pessoal (art. 38 das Disposições Transitórias). Abolir a estabilidade só daqui em diante é evitar a falência futura de Estados e municípios pelo estranho método de garantir sua falência no presente".

A ironia de Roberto Campos para com a Constituição de 1988 parecia ilimitada. Em curioso excerto Campos denominava o texto constitucional de "Constituição besteirol de 1988", que denunciava como agente do atraso:

"A década dos 80 foi um magnífico festival de erros. O mais grave talvez tenha sido o da política de informática de 1984, que desmodernizou nossa indústria e afugentou investidores de alta tecnologia. Vieram logo depois, em curta sucessão, o Plano Cruzado,

---

[43] CAMPOS, ROBERTO, *O hexágono de ferro*. 22/10/95.

o calote da dívida externa, a Constituição besteirol de 1988 e o confisco do Plano Collor. Essa procissão de demônios tornou-nos especialistas ímpares na tecnologia do retrocesso...[44]".

Nosso texto constitucional fora por Roberto Campos reduzido a um "festival de loucuras". Ápice de um conjunto de erros, o pacto político brasileiro de 1988 atenderia a poucos setores privilegiados. Na constante qualidade das imagens que criava, Campos mencionava uma certa "incontinência com dinheiros públicos":

"Outros erros – e mais graves – foram cometidos de 85 em diante, culminando com o grande festival de loucuras da Constituição de 1988: multiplicaram-se gastos públicos e benesses variadas para todos os grupos e categorias suficientemente malandros ou barulhentos. Chamou-se a essa incontinência com os dinheiros públicos (por conta até do que ainda não existia) "preocupação com o social"[45].

A Constituição de 1988 era por Roberto Campos denunciada como documento que *"inviabilizava economicamente o país*[46]. Tratava-se da *"desastrada Constituição de 1988"*[47], que permitia *"sindicato único e as contribuições obrigatórias"*[48], e que servia *"para arregimentar empregados de estatais, do serviço público e assemelhados, que, entre outros privilégios, têm, para todos os efeitos, o da estabilidade"*[49]. Em mais uma de suas fortíssimas imagens, Campos afirmava que servidores das estatais gostavam *"de transformar greve em férias remuneradas, pelo perdão dos dias parados..."*[50].

Em outro passo superlativamente crítico Roberto Campos denunciou a Constituição de 1988 como inventora de problemas econômicos que não tinham solução. Clamava por emendas urgentes, como antídoto para uma paralisia total do país. Exigia sacrifícios. Aproveitava e denunciava os estudantes (então já amadurecidas) que brotaram ao longo da atuação da Assembleia Nacional Constituinte:

[44] CAMPOS, ROBERTO, *Duas lições dos antípodas.* 17/9/95.
[45] CAMPOS, ROBERTO, *O custo da demagogia.* 23/7/95.
[46] CAMPOS, ROBERTO, *Falsidade ideológica.* 4/6/95.
[47] CAMPOS, ROBERTO, *Falsidade ideológica.* 4/6/95.
[48] CAMPOS, ROBERTO, *Falsidade ideológica.* 4/6/95.
[49] CAMPOS, ROBERTO, *Falsidade ideológica.* 4/6/95.
[50] CAMPOS, ROBERTO, *Falsidade ideológica.* 4/6/95.

"A Constituição de 88 inventou problemas econômicos literalmente insolúveis. Não nos resta senão emendar os piores pontos do seu texto, solução que, infelizmente, só se dará ao preço de sacrifícios que não teriam razão de ser num país medianamente decente e que recaem pesadamente sobre as camadas mais pobres da sociedade. Nem todos os que precipitadamente se deixaram levar pelos equívocos de 88 estavam mal-intencionados. Muitos estavam apenas curtindo seu pifãozinho ideológico pós-estudantil, impressionados com as posições de uma subintelectualidade que havia parado no tempo desde as badernas da garotada na primavera de 68 em Paris. Intelectual subdesenvolvido é fogo...[51]*"*

A acuidade de suas profecias fica comprovada com sua percepção sobre as fórmulas trabalhistas traçadas pelo texto constitucional de 1988. Denunciava a qualidade pífia da redação dos dispositivos, suas ambiguidades, a par do modo confuso como foi fixada a possibilidade de greve no serviço público:

"Na matéria trabalhista, a Constituição, pessimamente redigida, é contraditória: assegura irrestrita liberdade sindical, mas estabelece em seguida o sindicato único por categoria e município! E, embora o texto constitucional reze que ninguém é obrigado a sindicalizar-se, continuamos a ter contribuições sindicais obrigatórias. Por fim, os constituintes de 88 escancararam o direito de greve para todo o setor público, com apenas algumas pífias restrições para manter os serviços em funcionamento[52]*".*

A Constituição de 1988, na visão de Roberto Campos, impedia a modernização do país. Simbolizava o retrocesso, protagonizava uma "diarreia normativa", mais uma de suas mais fortes expressões:

"Noto na paisagem nacional três vícios de comportamento que dificultam a modernização do país. Modernização tanto mais necessária quanto, na década passada, sofremos dois retrocessos: a política de informática, pela qual nos auto excluímos da corrida tecnológica, e a Constituição de 1988. Esta, ao manter e ampliar monopólios estatais, justifica a definição de um jornalista inglês sobre "serviços públicos" no Brasil:

---

[51] CAMPOS, ROBERTO, *O Estado do abuso*. 21/5/95.
[52] CAMPOS, ROBERTO, *O Estado do abuso*. 21/5/95.

"são os serviços que fazem falta ao público"... Os três vícios a que me referi são: – a diarreia normativa; – a pirataria preguiçosa; – o complexo de avestruz[53]".

Além de profetizar problemas centrais na legislação trabalhista, Roberto Campos também não se inquietava com a Previdência, tal como construída na Constituição de 1988, mostrando-se estarrecido:

"(...) a Previdência está ameaçada pela loucura perdulária da Constituição de 88; os sindicatos permanecem com a mesma organização totalitária do seu modelo fascista; a legislação trabalhista é simplesmente maluca – temos milhões de ações na Justiça do Trabalho, por ano, enquanto que no Japão elas andam na casa do milhar[54]".

Roberto Campos afirmava que o Brasil ainda vivia o modelo mercantilista, com base na crença de mitos econômicos, relativos a uma imaginária qualidade de empresas estatais. Insistia que esses mitos deveriam ser desconstruídos. Criticava a Telebrás, a Petrobrás e a Eletrobrás, as quais acrescentava uma desinência mordaz, "sauro", o que reforçava uma ideia de que contávamos com arranjos institucionais jurássicos, isto é, anacrônicos. Campos denunciava o regime de monopólio estatal, verdadeira mercantilista, que havia triunfado na Constituição de 1988:

"No socialismo, o soberano é o planejador; no mercantilismo, é o produtor cartorial. O Brasil está mais para uma sociedade mercantilista do que capitalista. A segunda tarefa é o assassinato dos mitos: o mitocídio. Criou-se toda uma mitologia em torno dos monopólios estatais – Telessauro, Petrossauro e Eletrossauro – como sendo rentáveis e estratégicos. Desses, os dois primeiros estão inscritos na Constituição, o que é uma originalidade idiota. Os monopólios são formas, aliás ineficientes, de organização econômica, que podem variar no curso do tempo e indignas da perenidade dos textos constitucionais. Ao contrário do que diz a metodologia estatizante, esses três dinossauros são: Antidemocráticos, Antiestratégicos, Antidesenvolvimentistas, Antissociais. São antidemocráticos porque cassam direitos: o direito do produtor de produzir e competir e o direito do consumidor de escolher[55]."

[53] CAMPOS, ROBERTO, *Três vícios de comportamento.*
[54] CAMPOS, ROBERTO, *O progresso do peregrino.* 30/4/95.
[55] CAMPOS, ROBERTO, *A operação mitocídio.* 2/4/95.

ROBERTO CAMPOS

Insistia que contávamos com uma constituição que "instituiu uma seguridade social de ambições suecas, recursos moçambicanos e técnicas lusitanas de administração[56]", com criações problemáticas; assim, afirmou que *"a tributação estadual sobre exportações de bens primários e semimanufaturados foi uma das funestas invenções da Constituição de 1988[57]"*. Lamentava a distribuição de receitas fiscais, advertindo que a União perdera boa parte das receitas; de tal modo, escreveu que *"a União, onde ninguém reside – pois todos habitamos nos Estados e municípios –, foi a grande espoliada na Constituição de 1988, que descentralizou receitas em favor de Estados e municípios[58]"*.

A imagem de uma "Constituição besteirol" lhe era muito recorrente. Preocupava-se com as dificuldades que se colocavam contra qualquer possibilidade de reforma do texto, via emendas. Entendia que a ideologia da esquerda, o populismo, o nacionalismo, o corporativismo e a burocracia eram dificuldades intransponíveis para que se adaptasse o texto constitucional à realidade que impunha mudanças:

> *"Mal foram enviadas ao Congresso Nacional as primeiras propostas do governo para a reforma de dispositivos da Constituição de 1988, e antes mesmo que se conheçam os projetos de lei que necessários para resolver problemas criados por essa "Constituição besteirol", voltam à tona posturas obscurantistas que se conhecem desde 1985. Podemos classificá-las basicamente em quatro categorias: (1) as posições ideológicas de esquerda; (2) a persistência de ideias populistas e nacionalistas típicas dos anos 50 e 60; (3) a pressão dos interesses corporativos e patrimoniais das empresas e da burocracia do Estado; e (4) os efeitos paralisantes do atual sistema eleitoral e partidário sobre um bom número de membros do Congresso[59]"*.

Para Roberto Campos o texto constitucional de 1988 influía negativamente nas negociações comerciais, o que resultaria em indesejável insegurança jurídica. Apontava problemas no Ato Constitucionais das Disposições Transitórias, que a seu ver proporcionava a constitucionalização de "infidelidades contratuais":

[56] CAMPOS, ROBERTO, *Os falsos canalhas*. 13/10/99.
[57] CAMPOS, ROBERTO, *Conversa de chorões...* 28/9/97.
[58] CAMPOS, ROBERTO, *Conversa de chorões...* 28/9/97.
[59] CAMPOS, ROBERTO, *Assim falava Macunaíma...* 26/2/95.

"E sabem que nossa cultura do calote é tão profunda que a Constituição brasileira de 1988 é a única do mundo que, em suas Disposições Transitórias, constitucionalizou quatro infidelidades contratuais: moratória de oito anos para pagamento de precatórios judiciais (art. 33); perdão da correção monetária para pequenos e médios empresários e produtores rurais (art. 47); parcelamento em dez anos dos débitos de Estados e municípios referentes às contribuições previdenciárias (art. 57); reexame pericial da dívida externa com vistas à anulação unilateral dos contratos internacionais tidos por irregulares (art. 26)[60]".

Roberto Campos apontava que problemas haveria com o excesso de poder que o texto constitucional outorgava ao Ministério Público. Afirmava que o Ministério Público não contava com a assertividade do voto popular (o que intrínseco no modelo democrático) e que também não se apoiava em tradição que marcava a magistratura:

"Ao estender ao Ministério Público os privilégios da magistratura, a Constituição-besteirol de 1988 criou um quarto poder, o qual, sem a chancela do voto popular nem a tradição majestática do Judiciário, age destrameladamente[61]".

O modelo de ensino construído pela Constituição de 1988 também preocupava Roberto Campos. A gratuidade seria demagogia. Bem sabia que as vagas nas universidades públicas, gratuitas, seriam ocupadas por estudantes que cursaram escolas privadas na educação fundamental. À época, não se discutia o sistema de cotas. A preocupação de Campos com o modelo de financiamento educacional fica nítida na passagem que segue:

"As famílias, pobres ou ricas, poderiam assim optar entre universidades públicas ou privadas, leigas ou confessionais. Demagogicamente, a Constituição de 1988 ofereceu gratuidade em todos os níveis. E perfilhou o falso princípio de que o dinheiro dos contribuintes só deve ir para as escolas públicas, ao invés de dar às famílias opção entre diferentes alternativas educacionais[62]".

---

[60] CAMPOS, ROBERTO, *Conversa de chorões...* 28/9/97.
[61] CAMPOS, ROBERTO, *Ne sutor ultra crepidam...* 4/5/97.
[62] CAMPOS, ROBERTO, *Os predadores simpáticos.* 2/3/97.

Por fim, as críticas de Roberto Campos à Constituição de 1988 podem ser sintetizadas na impressionante passagem que segue. Não teria havido ruptura completa da ordem anterior, por isso, Campos julgava mais adequado um conjunto de emendas à constituição anterior. Apontou os perigos do populismo constitucional. Chamou a atenção para o fato de que a Constituição previa garantias que eram onerosas e garantias que não eram onerosas. Essa divisão, que em nossa literatura constitucional somente por Campos fora apontada, pode ser chave interpretativa importante para compreensão de alguns desacertos econômicos da Constituição de 1988. Campos também não admitia a existência de "cláusulas pétreas", o que inviabilizaria qualquer forma de vida institucional sadia:

> *"Uma terceira investida da atirarão foi a Constituição de 1987/1988. Ao invés de reformarmos a Constituição de 67, pelo processo emendatício normal, resolvemos fabricar a partir do zero uma nova Constituição, experiência perigosa porque excita a mente dos fabricantes de utopia. Novas Constituições só se justificam quando há ruptura da ordem estabelecida. Foi o que ocorreu na queda do Império; ao fim da ditadura Vargas ou após a revolução de 1964. Em 1987/88 a substituição dos mandatários se fez dentro de um processo eleitoral normal, com o Parlamento em plena operação. A "Constitucionalite" de 1987/88 foi assim apenas um golpe para mudança do quorum. Ao invés do aborrecido quorum e 2/3, bastando mobilizar 50,1% dos votos para atender às reivindicações do populismo emergente. A segunda falha foi não distinguirmos cuidadosamente as garantias "não onerosas" – liberdade de opinião, direitos humanos etc. – das garantias "onerosas", como salários e previdência. No primeiro caso, pode haver ampla generosidade; no segundo, as constituições devem ser extremamente cautelosas porque é necessário prever quem pagará a conta. Isso afeta a atualíssima questão das cláusulas pétreas. Em princípio, a ideia de cláusula pétrea é exótica. As constituições devem cuidar da estrutura mas resultam de uma conjuntura econômico-social. Como esta é passível de deterioração rápida, não pode haver cláusulas pétreas no tocante a direitos econômicos, porque isso implicaria tornar intocável o que se tornou inviável[63]".*

Considerações finais

Roberto Campos condenou o populismo constitucional que grassou no Brasil ao longo da Assembleia Nacional Constituinte de 1987-1988. Apontou os perigos que decorriam de um retorno a um nacionalismo típicos dos

[63] CAMPOS, ROBERTO, *Férias coletivas à razão.* 14 /11/ 1999.

anos 1940. Criticou o corporativismo que triunfou na construção das garantias inscritas no texto de 1988. Chamou a atenção para o fato de que a burocracia exige controle; de outro modo, o burocrata é quem controla os arranjos institucionais.

Roberto Campos profetizou os problemas futuros que adviriam da manutenção de uma legislação trabalhista anacrônica. Profetizou também as ameaças que estavam contidas no sistema de previdência social adotado em 1988. Temia o volume de poderes (sem o respectivo controle) outorgado a órgãos, como o Ministério Público.

Entendeu também profeticamente que o excesso de intervenção estatal nos assentava na contramão da história. O desprezo para com as regras do livre-mercado resultariam em absoluto distanciamento entre a letra da Constituição e a vida real. O texto aprovado teria contribuído, segundo Campos, para nos afastar de um caminho de modernização, com o qual as condições gerais do fim do século XX apontavam. O financiamento de políticas públicas fora comprometido, pelo excesso de promessas e pela exiguidade de recursos.

Se as profecias de Roberto Campos estariam corretas (ou não), apenas as contingências históricas permitirão algum julgamento. Essa aporia nos lembra a parte final de um diálogo de Platão, quando, ao saber da condenação e da execução que se aproximava, Sócrates questionou quem melhor estaria, ele – o condenado que partia dessa vida – ou os juízes que ficavam em Atenas, cidade que tanto amava, talvez tanto quanto Roberto Campos amou seu país.

Referências

CAMPOS, Roberto. *A Lanterna na Popa,* Rio de Janeiro: Topbooks,1994, p. 31.

CAMPOS, Roberto. *Antologia do Bom Senso,* Rio de Janeiro: Topbooks, 1996, p. 71.

CAMPOS, Roberto. *O Século Esquisito,* Rio de Janeiro: Topbooks, 1990, p. 190.

COSTA, Mário Júlio de Almeida. *História do Direito Português,* Coimbra: Almedina, 1996.

CUNHA, Paula Ferreira da. *Para uma História Constitucional do Direito Português,* Coimbra: Almedina, 1995.

FRIEDMAN, Milton, *Capitalism and Freedom,* Chicago: University of Chicago Press, 2002.

GUDIN, Eugênio, *Reflexões e Comentários – 1970-1978,* Rio de Janeiro: Nova Fronteira, 1978.

ROBERTO CAMPOS

HAYEK, F. A., *The Road to Serfdom*, Chicago: University of Chicago Press, 1994.

MERCADANTE, Paulo, *A Consciência Conservadora no Brasil*, Rio de Janeiro: Topbooks, 2003.

PILATTI, Adriano, *A Constituinte de 1987-1988- Progressistas, Conservadores, Ordem Econômica e Regras do Jogo*. Rio de Janeiro: Lumen Juris, 2008.

POSNER, Richard, *Public Intelectuals- a Study of Decline*, Cambridge: Harvard University Press, 1973.

SILVA, Nuno J. Espinosa Gomes da. *História do Direito Português*, Lisboa: Calouste Gulbenkian, 1991.

SOWELL, Thomas, *Os Intelectuais e a Sociedade*, São Paulo: Realizações Editora, 2011, tradução de Maurício G. Righi.

WAPSHOTT, Nicholas, *Keynes X Hayek*, Rio de Janeiro e São Paulo: Record, 2016. Tradução de Ana Maria Mandim.

Artigos de Roberto Campos

Sobre tucanos e dinossauros. 10/12/95.

As ichneumonidae da Previdência. 19/11/95.

O hexágono de ferro. 22/10/95.

Duas lições dos antípodas. 17/9/95.

O custo da demagogia. 23/7/95.

Falsidade ideológica. 4/6/95.

O Estado do abuso. 21/5/95.

Três vícios de comportamento.

O progresso do peregrino. 30/4/95.

A operação mitocídio. 2/4/95.

Os falsos canalhas. 13/10/99.

Conversa de chorões... 28/9/97.

Assim falava Macunaíma... 26/2/95.

Conversa de chorões... 28/9/97.

Ne sutor ultra crepidam... 4/5/97.

Os predadores simpáticos. 2/3/97.

Férias coletivas à razão. 14 /11/ 1999.

2. Roberto Campos: Breve Depoimento

BERNARDO CABRAL

O professor Ives Gandra da Silva Martins – amigo da vida inteira – me pede para dar um depoimento pessoal, em texto que não precisa ser longo, o que procurarei atender nesta apertada síntese, em torno da figura de Roberto Campos. Nos idos de 1967, desempenhava eu o papel de Vice-Líder da Oposição – o partido era o recém-criado MDB – na Câmara dos Deputados e Roberto Campos era o Ministro do Planejamento. Desnecessário acentuar que as críticas ao Governo passavam pela sua figura, tratado por nós oposicionistas, de forma maldosa por Bob Fields.

De certa feita, ao pronunciar eu um desses discursos, registrei que ele tinha a mania de, no Planejamento e fora dele, "se meter em tudo". Reforcei a crítica, citando Gilberto Amado aquela altura titular da nossa Embaixada em Washington e Roberto Campos dela Secretário: "Este jovem Secretário de Embaixada, Roberto Campos, tem dois defeitos: carece de qualidades cênicas e gosta muito de organizar o pensamento alheio." O discurso mereceu repercussão – menos pelo valor do orador – porque a frase foi transcrita na coluna jornalística de alta repercussão, autoria do articulista Cícero Sandroni (há poucos anos Presidente da Academia Brasileira de Letras).

Anos mais tarde, voltou ele para a carreira diplomática e eu, cassado o meu mandato de deputado federal pelo Ato Institucional nº 5, de 13 de dezembro de 1968, e suspensos os meus direitos políticos por 10 anos, só nos encontramos, esporadicamente, quando eu exercia o cargo de presidente da Ordem dos Advogados do Brasil – OAB (1981/1983).

ROBERTO CAMPOS

No entanto, a partir de 1987, na Assembleia Nacional Constituinte, a diáspora cedeu lugar ao reencontro diário: ele, Senador e eu Deputado Federal. Impõe-se colocar em relevo que, a essa altura, eu já tinha todas as informações sobre o seu trabalho em torno da chamada "Operação Amazônia", uma preocupação, à época, do Presidente Castelo Branco. O que desconhecia – os obstáculos que ele teve de superar, os contou a mim, um a um, com uma ponta de frustração, ao tentar criar a Zona Franca da Guanabara. O seu pensamento, sublinhava, era porque com a mudança da Capital para Brasília, poderiam ser geradas consequências desagradáveis, mas que, infelizmente, os governantes locais não demonstraram interesse pelo modelo. E concluía, enfatizando: o Rio de Janeiro perdeu a oportunidade de se ter tornado, na década de 60, um precursor das cidades como Hong Kong ou Cingapura.

Nessa altura, fiz questão que ele me esclarecesse – era uma velha curiosidade minha – que papel tinha desempenhado, nesses estudos da "Operação Amazônia", o amazonense Arthur Soares Amorim, engenheiro de formação. Para surpresa minha, confirmou que era ele o Coordenador do Grupo e um hábil negociador, a quem conhecera quando fora Cônsul do Brasil em Los Angeles. Daí, tendo o Presidente Castelo Branco vivido na Amazônia (foi General Comandante da 8ª Região Militar, em Belém-Pará) e a preocupação com a área fronteiriça do Estado do Amazonas, frutificou o cometimento dando a Roberto Campos. O Presidente Castelo Branco lavrou o Decreto-Lei nº 288, 28 de fevereiro de 1967, tornando realidade a existência da Zona Franca de Manaus, autorizada pela Lei nº 3.173, de junho de 1957, oriunda do projeto de lei de iniciativa do saudoso deputado federal pelo Amazonas, Francisco Pereira da Silva, mas que ficara letra morta, por falta de regulamentação.

Narro este episódio porque Roberto Campos foi durante os trabalhos da Constituinte, eficiente membro, e, após a promulgação da Constituição, um crítico ardente, a eles fazendo raríssimas exceções. Uma delas, o abraço silencioso – mas demorado, que me deu – pela aprovação da emenda que consagrou a manutenção da Zona Franca de Manaus (art. 40, do Ato das Disposições Constitucionais Transitórias – ACDT), por mais 25 anos. Roberto Campos foi um homem muito à frente do seu tempo, uma das maiores figuras contemporâneas com quem convivi. Erudito, poliglota, exímio diplomata de carreira, titular das mais importantes Embaixadas do Brasil no exterior (exemplos: dois anos, 1966 a 1968, nos EE.UU e sete anos, 1975 a 1982, na Inglaterra), autor de obras sobre Economia, Sociologia, Planejamento, etc., e condecorado, com alta distinção, por vários países do mundo.

Espécie de vexilário do liberalismo, colocava em relevo a acusação injusta que se fazia a essa corrente, "sobretudo num país onde sobrevivem os monopólios estatais" e, em alto e bom som, dava como referência o Banco Central que "sofre de diarreia normativa, constituindo-se num exemplo exacerbado de neo-dirigismo". Para encerrar, registro uma prova a mais por mim vivida ao seu lado, de ser ele um grande frasista, quando na ONU, ele representando o Senado e eu a Câmara dos Deputados, como Observadores, logo após a promulgação da Constituição. Ambos frequentávamos, com assiduidade, as reuniões e, em uma delas, passou à nossa frente uma figura feminina, bastante atraente. Ele, imperturbável, sem mexer o corpo, acompanha-a com os olhos, de forma discreta. Nessa altura, faço uma brincadeira: – se esse olhar pagasse imposto. Respondeu-me, com naturalidade: coisa nenhuma... já passei dos 70 e caminho para os oitenta. É a velhice! Coloquei a mão no seu braço e pensando que produziria uma frase de efeito, exclamei: Que nada, Roberto: – a velhice é o armazenamento que se faz de parte da juventude.

O efeito se extinguiu... feneceu, de imediato. De pronto, mais do que de imediato, a observação notável: – Bernardo, a velhice não armazena coisa nenhuma... ela é a decrepitude do corpo que conserva o desejo, mas perde a esperança!

Esse era Roberto Campos. Inigualável!!!

3. Roberto, o Gênio Incompreendido

IVES GANDRA DA SILVA MARTINS

Conheci Roberto Campos por apresentação de João Carlos, ao tempo que presidia o Partido Libertador em São Paulo. Meu irmão conhecera-o em Washington, quando Roberto assumira a Embaixada brasileira e João fora até lá dar um concerto, após ter sido elogiado por Pablo Casals, no Festival que aquele excepcional violoncelista organizava todo o ano, em Porto Rico.

A filha do Senador Mansfield, numa reunião social, a que Roberto fora convidado – parece que era a primeira depois que assumira a Embaixada, poucos dias antes – perguntou-lhe se não conhecia o jovem pianista brasileiro que iria apresentar-se em Washington, após o sucesso de seu concerto em Porto Rico, ao que Roberto declarou que não. A filha do Senador, que era grande conhecedora de música, disse-lhe, com a agressividade que também lhe era peculiar: "Mas o Senhor é um ignorante. Todos aqui ouviram falar dele e estão interessados em ouvi-lo e o senhor, Embaixador brasileiro, o desconhece!!!". Roberto, com o seu humor de sempre, replicou-lhe: "Que eu sou ignorante eu já sabia, o que me impressiona, todavia, é que em apenas dois dias de Embaixada todos nos Estados Unidos já conheçam este fato. É fantástico!". Convidou-o, então, para uma recepção, tendo começado a partir daí uma amizade que continuou até a sua morte, após um AVC e um longo período em que não se comunicava com as pessoas. Aqueles amigos que o visitavam tinham a certeza de que compreendia tudo. Roberto ficara, após o acidente vascular, prisioneiro de seu próprio corpo, ele que era uma inteligência incapaz, em decorrência, de iluminar, o país, com suas ideias. Gostaria, certamente, de transmiti-las, mas não conseguia.

Ministro do Planejamento de Castelo Branco, ao lado de Octávio Bulhões, conseguiram, os dois, recuperar a economia do Brasil após o desastroso período do governo de Jango Goulart, que elevara o patamar da inflação a algo em torno 100% ao ano, com tendência a crescimento vertiginoso, em face da desorganização política e econômica.

Eu presidia, neste período, o Partido Libertador de São Paulo, cuja direção nacional era do Deputado Raul Pilla, o qual tinha, por vice--presidente, o Senador Mem de Sá, que veio a ser Ministro da Justiça do Presidente Castelo Branco.

Nossa amizade que começou à época e continuou, mesmo quando desiludido com o Ato Institucional nº 2/65, que extinguiu todos os partidos, deixei a política partidária com a decisão de nunca mais dela participar – decisão da qual nunca me arrependi –, levou-me a pedir-lhe para prefaciar, em 1970, o livro – minha segunda tese acadêmica para a USP, à época em que não havia ainda os cursos de mestrado, mas apenas os de especialização em dois anos com teses ao final de cada ano – que intitulei "Desenvolvimento econômico e Segurança Nacional – Teoria do Limite Crítico". Nele analisava o impacto das despesas militares nos orçamentos públicos, procurando definir um limite entre a eficiência e o desenvolvimento econômico por elas gerado e o impacto negativo nas finanças estatais para encontrar um parâmetro, no Brasil e no mundo.

O prefácio é um verdadeiro estudo sobre as despesas militares, examinadas com uma objetividade indiscutível, terminando com a expressiva fórmula:

> "O livro de Ives Martins é uma contribuição útil ao debate desses problemas, que devem ser discutidos com coragem para enfrentar tabus, objetividade para evitar preconceitos e serenidade para interpretar os fatos. Pois que a boa regra de planejamento é sempre 'aceitar os fatos, para resistir à fatalidade'" (Desenvolvimento Econômico e Segurança Nacional – Teoria do limite crítico, José Bushatsky Editor, 1971, p. XV).

Durante os trabalhos constituintes, tivemos repetidos contatos, os quais começaram, de rigor, com as críticas ao Plano Cruzado, antes da Convocação da Constituinte de 87 (E.C. nº 26/86). Era eu, à época, presidente do Instituto dos Advogados de São Paulo, Roberto, Senador da República e, por artigos nos jornais, criticamos duramente, desde os primeiros momentos, o mal elaborado plano, cópia de plano semelhante adotado e malsucedido na Argentina.

Nos almoços que tínhamos, em seu apartamento da Avenida Ipiranga em São Paulo, discutíamos todos os pontos fracos, objetivando alertar o presidente Sarney da inviabilidade do plano. Certa vez, contei-lhe que, ao comentar, no primeiro dia de aula de pós-graduação na Faculdade de Direito da Universidade Mackenzie, as razões porque o plano fracassaria – o plano era de meados de fevereiro e a aula fora dada na primeira terça-feira de março – quase fui linchado pelos alunos, que se consideravam "fiscais do Sarney". Contou-me que suas críticas nos corredores do Senado também provocavam reações semelhantes.

Nas duas audiências públicas, a convite dos constituintes, que fiz (Subcomissão de Tributos e Subcomissão da Ordem Econômica empresarial, presididas por Francisco Dornelles e Delfim Netto), Roberto assistiu e concordou com as teses por mim defendidas, que, na verdade, eram deles. É que, de rigor, depois que abandonou a crença de que o Estado seria um bom planejador econômico e interventor benéfico na Economia, já na década de 60, suas lições a favor da economia de mercado, eu as seguia.

Houve um fato curioso na Constituinte. A Comissão VII, dedicada a Ordem Econômica, teve um "quórum" de constituintes liberais considerável. Na Comissão VIII, dedicada a Ordem Social, o contingente maior de constituintes era socialista, com o que jamais um texto constitucional brasileiro foi tão liberal na economia como o de 88 e jamais foi tão intervencionista na saúde, previdência e ação social como aquela. Lembro-me de episódios interessantes de participação conjunta durante o Governo Collor.

O fracasso que Roberto, no Senado, e, modestamente, eu, como professor universitário, na mídia (jornais e TV), tínhamos detectado, desde o início relativamente aos Planos Collor I e II, levou o governo de Collor, ainda tendo a economia sob a regência de Zélia Cardoso, à edição do "Emendão" proposto pelo Secretário de Estado Antonio Kandir, em que se propugnava a adoção de uma nova "avocatória" para que o Judiciário, sem necessidade de se ater a aspectos jurídicos, pudesse atalhar qualquer medida judicial contra qualquer ato governamental, desde que houvesse a mera alegação de "grave lesão ao Tesouro Nacional".

Na audiência pública no Senado Federal, a que fui convidado para debater com o Secretário de Estado Antonio Kandir, nosso debate foi tão caloroso, que o Senado decidiu publicar um livreto com a sua transcrição intitulada: "Kandir x Gandra", como se tivesse havido uma luta pugilística. Roberto assistiu à audiência e, à noite, quando jantávamos, disse-me que havia a necessidade de alguém de fora para mostrar ao Senado o absurdo Emendão, que ele já denunciara naquela Casa. Tal sessão levou a Revista Veja a entrevistar-me, nas páginas amarelas, e nos dias seguintes, pelas reações políticas contra o governo, aos pedidos de demissão de Antonio Kandir e Zélia Cardoso. O outro episódio interessante está relacionado à origem da ação declaratória na Constituição.

Em decorrência do debate com Antonio Kandir – no tempo tornou-se meu amigo, estando eu convencido de que é um brilhante economista e um político de grandes ideais – publiquei nos dias que se seguiram artigo no Estado de São Paulo intitulado "Ação Declaratória de Constitucionalidade" (ADC), em que sugeria que se substituísse a avocatória proposta no "Emendão" por uma Ação Declaratória junto ao STF, na qual o aspecto jurídico teria que, necessariamente, ser examinado. O organizador da presente obra, Ministro Gilmar, juntamente com Roberto, resolveu levar a ideia para frente e redigiram, os dois, o texto que constou da E.C. nº 3/93, tendo Gilmar dado a formatação jurídica como Subchefe da Casa Civil da Presidência e Roberto, como Senador, debatido o texto na casa legislativa.

A minha ideia original, todavia, ofertava o direito de propor a referida ação a todos os legitimados para as duas ações diretas (de inconstitucionalidade e por omissão), mas na E.C. nº 3/93 constou apenas o direito da União apresentá-la. Pela Associação dos Magistrados Brasileiros, propus ação direta de inconstitucionalidade (ADI) em face da EC 03/93, mostrando que sem a referida extensão da legitimidade ativa, a ação correria o risco de tornar-se uma mera homologação de atos governamentais.

Embora a referida ADI não tenha sido conhecida, seu relator, Ministro Moreira Alves, considerou tão relevante a temática – o STF entendia que para temas constitucionais não tinha, a AMB, legitimidade ativa – que inseriu nosso pedido, como matéria preliminar na ADC nº 1, resultando na jurisprudência de que somente com sólida divergência decisória nos tribunais poderia uma ADC ser levada ao Pretório Excelso, o que reduziu consideravelmente o número daquelas propostas, até que a E.C. nº 45/05 deu às ações declaratórias o mesmo espectro de legitimidade ativa das ações diretas de inconstitucionalidade.

Com duas breves e últimas reminiscências termino o presente. A primeira delas – é de fato ocorrido em Bonn na Alemanha –, em 1991, quando palestramos juntos na Fundação Konrad Adenauer, com mais dois professores alemães, sobre a Amazônia. Defendiam, os professores alemães, a universalização daquela região, como autêntico patrimônio da humanidade. Roberto e eu reagimos e colocamos, com dureza, a inviabilidade absoluta da proposta, que jamais seria aceita. Dissemos que, como os alemães não tinham preservado suas florestas, com o que conseguiram o seu bem-estar atual, seria extremamente cômodo que nós preservássemos a nossa, para continuarem com seu padrão de vida. À evidência, lutávamos no Brasil para preservar o que deveria ser preservado, com legislação pertinente, mas por ação interna de nossa soberania e sem interferências externas. Apesar de ser auditório predominantemente alemão, tivemos, Roberto e eu, a sensação que nossos argumentos foram bem aceitos pela comunidade germânica.

Outro aspecto, esse de caráter sentimental, foi na posse na Academia Mato-grossense de Letras da qual também participa o comum amigo Ministro Gilmar Mendes. Tomamos, simultaneamente, posse, ele como acadêmico titular e eu, como acadêmico correspondente. Em meu discurso à distância – estava, no dia, em uma banca de livre docência da UNESP– saudei-o em versos, concluindo com esta quadra: "E neste correspondente, Resta a certeza final, Dos imortais brasileiros Roberto é o mais imortal". No seu discurso, referiu-se com extrema delicadeza ao dizer:

"Recordo, desvanecido, o lindo e comovente poema com que me presenteou um velho amigo, que eu desejaria presente nesta cerimônia: Ives Gandra Martins, caráter sem jaça e um de nossos melhores talentos jurídicos do país".

Roberto foi um gênio incompreendido, principalmente pelas correntes ideológicas que defendem a adoção, no Brasil, dos mesmos modelos que levaram ao fracasso, as economias da antiga URSS, dos países atrás da cortina de ferro, de Cuba, da Venezuela, mas que, incompreensivelmente, ainda têm adeptos no Brasil, infiltrados, conforme a teoria gramsciana, em todos os segmentos sociais.

ROBERTO CAMPOS

Sempre defendeu o progresso das nações desenvolvidas e não, o fracasso das economias socialistas. Ironizava dizendo que nas economias socialistas os ideais eram superiores aos resultados e, nas capitalistas, os resultados, superiores aos ideais. Nas últimas décadas de vida, considerou-se um liberal. Entendia que nas esquerdas, as promessas comprometiam apenas as pessoas que as ouviam. Talvez, a Venezuela, seja o exemplo mais claro da correção das teses de Roberto Campos. Suas ideias são até hoje atualíssimas, razão pela qual Paulo Rabello de Castro e eu, ao coordenarmos livro em sua homenagem, demos-lhe o título de "Lanterna na proa".

O Ministro Gilmar Mendes, portanto, ao idealizar o presente livro – ele que conviveu tão de perto com Roberto em Brasília – homenageia um dos homens mais lúcidos da história brasileira, que no deserto de ideias de nossos políticos atuais, faz muita falta ao Brasil.

4. Roberto Campos na Constituinte de 1987

GASTÃO ALVES DE TOLEDO

Comemorar os trinta anos de nossa Constituição nos faz também retornar a 1987/88, quando o Congresso Nacional se transformou em Assembleia Constituinte para elaborar a nova Carta da República. Naquele momento, pouco se sabia acerca dos desafios que aguardavam os constituintes nos dois anos subsequentes de trabalho intenso, ininterrupto, capaz de mobilizar todos os segmentos políticos e a própria sociedade, que se viram diante de uma tarefa imensa, tanto pela disparidade da representação de que se compunha a assembleia, quanto pela complexidade dos temas suscitados desde sua instalação.

Câmara dos Deputados e Senado Federal, igualmente perfilhados para produzir o novo estatuto jurídico do País, se viram diante dos mais variados tipos de pressão política, não só de suas respectivas bases eleitorais, mas, igualmente, dos setores mais ou menos organizados da sociedade. Estes afluíram rapidamente à Capital Federal, nela instalando verdadeiras bases de atuação, visando influenciar os trabalhos da constituinte em busca de respaldo aos seus interesses peculiares. O interesse geral, objetivo maior da assembleia, era muitas vezes relegado a segundo plano, em razão da multiplicidade de propostas e da inexistência do necessário pré-conhecimento dos temas a debater, mostrando-se a maioria distante da realidade do País e de seus problemas mais prementes.

O ambiente da constituinte transformou-se rapidamente em grande palco em que os grupos de pressão se manifestavam diuturnamente, seja no envio de sugestões seja pela voz de parlamentares comprometidos com segmentos específicos da atividade econômica ou dos trabalhadores, que então se faziam representar. Merece ser realçado, no entanto, que muitos ali estavam, simplesmente, para tentar implementar suas ideias, sem qualquer vínculo com grupamentos externos de qualquer natureza. Não formavam maioria, mas devotavam o trabalho a esse objetivo, vendo na assembleia um meio de elevá-los ao nível constitucional.

Este, aliás, foi um dos maiores equívocos cometidos pelos constituintes de 87/88. Presumiram que, ao constitucionalizar as mais variadas aspirações, legítimas a maioria delas, fariam com que fossem concretizadas com maior rapidez e eficiência. Confundiram *hierarquia* com *eficácia*. Sabe-se que a elevada categoria hierárquica das normas constitucionais não lhes confere "ipso facto" mais efetividade, eis que quase todas estão a depender de legislação integradora e de atos infra legais que lhes confiram plena aplicabilidade.

Pois foi nesse grupo seleto de idealistas, mas não levado pela tendência de constitucionalizar todas as matérias, que se encontrava nosso homenageado, Roberto Campos, então Senador da República, eleito pelo Estado de Mato Grosso. Figura exponencial dentre algumas que buscavam, em meio ao turbilhão de ideias afloradas naquele momento, trazer um rumo racional e despido de devaneios e contradições ao seio da assembleia.

Não foi tarefa simples o posicionamento dos constituintes que, como ele, mais sobressaíram nessa luta ingente contra o radicalismo e o fetiche ideológico que, desde o início dos trabalhos, se fizeram presentes. Enfrentaram, além das intensas disputas internas pela prevalência de concepções que lhes eram antagônicas, o posicionamento nem sempre imparcial de boa parte da imprensa, que não compreendia as particularidades da profunda divisão doutrinária manifestada no seio da assembleia e as verdadeiras razões de cada qual, tanto do ponto de vista teórico quanto de sua inserção na realidade de um País que precisava urgentemente se libertar de preconceitos e fetichismos, insistentes em lhe obstaculizar o progresso, em todas as suas dimensões.

Na verdade, o próprio Regimento Interno da Constituinte conspirava para o desequilíbrio das posições, na medida em que conferia à Comissão de Sistematização, criada para organizar as propostas advindas das comissões temáticas, poderes de definir os rumos substantivos dos textos nelas aprovados, sem permitir o acatamento de emendas posteriores dos constituintes, visando alterar ou rejeitar as matérias agrupadas, antes de sua submissão plenário.

Roberto Campos integrava uma parcela de parlamentares que, percebendo que o destino da constituinte poderia estar previamente assinalado, buscava rechaçar, desde o início, as postulações contrárias aos interesses do País. Na Comissão da Ordem Econômica, especialmente na Subcomissão de Princípios Gerais, Intervenção do Estado, Regime da Propriedade do Subsolo e da Atividade Econômica, inúmeros foram os debates com os ideólogos da esquerda estatizante e xenófoba, cujos membros traduziam o que de mais atrasado se poderia esperar de um grupamento de constituintes.

Com efeito, ao lado daqueles que formavam o núcleo esclarecido da assembleia, nosso homenageado pode trazer a necessária luz ao ambiente, sempre expondo seus argumentos sob lógica implacável, os quais eram sempre encarados com um misto de respeito e muita incompreensão.

Este fato, aliás, veio a repetir-se durante todo o processo constituinte. Em virtude da evidente superioridade intelectual, suas palavras não encontravam a repercussão merecida na maioria dos demais integrantes da comissão ou do plenário. Na verdade, os pronunciamentos de Roberto Campos sempre causaram, isto sim, apreensão aos seus contendores, que preferiam o silêncio à aventura de uma resposta inexistente no mesmo nível argumentativo.

Mas não eram desperdiçadas suas manifestações. Ao contrário, calavam fundo, especialmente naqueles que comungavam dos mesmos ideais e em muitos que, captando-lhe o raciocínio, se postavam a seu favor e reconheciam nele um orientador provecto, em meio a uma avalanche de propostas e discussões desprovidas de senso comum ou de racionalidade econômica ou política.

Não costumava pronunciar-se sobre a maioria dos temas. Seus prediletos eram a liberdade econômica, a economia de mercado, o combate aos privilégios de toda sorte, os monopólios estatais ou privados e a famosa lei de informática, que acabara de colaborar intensamente para o atraso tecnológico do País, como todos sabemos.

Dono de arguta percepção dos fatos sinalizadores do direcionamento da constituinte, sobretudo em virtude de seu possível distanciamento dos ideais por ele perseguidos, que lhe justificavam a presença constante nos debates e na elaboração de propostas, pode-se notar, desde as primeiras semanas, que sua visão a respeito do andamento dos trabalhos não revelava expectativas que pactuassem com aqueles ideais. Disse ele na ocasião:

ROBERTO CAMPOS

"Há vários indícios de que não redigiremos um documento enxuto – limitado à arquitetura do Estado, ao sistema tributário, ás grandes opções de organização econômica e aos direitos e deveres fundamentais do indivíduo – e sim uma Constituição repleta de minucias, voltada para a conjuntura e, portanto, eminentemente biodegradável. As Constituições devem registrar um mínimo de aspirações para prover o máximo de satisfações. E devem manter um delicado equilíbrio entre ordem e participação". [1]"Por uma constituição não biodegradável" – O Globo de 6/04/87.

Com efeito, notou-se *ab initio* que a assembleia constituinte estaria marcada por fortes posições ideológicas, bem definidas, e por um inquietante desconhecimento por parte de uma vasta maioria quanto aos aspectos substantivos do estatuto jurídico político que se pretendia construir. Tratava-se de uma massa amorfa do ponto de vista de qualquer concepção doutrinária consistente e, até mesmo, do mais elementar senso comum a respeito de matérias que, direta ou indiretamente, lhes atingiria e à sociedade que representavam.

A ausência de aptidão crítica para avaliar questões de menor monta lhes revelava a incapacidade de levar a cabo quaisquer conclusões atinentes às possíveis consequências de medidas que se pretendiam juridicizar, em nível constitucional, não lhes alcançando a extensão muitas vezes perniciosa ao Estado de Direito, ao pluralismo político e à liberdade econômica.

As incertezas sobre os rumos da constituinte, que podiam ser vislumbrados na subcomissão, cujos integrantes refletiam um amálgama das diversas correntes de que se compunha o plenário, ensejaram a realização de reuniões promovidas por membros da referida subcomissão, logo após a sessão ordinária.

Nelas, eram apreciadas as emendas às propostas já submetidas e elaboradas sugestões de textos abrangendo toda a ordem econômica constitucional, que começava, assim, a ser desenhada, com a colaboração do nosso homenageado e de figuras ilustres, como os Deputados Delfim Netto, presidente da subcomissão, Afif Domingos, Luis Eduardo Magalhães, dentre outros, todos empenhados em fazer face à onda que ameaçava conduzir a assembleia a rumos imprevisíveis.

Nessa ocasião, primeiro semestre de 1987, tive o privilégio de submeter à análise desse seleto grupo, de quem me tornei consultor jurídico, um anteprojeto da Ordem Econômica que, por ter sido o primeiro, veio a tornar-se a base das discussões que se voltaram inicialmente para a avaliação da conveniência de figurar no texto constitucional um conjunto de princípios gerais, orientadores da atividade econômica, tal como já os continha a constituição de 1967/69.

Ponderei que os princípios eram relevantes para os futuros intérpretes da Carta, pois traduziriam o posicionamento doutrinário dos constituintes no âmbito da economia. Esteve a defender esse argumento o Senador Roberto Campos, que antevia a necessidade de tê-los expressos, de modo a evitar variações hermenêuticas que pudessem comprometer o aspecto teleológico que a matéria encerrava.

Fomos bem sucedidos apenas em parte, visto que, com o prosseguimento dos trabalhos, verificou-se que os princípios da Ordem Econômica foram ampliados, vindo a compor um amálgama de tendências discrepantes, capazes de fornecer aos intérpretes abundante matéria prima para se posicionarem conforme suas preferências. Talvez a grande conquista tenha sido ali cravar (art. 170) a livre concorrência e a propriedade privada, embora várias restrições se lhe tenham admitido em outros capítulos da Carta, especialmente no que concerne às desapropriações por interesse social.

Os debates acerca da extensão do princípio da propriedade privada permeariam a assembleia durante todo o seu período. Por tratar-se do principal esteio da liberdade econômica e, por consequência, da economia de mercado, objeto fundamental de visões ideológicas opostas, sempre esteve à frente de quaisquer proposições destinadas a regular diferentes aspectos da atividade econômica, em todas as suas ramificações.

Estas se revelavam nas questões atinentes à maior ou menor intervenção do Estado na economia, no grau de abertura do País em face do comércio internacional e na continuidade da admissão de restrições à participação do capital estrangeiro na atividade econômica, entre outros pontos de relevo para o aprimoramento dessa presença entre nós, os quais, necessariamente, passavam a depender da existência de um organismo jurídico capaz de assegurar a necessária segurança aos investidores, nacionais ou não. A questão da empresa brasileira de capital nacional logo despontou como um dos graves equívocos cometidos pela assembleia, que permaneceu até sua supressão, em 1995. Campos assim refletia:

> *O mais curioso é que os setores "progressistas" pretendem produzir uma Constituição retrógrada. Querem uma Constituição "intervencionista" quando a "nouvelle*

ROBERTO CAMPOS

vague" mundial é a rebelião mundial do indivíduo contra o Estado obeso. Querem uma Constituição "nacionalista" num mundo cada vez mais interdependente, no qual capitais estrangeiros escassos são requestados até mesmo por países socialistas. Querem um Constituição que garanta a liberdade política, mas que destrua a liberdade econômica, pois que as "reservas de mercado" são mero eufemismo para a cassação de liberdade individual de produzir. Querem uma Constituição "assistencialista", como se a opção social pudesse ser divorciada da base econômica da sociedade. Por uma constituição não biodegradável – O Globo de 6/04/87.

Sua análise realista acerca das tendências que se desenhavam no ambiente da assembleia deixa transparecer sua recrudescente frustração com os destinos de nosso País, tantas vezes expressa em pronunciamentos anteriores. Diante do possível naufrágio de seus ideais, em meio à grande confusão de ideias e concepções equivocadas, que pululavam diuturnamente nas reuniões e nas votações conduzidas pelo presidente Ulysses Guimarães, o ilustre Senador se postava muitas vezes como o único grande baluarte na defesa da liberdade econômica e seus postulados, sem abrir mão de convicções embasadas na profunda experiência adquirida através de anos de militância no mundo econômico e político, nacional e internacional.

A cultura clássica, aliada à sólida formação acadêmica e a uma vida plena de realizações nos vários postos ocupados no Brasil e no exterior, especialmente como embaixador em Washington e Londres, deram-lhe uma ampla visão das questões mais cruciais que vieram assaltar a assembleia constituinte e de suas implicações imediatas e de longo prazo na condução dos destinos nacionais.

Este comportamento, capaz de antever as repercussões de medidas oficiais no campo econômico, já o tinha demonstrado quando Ministro do Planejamento no Governo Castelo Branco. Ao lado de Octávio Gouveia de Bulhões, foi capaz de realizar uma obra admirável de administração pública, até hoje reconhecida por todos quantos se detêm no exame daquele período histórico.

Toda essa bagagem intelectual pô-la a serviço da assembleia constituinte. Como tive ocasião de dizer *"não é difícil escrever sobre Roberto de Oliveira Campos. Personalidade que marcou o século passado em nosso País com sua inteligência e cultura, o economista, escritor, ministro de estado, embaixador, membro da Academia Brasileira de Letras, senador e deputado, Roberto Campos deixou-nos um vasto legado de racionalidade no campo econômico, de coerência nas atitudes e extraordinário exemplo de firmeza de princípios, que lhe serviram de guia por toda a vida. Liberal no sentido clássico da palavra e crítico ferrenho dos desmandos e descalabros da política nacional, sempre se apresentou com argumentos irretorquíveis, sólidos, claros, que serviram de contraponto às proposições que, a seu juízo, militavam contra a boa condução da economia nacional e os interesses maiores do Brasil.*

Admirado por muitos e combatido por tantos outros, sua trajetória foi marcada pelas lutas comuns às posições antagônicas, trazendo à arena das discussões dos problemas nacionais a argumentação substanciosa, reveladora da musculatura intelectual regida pelas regras próprias de uma lógica insuperável, nutrida pela visão aristotélica das coisas e aliada a pragmatismo desconcertante.

Tive o privilégio de respirá-lo de perto, durante e após o processo constituinte, quando nos reuníamos para abordar os desafios da época e saborear suas recordações dos tempos em que esteve no Ministério do Planejamento e na Embaixada em Londres. Lembro-me da primeira vez em que discutimos temas que viriam a integrar a Ordem Econômica e Financeira da Constituição de 1988, logo no início dos debates da Assembleia Constituinte.... Apresentei-lhe, então, um esboço do texto que foi levado a um seleto grupo de parlamentares, ocasião em que me indagou a respeito do monopólio da União sobre a exploração e refino do petróleo, tema que lhe era muito caro e ao qual dedicou boa parte de suas preocupações. Disse-lhe que o monopólio permaneceria tal como estava, porque não havia, naquele momento, condições políticas para discutir o assunto, ao que me respondeu: "Isto é um absurdo. Você já imaginou se, em 1787, os americanos tivessem introduzido em sua Constituição o monopólio da hulha?" Recordo-me sempre deste episódio porque demonstra bem o posicionamento sempre realista de nosso homenageado e sua antevisão dos problemas que poderiam advir décadas após, com a permanência do monopólio estatal." "Lanterna na Proa – Roberto Campos ano 100", p. 111/112 – Resistência Cultural – 2017.

Vale recordar que, há muito, a imagem acima fora trazida por nosso homenageado. Quando se tratou do mesmo assunto por ocasião do esboço da Constituição de 1967, que acabou por consagrar em seu texto o monopólio estatal, Roberto Campos esteve envolvido nas discussões. Em "A Lanterna na Popa", discorre sobre a postura de Afonso Arinos de Mello Franco e utiliza-se da mesma comparação, nos seguintes termos: *"Argumentei que estranhava que um eminente constitucionalista quisesse provocar uma tal poluição no texto e argumentei que, a prevalecer essa tese obstrusa, os* constituintes de Filadélfia, em 1787, teriam mencionado a lenha em seu digno texto, e as constituições emergentes das revoluções europeias de 1848 teriam mencionado o carvão. Enquanto as constituições devem ser desenhadas sub specie aeternitatis, a importância dos combustíveis é variável no tempo e no espaço" A Lanterna na Popa" – TOPBOOKS EDITORA E DISTRIBUIDORA DE LIVROS LTDA. – 1994, p. 791,792.

Para ele, a questão do petróleo foi crucial e sempre alertou para o fato de assumirmos, desnecessariamente, o monopólio do risco, conforme costumava referir-se ao do petróleo.

Pois bem. O monopólio permaneceu em 88 e suas consequências também, até que a emenda Constitucional nº 9, de 1995, veio aboli-lo. Na verdade, dizem que houve sua "flexibilização". Discordo disto porque, um monopólio não pactua com a concorrência no mesmo ramo de negócio e, juridicamente, tal circunstância pode ocorrer, nos claros termos da emenda.

Contudo, uma situação monopolista, durante quarenta e cinco anos, não se consegue desfazer imediata e sobretudo materialmente, ainda que por um comando jurídico, mesmo de nível constitucional, sobretudo se considerarmos que a constituição de 1988 o ampliou.

As bases materiais, criadas ao longo do tempo, principalmente a ampla infraestrutura erguida pela empresa em todo o País, abarcando, além das atividades de pesquisa e lavra, a rede de oleodutos, transporte e refino, que determina seu próprio gigantismo, em nada facilitou o término do monopólio *de fato* que ainda remanesce em inúmeras vertentes do setor. Certamente muito tempo passará até que a Petrobrás se veja diante de concorrentes capazes de com ela competir eficazmente no mercado.

Outra batalha em que Roberto Campos se envolveu, já antes do período constituinte, foi contra a lei de informática. Esta provocou-lhe as maiores críticas ao intervencionismo estatal, pois vislumbrava os anos de atraso que o dirigismo e o protecionismo tecnológico traria ao Brasil.

Recorda-nos que, em seu discurso inaugural como Senador, assim verberou a situação criada pelo regime jurídico aplicável à informática: *"Eleito Senador por Mato Grosso, resolvi logo passar à ofensiva contra o obscurantismo informático.... critiquei, sob o rótulo de sacralização do profano, nosso duplo erro de: a) Desrespeitar a hierarquia das leis, implantando reservas de mercado por decretos e atos administrativos, sem base legal e constitucional, com dilação abusiva do conceito de segurança nacional; e b) Incorrer num ingênuo voluntarismo tecnocrático, pelo endeusamento do falso objetivo da "autonomia tecnológica."* "A Lanterna na Popa", p. 1084.

Com efeito, a capacidade de prever os acontecimentos em ambiente de obscurantismo ideológico era uma das qualidades que lhe eram agudamente presentes. O retardamento de nossa evolução no campo da informática se tornou evidente anos depois que a medida protecionista entrou em vigor. Com a experiência haurida nesse setor, todos os que percebiam a permanente tentativa de obstaculizar o desenvolvimento do País pelas restrições que se pretendiam impor a investidores estrangeiros, especialmente nas áreas mais carentes de capitais, posicionaram-se na assembleia constituinte para enfrentar a onda avassaladora que visava exatamente converter-nos numa autarquia atrasada pela ausência de recursos técnicos, em suas várias acepções, e de capitais que os pudessem implementar com eficiência em nosso território.

Na realidade, sabíamos todos que a assembleia constituinte refletia, em larga medida, as consequências do regime autoritário, somadas a uma dose bem forte da visão ideológica de vários grupos que se postavam à frente das iniciativas que pretendiam transformar o País numa sociedade socialista, com economia centralizada e apologista apenas do fator trabalho como solução anticapitalista de primeira mão para resolver os problemas da desigualdade social e do atraso de nossa gente.

Tratava-se da reedição de fórmula antiga, que se auto denominava de progressista, mas reveladora da mais profunda ignorância a respeito dos temas mais caros da economia, das finanças, da administração pública, além dos desafios a que mundo estava sendo submetido pela evolução da economia de mercado, da liberdade de empreender e do movimento de capitais que possibilitava o avanço acelerado do desenvolvimento econômico em várias partes do globo, especialmente na Ásia.

Predominava em quase todas as discussões temáticas a ausência da visão de mundo e o enorme desconhecimento acerca do que se passava nos países em que a economia experimentava aumento substancial de crescimento, em poucos anos. Com efeito, muitos equívocos foram alardeados a plenos pulmões pelos arautos do retrocesso e acatados como verdades, em razão da ausência de senso crítico por grande parcela da assembleia.

Na ânsia de verem suas ideias finalmente alçadas a nível constitucional, eram capazes de apegar-se e propagar informações trazidas sem o devido

ROBERTO CAMPOS

escrutínio, representando orientações simplesmente erradas para a maioria dos constituintes. Estes não se davam conta do mal a ser acarretado ao Brasil, sobretudo pela insistência em constitucionalizar certos temas que não mereciam figurar sequer em lei ordinária.

Todo esse panorama se apresentou ao País durante aquele período. Refletia, de forma geral e com pouca acuidade científica, os problemas e questionamentos programáticos e ideológicos vivenciados em toda parte, em função da *guerra fria* que ainda se fazia presente e que acabou polarizando as atuações macropolíticas. O Brasil não poderia escapar a esse cenário, não só por sua importância como a maior nação da América do Sul, mas sobretudo por sua reconhecida relevância estratégica no âmbito geopolítico, já substanciada por crescente posicionamento na esfera econômica.

Todos os que se preocupavam com o seu futuro se postavam perplexos diante da força e visível estratégia do obscurantismo, que rondavam os trabalhos da assembleia, no sentido de mergulhá-la em caminho sem retorno através do voto requerido de maioria absoluta para arquitetar um modelo constitucional que mais se parecia à constituição portuguesa de 1976, que acabou por lançar os lusitanos em um grande *imbroglio* institucional, corrigido logo em seguida, também influenciada por concepções ultrapassadas no último quarto de século.

Felizmente, os constituintes lograram formar maioria para alterar o Regimento Interno que lhes veio permitir a apresentação de novas emendas, consubstanciadas, em verdade, em completos Títulos, em oposição ao arranjo autoritário esboçado na Comissão de Sistematização, o qual iria garrotear todo o restante da assembleia, ao não lhe facultar a apresentação de sugestões visando à alteração do texto.

A rebeldia da maioria veio aliviar o peso do que se propunha no relatório oficial, arejando-lhe a proposta, de tal maneira que se pode equilibrar as tendências em muitas de suas passagens, evitando, assim, o advento de grave cizânia política no âmbito da atividade econômica nacional, pelo claro desprezo demonstrado aos empresários e investidores da cidade e do campo, através da institucionalização jurídica de regras que viriam inviabilizar a economia privada e colocar o país de joelhos perante a inevitabilidade de um processo de estatização de diversos ramos dessa atividade.

Conforme comentado, todo o discurso dos estatizantes, xenófobos e inimigos da atividade privada se fez presente desde o início. Para esses segmentos políticos, a exemplo do que ocorrera em alguns países, a atividade capitalista era essencialmente maligna e o espírito marxista precisava pairar sobre quaisquer debates, não importando os argumentos apresentados por inúmeros constituintes, dentre eles o nosso homenageado, porque estavam basicamente equivocados.

A seu ver, o progresso do mundo ainda se lastreava nos conceitos revolucionários, cujas raízes foram lançadas em 1848, mas ainda não plenamente florescido entre nós, entre outros fatores, pela ausência de uma oportunidade como aquela em que a estrutura jurídica maior do País poderia, finalmente, retratar tudo o que imaginavam ser o objetivo mais elevado de sua militância política, isto é, trazer ao Brasil as concepções de vida coletiva e de centralismo do poder e da economia, que na Europa estavam prestes a desmoronar, apenas 1 ano depois.

Com efeito, embora muitos notassem as mudanças no cenário político mundial, por lhe acompanharem as tendências e a situação econômica dos diversos países envolvidos na guerra fria, sobretudo os da Europa Oriental, poucos conseguiam captar com mais acuidade que, na própria União Soviética, o regime dava evidentes sinais de exaustão ante a competição norte-americana, especialmente no campo da corrida armamentista.

Assim, boa parcela do nosso espectro político não conseguia perceber que pugnava por programas e concepções de sociedade e governo que os acontecimentos estavam prestes a abandonar. A reunificação alemã veio corroborar essa expectativa.

Foi, portanto, pela ação de alguns constituintes que se evitou a inserção na Carta da República de preceitos arcaicos, lastreados em concepção ideológica àquela altura decadente. Dentre eles, nosso homenageado, que vinha exibir toda sua bagagem cultural a todos quantos se empenharam em evitar que a Carta Magna nascesse sepultada pela história e inviabilizada por uma estrutura incompatível com os reais interesses do País.

Referindo-se à composição das subcomissões temáticas e o forte viés ideológico de que padeciam, Campos chegou a comentar, impiedosamente *"O respeitável líder do MDB, Senador Mário Covas, impôs às subcomissões da constituinte, relatores do "bolso do colete". Infelizmente, seu alfaiate só fez o bolso da esquerda. De sorte que os relatores peemedebistas, com honrosas porém escassas exceções, convergem na exibição de três qualidades desamoráveis: a) agressividade*

ROBERTO CAMPOS

ideológica; b) desinformação econômica; c) carência de "sense of humour" – esse doce pudor diante da vida de que fala o poeta. Quando abrem a boca, contribuem para reduzir a soma total de conhecimentos à disposição da humanidade..." O besteirol constituinte – O Estado de S. Paulo de 27/06/1987, p. 09.

Inúmeras reuniões do constituintes mais esclarecidos, a quem os que se auto intitulavam "progressistas" denominavam de "reacionários", numa autêntica inversão de qualificativos (aliás, até hoje persistente), propiciaram a elaboração de emendas aos nove títulos da Constituição (emendas globais), em trabalho incessante, em que se revisaram todas as peças até então preparadas pela relatoria da Constituinte e ouvidos dezenas de parlamentares, deputados e senadores, que compareceram ao local de elaboração dos textos para tentar neles incluir algo de seu interesse.

Durante três meses, a tarefa foi levada a cabo por um grupo reunido para essa finalidade, tendo o Deputado José Lins se incumbido de preparar a nova redação daquele que, efetivamente, se converteria no texto básico da Carta de 88, juntamente com aquele desenvolvido pelo relator, Bernardo Cabral.

Assim que, conforme tivemos ocasião de dizer, *"das posturas antagônicas acabou emergindo um grupo mais expressivo de constituintes que tendeu à compatibilização dos extremos, por meio da elaboração de novas propostas, que resultaram, em larga medida, das chamadas emendas aglutinativas, de sorte a viabilizar-lhes a aprovação sem grandes constrangimentos políticos ou ideológicos. Não estavam, em verdade, preocupados com a funcionalidade do sistema desenhado ou em dotar o país de meios jurídicos capazes de possibilitar-lhe a superação da crise endêmica em que submergira, mas, sim, em amenizar os antagonismos, levando a prática do "politicamente correto" ao campo econômico. Em certa medida, alcançaram esse objetivo, ao ver promulgada uma Carta, cuja Ordem Econômica e Financeira estampava quase todas as tendências, sobretudo em seus princípios gerais que, ao contemplá-las, serviriam, não só a este propósito, mas igualmente de anteparo à prevalência de qualquer delas. Criou-se uma estrutura econômica normativa que tanto enalteceu a livre empresa e a economia de mercado quanto premiou o Estado em um vasto campo de atividades."* em Ordem Econômica e Financeira – Tratado de Direito Constitucional, vol. II, p. 307/308 – obra coletiva, Saraiva, 2010.

Referidas emendas foram apresentadas à secretaria da Constituinte na primeira quinzena de janeiro de 1988, após esforço conjunto de todos os que participaram de sua elaboração no sentido de obter, em todo o País, as assinaturas necessárias para que fossem aceitas pela secretaria. Era período de recesso parlamentar e a grande maioria dos constituintes havia partido para seu Estados, dificultando, com isto, a coleta das assinaturas.

Foi dessa azáfama que acabou surgindo o modelo que se iria transformar no texto final, dez meses depois, em duas votações no plenário da Constituinte. E foi na sua preparação que Roberto Campos se empenhou, sem descurar-se de qualquer detalhe. Sua formação acadêmica, lastreada em bases sólidas, adquirida desde cedo no seminário que lhe permitiu conhecer as belezas da lógica formal e as artimanhas dos sofismas, proporcionou-lhe uma visão mais nítida dos problemas enfrentados, mas conferiu-lhe também a nostalgia do sonho irrealizado e a mordacidade da crítica, que lhe aflorava sutilmente diante das realidades incontornáveis do ambiente político de então.

Conseguiu mesclar como poucos, os ensinamentos hauridos, entre nós, de Eugênio Gudin e Octávio Gouveia de Bulhões com os de Ludwig von Mises e Friedrich Hayeck, da escola austríaca, além de Milton Friedman, de Chicago. Professores de alta estirpe intelectual que puderam influenciar toda a história econômica do século XX e que continuam a iluminar os caminhos dos que se propõem a entender os meandros mais desafiadores da ciência econômica.

Todos eles têm algo em comum que se externa em, ao menos, duas vertentes: a primazia da liberdade humana no que respeita à possibilidade de escolha de bens e serviços em determinado mercado e o afastamento de constrangimentos oficiais à produção e oferta destes mesmos bens e serviços. Liberdade dos agentes que impulsionam a economia, portanto, em suas principais vertentes e fortalecimento da atividade econômica pelo estímulo à competição.

São ilustrativas as seguintes observações: *Roberto Campos foi um defensor do livre mercado, do capitalismo, do império das leis objetivas. Combateu o nacionalismo retrógrado, o planejamento estatal, os impostos elevados e progressivos, a burocracia asfixiante, a concentração de poder, o socialismo em geral. Viveu a angústia de ver as ideias racionais serem desprezadas por políticos presos em uma mentalidade ultrapassada, que chegou a parir um absurdo como a Lei de informática, criando reserva de mercado para produtores e condenando o Brasil ao atraso tecnológico. Lamentou, enquanto muitos vibravam, a constituição "besteirol" de*

ROBERTO CAMPOS

1988, que oferecia garantias irrealistas, promessas utópicas, plantando as sementes das desgraças que se seguiram. " Rodrigo Constantino, em "A Lanterna na Proa" p. 264 – Resistência Cultural – 2017.

Independentemente da linha programática ou ideológica que ostentem, todos os intelectuais que têm a oportunidade de referir-se a Roberto Campos, o fazem com um misto de admiração e reconhecimento pela sua notável contribuição à inteligência brasileira.

Para além dos horizontes da constituinte de 87/88, a premonição de Campos quanto às dificuldades de gerenciamento das finanças públicas, impostas pela nova constituição, pode ser notada com as evidências trazidas pelo crônico problema fiscal que nos aflige, cuja origem, em grande parte, transcende a irresponsabilidade administrativa para alojar-se no bojo de uma estrutura normativa incompatível com as possibilidades financeiras do País, atreladas a um orçamento continuamente engessado, em razão de vinculações que lhe tolhem a funcionalidade e impedem melhor alocação dos recursos disponíveis.

Tarefa a cargo do Congresso Nacional que, a cada ano, precisa debruçar-se sobre as linhas mestras do orçamento e suas particularidades, talvez como a mais nobre de suas missões institucionais. No entanto, pouco se lhe permite atuar, eis que não se cuida de opções políticas em vista das necessidades do País, mas de referendar o que se acha preestabelecido pela arquitetura montada em 88 e bastante agravada por emendas constitucionais posteriores.

O resultado é que nem o Congresso nem o Executivo goza da necessária liberdade na alocação das verbas. Se por um lado garante-se destinação específica para setores relevantes do custeio público, como os do âmbito social, por outro impede-se que qualquer governo disponha de recursos para implementar programas de investimentos indispensáveis e que se tenha comprometido a realizar, fazendo deles meras intenções sem possibilidade de materializar-se.

Há algumas passagens interessantes de seu pensamento que revelam essa antevisão dos acontecimentos que, aliás, ele mesmo teve ocasião de saborear ao ver realizadas certas profecias no campo econômico e político do País. Vejamos:

"Minha capacidade de compreensão e previsão foi muito superior à minha capacidade de persuasão. Minha luta pela implantação de uma economia de mercado, baseada na

certeza de falência eventual do dirigismo socialista, foi, em grande parte, uma pregação no deserto" "A Lanterna na Popa ", p. 1266.

"Muitos me chamam de profeta sem carisma, porque preguei muito sem conseguir aliciar adeptos. Outros me chamam de idiota da objetividade. Seja como for, eu posso ter orgulho de falar que o mundo está, felizmente, cada vez mais parecido com as minhas ideias" (Discurso na Câmara dos Deputados – 29.01.99).

Devo dizer que minha experiência com Roberto Campos, na Constituinte e logo após, durante todos os anos da década dos noventa, me foi particularmente gratificante, em todos os sentidos desta palavra. Porque dele pude haurir ensinamentos preciosos que transcendem sua sabedoria no campo econômico e filosófico. Em verdade, era um pensador lúcido, capaz de expressar-se com a facilidade dos que realmente conhecem a matéria versada, sem rodeios ou tergiversações.

Aplicava a lógica formal como poucos, identificando com precisão os sofismas em meio a discussões que primavam pela inobservância da correção do raciocínio. Como sabemos, não é tarefa simples perceber o erro nas premissas ou na conclusão quando o argumento é por demais elaborado, especialmente por quem usa bem a retórica e sabe preencher e prolongar o discurso para confundir seus destinatários, sobretudo quando a matéria é bastante complexa para que se notem, de pronto, tais desvios.

Mas o atributo que sempre julguei o mais relevante em sua personalidade era o da extrema simplicidade. Tratava a todos com a gentileza própria das pessoas que a todos equipara, conquanto este dizer possa parecer uma constatação distante da realidade por aqueles que não puderam respirá-lo de perto.

Ante a realidade jurídica posta pela constituição de 1988, Roberto Campos passou a analisá-la com os olhos voltados peara sua aplicabilidade e os obstáculos por ela mesma criados para a plena eficácia de suas normas. Na verdade, como se sabe, boa parte do texto constitucional se compõe de normas de aplicabilidade limitada ou contida, nas expressões de José Afonso da Silva, o que exigiu e ainda demanda grande esforço do Congresso Nacional para regular esses dispositivos

Em uma de suas observações, diz nosso homenageado:

"De uma necessária e urgente reforma da Constituição depende a abertura de vias que conduzam à implantação de mudanças internas concebidas para libertar o

sistema econômico dos obstáculos que ameaçam deixar o País à margem do processo de modernização política e econômica que empolga o mundo exterior.

Não pode subsistir, sem graves prejuízos para a nação, o hibridismo do processo decisório que exprime seus esgares no conflito entre o Executivo e o Legislativo, numa queda-de-braços pelo exercício do poder real. Essa imagem nos adverte para a amplitude da área a ser fatalmente ocupada imobilismo. Com efeito, não há força de expressão no truísmo de que a Carta tomou o ingovernável. A gravidade da crise sócio-econômica induz-nos a admitir que é demasiado longo o prazo de cinco anos fixado pela Constituição para sua reforma." "Razões da Urgente Reforma Constitucional – Constituição de 1988, Avanço do Retrocesso – p. 137 – Rio Fundo Editora, 1990.

No mesmo artigo, Campos antevê a dificuldade de implementação legislativa do texto aprovado e verbera a imprudência dos constituintes, nestes termos:

"Dir-se-á que o mal vem de não se ter regulamentado a nova Constituição. A verdade é que ela é em boa parte irregulamentável. Como regulamentar, por exemplo, a taxa "real" de juros de 12%? Como regulamentar o dispositivo que prevê uma relação estável de emprego, se o consumidor não garante ao empresário uma relação estável de vendas? Corno regulamentar o esdrúxulo dispositivo do art. 239, §4º. que pune as empresas que modernizarem seus equipamentos, pois pagariam urna contribuição adicional por economizarem mão-de-obra em relação ao resto do setor? A regulamentação desse dispositivo congela o atraso e bloqueia o caminho da modernização industrial.

A "Constituição dos Miseráveis", como costumava dizer o Dr. Ulysses em sua campanha eleitoral, é uma favela jurídica onde os Três Poderes viverão em desconfortável promiscuidade." (p. 148)

Sem dúvida, os presságios se realizaram e hoje os fatos o demonstram. A despeito de inúmeros pontos meritórios, especialmente no campo dos direitos e garantias individuais, em relação ao desempenho econômico a Carta ficou muito a desejar. Não fossem as diversas emendas que se lhe sucederam, sobretudo na década seguinte, a estrutura jurídica da atividade econômica foi engessada de tal forma que não seria possível compatibilizar os anseios de progresso econômico com as travas constitucionais que o impediam.

Muito mais se pode dizer acerca do nosso Homenageado. A história lhe tem feito justiça porque homens de seu calibre conseguem marcá-la e direcionar-lhe os caminhos. Aos brasileiros, cabe conhecê-lo melhor para haurir-lhe os ensinamentos e tê-lo como farol em meio à densa neblina que continuamos a atravessar.

5. Roberto Campos e a "Democratice"

LENIO LUIZ STRECK

O economista, diplomata e político cuiabano Roberto Campos, falecido em 2001, não foi uma notória figura pública apenas por sua trajetória – sobremodo, marcante entre os governos de Getúlio Vargas e JK, o regime militar e o processo constituinte – mas por seus cortantes posicionamentos, bem delimitados por um constante diálogo entre as esferas política, econômica, jurídica e moral. Justamente por essa predação do Direito, naturalizada em seu discurso, evidentemente coloco-me contra muitos de seus pontos de vista. Mas intuo que a atualidade merece um reencontro com suas ideias. Tocavam, afinal, pontos sensíveis – e até hoje não resolvidos – de nosso país.

Comecemos, nesse sentido, pelas imagens feitas da Nova República – que ele via, de soslaio, brotar num vício de origem, secamente classificado como "multipartidarismo anárquico". Era a passagem entre o bipartidarismo constrangido pela mão dos militares e o que chamava de "pluripartidarismo anárquico".

Atual – mas paradoxalmente olhando talvez muito mais ao retrovisor do passado e aos nossos republicanos problemas seminalmente dispostos a partir dos anos cinquenta do século XX (e não exatamente às circunstâncias que viriam enraizar-se como, de fato, um babelizado espaço político) – ele destilou, assim, sua ácida ironia àquilo que Sérgio Abranches nominou como "presidencialismo de coalizão", para concluir: "A representação parlamentar de minúsculos fragmentos da população é *democratice*".

Pois bem. Nessa miríade de interesses – que Roberto Campos punha mesmo como uma espécie de rasteira perversão a já acompanhar o Brasil nos seus até então breves *surtos republicanos*[1] –, dizia ele que "cada um tinha direito a seu pequeno absurdo". E, assim, para além das muitas críticas possíveis endereçadas à nossa (contemporânea) forma de organização política do poder, enviesava (e assujeitava) o próprio sentido da democracia.

Na sua equivocada premissa – espécie de raiz de todas as críticas –, esquecia de seu componente mais característico, bem centrado em seu traço contramajoritário, a limitar justamente as tentações que fazem caminhar àquilo que ele tanto temia: pequenos e pessoalizados absurdos.

De toda sorte, pervertida em "democratice" em suas lentes, a democracia era mera convenção que, nos seus acordos, aceitava tudo. Deslocada no tempo – ou melhor, sem tempo e sem qualquer tradição a sustentar-lhe – a democracia era uma espécie de caricatura contemporânea daquela *volonté générale* de Rousseau[2], completamente surda, refratária mesmo à intersubjetividade que caracteriza a contemporaneidade.

Talvez não por outra razão Campos via na nossa "democratice" à brasileira um acolhedor espaço a uma "desastrosa Constituição". E com essa pejorativa adjetivação, dirigida à Carta de 1988, considerava-a uma "peça tragicômica", que "tornaria o país ingovernável". Uma "favela jurídica", segundo ele anunciava, "onde os três Poderes viverão em desconfortável promiscuidade".

Suas conclusões – que passam distantes das causas e partiam sempre daquela inicial premissa enviesada – parecem acertar em cheio, como o leitor mais atento já deve ter percebido, algumas das mais agudas crises da atualidade brasileira.

Vejamos. Das insuficiências do presidencialismo de coalizão, vislumbrado como uma espécie de condição à governabilidade repaginada com o advento da Nova República, mas ainda assim considerado um espaço temerário às práticas que impedem o Brasil de republicanizar (como diria,

---

[1] Explico o que quero dizer com "surtos republicanos". Intuo que, *grosso modo*, podemos pensar o país efetivamente republicano apenas nos períodos bem demarcados pela Segunda e Nova República, deixando de lado seu primeiro movimento, oligárquico e sem povo, de lado, assim como o Estado Novo de Vargas e, obviamente, o Regime Militar. Daí referir--se a esses períodos como "surtos" – porque breves – diante de uma secular história como colônia, império e governos autoritários.

[2] Para além do Terror revolucionário na França de 1789, influenciado, por um lado, pela distorção do pensamento de Rousseau, é importante ter em conta que Roberto Campos via, no povo, aquela parcela do Estado que, justamente, não saberia o que quer...

ROBERTO CAMPOS E A "DEMOCRATICE"

por motivos diferentes, Murilo de Carvalho), Roberto Campos transitou a uma certa crise funcional entre Poderes, cujo traço mais bem acabado seja, talvez, um sempre pernicioso ativismo judicial a criar direito novo nos tribunais e, assim, predar a autonomia do Direito[3]. O ponto de partida, contudo, era o mesmo: sua "democratice".

Daí que, nesse regime idealizado, em que a Constituição era não mais que "um camelo desenhado por um grupo de constituintes que sonhavam parir uma gazela", o Brasil jamais acertaria contas com a modernidade. Ao contrário. Resvalaria ao atraso. Numa lógica muito própria, o problema do Brasil era tão-somente institucional – e não constitucional. Avançar econômica e socialmente dependeria muito mais da criação de instituições – e estas estavam longe de um íntimo e necessário diálogo com a Constituição.

É paradoxal, mas ao mesmo tempo faz sentido: para quem viu os Ministérios da Fazenda e do Planejamento gozarem de poderes quase imperiais durante o Regime Militar, em que não havia "força política, nem legislativa, nem no Judiciário que pudesse se contrapor a esse comando econômico" – como é possível depreender da instigante "Biografia do Brasil" de Lilia Schwarcz e Heloisa Starling – o Brasil realmente não precisaria de Constituição. O processo civilizador não estava nela. Se democracia era "democratice", a Constituinte – na afiada crítica de Roberto Campos – não passaria de uma "Constitucionalite", ou seja, um certo modismo a inflamar, ainda mais, o nosso atraso.

O interessante disso tudo, pois, é que – muito paradoxalmente – Campos, em seu grande equívoco, acertou. Errando, construiu um grande acerto. Lembro aqui o que o próprio Roberto Campos dizia em seus *Ensaios de Anatomia Política*: "*O Brasil parece particularmente vulnerável à perversão de objetivos*". Como é possível que um país com uma das constituições mais avançadas, mais democráticas, mais bem articuladas do mundo permaneça ainda a materialização própria do patrimonialismo?

Talvez Roberto Campos tivesse mesmo razão ao dizer que o Brasil tinha como futuro um grande passado. O paradoxo é que nosso passado, hoje tão presente, não se deu pelo "besteirol constituinte" contra o qual

---

[3] Teria mesmo chegado a dizer, antevendo uma onda judicializante, que o Judiciário deixaria, assim, de ser o intérprete e executor das normas para ser o feitor das normas, confundindo--se a função judiciária com a legislativa: "O país será quintessencialmente um país litigante".

Campos alertava (em sua terminologia tão particular): ao contrário, deu-se pela perversão dos objetivos que esse "grande besteirol" estabeleceu democraticamente em 1988. Afinal, onde se viu colocar em uma Constituição normas que estabelecem que o Brasil deve erradicar a pobreza? E que os direitos devem ser levados a sério?

Desse modo, errando, Campos acertou. Como no diálogo de *O Grande Inquisidor* (Irmãos Karamazov), os juristas e os políticos não conseguem agir por princípio. Talvez não sejamos dignos de uma Constituição que ousa resgatar as promessas incumpridas da modernidade. De novo, errando, Campos acerta: parte da Constituição foi usada a favor de corporativismos e parte para sufragar um capitalismo de laços ou um capitalismo subsidiado pelo Estado.

Daí por que me permito encerrar novamente adaptando suas palavras. Dizia ele que era uma questão de "urgência urgentíssima" "reformar a Constituição e retirar o país do claustro, a fim de que os brasileiros respirem os ares do novo mundo em gestação". No país da perversão dos objetivos – do *ex parte principis*, do liberal-patrimonialismo, do *laissez-faire* para os outros e subsídios para os amigos –, fazer valer a Constituição é uma questão de urgência urgentíssima. Só assim, talvez, possamos retirar o país do claustro, a fim de que os brasileiros respirem os ares do novo mundo em gestação. A Constituição, afinal, jamais criou direitos sem deveres. É a Constituição que mais exige de nós. E talvez tenha sido esse seu problema: exigindo demais, a Constituição deixou espaço para a perversão de seus objetivos.

Sim, errando, Roberto Campos acertou: esta Constituição exigiu demais dos brasileiros.

Referências

ABRANCHES, Sérgio. **Presidencialismo de coalizão: Raízes e evolução do modelo político brasileiro**. São Paulo: Cia. Das Letras, 2018.

ALMEIDA, Paulo Roberto (Org.). **A Constituição contra o Brasil**: ensaios de Roberto Campos sobre a constituinte e a Constituição de 1988. São Paulo: LVM Editora, 2018.

CARVALHO, José Murilo de. **Os bestializados**. O Rio de Janeiro e a república que não foi. São Paulo: Companhia das letras, 1987.

SCHWARCZ, Lilia Moritz e STARLING, Heloisa Murgel. **Brasil**: uma biografia. São Paulo: Companhia das Letras, 2015.

6. Roberto Campos como Amigo e Inspirador

NEY PRADO

É com imensa satisfação pessoal poder, mais uma vez, deixar registrado nesta coletânea minha profunda admiração intelectual e os momentos agradáveis de convívio com Roberto Campos, uma das mais reconhecidas figuras da cultura brasileira e internacional. Tive o privilégio de conhecê-lo pessoalmente em situação inesperada. Foi quando a Universidade Estácio de Sá resolveu mercantilizar, em larga escala, vídeo aulas sobre assuntos econômicos e políticos, idealizados e organizados por Roberto Campos, então chanceler da referida instituição.

Surpreendi-me quando dele recebi o convite, juntamente com Donald Stuart, fundador do Instituto Liberal, para compor o trio de palestrantes. Durante o período da feitura e realização do projeto, foi possível, pelo convívio praticamente diário em sua casa para discussão e preparação dos temas, conhecer ainda mais suas ideias e, bem assim, sua sensibilidade e exímio humor. Mas foi no período pré, durante e após os trabalhos constituintes de 1988 que a nossa amizade e respeito se materializaram definitivamente.

Confesso que ideias fundantes que embasam minha formulação intelectual no campo de Ciências Sociais, e em especial na economia e na política, tem como fonte os ensinamentos de Roberto Campos. Em minha biblioteca reúno quase todas suas obras e escritos produzido ao longo de sua rica e influente biografia. Muitos de seus conceitos foram incorporados em minhas obras e artigos, e em especial, sobre a Constituição de 1988. Cito alguns:

ROBERTO CAMPOS

"Nossa Constituição é saudavelmente libertária no político, cruelmente liberticida no econômico, comoventemente utópica no social; é um camelo desenhado por um grupo de constituintes que sonhavam parir uma gazela..."; "No texto constitucional, muito do que é novo não é factível; e muito do que é factível não é novo"; "Na ordem econômica discrimina contra investimentos estrangeiros, marginalizando o Brasil na atração de capitais. Na Constituição de 1988, a lógica econômica entrou em férias"; "Na Constituição, promete-nos uma seguridade social sueca com recursos moçambicanos"; "No plano político, há o hibrismo entre presidencialismo e parlamentarismo. No plano congressual, levou a um anárquico multipartidarismo"; "A preocupação dos Constituintes não foi facilitar a criação de novos empregos e sim garantir mais direitos para os já empregados"; "O modelo monopolista sindical que temos é fascista. Conseguimos combinar resíduos de corporativismo fascista com o mercantilismo colonial, e acabamos reduzidos à condição de súditos, não de cidadãos"; "A palavra *produtividade* só aparece uma vez no texto constitucional; as palavras *usuário* e *eficiência* figuram duas vezes; fala-se em *garantias*, 44 vezes, em *direito*, 76 vezes, enquanto a palavra *deveres* é mencionada apenas quatro vezes"; "O país tem pendente uma questão de urgência urgentíssima: reformar a Constituição e retirar o país do claustro, a fim de que os brasileiros respirem os ares do novo mundo em gestação". Em sua obra mais extensa, "A lanterna na popa, memórias", Roberto Campos cita meu nome extraído de dois livros de minha autoria com os títulos "Os notáveis erros dos notáveis", análise crítica da Comissão Afonso Arinos, e "Razões das virtudes e vícios da Constituição de 1988", com o seguinte teor:

> "Sarney, ampliou exageradamente a comissão de notáveis, que se tornou um foro nacional populista, a qual produziu um anteprojeto, classificado por seu secretário-geral, Ney Prado, tornado dissidente, como preconceituoso, casuísta, elitista, utópico, demagógico, socialista, estatista e xenófobo."

> Ver Ney Prado, "Os notáveis erros dos notáveis", Rio de Janeiro, Forense, 1987, passim. Parte da motivação de Sarney no arquivamento do anteprojeto da Comissão de Notáveis foi que nele se previa a implantação do parlamentarismo, ficando o chefe de Estado com um mandato de quatro anos.[1]

---

[1] "A lanterna na popa, memórias", pg. 1119.

Ney Prado identifica entre os "vícios materiais" da Constituição de 1988 "a tendência utópica, a tendência demagógica e o corporativismo". O texto é rico em dispositivos corporativistas, como os relativos a) Às empresas estatais; b) À magistratura; c) À representação classista; d) Ao ministério público; e) À procuradoria geral da Fazenda Nacional; f) Às polícias Rodoviária e Ferroviária Federal; g) À polícia civil; h) Às universidades estaduais; i) Aos notários; j) Aos fazendários; k) Aos delegados de Polícia; l) Às escolas oficiais; m) Aos servidores públicos civis; n) Ao ministério público do Trabalho e Militar; o) Aos índios; p) Ao empresariado nacional; q) À advocacia. Ver Ney Prado, Razões das virtudes e vícios da Constituição de 1988, São Paulo, Inconfidentes, 1994, P. 45-53.[2]

Por ultimo, gostaria de ratificar a minha plena identidade com o pensamento liberal de Roberto Campos pelos seus incontáveis méritos, de forma e conteúdo. Em recente homenagem pelo seu centenário de nascimento, realizado no Palácio do Itamaraty, no Rio de Janeiro, finalizei a minha saudação com o seguinte verbete:

> Neste centenário, em que Roberto,
> Por sua pátria é reverenciado,
> Tudo se torna presente,
> Mesmo o tempo que é passado.

---

[2] *"A lanterna na popa, memórias", pg. 1213.*

7. Roberto Campos e a utopia constitucional brasileira

PAULO ROBERTO DE ALMEIDA

Roberto Campos e a instabilidade constitucional brasileira
Com a possível exceção da Petrobras – que ele chamava, carinhosamente, de "Petrossauro" –, a Constituição brasileira de 1988 foi um dos mais constantes objetos da birra de Roberto Campos, que a ela dirigiu um volume razoável de críticas acerbas. Não só a ela, obviamente, mas ao conjunto de regulações infraconstitucionais, intrusivas e equivocadas, que sempre dificultaram, quando não obstaram por completo, a criação e a manutenção de um ambiente de negócios relativamente favorável à acumulação de capital, à incorporação ou criação de tecnologias avançadas, assim como à simples criação de empregos, de riqueza e de bem-estar e prosperidade para a população como um todo. E não apenas a partir dela, evidentemente, pois todo o arcabouço institucional brasileiro, sempre exerceu uma tremenda barreira à criação de novos negócios, em bases privadas, ao mesmo tempo em que atribuía ao Estado grande primazia nos empreendimentos considerados "estratégicos", inclusive por parte de uma elite sempre mais focada nos favores estatais do que no empreendedorismo de risco.

As características negativas da carta constitucional, bem como do ambiente legal como um todo, em vigor no Brasil desde sempre, mas particularmente agravadas pela Constituição de 1988, constituíram um dos maiores irritantes ao longo da brilhante carreira de tecnocrata intelectual que foi a de Roberto Campos desde a República de 1946 até a chamada "Nova República". Não surpreende, assim, que, em primeiro lugar, o processo de elaboração constitucional de 1987-88 e que, depois, o

ROBERTO CAMPOS

texto saído do Congresso Constituinte, promulgado em outubro de 1988, tenham merecido justas críticas do mais brilhante intelectual brasileiro da segunda metade do século XX.

Uma contagem puramente focada nesses conceitos, entre as suas centenas de artigos publicados nos principais jornais brasileiros nas décadas de 80 e 90 do século passado, revelam nada menos do que a existência de seis dezenas de artigos ou ensaios diretamente vinculados ao termo, tal como se pode verificar em diversas coletâneas de textos seus desse período: *Guia Para os Perplexos* (Rio de Janeiro: Nórdica, 1988; Parte IV – A transição Política e a nova Constituição); *O Século Esquisito: ensaios* (Rio de Janeiro: Topbooks, 1990); *Reflexões do Crepúsculo* (Rio de Janeiro: Topbooks, 1991); *Antologia do Bom Senso ensaios* (Rio de Janeiro: Topbooks, 1996); *Na Virada do Milênio: ensaios* (Rio de Janeiro: Topbooks, 1998). Paralelamente, o processo de discussão e de redação da Carta de 1988 foi objeto de seis densas seções no capítulo XIX das memórias, "Tornando-me um Policrata" (*A Lanterna na Popa*; Topbooks, diversas edições desde 1994), o penúltimo antes do XX, "Epílogo". Muitos outros ensaios contêm referências a essa temática em diferentes ocasiões, inclusive um capítulo no livro coletivo organizado por Paulo Mercadante: *O avanço do retrocesso* (Rio de Janeiro: Editora Rio Fundo, 1990).

O verbete "Constituição", no índice do livro de memórias, se desdobra em diversos itens, entre os quais a Constituição de 1988, ocupa, junto com referências à de 1967 (de cuja feitura Campos participou), uma parte considerável dessas remissões, que no conjunto, de uma referência inicial à Constituição americana à última, relativa justamente à Constituinte de 1987-88, se desdobram em 21 entradas sucessivas, além de mais de duas dezenas de remissões específicas (ensino gratuito, nacionalismo minerário e petrolífero, hiperfiscalismo, intervencionismo estatal, etc.). Ao abrir o debate sobre o tema, na *Lanterna na Popa*, ele confessa de imediato que o seu "ceticismo em relação a textos constitucionais é hoje [1993] acachapante". Ele aponta três defeitos na maior parte das constituições brasileiras: elas seriam reativas, instrumentais e frequentemente utópicas, este último, "inerente a todas as constituições dirigistas", pelo fato de "não distinguirem entre 'garantias não onerosas' e 'garantias onerosas' (...) como salários, aposentadorias, educação saúde e meio ambiente" (pp. 1185-6 da 4ª. edição).

A maior parte das invectivas de Roberto Campos a propósito da atual Carta Magna não poderia, assim, deixar de carregar um tom de frustração com o que ele chamou, junto com Paulo Mercadante, de "o avanço do retrocesso", título, do livro já mencionado, organizado por este último, com o qual ele colaborou com um ensaio sobre as "razões da urgente reforma constitucional" (1990). Algumas reformas vieram, no decorrer dos anos 1990, depois que ele tinha lançado a primeira edição de suas memórias, já sob o primeiro governo de Fernando Henrique Cardoso. Mas elas provavelmente não foram capazes de o satisfazer inteiramente, inclusive porque dezenas de emendas posteriores continuaram a arrastar o país para o caminho de mais intervencionismo estatal, mais fiscalismo exacerbado, ainda mais nacionalismo equivocado. Essas emendas, geralmente na área econômica, corrigiram apenas uma pequena parte do amontoado de sandices nacionalistas, intervencionistas e xenófobas, que os constituintes de 1987-88 se encarregaram de introduzir no texto constitucional.

Três décadas se passaram desde a aprovação da Carta Constitucional, período no qual as emendas constitucionais estão no domínio dos três dígitos, ao passo que projetos de reformas constitucionais se acumulam na casa dos milhares, cada qual com o seu potencial de enrijecer ainda mais um texto prolixo, invasivo da vida privada, infernal do ponto de vista dos negócios econômicos e ridiculamente patético ao pretender trazer um pouco de felicidade legal a todas as categorias de brasileiros, inclusive a profissões específicas, a atividades determinadas e aos vencimentos dos funcionários públicos. O texto constitucional representa o lado esquizofrênico de uma concepção jurídica generosa a respeito da organização do Estado e da sociedade, absolutamente tutelada pela vontade de constituintes – e, no seu seguimento, dos reformadores legislativos que continuam afoitos na tarefa de enriquecer ainda mais os seus dispositivos – e destinada a enquadrar cada aspecto da vida social e das atividades econômicas, que aparentemente não poderia sobreviver sem esse olhar protetor dos guardiões do direito constitucional.

Roberto Campos faleceu antes que, na sequência do ativismo constitucional dos legisladores ordinários, alguns ministros da Suprema Corte também se empenhassem, com todo o ardor interpretativo de novos cruzados, em agregar mais umas tantas irracionalidades naquilo que já representa um cipoal de amarras exóticas a enredar a vida e os movimentos do "Prometeu acorrentado" que é o Brasil, entregue aos abutres rentistas de várias categorias profissionais, capitalistas promíscuos ou mandarins do Estado. Se ele tivesse acompanhado a recente fase de "construtivismo constitucional", ele teria constatado que os próprios ministros do STF se encarregaram de deformar o texto constitucional na abertura e no fechamento do mais recente caso de impeachment conduzido contra um segundo presidente corrupto, como tal julgado pelo Legislativo. Esse é, no entanto, o lado político das tribulações constitucionais que continuam a produzir instabilidade na governança do país, mas o que mais angustiava Roberto Campos eram os dispositivos econômicos, dentro e fora da Constituição, atravancam a atividade produtiva e cerceiam a integração do Brasil na economia global.

São os aspectos econômicos irracionais do texto constitucional que mais provocaram o desespero do diplomata convertido em "policrata" ao assistir como o Brasil não deixava, segundo seus próprios dizeres, de "perder a oportunidade de perder oportunidades", sempre tropeçando no processo de arrancar o país da pobreza corrigível para colocá-lo um pouco mais perto da riqueza atingível. Com efeito, como registrou a partir de suas muitas frases de efeito Aristóteles Drummond, ele dizia que "nossa pobreza não é uma fatalidade imposta por um mundo injusto", ao contrário daqueles que acreditam que o subdesenvolvimento brasileiro é o resultado da "exploração imperialista". Roberto Campos continuava, sobre a pobreza: "É algo que podemos superar com diligência municiada pela emoção e disciplinada pela razão" (in: *O Homem Mais Lúcido do Brasil: as melhores frases de Roberto Campos*; São Luís: Resistência Cultural, 2013).

A sexta Constituição do Brasil, no regime autoritário: a de 1967

Roberto Campos, enquanto se desempenhava como ministro do planejamento do primeiro governo do regime militar, foi convidado pelo presidente Humberto de Alencar Castelo Branco a colaborar com a elaboração do capítulo econômico da nova Constituição, a de 1967, que o general concebia como uma salvaguarda contra um retorno à situação anterior e uma alavanca para a institucionalização da situação criada com o golpe de 1964. Os capítulos sobre os quais ele opinou foram os do orçamento, fiscalização financeira e sobre a ordem econômica, de maneira geral. Sua principal preocupação, com a ajuda do advogado Bulhões Pedreira, era a de oferecer uma visão anti-inflacionária e privatista para a nova Constituição, embora nenhum desses objetivos fosse atingido nos anos seguintes. As inovações econômicas consistiram na proibição de aumento de despesas por iniciativa legislativa, a proibição de investimentos sem projetos com especificação das fontes de receitas, a implantação de orçamentos-programa e preparação de orçamentos plurianuais de investimento, a modernização do código de minas, para atrair investimentos externos, e a reformulação da política de comércio exterior, suspendendo o direito, previsto na Constituição de 1946, de os estados tributarem as exportações.

A preocupação anti-inflacionista de Roberto Campos não foi, entretanto, seguida nos governos seguintes, com o lançamento de vários projetos não orçamentados, como a Transamazônica, no governo Médici, ou o programa de energia nuclear, no governo Geisel. Uma fórmula proposta por ele, no capítulo da ordem econômica, foi mantida nas constituições seguintes, embora na prática não seguida fielmente: só se permitiria o monopólio do Estado sobre a atividade econômica quando ele se aplicasse a "setor que não possa ser desenvolvido com eficiência num regime de competição e de liberdade de iniciativa" (*Lanterna na Popa*, 4ª edição, p. 790). A despeito dessa orientação geral, as orientações nacionalistas de diversos líderes políticos na época consagraram o monopólio da Petrobras sobre todo o setor do petróleo, o que Campos julgava irracional e contraproducente. Até aí não foi a pior das soluções, pois a Constituição de 1988 "expandiria o monopólio da pesquisa e lavra para cobrir cinco outros aspectos da atividade petrolífera"(p. 793).

A avaliação geral de Roberto Campos sobre a ordem econômica implantada ao final do governo Castelo Branco e deformada na prática pelos governos seguintes não deixa de refletir, como ele diz, as ironias da história:

> A Constituição de 1967, piorada consideravelmente pela Emenda Constitucional n. 1, de 1969, que a tornou mais autoritária e mais casuística, fora desenhada para assegurar a implantação de uma economia não-inflacionária, com um viés privatista. Todavia, tanto a inflação como o estatismo viriam a agravar-se a partir da era Geisel. O patamar inflacionário anual passaria de menos de 20%, no fim do governo Médici, para mais de 200% quando se encerrou o ciclo militar, em 1985! E houve uma enorme proliferação de empresas estatais. (p. 795)

ROBERTO CAMPOS

A caminho da redemocratização pela via do irrealismo constitucional

Desde quando desistiu da carreira diplomática – na qual foi tão discriminado quanto já o era na vida pública, desdenhado não só pela esquerda, como por "fazedores de opinião" (como jornalistas e acadêmicos), acintosamente apelidado de "Bob Fields" pelos seus inimigos ideológicos – e ingressou na vida política, em 1983, Roberto Campos empenhou-se em corrigir as deformações econômicas acumuladas em quase duas décadas de regime militar, ao longo das quais, consoante o espírito estatizante e autárquico dos generais presidentes (especialmente Geisel), as políticas econômicas foram consistentemente intervencionistas, dirigistas, protecionistas e estatizantes, como seria de se esperar. Seu primeiro embate foi contra a lei de reserva de mercado para a informática, um amontoado de disposições introvertidas e xenófobas estimulado diretamente pela presidência da República, através de uma Secretaria Especial de Informática, dirigida por um coronel nacionalista (como não podia deixar de ser). E como não poderia deixar de ser, ele saiu derrotado, e frustrado, desse primeiro embate contra a burocracia estatal e contra os interesses privados interessados na proteção, que ele chamava de "cartórios industriais".

Numa conjuntura confusa da vida brasileira, já nos estertores do regime militar e o início de um novo ciclo do sistema político, a partir da redemocratização de 1985, ele esforçava-se para evitar, com o vai-e-vem das políticas econômicas, o "naufrágio da razão", como escreveu no prefácio à sua coletânea de artigos lançada em 1988, *Guia Para os Perplexos* (Rio de Janeiro: Nórdica, p. 10). A inspiração lhe tinha sido dada pela leitura de obra de título similar do erudito judeu do século XII, Maimonides, ao qual ele presta homenagem nesse prefácio da seguinte forma, cobrindo aliás os principais temas do livro:

> Maimonides desconfiava do entusiasmo e pregava a moderação. Acreditava que o progresso viria através de um lento e despretensioso avanço da razão. No caso brasileiro, entusiasmo é o que não nos tem faltado. Estamos permanentemente à busca de fórmulas mágicas e de homens providenciais. Entusiasmamo-nos ora com 'slogans' simplistas como as eleições 'diretas já'; ora com a formulação de uma nova Constituição Redentora; ora com a mágica econômica do Plano Cruzado. Entretemo-nos com ódios inúteis, com a aversão ao FMI, ou otimismos idiotas, como a 'autonomia tecnológica'. Entretanto, como ponderava Maimonides, a construção da boa sociedade pressupõe não

fórmulas messiânicas, mas simplesmente o império da lei. 'A lei, como um todo, diz ele no *Guia para os perplexos*, objetiva duas coisas – o bem estar da alma e o bem estar do corpo. O primeiro consiste no desenvolvimento do intelecto humano; o segundo, no melhoramento das relações políticos dos homens entre si.' (p. 10)

É justamente nesse livro, cujo prefácio é datado de fevereiro de 1988 – ou seja, ainda antes do término do texto da nova Carta – que ele descreve criticamente o que ele chamou de

> confuso vai-e-vem da elaboração, pela Assembleia Constituinte de 1987/88, da nova Constituição, que evoluiu de um compêndio de utopias – um exercício voluptuoso de concessão de direitos e parcimonioso na fixação de responsabilidades – para um texto mais realista, porém, ainda assim eivado de concessões ao nacionalismo, ao protecionismo e ao assistencialismo. A confusão entre 'direitos' e 'anseios' é insanável hóspede de todas as Constituições brasileiras. A futura – a oitava – não será exceção. (p. 11)

Compunham ainda o livro muitos outros artigos sobre o pensamento dos "liberalistas" – "essa espécie rara dos que acreditam que a democracia política tem que se casar mais cedo ou mais tarde com a economia de mercado" – sobre temas da política internacional, bem como sobre temas de política econômica, última parte do livro, que ele apresenta da seguinte maneira:

> É melancólica descrição, baseada no cotidiano, da sucessão de desacertos, de oportunidades perdidas, de intoxicações irracionais, que conseguiram levar o Brasil à 'estagflação' num mundo que assistiu, pela primeira vez na história, à abolição da pobreza numa só geração. Pois foi isso que aconteceu na franja asiática, demonstrando mais uma vez que a culpa de sermos subdesenvolvidos reside em nós mesmos, e não nas nossas estrelas. (p. 11)

Num texto obituário desse mesmo livro, de setembro de 1987, dedicado a homenagear Gilberto Amado no centenário de seu nascimento, Roberto Campos não deixa de relembrar o velho mestre sergipano, convertido em delegado do Brasil à Comissão do Direito Internacional, em Genebra,

ROBERTO CAMPOS

naquilo que ele falava do voto e da representação, vinculando a equação à Assembleia Constituinte, então em curso:

> Seria talvez crueldade demasiada ressuscitarmos Gilberto, três vezes Deputado e uma vez Senador pelo Sergipe, exímio debatedor e escritor sem jaça, para assistir aos debate da Assembleia Constituinte de 1987. Recitaria, sem dúvida, com sorriso irônico, o trecho de sua obra – 'Eleição e Representação' – onde ilustrou o singular paradoxo de nosso ritual democrático: – no Império e na República Velha a eleição era falsa e verdadeira a representação; na República Nova, verdadeira a eleição e falsa a representação. Esse paradoxo, velho de algumas décadas, até hoje persiste, pois na atual Assembleia Constituinte as minorias radicais representam pouco, argumentam muito e apoquentam infernalmente. (p. 179)

Esse paradoxo continuou, provavelmente de forma ainda mais acentuada, nas três décadas seguintes, inclusive a partir das inovações tecnológicas nas eleições, que continuam a ser mais e mais verdadeiras, ao passo que a representação se estiola, mais e mais, nos feudos sindicais, nas representações particularistas das bancadas de interesse único, ou naquelas transversais (como os evangélicos), que bloqueiam qualquer sentido nacional das políticas públicas ao insistirem em reivindicações de minorias (algumas até avantajadas) que vão transformando a Constituição e todo o sistema legal-institucional num amontoado de disposições de exceção, num mosaico de "garantias de direitos", que esgarçam completamente a noção de interesse público relevante, ao submetê-lo aos regimes de cotas e de tratamentos especiais para grupos supostamente frágeis.

Ainda ligando as lições de Gilberto Amado ao exercício constituinte de que participava, Roberto Campos se vale do amigo, conhecido nas reuniões da ONU do final dos anos 1940, para especular sobre o que estaria pensando do processo de elaboração constitucional o grande tribuno, consultor do Itamaraty nos anos 1930 e depois diplomata consagrado:

> Estou certo ainda que ao perlustrar a primeira versão do projeto constituinte diria, sem rebuscos, que a Assembleia assumiu a aparência de um hotel para hóspedes da anti-razão, equilibrando-se no dorso liso das generalidades, e perfeitamente capazes de acreditarem na exigibilidade das utopias. Seria um desapontamento para Gilberto, que se declarava de emocionada gratidão quando 'encontrava um brasileiro capas de ligar causa e efeito'.

ROBERTO CAMPOS E A UTOPIA CONSTITUCIONAL BRASILEIRA

No dicionário de utopias em que se transformou o atual projeto constituinte, pareceria possível acelerar o momento de recompensa encurtando o momento do esforço; dos empregadores se exigiria o heroísmo de criar empregos estáveis com base num faturamento instável; transformar-se-ia em patrimônio nacional o mercado interno, quando representamos 1,1% do comércio internacional, o que nos dá a credibilidade de um David a ameaçar Golias com bolas de geleia em sua funda. (...)

Em seu discurso de paraninfo dos diplomados do Instituto Rio Branco, Gilberto declarou que não desejaria morrer sem concluir uma obra com o título: 'História da objetividade e da inobjetividade no Brasil'. Teria, no presente transe nacional [isto é, o da Assembleia Constituinte], pouco material para a objetividade e abundantes ilustrações da inobjetividade. Estamos confundindo o ronco da maré com o aplauso da história. (p. 179-180)

Estes breves trechos retirados de uma coletânea de artigos, contemporânea do processo de elaboração constitucional, já nos dá uma ideia do pensamento, das ideias e sentimentos de Roberto Campos, antes mesmo de passar a examinar as duas dezenas de artigos contidos na parte IV do *Guia para os perplexos*, sob o título de "A transição política e a nova Constituição" (pp. 183-269). O primeiro artigo chama-se, justamente, "Reservatório de utopias" e vem datado de janeiro de 1985, ou seja, bem antes da decisão de se convocar uma Assembleia Constituinte – ainda no momento da eleição indireta de Tancredo Neves –, mas nele Roberto Campos já tratava desse "misto de panaceia e paixão", que seria a "constitucionalite" daqueles dias, quando ele já tinha tido de "suportar" cinco constituições: a de 1934, a de 1937, a de 1946, a de 1967 – da qual ele tinha participado nos capítulos econômicos – e a Emenda Constitucional de 1969. Como ele escreve: "Duas delas outorgadas, duas votadas por Assembleias Constituintes (1934 e 1946), uma votada por um Congresso Constituinte (1967)." (p. 185) A de que ele participou, como constituinte, seria também feita por um Congresso Constituinte, não por uma Assembleia exclusiva, como pretendia o relator da mensagem presidencial, em 1987, quando Roberto Campos acreditava que alguns ajustes no texto de 1967, caracterizada por certo realismo econômico e monetário, poderia servir para colocar o Brasil num novo patamar institucional para a retomada do crescimento. Como ele escreve nesse artigo:

ROBERTO CAMPOS

Só se justificaria a solenidade de uma Assembleia Constituinte se estivéssemos dispostos a uma transformação mais radical. Tal seria, por exemplo, a substituição do Presidencialismo, que converte cada sucessão numa crise do regime, pelo Parlamentarismo, preferivelmente segundo o estilo gaulês, mais próximo da nossa 'Gestalt' política que os modelos saxônicos do Parlamentarismo inglês e do Presidencialismo americano. (...)

Inexistindo esse ânimo reformista fundamental, que exigiria, *inter alia*, a regulamentação do voto distrital, é complicação necessária criar-se uma dualidade entre o Poder Legislativo e o Poder Constituinte. Fabricaríamos uma nova Constituição apenas para descumpri-la, senão para ignorá-la, tratamento que a história habitualmente destina aos reservatórios de utopias. (pp. 186-7)

Inacreditável presciência de Roberto Campos, nesse artigo de janeiro de 1985, quando dificilmente se poderia prever que ele acertaria quase perfeitamente, mas bem mais nos desacertos, do que nos acertos do novo regime constitucional que emergiria da Constituição de outubro de 1988. Não apenas se manteve essa incômoda tensão entre um modelo político concebido inicialmente para um regime parlamentarista – depois desviado do seu curso para a manutenção de um presidencialismo capenga, dependente do Congresso até para pequenas reformas administrativas no Executivo, e atualmente praticamente chantageado pelo Legislativo na elaboração de cada peça orçamentária, no segundo semestre de cada sessão legislativa –, como tampouco se fizeram as correções absolutamente necessárias no modelo de votação, que Roberto Campos pretendia que fosse, acertadamente, o distrital, com vistas a corrigir a dispersão e a fragmentação do sistema partidário, que se constitui, atualmente, numa das principais pragas – junto com o Fundo Partidário, justamente, que alimenta o "fenômeno" – do sistema político.

A "transformação radical" que ele pedia – mas num sentido racionalizador do funcionamento do sistema político, pela via de um parlamentarismo à la francesa – acabou acontecendo, mas pela via da Lei de Murphy, ou seja, da pior maneira possível, com um acúmulo de generosidades praticamente impagáveis no curso dos anos, origem e fator da virtual falência fiscal de que padece hoje o Estado brasileiro, ainda que essa deterioração tenha sido estupidamente agravada pelo lulopetismo econômico praticado de maneira exacerbada nos últimos anos do reino dos companheiros, que lançaram o Brasil naquilo que eu chamo – depois da Grande Depressão dos anos 1930, e da Grande Recessão de 2008-2011 – de Grande Destruição, o inacreditável rebaixamento recorde da riqueza nacional por doses maciças de incompetência econômica e pela ação ainda mais devastadora da maior máquina de corrupção sistêmica jamais vista no país. Se Roberto Campos já se desesperava, no final dos anos 1980 e início da década seguinte, com os sucessivos experimentos laboratoriais de alquimia econômica – os planos sempre frustrados de estabilização até o Plano Real –, ele teria provavelmente ficado deprimido, se vivo fosse, com o formidável retrocesso na qualidade das políticas econômicas posto em marcha nas quatro administrações companheiras do milênio. Tendo falecido em 2001, ele foi poupado de mais essa frustração.

Em novo artigo escrito ainda em fevereiro de 1985, ele já alertava para o "nosso querido nosocômio" (pp. 188-190 do *Guia para os perplexos*). Dentre as manias do momento, ele destacava, novamente, a constitucionalite, ademais da esquizofrenia (que foi singularmente ampliada na era companheira) e da xenofobia (amplamente reforçada na Constituição aprovada em 1988, o que teve de ser parcialmente corrigido pelas emendas da era Fernando Henrique Cardoso). Ele ainda acreditava que a Constituição de 1967 poderia sobreviver com reformas, mas insistia em que "certamente nossa salvação não está numa reordenação institucional" (p. 188). O problema é que o texto de 1967, que ele considerava "a mais anti-inflacionária do mundo", com a proibição expressa de aumento de despesas pelo Congresso, foi totalmente ignorado pelos próprios mandatários do regime militar, que, no afã de fazer do Brasil uma "grande potência", se lançaram numa sucessão de projetos megalomaníacos que praticamente pavimentaram o caminho da hiperinflação e do aumento da dívida pública (sobretudo a externa, numa época em que petrodólares eram oferecidos a taxas de juros inferiores às taxas de inflação dos países da OCDE).

Ao final do regime militar, o Brasil exibia essa característica talvez única no mundo capitalista de trabalhar com três orçamentos paralelos: o tradicional orçamento fiscal – que em todo mundo resume o conjunto completo de receitas e despesas do país, segundo as boas regras da contabilidade racional –, um orçamento monetário (ou seja, a conta movimento do Tesouro junto ao Banco do Brasil), que era acionado cada vez que um "projeto essencial ao desenvolvimento do país" lograva superar as objeções do ministro da Fazenda via caneta presidencial, e um orçamento exclusivamente dedicado às estatais, que respondiam provavelmente por um terço do PIB e por parte significativa dos investimentos totais. Tudo isso num ambiente excessivamente e burocraticamente dirigista e também intensamente protecionista (tarifas de mais de 100% e proibições de tudo o que tivesse um "similar nacional"), o que fazia com que a oferta interna fosse à razão de mais de 90% produzida no próprio país, um exemplo de autarquia econômica talvez jamais alcançado pela economia nazista da Alemanha hitlerista.

Essas irracionalidades econômicas amarguravam Roberto Campos, inclusive porque, ao início do regime militar, ele tinha sido parcialmente responsável pela montagem da grande máquina de intervenção econômica do Estado, mas que ele imaginava que poderia ser utilizada para o bem, ou seja, para o investimento produtivo e para projetos solidamente apoiados em estudos prévios de custo-benefício e daquilo que os economistas chamam de custo-oportunidade, muitos deles feitos pelo Ipea, que ele tinha montado justamente para introduzir racionalidade nas políticas econômicas aplicadas. Como sempre ocorre nesses experimentos de laboratório, o resultado superou amplamente as expectativas, mas não exatamente na direção esperada. A gigantesca máquina administrativa do Estado brasileiro, um dos mais "weberianos" no conjunto dos países em desenvolvimento, cresceu tremendamente antes e depois do regime militar, a partir dos tecnocratas do período de alto crescimento, e incorporando progressivamente novas camadas superpostas de "mandarins do Estado", uma enorme rede de corporações supostamente eficientes (pois que constituídas a partir de concursos meritórios a partir de então), mas focadas antes de mais nada e principalmente nos seus próprios benefícios, com todas as mordomias e prebendas que se pode imaginar (sobretudo no Judiciário), num ambiente dominado pela arrogância típica das corporações do Antigo Regime. A combinação desses "elementos tóxicos" da máquina estatal com o patrimonialismo sempre presente, praticamente instintivo, na classe política acabou resultando na mais gigantesca máquina de extração de riqueza a partir da sociedade em proveito do próprio Estado e dos seus mandarins eleitos e concursados.

Roberto Campos assistiu a esse agigantamento do Estado em seus últimos anos de vida, mas teria ficado ainda mais angustiado ao contemplar, se vivo fosse, esse patrimonialismo dos novos donos do poder, a partir de 2003, que já não eram aqueles tradicionais, estudados por Raymundo

Faoro em meados dos anos 1950, e sim os novos senhores do dinheiro do regime companheiro, uma combinação da "nova classe" de sindicalistas arrivistas – os antigos sindicalistas alternativos dos anos 1970, convertidos ao mainstream do sindicalismo corrupto sustentado no imposto sindical obrigatório – e os neobolcheviques do Partido dos Trabalhadores, os "guerrilheiros reciclados" dos antigos movimentos de luta armada dos anos 1960 e 70, reconvertidos na luta "pacífica" dos anos 1980 e 90, mas adeptos de todas as táticas clandestinas, inclusive a velha mania das "expropriações", e, a partir de 2003, tornados os principais administradores do enorme patrimônio estatal. O resultado foi que o velho patrimonialismo de origem lusitana, parcialmente modernizado, mas preservado, na era Vargas, e novamente reformado no regime militar e tentativamente contido na era FHC, acabou convertendo-se num patrimonialismo de tipo gangsterista sob os governos dos companheiros. Tendo falecido em 2001, Roberto Campos não teve o desgosto adicional de contemplar esses desenvolvimentos recentes da "governança" brasileira, mas eles se firmaram na máquina política e em várias outras instâncias do Estado, inclusive porque o que mais se praticou, nos anos recentes, foi a coalizão espúria entre capitalistas promíscuos e "representantes do povo", um sistema praticamente indestrutível desde os tempos de Maquiavel e do Rei Sol, aquele que dizia que "Estado sou eu". Tais modalidades de "governo" certamente teriam atraído sua pluma sempre ferina, mas sempre frustrada.

O "besteirol" constituinte e a consagração da utopia

Sob esse título de "besteirol" constituinte, figuram dois artigos particularmente ranzinzas de Roberto Campos, publicados em abril e junho de 1987, respectivamente, e que também compõem a coletânea enfeixada no *Guia para os perplexos* (pp. 233-242). Ele destaca as qualidades "desamoráveis" dos relatores da nova Carta, segundo ele caracterizados por "(a) agressividade ideológica; (b) desinformação econômica; (c) carência de 'sense of humor'" (p. 233). Ele ressalta, em primeiro lugar, o "encapsulamento de *três* asneiras em *quatro* linhas", no relatório da Subcomissão de Ciência e Tecnologia, a saber:

> O mercado integra o patrimônio nacional, devendo ser *ordenado* de modo
> a viabilizar o desenvolvimento socioeconômico, o bem-estar da população
> e a realização da autonomia tecnológica e cultural da nação.

Desnecessário reproduzir todas as críticas feitas por Roberto Campos a esse e a outros dispositivos do mesmo teor – como o monopólio extensivo sobre todos os recursos minerais do país – mas vale reproduzir a sua primeira crítica a esse besteirol:

> Se cada nação considerasse o seu mercado interno patrimônio nacional, extinguir-se-ia o comércio internacional. Os países do Mercado Comum Europeu, ao abrirem seus mercados, estariam perdendo patrimônio, quando na realidade enriqueceram-no pelo acesso ao pujante mercado comunitário. O Brasil ganhará muito mais angariando fatias do grande mercado externo do que 'reservando' seu modesto mercado interno. (pp. 233-4)

Não é preciso dizer que esse tipo de "deformação genética", que constitui a obsessão nacional com o mercado interno e com "reservas de mercado", inclusive na preferência doentia com a preferência do fornecimento local e doméstico, ou seja, provadamente nacional, continuou a prosperar pelas décadas seguintes, chegando ao auge no regime companheiro, que reinstituíram as práticas ultranacionalistas da era militar, agregando ainda uma "preferência nacional" até 25% de acréscimo no custo da oferta local, e insistindo na imposição autoritária de percentuais de "conteúdo local" (para a indústria automobilística, por exemplo, aliás toda ela estrangeira, mas ainda gozando dos privilégios de "indústria infante", 60 anos depois de instalada), o que levou o Brasil a ser condenado na Organização Mundial do Comércio por práticas contrárias ao regime de investimentos consolidado em um dos acordos da Rodada Uruguai. A boçalidade desse tipo de prática sabidamente contrária às normas do sistema multilateral de comércio – certamente alertada pelo corpo profissional sempre atento do Itamaraty, mas ainda assim implementada por uma presidente tão inepta quanto arrogante, e nisso beirando o pecado da ilegalidade nas obrigações internacionais do Brasil – só pode ser explicada por um atavismo do antigo presidente metalúrgico em prestar favores aos patrões da indústria automotiva, se não esconder outras práticas corruptas – por exemplo, de financiamento oculto ao partido no poder – que não foram ainda devidamente esclarecidas. Este foi o estado de desgovernança a que chegou o Brasil, insistindo nos mesmos equívocos em matéria de políticas públicas e setoriais, que já eram estigmatizadas por Roberto Campos no bojo do processo constituinte.

Muitas outras bobagens foram duramente combatidas por Roberto Campos ao longo dos muitos meses de sofrimento sob os acessos de "constitucionalite aguda" de seus colegas de Assembleia (e de Congresso), muitas delas obstadas – como a proibição tentativa de os bancos estrangeiros captarem depósitos no Brasil –, mas outras passadas e implementadas, para maior desgosto seu, nos anos seguintes (e que redundariam na necessidade da revisão constante, e na aposição de novas emendas no decorrer das três décadas desde então). Entre essas bobagens no papel figuravam, por exemplo, no capítulo dos "direitos" (com a assimétrica "omissão dos deveres"), essa pretensão da carta proposta de "assegurar a Justiça Social, o que "segundo certos princípios", escreve Roberto Campos,

> significariam a extinção, por simples ato constitucional, do subdesenvolvimento. Ficaríamos constitucionalmente promovidos a níveis de vida superiores aos de países ricos como Estados Unidos, Japão e Inglaterra, todos os quais enfrentam problemas de desemprego, favelamento e inadequadas facilidades de descanso e lazer. (p. 235)

Ele terminava o primeiro "besteirol constituinte" (26/04/1987) alertando que se

> ... não fizerem amputações construtivas teremos uma Constituição de 956 artigos, o que dará mais emprego a bacharéis, mais desemprego aos trabalhadores, mais desilusão para todos e uma advertência para que outros países não se entreguem a exercícios de 'besteirol'. (p. 237)

No segundo besteirol (21/06/1987), ele se insurgia contra o retrocesso de vinte anos na Comissão de Ordem Social ao pretender assegurar a "estabilidade no emprego", uma característica do populismo da era Vargas e uma excrescência por ele corrigida em 1966, ao criar o Fundo de Garantia por Tempo de Serviço (FGTS), trocando a estabilidade por um sistema de pecúlio financeiro (depois igualmente deformado nos anos e décadas seguintes, pelo abuso estatal de uma correção monetária inferior à inflação real e por aplicações abusivas desse fundo, sobretudo na era companheira). As regras laborais, de forma geral, constitucionalizadas *à outrance*, ademais da existência das "tábuas da lei" da Consolidação das

ROBERTO CAMPOS

Leis do Trabalho (CLT), engessaram de tal forma o regime de trabalho no país que diversas tentativas tiveram de ser penosamente negociadas ao longo dos anos, para vencer a resistência das poderosas centrais sindicais e das federações setoriais de trabalhadores sindicalizados – todos eles vivendo à larga das benesses do imposto compulsório administrado por essa outra máquina infernal de corrupção que constitui o Ministério do Trabalho – e buscar tornar o sistema contratual no setor privado no sentido de maior liberdade aos empregadores.

Resultou de tudo isso que o Brasil, ademais de políticas de valorização do salário mínimo, e de outros vencimentos de referência, muito acima dos níveis de produtividade e de crescimento da economia como um todo, tornou-se um país de mão-de-obra muito cara, comparativamente a outros países de similar inserção na divisão mundial do trabalho – como os emergentes de renda média, por exemplo –, o que precipitou, senão acelerou, o processo de desindustrialização precoce registrado desde o início do presente século (por acaso coincidente com as políticas setoriais altamente amigáveis ao trabalho concebidas e implementadas pelos governos companheiros).

A desindustrialização relativa é um processo que pode ocorrer naturalmente, ao operar-se a passagem do predomínio do secundário para um maior peso do terciário – o setor de serviços, extremamente diversificado, com ramos de alta e baixa produtividade. No caso do Brasil, entretanto, registrou-se um ritmo muito rápido de perda de espaço, e de consistência, do setor industrial no sistema produtivo em seu conjunto, o que só pode ser explicado por políticas setoriais claramente equivocadas ao longo do tempo, e isso a despeito de diversas "políticas industriais" – de produtividade, de comércio exterior, de modernização tecnológica – e de outros tantos estímulos creditícios (via bancos públicos, com destaque para o BNDES) e de mecanismos de proteção tarifária. O resultado de todas essas medidas – sem esquecer a desoneração da folha de pagamentos e sua substituição por recolhimento baseado no faturamento, totalmente revertido e descartado no período recente – foi pouco mais que pífio, senão negativo para todos os efeitos práticos, o que teria deixado Roberto Campos ainda mais mortificado, quando não confirmado em seus alertas de "profeta" antecipado. Ele certamente teria escrito mais algum artigo em torno da "lei das consequências involuntárias", com grandes doses de ironia, mas também de maior frustração, pelo fato de o Brasil insistir em confirmar o seu slogan favorito, o de ser um país que "na perde oportunidade de perder oportunidades.

O "besteirol" constituinte, na fase da elaboração da nova Carta, não parava por aí, pois ainda se insistia no direito de todos "à moradia, alimentação, educação, saúde, descanso, lazer, vestuário, transporte e meio ambiente sadio", numa vacuidade total de racionalidade que certamente causava alergia em Roberto Campos. A Comissão de Ordem Social, por exemplo, oferecia uma solução simples à questão da reforma agrária, pois dispunha:

> ... que todos os 'sem terra' passam a ter 'direito assegurado à propriedade na forma individual, cooperativa, condominial, comunitária ou mista', cabendo ao Estado promover as necessárias desapropriações. Talvez por esquecimento, os Constituintes não garantiram ao trabalhador urbano o direito de ter sua própria fábrica, aos carpinteiros de possuírem uma carpintaria, às costureiras de conseguirem uma 'boutique'...
>
> Tudo indica que, se esse balaio de utopias atravessar o crivo da Comissão de Sistematização e do Plenário, teremos uma Constituição mais rapidamente biodegradável que as *sete* anteriores. E, por insistir em brigar com os fatos, o país continuará tendo um grande futuro no seu passado. (pp. 241-42)

Esse foi justamente o destino do Brasil ao longo dos anos e décadas seguintes, embalado por uma Constituição "cidadã" que prometia direitos e vantagens a todos e a cada um – saúde e educação, por exemplo, continuam sendo um "direito de todos e um dever do Estado", sem uma mínima preocupação quanto a quem cabe pagar por tão generosas concessões –, sem jamais tornar compatíveis os utópicos dispositivos constitucionais com as realidades econômicas de um país insuficientemente capitalizado para oferecer um padrão de vida apenas compatível com níveis de produtividade e de renda típicos de países mais avançados na escala do desenvolvimento humano. Roberto Campos continuou digladiando com seus companheiros de Constituinte durante todo o processo de elaboração primária e, depois, de relatoria consolidada, lamentando apenas que o resultado não tenha sido tão somente inexequível, mas sobretudo "ridículo".

Ele não deixava de apontar as contradições do texto, como ao observar que "as bactérias e os vírus não foram informados que ao infectarem os brasileiros estarão violando a Constituição" (p. 244), ao mesmo tempo em que os legisladores proibiam empresas estrangeiras de se instalarem no país para tentar salvar os brasileiros. Outro dispositivo vexaminoso foi a distinção entre "empresa brasileira" e aquela de "capital nacional", "contrariando uma tradição que vem desde o Código Comercial de 1850" (p. 245), discriminação que teve de ser eliminada numa das primeiras emendas da era FHC.

A essa ressurreição do nacionalismo ele dedicou todo um artigo, em 9/08/1987, "O culto da anti-razão" (pp. 248-251 do *Guia para os perplexos*), começando por reconhecer que as nações "atravessam períodos de submersão na irracionalidade". Nesse particular, ele teria constatado que se tratava de uma epidemia renitente, pois que esse vírus continuou produzindo surtos de irracionalidade pelas décadas seguintes, em especial depois de seu desaparecimento, pois que retrocedendo com ardor aos "chavões socializantes" de que ele falava nesse mesmo artigo, a partir de promessas mirabolantes feitas durante os ataques de ineditismo do "nunca antes neste país" da era companheira. As invectivas contra o texto da Constituição continuaram nos artigos seguintes, entre eles "As soluções suicidas" (16/08/1987, pp. 252-55) e "Mais gastança que poupança" (6/09/1987, pp. 259-262), resumindo ele o sentido geral do exercício naquele primeiro artigo:

> Conseguimos produzir um texto timidamente capitalista na 'Ordem Econômica', francamente socialista na 'Ordem Social', indeciso na opção entre presidencialismo e parlamentarismo. (p. 252)

Num outro artigo do mesmo livro, mas que não trata especificamente do texto constitucional, "Na contramão da História" (30/08/1987, pp. 256-8), ele começa por reproduzir uma frase do embaixador Oscar Lorenzo-Fernandez, seu antigo auxiliar na embaixada em Londres – "A proposta das esquerdas brasileiras é comer a semente destinada ao plantio" – para em seguida focar nas grandes transformações da economia mundial, tal como ele as via acontecendo sobretudo na vertente europeia e asiática: a internacionalização da produção, a dimensão dos mercados se ampliando pelos processos de integração regional, a interpenetração crescente das atividades produtivas, o desaparecimento da tradicional divisão entre centro e periferia, a globalização financeira e as vantagens da interpenetração comercial e tecnológica. Ele lamentava então que o Brasil estivesse alheio a todas essas transformações, e vaticinava impiedosamente, com o uso de maiúsculas: "Os 'PROGRESSISTAS' farão o Brasil crescer como rabo-de-cavalo: PARA TRÁS E PARA BAIXO". (p. 258)

As críticas desse mesmo teor se sucediam em diversos outros artigos, reunidos nas coletâneas seguintes ou dispersos em diferentes jornais com os quais ele colaborava regularmente (*O Globo, O Estado de S. Paulo*, a *Folha de S. Paulo*). Na coletânea posterior, *O Século Esquisito* (Rio de Janeiro: Topbooks, 1990), ele recrudesce em sua avaliação negativa do novo texto constitucional, como na Parte III desse livro, "A marcha de um erro: a nova Constituição de 1988" (pp. 187-215), como por exemplo no artigo de 31/07/1987, "A Constituição 'Promiscuísta'" (pp. 192-95). No sistema político "promiscuísta", que seria o nosso, não vige o sistema britânico de *integração* de poderes, ou o americano, de *separação* entre eles, mas prevaleceria no Brasil, segundo Roberto Campos, um sistema de "*invasão* dos poderes". Essa constatação precoce, feita ainda antes da entrada em vigor do novo textos constitucional, nunca se mostrou tão válida, e tão presciente, quanto na conjuntura atual, de virtual *confusão* entre os três poderes, aliás desde antes do impeachment de 2016, mas praticamente atuando de forma contínua, com intromissão recíproca entre os poderes, nos anos recentes.

Roberto Campos fornece exemplos práticos em uso desde antes da promulgação, com o Congresso invadindo a área do Executivo (nas concessões de televisão, ou alvarás minerais em terras indígenas, por exemplo), sendo que o Judiciário é também convidado a participar daquilo que ele chama de "*partouse*" (p. 193, que pode ser traduzida por free sex, ou orgia), a partir dos "mandados de injunção" ou das declarações de "inconstitucionalidade" por quaisquer motivos políticos. Numa notável antecipação do que viria a acontecer nos anos e décadas seguintes, no regime da nova Constituição, Roberto Campos advertia:

> Através de uma ou outra dessas figuras, o cidadão comum poderá, na falta de norma regulamentativa, pleitear no Judiciário os 'direitos', liberdades e prerrogativas constitucionais. O Judiciário deixará assim de ser o intérprete e executor das normas para ser o 'feitor' das normas, confundindo-se a função judiciaria com a legislativa.
>
> Nesse campeonato de promiscuidade, o Executivo também terá suas opções. Uma, é invadir a seara da economia de mercado [através] de um

mini-Gosplan, a fim de planejar o desenvolvimento 'equilibrado', incorporando e compatibilizando os 'planos nacionais e regionais de desenvolvimento'... (...) Outra é atazanar o contribuinte através de três sistemas fiscais paralelos: a) o *sistema tributário tradicional*, com o conhecido elenco de impostos; b) o *sistema tributário da seguridade social*, que é um sistema paralelo no qual os empresários seriam novamente garfados sobre a folha de salários, o faturamento e o lucro; e c) o *sistema tributário sindical*, que compreende, além do imposto sindical, uma 'contribuição da categoria', definida em Assembleia Geral. (p. 193)

Mais uma vez notável presciência de Roberto Campos, ainda antes da entrada em vigor da Constituição "cidadã". O que ele não previu, contudo, foi a capacidade extraordinária de governantes e legisladores, auxiliados por um Judiciário intrusivo, de piorar ainda mais os diferentes sistemas tributários existentes, não apenas criando novas fontes (compulsórias, obviamente) de arrecadação, ampliando alíquotas e formas de incidência sobre empresários e trabalhadores, como também estendendo enormemente os longos braços da Receita, convertida em órgão tipicamente fascista na sua sanha em cercar o "contribuinte" com os mais diferentes regimes de extração extorsiva, se a redundância é permitida. Não apenas passaram a incidir, sobre os legítimos produtores de riqueza e sobre os simples trabalhadores, impostos em cascata, além de cobrança de imposto sobre outros impostos (na importação, por exemplo), como também foram criados adicionais no limite inconstitucionais, como o PIS-Cofins sobre as importações, por exemplo, como se a arrecadação se destinasse a financiar a seguridade de trabalhadores estrangeiros nos países de origem, quando ela apenas alimenta o Tesouro.

Mais ainda, para suportar a imensa carga de generosidade concedida a todos os detentores de direitos constitucionais – saúde e educação universais, por exemplo, mas também as prestações por fragilidades sociais generalizadas –, o sistema tributário já extorsivo na origem continuou a ser ampliado em favor da União com a criação de novas "contribuições", que não precisavam ser distribuídas aos estados e municípios, pois não eram, constitucionalmente, definidas como "impostos"; foram as que mais cresceram desde a entrada em vigor da nova Constituição. Se fosse pouco, as propostas existentes de criação de um imposto único sobre transações financeiras – ou seja, em substituição de vários outros impostos federais – foram deformadas e abusivamente transformadas num imposto único de movimentação financeira, capturando em cascata e indiscriminadamente todas as operações bancárias efetuadas pelos detentores de contas, o que significou agravar continuamente e crescentemente toda a cadeia produtiva e distributiva, sem apelação, pois que automatizadas a cobrança e o recolhimento do novo imposto (que deveria ser "provisório", mas que se prolongou indevidamente no tempo). Não bastassem esses abusos vexatórios para os legítimos criadores de riqueza, um dos orgulhos das reformas econômicas da dupla Campos-Bulhões dos anos 1960, a criação do ICM, o pioneiro imposto sobre o valor adicionado então em implantação mundial, foi totalmente deformado e desviado de sua concepção original – que seria a unificação tributária do país – pela ação de todos os estados da federação, no sentido de estadualizar, descentralizar, diversificar, e consequentemente aumentar as alíquotas desse imposto ampliado das mercadorias aos serviços, e tornado um instrumento de regresso medieval do mercado brasileiro, além de promover uma "guerra fiscal" totalmente de origem política, e oportunista, entre eles.

Roberto Campos certamente contemplaria constrangido, se vivo fosse, o espetáculo de esquizofrenia tributária a que o Brasil foi levado na década e meia depois de seu desaparecimento, por um Estado convertido em ogro famélico impiedoso e unicamente concentrado na extração e extorsão de contribuintes compulsórios. Ele teria longos artigos a escrever sobre o comportamento fascista da Receita Federal, cercando os agentes econômicos primários por todos os lados, inclusive na criação de expedientes inéditos na tributação mundial, como a "substituição tributária" – ou seja, a cobrança antecipada dos impostos, antes mesma do ato de consumo – ou o "lucro presumido", ademais de um escrutínio praticamente implacável, a partir de poderosos computadores, de todas as transações feitas entre particulares, inclusive em tempo real, se desejar.

Os usos e abusos da legislação tributária – aliás materializada numa infinidade de normas e regulamentos que representam várias toneladas de dispositivos normativos – provavelmente mereceriam de Roberto Campos dezenas de artigos adicionais, vitriólicos, condenando o nefando sistema que ele, paradoxalmente, ajudou a criar, pois que fazendo parte do processo de "racionalização" e de "modernização" do sistema fiscal e tributário do Brasil dos anos 1960, quando ainda existiam impostos criados na República Velha. Ele tampouco deixaria de revisitar a Constituição, as suas dezenas de "disposições transitórias" que se tornaram eternas,

ROBERTO CAMPOS

a necessidade de dezenas de leis complementares, as centenas de leis ordinárias, e os milhares de atos normativos, apenas para colocar em vigor todas as promessas bondosas do texto utópico da Carta. Como ele escreveu, nesse mesmo artigo, "A Constituição 'Promiscuísta'", a Carta "promete-nos uma seguridade social sueca com recursos moçambicanos" (p. 195).

No artigo seguinte, "Desembarcando do mundo" (21/08/1988, pp. 195-98), Campos retorna à sua constante constatação, a de que o Brasil não perde uma oportunidade de perder oportunidades, várias delas por força de uma Constituição que insiste em colocar o Brasil fora do mundo real. Ele se arrepende, nesse artigo, pela criação da Embratel, "de cuja instalação fui culpado quando ministro do Planejamento, num dos meus pecados de juventude" (p. 196; mas nem tão jovem assim, pois que já na casa dos 50 anos). Depois de lamentar que a Constituição não traz, rigorosamente, nenhuma contribuição para inserir o Brasil na modernidade, ele termina por constatar:

> A cultura que permeia o texto constitucional é nitidamente antiempresarial. Decretam-se 'conquistas sociais' que, nos países desenvolvidos, resultaram de negociações concretas no mercado, refletindo o avanço da produtividade e o ritmo do crescimento econômico. A simples expressão 'conquista social' implica uma relação adversária, e não complementar, entre a empresa e o trabalhador. Inconscientemente, ficamos todos impregnados da ideologia do 'conflito de classes' [PRA: e talvez a intenção tenha sido essa mesma, por parte de muitos constituintes]. Elencam-se 34 'direitos' para o trabalhador e nenhum 'dever'. Nem sequer o 'dever' de trabalhar, pois é irrestrito o direito de greve. Obviamente, ninguém teve a coragem para incluir, entre os 'direitos fundamentais', o direito do empresário de administrar livremente a sua empresa. (p. 198)

Roberto Campos termina esse artigo, especialmente pessimista, mas também terrivelmente premonitório quanto aos efeitos da Constituição sobre o futuro do Brasil, com um tom entre o patético e o irônico, como era a sua característica:

> Os estudiosos de Direito Constitucional aqui e alhures não buscarão no novo texto lições sobre arquitetura institucional, sistema de governo

ou balanço de poderes. Em compensação, encontrarão abundante material anedótico. Que constituição no mundo tabela juros, oficializa o calote, garante imortalidade aos idosos, nacionaliza a doença e dá ao jovem de dezesseis anos, ao mesmo tempo, o direito de votar e de ficar impune nos crimes eleitorais? Nosso título de originalidade será criarmos uma nova teoria constitucional: a do 'progressismo arcaico". (p. 198)

O avanço do retrocesso: a Constituição contra os miseráveis

Numa fase posterior à promulgação da Constituição, já a propósito da primeira campanha presidencial sob a forma de eleições diretas, em 1989, Roberto Campos constatava, no artigo "Dando uma de português" (17/12/1989, pp. 210-13), ser

... impressionante a semelhança entre os trezes princípios da Frente Brasil Popular [a que sustentava a primeira candidatura de Lula à presidência da República] e os da Constituição lusitana de 1976. Só que esta já foi revista duas vezes e nós ficamos com a versão ultrapassada. Segundo o texto de 1976, a República Portuguesa teria por objetivo assegurar a 'transição para o Socialismo', criando condições para o 'exercício do poder pelas classes trabalhadoras'. O programa petista declara que 'seu objetivo histórico é o socialismo'; e incentivará, para isso, a 'criação de mecanismos sociais e de fiscalização social sobre o aparato administrativo do Estado e sobre a economia'.

O problema é que enquanto os lusos se tornaram 'progressistas' nós ficamos 'regressistas'. Na primeira revisão da Constituição lusa em 1982, conquanto ainda se fale na 'transição para o socialismo', o objetivo passa a ser a 'democracia econômica' e não a primazia do proletariado. Na segunda revisão de 1989, desaparece inteiramente a menção ao 'socialismo'. Fala-se apenas no 'Estado democrático de direito', baseado no 'pluralismo de expressão'. (...)

O programa regressista de Lula dispõe que o governo 'manterá o setor produtivo estatal em poder do Estado' e fala na necessidade de 'desprivatizar o Estado'. Trata-se de coisa difícil porque hoje as estatais não pertencem ao público e sim aos sindicatos da CUT. (pp. 210-11)

Lula e o PT tentaram por três vezes conquistar a presidência da República com base numa coalizão "progressista" que prometia os mesmos objetivos socialistas de sua origem esquerdista, mas esta tipicamente anacrônica para os padrões conhecidos na história da socialdemocracia europeia, desde o Bad Godesberg do SPD alemão, no final dos anos 1950, até o reformismo de mercado do New Labour nos anos 1990, passando pelo socialismo democrático francês dos anos 1970. O PT nunca fez sua reconversão reformista e pró-mercado, a despeito de ter enganado os empresários e a classe média em 2002, prometendo se comportar por meio de uma "Carta ao Povo Brasileiro" na qual apenas garantia que não faria aquilo que sempre jurou fazer para a sua militância e os seus amigos do Foro de São Paulo, a começar pelos comunistas cubanos, que controlam esse mecanismo de vigilância sobre os partidos membros muito parecido com a tutela exercida pela III Internacional dos tempos de Lênin e de Stalin (até 1943) e pelo Cominform do stalinismo tardio a partir de 1947. Roberto Campos, mais uma vez, parece ter antecipado os desenvolvimentos petistas no poder, com seu tirocínio aguçado sobre o que poderia acontecer se o PT conquistasse o governo e se instalasse no Estado:

Há poucas dúvidas de que o PT ampliará e aperfeiçoará suas técnicas de patrulhamento ideológico que, mesmo partindo de uma minoria, exercem efeito intimidante sobre a imprensa, a academia e parlamentares acovardados. Não lhe será fácil controlar o Parlamento para o implementar o socialismo. Mas tem ampla competência para arruinar o capitalismo. Basta revogar a lei da oferta e da procura, mediante congelamentos e controles. E certamente se aplicará a essa tarefa com essa mistura de fanatismo e incompetência que é característica das esquerdas latino-americanas.

Há incorrigíveis otimistas que pensam que o poder converteria o PT de um ébrio num sóbrio. A meu ver, ante as tensões de insolubilidade, tenderia a radicalizar-se. Fidel Castro, Ortega, Allende e Alan García foram todos moderados inicialmente. E depois buscaram mudar o sistema que não sabiam administrar.

A literatura da Frente Brasil Popular não é tranquilizante. Tem três características: o voluntarismo, o fiscalismo e a estatolatria. O *voluntarismo* se traduz na ingênua convicção de que o aumento de salários reais é algo decretável, bastando para isso decência ética e preocupação social. Não parece haver percepção de que só se consegue aumento real de salários se houver aumento da produtividade e/ou elevação do nível de investimentos.

ROBERTO CAMPOS E A UTOPIA CONSTITUCIONAL BRASILEIRA

(...) A outra característica é o *fiscalismo*. Ajuste fiscal na linguagem petista é codinome para aumento de impostos e não para redução de gastos.

(...) A terceira característica é a *estatolatria*. Caberia ao Estado melhorar a distribuição de renda. Mas o Estado é o pior inimigo da boa distribuição de renda, pois é o fabricante da inflação, o mais injusto dos tributos. (...) Nas universidades públicas, que hoje são a sucursal acadêmica do PT, gasta-se vinte vezes mais por aluno do que no ensino primário. (pp. 212-3)

Mais uma vez, deve-se admirar a capacidade premonitória de Roberto Campos quanto ao que poderia ocorrer caso o PT chegasse ao poder, o que efetivamente ocorreu treze anos depois de suas advertências proféticas. Aliás, num artigo posterior, "O fácil ofício de profeta" (1/09/1991, publicado no *Correio Braziliense*), ele dizia que:

Se fosse criada a profissão de profeta, com vencimentos adequados, eu passaria facilmente no concurso. Sem falsa modéstia... profetizei o colapso do marxismo soviético... (...)

No caso brasileiro, ser profeta é uma barbada... Profetizei, um pouco solitariamente, que a reserva de mercado da informática seria um desastre tecnológico. Previ que o 'Plano Cruzado', essa peça de dirigismo desvairado, não só não curaria a inflação como desorganizaria a economia... (...) Adverti que a moratória 'independente' lançaria o Brasil no ostracismo financeiro, pois que o custo de 'não' pagar (...) seria maior do que o custo de pagar.

Durante a Constituinte, predisse que o país se tornaria ingovernável. O nacional-populismo, na véspera de sua raivosa menopausa, produziu um documento que é híbrido no político, utópico no social e estatólatra no econômico.

Todos os três pecados detectados por ele no artigo de dezembro de 1989, o voluntarismo, o fiscalismo e a estatolatria, foram cometidos, em graus diversos, mas com diversos agravantes, pelos governos do PT entre 2003 e 2016. O patrulhamento e a intimidação de aliados, de espectadores passivos e de parlamentares acovardados foram constantes, crescentes e avassaladores. A submissão das academias e o recrutamento de "companheiros de viagem" já eram favas contadas, sem necessidade de maiores esforços, desde muito antes da conquista do poder, uma vez que as ideologias em vigor nas universidades públicas, em todas as

ROBERTO CAMPOS

faculdades de pedagogia, em quase todos os cursos das Humanidades, já correspondiam ao marxismo vulgar, ao gramscismo instintivo – isto é, sem qualquer leitura direta do comunista italiano –, ao esquerdismo ordinário que constituíam lugares comuns nos corredores, nas salas de aula, nos departamento de todas essas instituições, públicas e também privadas, em grande medida.

Eles não precisavam implantar o socialismo, nem queriam, pois conhecedores do desastre cubano e outros experimentos, já sabiam que o socialismo não funcionava. Eles apenas precisavam domar os capitalistas e colocá-los a seu serviço, uma tarefa não muito complicada, dada a natural propensão dos empresários brasileiros a buscarem no Estado todas as soluções para seus problemas: proteção, financiamento, concessões, favores, carteis, regimes especiais, subsídios e desgravações setoriais, etc. Revogar a lei da oferta e da procura eles o fizeram diversas vezes – na energia como um todo, nos combustíveis em especial, na regulação laboral e nos mercados de trabalho, por meio de normas e de regulação intrusiva (pensem na tomada de três pinos, um clássico exemplo de corrupção normativa no mais alto grau), nos mercados de financiamento público – e com isso conseguiram tornar a economia brasileira ainda mais esquizofrênica, bizarra e disforme, retrocedendo ao "stalinismo industrial" da era militar, ao planejamento estatal de décadas atrás. Enfim, o voluntarismo, o fiscalismo e a estatolatria se exerceram com grande pujança, e notável grau de incompetência e de corrupção durante os anos do PT no poder, até conseguirem produzir o que produzem todos os regimes socialistas: a deterioração profunda da economia de mercado, a destruição de riqueza, o retrocesso institucional, a estagnação do crescimento, a crise fiscal e o aumento da inflação e do desemprego, em todas as suas formas. Em outros termos, os lulopetistas conseguiram produzir o "avanço do retrocesso", como escreveram Mercadante e Campos.

Esse é exatamente o título do próximo artigo de Roberto Campos na antologia *O Século Esquisito* (artigo de 29/04/1990), e que reflete o título do livro homônimo, organizado por Paulo Mercadante, em torno de textos analíticos da Constituição de 1988 (Rio de Janeiro: Rio Fundo Editora), com o qual ele também colaborou com um artigo intitulado "Razões da urgente reforma constitucional" (pp. 137-149). O artigo, porém, é muito sintético, e trata de outras questões do que as abordadas na colaboração de Campos ao livro coordenado por Mercadante, com o qual também

ROBERTO CAMPOS E A UTOPIA CONSTITUCIONAL BRASILEIRA

colaboraram os filósofos Antonio Paim e Ricardo Vélez-Rodríguez, os juristas Ives Gandra da Silva Martins, Oscar Dias Corrêa e Miguel Reale, o engenheiro José Carlos Mello, o diplomata José Guilherme Merquior, entre outros. Em outros termos, menos de um ano depois de promulgada a *oitava* Constituição do Brasil, Roberto Campos já afirmava a necessidade de uma urgente reforma constitucional.

Não é difícil detectar porque Campos falava da necessidade dessa revisão emergencial, aspecto o que ele já tinha evidenciado, insistido, clamado, desde o início mesmo do processo de sua elaboração, em completa divergência com o que estava ocorrendo na economia mundial. Como ele escreveu nesse capítulo do livro:

> A Constituição de [19]88 praticamente nos exclui das correntes dinâmicas da economia mundial. Gera atmosfera mais adequada a sociedades cartorial-mercantilistas do passado que às sociedades do presente, caracterizadas pela integração de mercados e interdependência tecnológica. Numa sociedade dinâmica, a Constituição deve confinar-se às normas de organização e funcionamento do Estado e aos direitos fundamentais do cidadão. (p. 138)

Roberto Campos se dedica, então, a uma exegese completa de todas as irracionalidades contidas na Constituição de 1988, e que justificariam a demanda de sua revisão urgente, mas que nos eximem de repassar linearmente suas críticas, uma vez que muitos dos piores equívocos foram parcialmente revistos nos anos seguintes, mas várias outras irracionalidades também foram sendo agregadas ao texto constitucional nas três décadas subsequentes, o que entraria em divergência tópica com a sua brilhante análise efetuada entre o final de 1989 e o início de 1990. Em todo caso, algumas das "burrices" constitucionais continuaram sendo esmiuçadas topicamente por ele em artigos dos anos seguintes, o que pode ser verificado no seguimento deste ensaio.

Nenhuma constituição brasileira recebeu tantas emendas em tão pouco tempo, quanto a CF-1988, o que por si só denota um caráter esquizofrênico particularmente acentuado, e o que também reflete a deterioração intelectual do corpo de legisladores brasileiros nessas poucas décadas (senão antes). Confirma-se, talvez, o dito de Gilberto Amado, segundo o qual, na República Velha, o voto era falso mas a representação era verdadeira, e a afirmação ulterior de Roberto Campos, compartilhada inteiramente por este autor, no sentido em que o voto, na "Nova República" (que ficou precocemente velha, por esclerose antecipada) parece ser verdadeiro, ao mesmo tempo em que a representação, por força do corporativismo exacerbado e da própria composição social e do nível de preparação intelectual dos membros do Parlamento, é completamente falsa, em vários sentidos, no estrito e no lato.

Nos anos seguintes, em textos esparsos publicados sob a forma de artigos de jornal – a maior parte integrada às antologias seguintes: *Reflexões do Crepúsculo* (Rio de Janeiro: Topbooks, 1991); *Antologia do Bom Senso ensaios* (Rio de Janeiro: Topbooks, 1996) e *Na Virada do Milênio: ensaios* (Rio de Janeiro: Topbooks, 1998) –, Roberto Campos retornou diversas vezes, ainda que não de forma sistemática, a temas diversos do cartapácio constitucional, que não cessou de aumentar, de ser modificado, de sofrer novos ataques de irracionalidade e de esquizofrenia econômica ao longo dos anos e décadas desde a sua promulgação, inclusive através dos processos de revisão.

Em janeiro de 1991, pouco tempo depois, portanto, que ele tinha instado a uma "urgente revisão constitucional" no livro de Paulo Mercadante, Roberto Campos publicava um artigo, "A Constituição dos miseráveis" (in: *Reflexões do Crepúsculo*, pp. 127-130), no qual começava por registrar o obsoletismo da macrovisão brasileira, mesmo em relação a outros países da América Latina, e se pronunciava novamente sobre a necessidade de uma revisão radical, em vista de problemas que, na verdade, persistem até a atualidade:

> Abriu-se agora [pelo menos para ele] a discussão sobre a revisão da Constituição de 1988. De uma coisa estou certo. Não vale a pena regulamentá-la. Não há como dar funcionalidade a uma peça pré-histórica. É estatizante, quando o mundo se privatiza. Endossa reservas de mercado, quando o mundo se globaliza. Entroniza o planejamento estatal no momento do colapso do socialismo. Cria um centauro com cabeça presidencialista e corpo parlamentarista. E, sobretudo, não distingue entre garantias não-onerosas, como direitos humanos, que podem ser outorgados generosamente, e garantias onerosas, como empregos, salários e aposentadoria, que representam contas a pagar pelo contribuinte.
>
> Argumentam alguns que a revisão se impõe em nome da luta anti-inflacionária. O emagrecimento do Estado é inibido pela tríplice restrição

da estabilidade, da isonomia e da irredutibilidade de vencimentos do funcionalismo. O governo federal já estava alquebrado e a Constituição o tornou 'quebrado', pois que transferiu receita demais, e encargos de menos, para estados e municípios. A Previdência se inviabilizou, passando sua despesa de 4,8% do PIB em 1980 para 10,1% no ano passado [1990]. O déficit que era conjuntural se tornou estrutural. Alegam outros que as vedações ao capital estrangeiro, as reservas de mercado e o intervencionismo econômico diminuem nosso potencial de desenvolvimento.

Para mim, o argumento fundamental em favor da revisão é que o Brasil não pode esperar mais três anos para sinalizar ao mundo que aceita os imperativos da modernização. E a modernização é incompatível com uma Constituição dirigista e corporativista. (...)

Ao criar um desequilíbrio estrutural nas finanças públicas, proclamar direitos sem deveres e criar obstáculos à liberdade empresarial, não é uma Constituição 'dos' miseráveis [como pretendia Ulysses Guimarães]. É 'contra 'os miseráveis. (pp. 129-130)

Mas, antes mesmo desse artigo, em dezembro de 1990, ele já havia publicado um artigo sobre "O gigante chorão" (in: *Reflexões do Crepúsculo*, pp. 167-171), no qual ele começava dizendo que a objetividade e a autocrítica "não são fortes de nossa raça". Ele explicava porque:

Somos grandes produtores de slogans escapistas. Um deles assim reza: 'o Brasil deseja que os países credores [estávamos ainda em meio, então, da crise de credibilidade externa provocada pela moratória soberana de 1987] se tornem parceiros de nosso progresso, ao invés de sócios da nossa miséria'. Há outro slogan, popularizado pelo Itamaraty – instituição burra, povoada de homens inteligentes – segundo o qual 'o Brasil se preocupa com a multiplicação de obstáculos que bloqueiam nosso acesso ao conhecimento científico e tecnológico'. Duas mentirinhas. Ou mentironas... (p. 167)

Ele passa então a destrinchar essas mentironas. Quanto à primeira:

Se o Brasil quisesse transformar os credores em sócios, não teria incluído na nova Constituição os despautérios seguintes: (a) transformar as empresas brasileiras de capital estrangeiro em empresas de segunda classe, impondo--lhes restrições e discriminações; (b) ampliar a área de monopólio da

Petrobrás; (c) proibir contratos de risco no petróleo; (d) criar um novo monopólio estatal na área de telecomunicações; (e) impedir que acionistas estrangeiros sejam majoritários na pesquisa e exploração mineral; (f) reservar às empresas brasileiras de capital nacional preferência na aquisição de bens e serviços pelo poder público; (g) transformar o mercado interno em 'patrimônio nacional, o que significa que a abertura de mercado é uma perda de patrimônio. A essas besteiras constitucionais se acrescentam besteiras legais ou safadezas operacionais. (pp. 167-8)

Depois de outras considerações em torno dessa xenofobia, o que fazia com que, naquela época, ainda antes, portanto, da implosão total do socialismo e da própria União Soviética, o Brasil fosse, em matéria de investimentos, "mais fechado que os países da Cortina de Ferro" (p. 168), ele se ocupava da segunda mentirona:

A segunda mentira é que sejamos vítimas de um bloqueio no acesso ao conhecimento científico e tecnológico. O caso brasileiro é de automutilação. A nova Constituição, por exemplo, contém duas originalidades. É, ao que eu saiba, a única Constituição no mundo que adota como objetivo nacional a 'autonomia tecnológica'(art. 219), quem quer 'autonomia tecnológica' não pode se queixar da falta de transferência de tecnologia, pois esta é um reconhecimento da 'interdependência tecnológica'. E quantos de nós sabem que, pelo artigo 37, nem Einstein, nem qualquer Prêmio Nobel de Ciência poderia ser professor de nossas universidades, transmitindo-nos conhecimentos científicos, a não ser que se naturalizasse brasileiro? (p. 169)

Várias, não todas, das monumentais burrices descritas nos parágrafos acima foram corrigidas posteriormente – não sem um enorme esforço de eliminação dessas estupidezes propostas por nacionalistas tecnológicos e xenófobos do capital estrangeiro –, mas o fato de Roberto Campos ser ainda obrigado a apontar, analisar os efeitos e discutir esses equívocos, menos de vinte anos atrás, testemunha o formidável atraso mental dos nossos constituintes e dos legisladores na sequência. Os anos 1990 representaram uma pequena janela de oportunidade, durante os dois governos FHC, para a correção, ainda que parcial, das estupidezes econômicas mais gritantes no texto de 1988. Mas essa janela logo se fechou, porque logo ao início do novo milênio chegaram ao poder os companheiros, e com eles novamente a carga de idiotices, de atraso mental, de nacionalismo rastaquera, de incompetência manifesta e declarada na gestão das políticas públicas, o que o fez o Brasil regredir pelo menos vinte anos, talvez mais, no caminho da abertura aos investimentos e da diminuição da proteção.

Na verdade, durante os treze anos da má governança lulopetista, a abertura econômica e a liberalização comercial retrocederam sensivelmente, ao passo que no campo da qualidade da política econômica, a macroeconômica e as setoriais, alguma estabilização pode ser observada ao início – até 2005 aproximadamente –, logo seguida de uma erosão crescente na racionalidade dessas políticas, sobretudo na gestão desastrosa da incompetente sucessora do líder eterno dos companheiros. O resultado foi a Grande Destruição já referida, feita de aumento da inflação, diminuição consequente do crescimento, estancamento dos ganhos de produtividade, enorme crise fiscal, inédita nos anais da história econômica, e a maior recessão jamais conhecida desde a independência, não mencionando a gigantesca corrupção que quase destruiu a principal companhia estatal – transformada em vaca petrolífera a serviço da organização criminosa que dela se apossou – e a "produção" de milhões de desempregados que agregaram o drama social à catástrofe econômica e ao desgoverno político.

No livro que ele intitulou apropriadamente de *Reflexões do crepúsculo*, o já septuagenário Roberto Campos profetizou novamente:

> O que me torna triste, quando se aproximam as sombras da velhice, não é apenas assistir ao 'empobrecimento' do Brasil. É o castigo imerecido que o Senhor Deus me impõe de assistir ao 'emburrecimento' do Brasil. (p. 171)

Pois Roberto Campos não sobreviveu para assistir a novo empobrecimento da população – a renda per capita recuou, na crise provocada pelo lulopetismo burro, mais de dez anos, e ainda não voltou a se recuperar em 2018 – e, mais ainda, foi salvo pelo Senhor Deus de assistir a uma nova fase, particularmente aguda, de emburrecimento coletivo produzida pelos companheiros no poder, estendendo-se, inclusive, aos demais poderes, a grande parte da academia e a um grande número de supostos intelectuais, junto com artistas e outros "mamadores" oficiais das tetas estatais. Ele também foi poupado de contemplar um dos maiores escândalos de corrupção do planeta, em todas as épocas, envolvendo diversos "campeões" do capitalismo nacional, líderes de setores considerados "estratégicos" e

ROBERTO CAMPOS

que se envolveram numa promiscuidade inacreditável com os corruptos no poder, aliados a parte significativa da "representação" popular e dos principais partidos representados no Congresso. O contubérnio entre os senhores do dinheiro e os donos do poder atingiu níveis de orgia desvairada, numa dimensão que nem mesmo Roberto Campos, conhecedor dos mais diferentes tipos de mancebia, seria capaz de imaginar, tanto no sentido estrito quanto no lato. Provavelmente, o grau de emburrecimento coletivo produzido pelo lulopetismo foi superior aos níveis nada insignificantes de empobrecimento da sociedade nacional na sequência da Grande Destruição dos anos 2011-2016, acentuada nos últimos anos do período.

Na antologia seguinte, a *Antologia do Bom Senso* (1996), existem não menos de treze artigos – número novamente premonitório – na Parte V: "Variações sobre temas constitucionais" (pp. 299-354). No primeiro da série, "Saudades da chantagem" (datado de 16/08/1991), ele começa por relembrar que a "desastrosa Constituição de 1988 ... representou, para usar a feliz expressão do professor Paulo Mercadante, um 'avanço do retrocesso' (p. 301). Mas ele tampouco poupa de suas críticas a diplomacia brasileira, por certa melancolia pela "perda de importância estratégica num mundo que deixou de ser bipolar" (p. 303). Estávamos então justo no momento da quase implosão da URSS e do desmantelamento completo do socialismo no Leste europeu. Numa avaliação talvez injusta, e certamente exagerada, em relação à diplomacia brasileira, ele afirmava:

> Em certo sentido, nossa confusa diplomacia sente saudades do mundo bipolar, em que o modelo soviético tinha alguma credibilidade como alternativa. Os países do Terceiro Mundo podiam então fazer suas pequenas chantagens: ameaçar o Ocidente, caso não obtivessem ajuda financeira, com a conversão ao comunismo, alterando-se o balanço do poder mundial; recorrer à tecnologia soviética para escapar das exigências ocidentais no controle do uso de tecnologias sensíveis ou do reconhecimento de patentes; intensificar o comércio com o Leste Europeu, como vingança contra o protecionismo dos países industrializados capitalistas. (p. 303)

Roberto Campos tinha, nesse caso, a não-secreta intenção de provocar seus colegas à frente do Itamaraty naquela época, mas, ajustando a perspectiva para dez ou quinze anos depois que ele fez essas críticas, caberia registrar que, mais uma vez, ele foi poupado por Deus de assistir a uma nova recaída no terceiro-mundismo e no anti-ocidentalismo, tal como patrocinados pela política externa do lulopetismo diplomático, nos anos de euforia do "nunca antes". De fato, nunca antes nos anais da diplomacia profissional brasileira, os dirigentes dessa diplomacia bizarra – representados pelo próprio chefe de Estado, seu assessor para assuntos internacional (um apparatchik do partido muito amigo dos camaradas cubanos) e os respectivos diplomatas a cargo da chancelaria e da secretaria geral – foram capazes de estabelecer, sem qualquer embasamento técnico e sem prévio estudo dos interesses brasileiros quanto ao relacionamento com determinados parceiros, uma parceria dita "estratégica" com Estados supostamente aliados apenas porque eles não tinham o passado "colonial" das potências ocidentais, consideradas hegemônicas e, portanto, contrárias à visão do mundo dicotômica desses dirigentes, feita de um sindicalismo canhestro e de um maniqueísmo anacrônico. Nunca antes nos anais da diplomacia profissional do Itamaraty o terceiro-mundismo moderado da Casa de Rio Branco tinha ultrapassado os limites do universalismo diplomático em nossa política externa, para se entregar ao determinismo geográfico da "diplomacia Sul-Sul", uma redução arbitrária e prejudicial aos interesses globais do Brasil.

Um ano e meio depois, num artigo aparentemente não retomado numa de suas antologias, "Como não fazer constituições" (*Correio Braziliense*, 28/02/1993), Roberto Campos começava por defender a tese de que "é melhor não ter constituição escrita". Ele então continuava, de maneira provocativa:

> É o caso dos britânicos, que se contentam com a Magna Carta de 1215 e o Bill of Rights, de 1689. Os americanos mantêm a sua há 206 anos [em 1993], ajustando-se aos novos tempos mediante interpretações da Suprema Corte e 26 emendas. (...)
>
> Os países latinos são naturalmente mais buliçosos. Desde a Revolução de 1789, a França teve os períodos da Restauração, do Império e da República, estando agora na V República. A cada fase correspondeu uma ordenação constitucional diferente.
>
> O continente mais criativo, infectado pela 'constitucionalite', é a América Latina. ... [D]esde a respectiva independência, no primeiro quarto do século XIX, os latino-americanos fabricaram uma média de 13 constituições por país.

As constituições brasileiras têm três defeitos, que parecem agravar-se no curso do tempo São reativas, instrumentais e crescentemente utópicas.

Ele então discorre sobre as várias constituições brasileiras, com argumentos que já tinham sido apresentados em ocasiões anteriores, para então concluir:

> Não sei como fazer constituições. Mas sei como não fazê-las. Elas não devem ser meramente '**reativas**', não devem ser '**dirigentes**' e devem deixar para leis específicas as garantias onerosas, cuidando sempre de especificar quem vai pagar a conta.

A revisão radical da Constituição de 1988, jamais feita

Em abril de 1993, ao cuidar da "revisão constitucional" prevista para outubro daquele ano, ele questionava, num artigo chamado "As perguntas erradas" (*Antologia do Bom Senso*, pp. 313-16), a sugestão de adiar essa revisão para 1995, após a posse de um novo governo, e fazia a pergunta que julgava correta: "pode a economia brasileira aguentar mais dois anos sob uma Constituição que condenou o país à estagflação?" (p. 314). A segunda pergunta errada seria se o Brasil deveria integrar-se ao movimento mundial de redimensionamento do Estado, "mediante privatização acelerada" (p. 315). A questão relevante, para ele, seria outra:

> Pode o Estado resolver o problema da dívida interna, indispensável para combater a inflação, sem vender seu patrimônio? A resposta é '*não*'. Nem a política monetária nem a reforma fiscal podem administrar uma dívida que exige, para seu serviço e rolagem, cerca de 65% do orçamento. A privatização de estatais, dessarte, não é uma opção política. É uma imposição econômica.
> (...)
> O Estado brasileiro é um devedor imprudente, que sacrifica todo o patrimônio futuro por não querer desvencilhar-se de parte do patrimônio passado. (p. 315)

Colocadas as questões dessa maneira – havia ainda uma terceira, sobre o dilema do patenteamento em biotecnologia –, o debate permanece virtualmente atual: também agora, confrontado a um desastre fiscal de proporções oceânicas e a uma dívida pública perigosamente ascendente, o governo brasileiro não tem quaisquer outras opções a não ser empreender uma série reforma previdenciária e privatizar uma parte do, senão todo o, seu patrimônio sob a forma de empresas estatais (a maior parte das quais só gera prejuízos). Aliás, o problema da Previdência, já era, em 1993, um desastre anunciado. Com seu tradicional bom humor e auto-ironia, Roberto Campos explicava:

> Com a aposentadoria por tempo de serviço e os privilégios da aposentadoria precoce (mesmo para profissões sem periculosidade), mais da metade dos aposentados está na faixa dos 50 anos [PRA: aliás, até hoje]. Apenas 11% têm mais de 60 anos [em 1993]. A imagem do aposentado como um velhinho simpático, trôpego e quase gagá como eu, esperando na fila, falseia a realidade. Há atléticos latagões e simpáticas balzaquianas gozando às vezes de aposentadorias múltiplas. ("Da dificuldade de ligar causa e efeito", 21/03/1993, in: *Antologia do Bom Senso*, p. 318).

Mas ele continuava, enveredando novamente pelos equívocos da Constituição:

> Como se isso não bastasse [o inflacionismo da Constituição, os muitos encargos sociais, o nacionalismo, etc.], a Constituição é de uma romântica generosidade na concessão de direitos e garantias fundamentais. Na Carta anterior [a de 1967], eram 36; hoje são 77! Pobres dos americanos, mais modestos, que se contentam com os princípios do 'Bill of Rights'... (...)
> Reformar a Constituição não é certamente suficiente para nos curarmos da pobreza; mas é condição necessária. (p. 320)

Para Roberto Campos, já então, o Brasil tinha perdido "o mínimo de racionalidade indispensável para organizar seu projeto de desenvolvimento". O grau de racionalidade no Brasil nos anos 1990 era julgado por Roberto Campos como "inferior ao de vários países ex-comunistas que estão empreendendo as reformas necessárias à economia de mercado" (p. 320). Ele também registrava que a China já tinha tomado as medidas necessárias para crescer rapidamente: tinha aprovado "nove emendas constitucionais indispensáveis à implantação da economia de mercado, à restauração da propriedade privada e à redução do estatismo" (idem). No caso do Brasil, incapaz de privatizar suas estatais mais rendosas do ponto de vista dos

ROBERTO CAMPOS

negócios privados, o Estado sofreria de "elefantíase", segundo um artigo publicado no Estadão em 17/10/1993, e isso porque a Constituição de 1988 foi um "anacronismo planejado", segundo o título do artigo.

Pouco tempo antes, num artigo coletado sob o título de "A Assembleia Revisora Exclusiva", na antologia *Na Virada do Milênio* (1998) – datado de julho de 1993, mas republicado na *Folha de S. Paulo*, como "A constituição--saúva", em 8/05/1994 –, Roberto Campos se queixava da falta de iniciativa do governo FHC, que, a pretexto de não interferir no processo de revisão constitucional, tinha deixado de enviar ao Congresso uma proposta sistemática de correção dos muitos equívocos contidos no texto então em vigor. Apelando a uma tirada de um escritor famoso, ele dizia:

> A atual Constituição já foi experimentada cinco anos: como disse Monteiro Lobato da saúva, ou o Brasil acaba com essa Constituição ou ela acaba com o Brasil!... (p. 438)

Nesse mesmo texto, ele volta à questão da qualidade da representação, tema que já angustiava, décadas antes, o poeta, político, jurista e diplomata Gilberto Amado:

> Tem havido uma progressiva deterioração da qualidade dos constituintes. Os de 1946, uma grei excelsa. Os de 1967, bastante razoáveis. Os de 1988, um desastre! Isso reflete várias coisas. Brasília desencoraja pessoas que detestam vazios culturais; é visível a deterioração de nosso nível educacional; mas o fator mais importante, de resto positivo, é que saímos de regimes elitistas para entrarmos na democracia de massa. Foi nas eleições de 1986 que pela primeira vez os eleitores alcançaram 52% da população. Enquanto não se elevar o nível cultural médio do 'povão', não há por que esperar um parlamento de sábios!
>
> O Congresso Nacional está longe de ser perfeito, mas ele espelha afinal os contrastes da sociedade brasileira. Nele não escasseiam idiotas, mas, como dizia o vice-presidente americano Hubert Humphrey, boa parte da população é idiota e merece ser bem representada. (pp. 439-40)

Depois desse artigo politicamente incorreto, mas absolutamente sincero, com laivos de ironia ferina, características que ele sempre praticou até com secreto prazer, Roberto Campos assinou apenas mais um artigo sobre temas especificamente relativos a dispositivos constitucionais, pelo menos tal como registrado na última de suas antologias, "Assim falava Macunaíma..." (in: *Na Virada do Milênio*, pp. 441-44; publicado originalmente na *Folha de S. Paulo*, em 26/02/1995). Depois de reclamar que bastou o governo FHC enviar ao Congresso projetos de reforma da Constituição de 1988 para que voltassem "à tona posturas obscurantistas que se conhecem desde 1985", ele explicitava essas posturas em quatro categorias:

(1) As posições ideológicas de esquerda; (2) A persistência de ideias populistas e nacionalistas típicas dos anos 50 e 60; (3) A pressão dos interesses corporativos e patrimoniais das empresas e da burocracia do Estado; e (4) Os efeitos paralisantes do atual sistema eleitoral e partidário sobre um bom número de membros do Congresso. (p. 441)

Considerando essas mesmas posturas, num retrospecto de vinte anos passados, constata-se que a situação permanece exatamente a mesma em 2018, *ipsis litteris* e *ipsis verbis*, quase que num replay idêntico ao quadro político no Congresso contemplado por Roberto Campos em 1998, quando ele se aproximava do término de seu segundo, e último, mandato como deputado federal pelo Rio de Janeiro, depois de ter entrado no Parlamento, como senador, pelo Mato Grosso em 1983. Depois do final do socialismo, acreditava Campos, o único papel para as esquerdas seria o de "amolar os outros ao máximo" (p. 442), no que ele não foi um bom profeta por uma única vez. Em todo caso, as esquerdas, e não só no Brasil, de fato amolaram os outros ao máximo, deixando, em quase todas as partes, um rastro de destruições impressionantes. Com as possíveis exceções do Chile e do Uruguai, onde elas apenas paralisaram maiores avanços em direção da interdependência global, a "herança maldita" das esquerdas na Venezuela, no Brasil, na Nicarágua, e parcialmente no Equador e no Paraguai, é, para todos os efeitos práticos, um retrocesso em toda a linha, quando não uma imensa tragédia humana, como na Venezuela e na Nicarágua.

Já o populismo e o nacionalismo são, na visão de Roberto Campos, "um pouco mais complicados, porque têm origens distintas, mas ficaram presos a um casamento de conveniência desde os tempos de Stalin..." (p. 442).

ROBERTO CAMPOS

Novamente, Campos não foi um bom profeta nessas duas vertentes, pois que ele afirmou logo adiante:

> Essa dupla corrente, nacionalista e populista, está hoje fora de moda em praticamente todo o mundo, porque se revelou ainda mais inconsistente e incompetente do que as esquerdas tradicionais, deixando uma herança de governos desastrados e corruptos. Mas tanto quanto as esquerdas, estão na situação dos Bourbons, depois da queda de Napoleão, dos quais Talleyrand dizia que 'não esqueceram nada, nem nada aprenderam'. Na verdade, é preciso muita inteligência para saber amortizar e depreciar ideias na medida da sua obsolescência.
>
> E a inteligência não é uma mercadoria com excesso de oferta... O nacional populismo ficou preso, como peru de roda, num círculo de giz. Mas nem por isso deixa de ter capacidade de atrapalhar onde menos se espera, porque um dos problemas da burrice é a sua imprevisibilidade... (pp. 442-43)

Roberto Campos, que na juventude e na primeira idade madura, já tinha sido "muito estatista", no entendimento de Eugênio Gudin, quando com ele trabalhou em meados dos anos 1950, tinha superado essa fase excessivamente tecnocrática – que ainda assim persistiu até meados da década seguinte, como demonstrado pela suas atividades como ministro do Planejamento – para assumir uma postura cada vez mais liberal clássica, no decorrer das três décadas seguintes. Ele tendia, portanto, a julgar determinadas correntes políticas, como essas acima descritas, como tendentes, progressivamente, a maior moderação política e maior racionalidade econômica, no que ele veio, por uma vez, a se equivocar, como provado pela própria experiência brasileira, e também pela latino-americana, europeia e, recentemente, até pela dos Estados Unidos.

Ao contrário, ele não se enganou em nada ao avaliar o comportamento dos "interesses corporativos e patrimoniais das empresas e da burocracia do Estado", que

> ... utilizam, conforme calhe, o nacionalismo e a retórica das 'conquistas sociais'– que são, na verdade, conquistas e preservação de vantagens para si mesmas. Esses são realmente difíceis de lidar, porque não estão perdidos nas ideias e princípios. Pelo contrário, sabem o que querem, e o sabem muito bem. Eles formam a nova e poderosíssima 'burguesia do Estado'.

ROBERTO CAMPOS E A UTOPIA CONSTITUCIONAL BRASILEIRA

Apropriam-se da coisa pública com uma sem-cerimônia possivelmente sem paralelo em qualquer nação medianamente civilizada, ajudados, nisso, por um sistema jurídico que cobre com um formalismo extremo de 'direitos adquiridos' o que não passa de descarados assaltos ao dinheiro do povo. (...) Na substância... agridem a Constituição, a consciência jurídica e a moral. São 'abusos adquiridos' e não 'direitos adquiridos'.

Mas em defesa de osso, cachorro embravece feio, e parece que estamos ouvindo a versão do *Manifesto Comunista* atualizada pela nossa *Nomenklatura*: – privilegiados de todo o setor público, uni-vos! Em breve veremos na televisão sindicatos de estatais, por elas financiados, insultando os parlamentares que querem extinguir os monopólios! (p. 443)

A justeza e a clarividência de Roberto Campos, 23 anos atrás – o texto é de fevereiro de 1995 –, só fizeram se reforçar no tempo decorrido desde então, e a postura dos "mandarins do Estado", contra as reformas previdenciárias, por exemplo, vem tornando-se cada vez mais agressiva, como revelado pelas campanhas mentirosas veiculadas nos canais de televisão, a um custo que se imagina considerável, sinal de que a *Nomenklatura* tupiniquim valoriza tremendamente seus privilégios abusivos, e tem muito a perder caso os princípios e valores republicanos, eventualmente constitucionais, venha de fato a ser aplicados na plena igualdade de direitos que eles proclamam da boca para fora. Não será fácil a correção dos privilégios aristocráticos típicos de um *Ancien Régime* anacrônico, especialmente abusivos no Judiciário e em carreiras afins.

Roberto Campos acreditava que, no início de 1995, FHC tinha recebido "um mandato revolucionariamente claro":

... o povão quer moeda estável para a economia crescer, quer segurança, quer o fim da mentirada e do empulhamento político, quer probidade. (...) Com um mandato desses, e com a lucidez que lhe é reconhecida, o presidente tem nas mãos os meios básicos para levar adiante o seu programa (p. 444)

Pode até ser que FHC pretendesse cumprir zelosamente esse mandato probo e modernizador, tal como visualizado, diagnosticado e prescrito por Roberto Campos. Mas o fato é que ele não o conseguiu, se alguma vez tentou, de fato. Duas décadas depois da recomendação sensata de Campos, essa missão permanece inconclusa e largamente entregue aos negaceios e escapatórias da burocracia estatal e da classe política, sem grandes perspectivas de que um novo presidente, corajoso como ele deveria ser, consiga, efetivamente, levar adiante tal tarefa de Sísifo, aliás desgastante.

Justamente, Roberto Campos tinha uma visão realista da classe política e sabia dos "efeitos paralisantes" da "profissão", e via as coisas como elas eram (ainda são):

> O político tem de eleger-se [e reeleger-se, indefinidamente]. Sem mandato, estará fora do jogo. O atual [ainda hoje, sem mudanças] sistema proporcional para a Câmara dos Deputados (e para os legislativos estaduais e municipais) tem dois aspectos negativos: força o parlamentar a ir catar votos por todo o seu estado, e deixa-o exposto a pressões de grupos de interesse mais articulados e a propostas demagógicas. E esvazia os partidos, porque obriga os deputados a disputarem votos uns às custas dos outros. É claro que cada candidato tem os seus redutos, e que os "puxadores de legenda" são apreciados pelos que têm menos eleitores. (p. 444)

Roberto Campos tinha absolutamente razão quanto a isso, da perspectiva das regras do jogo naquele momento; em outros escritos já tinha se pronunciado fartamente em favor do voto distrital e do parlamentarismo. Mas ele também estava precisando de um "puxador de legenda" para garantir sua reeleição, o que finalmente não conseguiu num ambiente totalmente deformado pela "poluição moral" que já vigorava na política do Rio de Janeiro. Em todo caso, ele terminava esse seu último artigo "constitucional" por duas afirmações em contradição com seu tradicional espírito crítico, ao afirmar que a maioria dos membros do Congresso "têm espírito cívico" e que o governo tinha "mandato popular" e o "peso da opinião pública" para fazer "profundas mudanças constitucionais", o que, se já era suspeito em 1995, continua duvidoso mais de duas décadas depois de redigido esse artigo. As quatro categorias identificadas por ele como sendo obstáculos no caminho das reformas continuam imóveis em seu impávido colosso obstrucionista, e não parecem dispostas a se moverem, qualquer que seja o presidente a ser eleito em outubro de 2018.

Como racional que sempre foi, Roberto Campos acreditava que uma retórica convincente, apoiada em número suficiente de votos, em uma exposição clara, ao grande público, sobre os problemas existentes, e uma apresentação sincera, decidida, quanto a um caminho ordeiro de reformas – fiscal, administrativa, previdenciária – poderia destravar o Brasil, liberá-lo dos grilhões que o prendiam ao atraso e ao patrimonialismo, e engendrar uma nova fase de crescimento sustentado, como ele tinha feito na companhia de Octavio Gouvêa de Bulhões na primeira metade dos anos 1960. Ocorre, porém, que, como ele mesmo reconhecia, a qualidade do material humano a efetivamente comandar aos destinos do país, acima da própria burocracia de Estado – que por ser tecnicamente bem formada não deixava de ser também patrimonialista – havia se deteriorado sensivelmente nos trinta anos que o separavam daquele momento modernizador (apoiado na burocracia blindada e na estrutura hierárquica e disciplinada das FFAA). Como diplomata, ele também tendia a sobrevalorizar a inteligência das pessoas, uma vez que ele sempre dizia que o Itamaraty era uma instituição burra formada por homens inteligentes e muito bem preparados, o que ainda é verdade, tanto quanto das FFAA, que aperfeiçoaram tremendamente a qualidade do capital humano das suas instituições, ademais de terem sinceramente se convertido à democracia.

Duas burocracias weberianas, que ele conhecia muito bem, junto com a tecnocracia bem formada e treinada, que ele recrutava para o Estado, foram capazes de impulsionar o grande processo modernizador do Brasil na primeira década do regime militar, que se distingue nitidamente da segunda, pelo vezo estatizante e autoritário imprimido pelos dois últimos generais presidentes, e pelos resultados mais do que pífios obtidos no domínio econômico. Depois da crise da dívida, no início dos anos 1980, com um breve intervalo novamente modernizador do primeiro mandato de FHC, o Brasil nunca mais recuperou um processo de crescimento sustentado, com transformações estruturais e melhoria também sustentada do bem-estar e da prosperidade para a sua população. O impasse, ao final da segunda década do século XXI, parece total, e são extremamente incertas as condições sob as quais as reformas necessárias serão feitas, a partir das quais o Brasil poderá se inserir, finalmente, na interdependência global.

Se essas condições são incertas, ou até praticamente inexistentes, é certo que homens dotados de alto espírito público e de credenciais impecáveis, tanto na condição de grandes intelectuais e com qualidades de estadistas, como o era Roberto Campos, são absolutamente necessários para a superação dos obstáculos já detectados por ele mesmo em suas muitas obras publicadas, como as aqui examinadas. Roberto Campos faz muita falta ao Brasil da atualidade. Não apostando em nenhum fenômeno de reencarnação, só nos resta ler, reler, tornar a ler, e meditar sobre as obras de Roberto Campos, todas elas, em especial as suas memórias, para constatar, pelo menos, as oportunidades que o Brasil perdeu ao ter perdido a oportunidade de tê-lo seguido mais de perto em suas memoráveis lições da segunda metade do século XX.

Referências

Almeida, Paulo Roberto de (org.). *O Homem que pensou o Brasil: trajetória intelectual de Roberto Campos.* Curitiba: Appris, 2017.

Campos, Roberto. *Guia Para os Perplexos.* Rio de Janeiro: Nórdica, 1988; especialmente parte IV: A transição Política e a nova Constituição, pp. 183-269.

__. *O Século Esquisito: ensaios.* Rio de Janeiro: Topbooks, 1990; . especialmente parte III: A marcha de um erro: a nova Constituição de 1988, pp. 187-215.

__. "Razões da urgente reforma constitucional"; in: Paulo Mercadante (org.): *Constituição de 1988: O avanço do retrocesso.* Rio de Janeiro: Editora Rio Fundo, 1990, pp. 137-149.

__. *Reflexões do Crepúsculo.* Rio de Janeiro: Topbooks, 1991.

__. *Antologia do Bom Senso ensaios.* Rio de Janeiro: Topbooks, 1996.

__. *Na Virada do Milênio: ensaios.* Rio de Janeiro: Topbooks, 1998.

__. *A Lanterna na Popa: memórias.* 4ª edição, revista e aumentada; Rio de Janeiro: Topbooks, 2004, 2 volumes; especialmente capítulo XIX, "Tornando-me um Policrata", 2º. volume, seis seções ("O avanço do retrocesso", pp. 1183-1190; "A vitória do nacional-obscurantismo", pp. 1191-1197; "O hiperfiscalismo", pp.. 1198-1204; "A utopia social", pp. 1205-1208; "Democracia e demoscopia", pp. 1209-1212; "O porque da revisão constitucional", pp. 1213-1216), com argumentos geralmente apresentados anteriormente nos artigos de jornal, mas revistos e reordenados.

__. Coleção incompleta de diversos artigos de jornal, publicados nos principais diários nacionais: *O Globo, O Estado de S. Paulo, Folha de S. Paulo, Correio Braziliense,* em revistas variadas, majoritariamente integrados às antologias, com algumas poucas exceções, assinaladas no ensaio.

PARTE II

TEXTOS DO HOMENAGEADO

1. Publicações de 1987

1. O Radicalismo infanto-juvenil, originalmente publicado em Correio Braziliense, n. 8706, p. 21, 8 fev. 1987

> "A grande virtude do tempo é que ele impede que tudo aconteça ao mesmo tempo".
>
> Bergson

O Brasil é sacudido de vez em quando por uma daquelas sugestões epidêmicas de que falava Tolstoi. Em minha experiência parlamentar já me deparei com várias. Um exemplo é o "fetiche do umbigo" de nossos "nacionaleiros". Para eles o importante é a nacionalidade do acionista, não a existência e qualidade das fabricas implantadas no País. Segundo a lógica do absurdo, talvez preferissem uma carroça controlada por acionistas nascidos em Paracatu a um caminhão Mercedes-Benz, cujos acionistas vivem em Frankfurt. Uma segunda sugestão epidêmica é o complexo da "caixa preta". As multinacionais trariam sua tecnologia em "caixas pretas" e os engenheiros brasileiros seriam simples "zumbis", fabricando sem saber o que fabricam. E os empresários que aceitam "joint ventures" com sócios estrangeiros minoritários, que lhes forneçam tecnologia, são traidores potenciais, incapazes de controlar suas próprias empresas.

O "Plano Cruzado" foi outra "sugestão epidêmica". Uma secular história nos revela que as experiências de congelamento são extremamente populares no primeiro ato – o do congelamento – ao qual se seguem, com diria Mario Simonsen, o desapontamento, os ágios envergonhados

ROBERTO CAMPOS

e os ágios escancarados. A luta dos governos contra a lei da oferta e da procura é um comovente rosário de derrotas... Mas o curioso é que o Plano Cruzado teve o efeito eleitoral de uma "sugestão epidêmica". O Grande Eleitor em novembro último foi um defunto – o Plano Cruzado – cujo atestado de óbito estava lavrado, porém sonegado ao conhecimento do povo, que alguém definiu como "aquela parte da sociedade que não sabe o que quer..."

Passemos à outra, e mais importante "sugestão epidêmica" – a "Constituinte exclusiva, livre e soberana". A infanto-juvenilidade da ideia exclusivista salta aos olhos. Primeiramente, não houve ruptura e sim uma sucessão presidencial segundo campos institucionais existentes. Segundo, só os ideológicos, que não atravessaram o desgaste físico, financeiro e emocional das campanhas eleitorais, acreditam que os melhores cérebros do País se candidatariam a urna "Constituinte Exclusiva". Nossas campanhas eleitorais não são apenas momentos de fervor cívico e sim um episódio de redistribuição de renda. Duvido que houvesse candidatos dispostos a exaurir-se, física e financeiramente, só para partejar, em sete meses, um texto constitucional, retornando depois ao escritório, à forja ou ao arado... Seria um caso de patriotismo, potenciado ao nível de masoquismo...

O que viabilizou a Assembleia Constituinte foi precisamente o atrativo de mandatos estáveis – 4 anos para deputados e 8 para senadores – mandatos que lhes permitiriam não só redigir e promulgar a nova Constituição, mas também fabricar a legislação complementar e fiscalizar o Executivo.

Uma terceira ilusão é pensar que o universo humano, do qual se recrutariam os "constituintes exclusivos", seria mais iluminado e casto do que o universo de onde surge o Congresso ordinário. Nada disso!... Apresentaria a mesma proporção de nulidades, mediocridades e sumidades (estas escassas e aquelas muito oferecidas). Muitos viriam com a esperança ingênua de reformar o mundo, quando na realidade já seria bom se conseguissem reformar seu próprio retrete...

A quarta ilusão é pensar que as massas "progressistas" elegeriam uma Assembleia de Pentecostes, sobre cujas cabeças descenderiam línguas de fogo do Espírito Santo. Ora... Pesquisas por amostragem em. São Paulo – a capital mais rica e educada do País – revelam que 71% dos interpelados não sabem o que é uma "Constituinte". Foi acabrunhante o número de votos em branco para os deputados constituintes (muitos eleitores só votaram nos governadores e senadores). Isso revela de um lado, a complexidade da cédula, e indica, de outro, que a deputação constituinte "exclusivista" foi objeto de expressivo desinteresse eleitoral...

A "Constituinte Congressual" foi o expediente mais prático para viabilizar-se a feitura de uma nova Constituição. Torna-se assim ridículo fazer "tabula rasa" da "Emenda Convocatória no 26", da atual Constituição[1], destinada a completar consensualmente a transição democrática. Essa emenda confere aos Constituintes um mandato "livre e soberano" para redigir e promulgar uma nova Constituição, discutida e votada em dois turnos. Porém não para fazer bizarrices estranhas ao Ato Convocatório, tais como: – eliminar de saída o regime bicameral (essencial aos regimes federativos); derrogar o instituto do decreto-lei, coisa que pode ser feita a qualquer tempo por 2/3 do Congresso ordinário, ou fazer uma Constituição a prestações, mediante Atos Constitucionais que equivaleriam a uma desconstituição dos Poderes Constituídos. Em suma, a Constituinte é ao mesmo tempo onipotente e impotente. *Onipotente* para promulgar uma nova Constituição, e *impotente* para fazer uma nova Revolução. Desde o início aliás achei que a convocada da Constituinte seria apenas um "carnaval cívico" para a mudança de "*quórum*". Qualquer programa de "mudanças", exceto a restauração da Monarquia ou a abolição da Federação, poderia ter sido votado no Congresso Ordinário. Só que pelo "quórum" de 2/3, o que não convém aos radicais...

Além de variegadas bestices, tais como incluir na Constituição dispositivos sobre a dívida externa – o que equivaleria a auto-rotular-se o Brasil um devedor perpétuo – o que realmente desejam os radicais é assumir o poder, como aconteceu nos Estados Gerais da Revolução Francesa, que organizaram excitante morticínio, inclusive de seus líderes, sob a bandeira da "Liberdade, Igualdade e Fraternidade".

Em termos práticos, o que cumpre fazer é precisamente o contrário do que desejam os constituintes "exclusivistas". Deveríamos começar pelo funcionamento intensivo do Congresso ordinário, cobrando-se do Executivo a apresentação imediata de um programa coerente de combate a hiperinflação. Este seria votado em um esforço concentrado, não sob a

---

[1] N.A. A Emenda Constitucional n. 26, de 27.11.1985, convocou a Assembléia Nacional Constituinte.

ROBERTO CAMPOS

forma de decretos-leis e sim de projetos-leis, com tratamento de "urgência simples" ou "urgência urgentíssima". São as angústias da conjuntura econômica diárias que interessam prioritariamente ao "povão". A nova arquitetura constitucional pode esperar. A crise econômica, não...

Haveria dual vantagens nesse procedimento. Primeiro, o Executivo, hoje contraditório e cambaleante, teria que responder ao desafio legislativo para a apresentação de um programa econômico emergencial. Segundo, os novos Constituintes teriam tempo para aprender as intricárias, alegrias e frustrações do processo legislativo. E, face a problemas concretos, teriam que descer do palanque, de onde até agora não saíram. E, no palanque, todo mundo dá o que não tem, promete o que não pode, vende esperanças e mercadeja utopias. Tudo num dialeto especial, gramaticida, chamado *PAMG – "prometer, acusar, mentir e gritar".*

A propósito de Napoleão, disse Balzac que "uma Revolução é apenas uma opinião que encontrou suas baionetas". Os radicais "exclusivistas" da nova Constituinte ainda não encontraram suas baionetas. São apenas urna banda de música. Mas que barulho fazem, Santo Deus!...

2. Pianistas no "Titanic", originalmente publicado em O Globo, p. 8, 15 mar. 1987

> "Dar dinheiro novo ao Brasil, do Funaro-San, é botar gasolina, né... num carro com pneu furado, né."
>
> Confidência de um banqueiro japonês.

O país está possuído de "Constitucionalite". É mais uma manifestação de sempiterna frustração do subdesenvolvimento, que nos leva alternativamente a buscar milagres ou a acusar o inimigo externo. Ou ambas as coisas.

O inimigo externo agora reaparece com a "moratória". Pensei que a busca de utopias havia cessado com o Cruzado II. Nada disso. Temos uma nova panaceia, desta vez jurisdicista a "Constituinte". Esta tudo resolverá, desde a reforma agrária, até a moradia adequada e a incorporação dos marginalizados à sociedade moderna (através, naturalmente, da política de informática, esse dispendioso ensaio de arqueologia eletrônica...).

PUBLICAÇÕES DE 1987

Esquecemo-nos de algumas banalidades. Já tivemos sete Constituições, enquanto os americanos só tiveram uma e os ingleses, nenhuma. Não costumamos consultar e muito menos cumprir qualquer de nossas Constituições, sejam as votadas, sejam as outorgadas. Quem ler o art. 62 da atual Constituição[2] verificará que nossa inflação é absolutamente "inconstitucional", pois resulta de violação de dispositivos constitucionais sobre orçamento e moeda. Quem ler art. 163[3] e 170[4] concluirá que o Brasil é um País capitalista. Boçal engano! Características essenciais do capitalismo são a liberdade de preços e o livre ingresso no mercado. Nosso sistema de preços é controlado (e às vezes congelado), monopólios e cartéis proliferam. Dizia De Gaulle que a maneira de os franceses demonstrarem seu amor à democracia era reclamarem todos seu pequeno privilégio. A maneira brasileira de fazê-lo é pleitear uma "reserva de mercado". O Brasil nunca chegou à era do capitalismo, nem selvagem nem civilizado. Encontramo-nos ainda, como a Europa dos séculos XVIII e XIX, em pleno "mercantilismo". Essa doutrina denota, segundo o "Dicionário das Ciências Sociais", da UNESCO, "a crença de que o bem-estar do Estado somente pode ser assegurado por regulamentação governamental de caráter nacionalista".

É difícil considerar-se a Constituinte algo mais que "um carnaval cívico a mudança do quórum", carnaval com que Tancredo Neves esperava acalmar as esquerdas radicais que o apoiaram. Sendo aborrecido arranjar-se 2/3 dos votos do Congresso ordinário – o que permitiria para reformar de cabo a rabo a Constituição "autoritária" – porque não tentar impingir, sorrateiramente, algumas teses estatocratas ou coletivistas a maiorias ocasionais ou distraída? Isso não permitiria a proclamação

---

[2] N.A. O art. 62, CF/69, dispunha que "o orçamento anual compreenderá obrigatòriamente as despesas e receitas relativas a todos os Podêres, órgãos e fundos, tanto da administração direta quanto da indireta, excluídas apenas as entidades que não recebam subvenções ou transferências à conta do orçamento".

[3] O art. 163, CF/69, estabelecia que "são facultados a intervenção no domínio econô-mico e o monopólio de determinada indústria ou atividade, mediante lei federal, quando indispensável por motivo de segurança nacional ou para organizar setor que não possa ser desenvolvido com eficácia no regime de competição e de liberdade de iniciativa, assegura-dos os direitos e garantias individuais".

[4] O art. 170, CF/1969, estabelecia que "às emprêsas privadas compete, preferencialmente, com o estímulo e o apoio do Estado, organizar e explorar as atividades econômicas".

ROBERTO CAMPOS

do socialismo, mas inviabilizaria o capitalismo "C'est déjà quelquer chose..."

Mas a Constituinte, apresentada como *"panaceia"*, será tão frustrante para o povo como o Plano Cruzado, como *"milagre"*. 71% da população paulista, à véspera das eleições, não sabiam o significado da palavra "Constituinte". O que não é de estranhar, porque uma pesquisa americana em 1954 revelava que, naquele país, cuja Constituição simples e carismática é reverenciada nas escolas, 65% da população não sabiam o nome do "Bill of Rights", que é a medula da Constituição.

A "constitucionalite" nos leva a um alto grau de surrealismo. A Constituição é um problema de estrutura, que pode esperar. A inflação e a insolvência são problemas de conjuntura, que não podem esperar. Hoje, as prioridades estão invertidas. A Constituinte, que trata do longo prazo, afirma sua prioridade sobre o Congresso ordinário, que trata do curto prazo. O contrário deveria ocorrer. O Congresso deveria exigir do Executivo a apresentação imediata de um programa econômico de emergência, ao qual daria tratamento de urgência. Somente depois de encaminhados essas soluções, emergenciais, passariam os Constituintes a deliberar, com passo prudente, sobre a arquitetura do Estado, o sistema tributário e os direitos do indivíduo. A Constituição não deve ser a maior das leis, pois nem sequer é uma "lei". Deve conter apenas as normas de organização da sociedade, a partir das quais se fariam leis.

A perspectiva, no momento, é termos não uma "Constituição Moldura", e sim uma "Constituição Regulamento" e, por isso mesmo, biodegradável. Basta ler a prolixidade dos títulos das comissões previstas no Regimento Interno. A primeira Comissão teve o título: "I – Comissão de soberania, dos direitos e garantias do Homem e da Mulher" Ocorrem-me, *ab initio*, duas dificuldades. Primeiro, onde ficam as garantias dos hermafroditas? Segundo, onde ficam os "deveres"? Seria felicidade demais termos uma sociedade sem deveres... Face a uma hiperinflação declarada, uma recessão à vista e uma insolvência confirmada, sem que os laboratórios governamentais produzam adequados antibióticos, os constituintes não podem senão sentir-se como pianistas no "Titanic", arranjando a partitura e ajeitando a banqueta, enquanto o navio afunda...

O Brasil terá que fazer um doloroso ajuste, simplesmente porque há dois anos vive acima de suas posses e não há mais nem investidores

PUBLICAÇÕES DE 1987

voluntários nem financiadores engazopáveis. O único consolo é que veremos um animal 'novo – a "recessão heterodoxa, sem o FMI".

Tornou-se parte de nosso folclore atribuir programas recessivos ao FMI, sem evidência factual. O PAEG, do governo Castello, aceito com relutância pelo FMI por ter dois comportamentos heterodoxos – o "gradualismo" e a "correção monetária" –, elevou a taxa de crescimento de 1,8%, no último ano de Goulart, para 3,2% em 1964 – enquanto os preços eram liberados, as tarifas corrigidas, reservas cambiais amealhadas e as instituições econômicas, modernizadas.

Na recessão mundial de 1981/83, prisioneiros do slogan juscelinista, dissemos "não ao FMI", até depois das eleições de novembro de 1982, e somente em plena recessão, em 1983, assinamos sucessivas "cartas de intenção". Foram descumpridas todas, exceto no tocante à prática de taxas cambiais realistas. Isso bastou para que a economia se reativasse através das exportações, as quais mantiveram seu dinamismo até que a Nova República recaísse em esportes antigos – amarrar a taxa de câmbio e xingar o FMI. Releva notar também que os atuais programas do FMI, na Argentina, Chile, Bolívia e Turquia, estão conseguindo conciliar desinflação e recuperação.

Basicamente, o caráter recessivo ou expansivo dos programas de ajuste depende muito mais das opções internas dos governos, antes que imposições externas. Tudo o que se exige é a correção do absurdo desnível entre a expansão monetária e o crescimento real do produto. Se esse ajuste for feito mediante a contenção do setor público – desregulamentação, corte de custeio e de subsídios, seletividade nos investimentos – abrindo-se espaço para o setor privado, este, de maior produtividade, pode gerar um impulso expansionista. Se, como habitualmente, a opção do governo é preservar o setor público, transferindo-se o ônus do ajustamento para o setor privado, as consequências serão recessivas.

A sinistra engrenagem está em marcha no Brasil. A hiperinflação, à luz de todos os precedentes históricos, desemboca em recessão, segundo uma trágica rotina; primeiro cai a produção, depois o emprego e só lentamente, os preços.

Dizem os americanos que o melhor meio de evitar a ressaca é continuar bebendo... Infelizmente, trata-se de receita que não podemos seguir, pela falta de cambiais para prosseguirmos na bebedeira do Plano Cruzado.

Um programa de austeridade não é agora uma opção. É uma imposição das circunstâncias. A opção é praticá-lo com o FMI ou sem o FMI. No primeiro caso, o povo sofreria menos, pois se reabririam facilidades de financiamento para garantir uma dieta mínima de importação e de investimentos. No segundo caso, o povo sofreria mais, porém o governo não "perderia face" e prosseguiria no esporte, que tanto preza, de brigar com os fatos. A diferença entre austeridade sem o FMI e austeridade com o FMI é a diferença entre o onanismo e o ato sexual. Eu prefiro o último...

3. Por Uma Constituição não bio-degradável. Originalmente publicado em O Estado de São Paulo, n. 34404, p. 10, 26 abr. 1987

> "Depois da revolta de 17 de junho... Podia-se ler que o povo perdera a confiança do governo e só poderia reobtê-la se dobrasse seus esforços no trabalho. Não seria mais simples para o governo dissolver o povo e eleger outro?"
>
> Bertolt Brecht, Geschicte, Vol. II, Die Losung

Ironizando o governo Carter, disse Henry Kissinger que todos os novos governos pretendem reformar o mundo, mas que o governo Carter parecia pretender criá-lo de novo. Impressão semelhante me assalta nas discussões da Assembleia Constituinte. Até parece que o Brasil não dispõe ainda de instituições públicas, de um sistema judiciário ou de um Código Tributário. Aqueles que querem "passar o Brasil a limpo" cedo verificarão a tirania das circunstâncias antecedentes e verificarão estarem empreendendo exercícios de originalidade desnecessária.

Um toque de realismo não faria mal nesta fase de "constitucionalite". Já tivemos grande desapontamento popular com a "utopia econômica" do "Plano Cruzado". Seria lamentável termos novo desapontamento com a "utopia jurisdicista" da nova Constituição.

Há vários indícios de que não redigiremos um documento enxuto – limitado a arquitetura do Estado, ao sistema tributário, às grandes opções de organização econômica e aos direitos e deveres fundamentais do indivíduo – e sim uma Constituição referta de minúcias, voltada para a conjuntura e, portanto, eminentemente biodegradável. As Constituições

PUBLICAÇÕES DE 1987

devem registrar um mínimo de aspirações para prover um máximo de satisfações. E devem manter um delicado equilíbrio entre ordem e participação.

O mais curioso é que os setores chamados "progressistas" pretendem produzir uma constituição retrógrada. Querem uma constituição "intervencionista", quando a "nouvelle vague" mundial é a rebelião do indivíduo contra o Estado obeso. Querem uma constituição "nacionalista" num mundo cada vez mais interdependente, no qual capitais estrangeiros escassos são requestados até mesmo por países socialistas. Querem uma constituição que garanta a liberdade política, mas que destrua a liberdade econômica, pois que as "reservas de mercado" são mero eufemismo para a cassação da liberdade individual de produzir. Querem uma constituição "assistencialista", como se a opção social pudesse ser divorciada da base econômica da sociedade. (Há uma curiosa confusão, a respeito. Contrastam-se dois dados heterogêneos: o Brasil é a 8ª potência econômica do mundo ocidental e a 43 a nos indicadores de bem-estar, o que configuraria uma enorme safadeza social. Entretanto, o conceito relevante, sob o aspecto do distributivismo, não é o PIB global e sim o PIB por habitante, ou seja, a produtividade média dos indivíduos. E aí a disparidade não é grande. Tanto o nosso PIB "per capita" como a nossa classificação em termos de bem-estar social se situam entre a 43ª e a 46ª posições no elenco mundial. Existe, sem dúvida, grande espaço para melhorarmos nossa redistribuição de renda, particularmente se o Estado se concentrar nas tarefas assistenciais, ao invés de gastar recursos em submarinos nucleares ou indústrias, como a informática ou a mecânica pesada, onde meramente concorre com o setor privado. Mas seria dramaticamente irrealista esperar que, por simples legislação caritocrática, passemos da 8ª potência econômica global ao 8º padrão de vida ocidental).

Algumas linhas de tendência podem ser discernidas na Constituinte, mas não sei se em escala suficiente para garantir a estruturação de um estado democrático moderno.

A primeira é o princípio da *subsidiaridade,* num duplo sentido – espacial e funcional. Num sentido espacial, o Governo federal só deve fazer o que não pode melhor ser feito pelo Estado; este se absterá do que melhor pode ser feito pelo Município; e o Município evitará tarefas de que podem se incumbir os cidadãos. Num sentido funcional, a intervenção do Estado

133

no domínio econômico seria *supletiva, excepcional e temporária. Suas tarefas* naturais, para as quais já lhe escasseiam recursos e capacidade gerencial, seriam a ordem e a segurança e a provisão de bens públicos – saúde, saneamento, educação básica, assistência social, preservação do meio ambiente. No tocante à infraestrutura econômica de comunicações, transportes e eletricidade, a atuação do Estado poderia ser delegada, ou pelo menos partilhada com o setor privado, em sintonia com o movimento privatizante que se desenha hoje no mundo. Além disso, a responsabilidade principal do Estado é simplesmente a criação de uma moldura macroeconômica estável, estimuladora da concorrência, e não protetora de cartórios.

Um segundo princípio é o da *delegação*. Sempre que possível, o Estado deve executar tarefas por delegação, retendo apenas responsabilidades de supervisão e controle. No mínimo, o Estado deveria oferecer *opções* aos indivíduos. No campo da educação e previdência social, por exemplo, os indivíduos poderiam valer-se dos serviços diretos do Estado, ou optar por serviços privados. Não faz sentido continuarmos essa dupla tributação – toda a classe média é obrigada a contribuir para o INPS e, ao mesmo tempo, para ter serviços confiáveis, recorrer a seguros privados. O sistema educacional deveria obedecer ao sistema de "vouchers" (certificados de educação). Os alunos que demonstrassem competência acadêmica e insuficiência econômica receberiam "vouchers" do Estado e escolheriam livremente entre escolas públicas e privadas. O atual sistema educacional é profundamente antidemocrático. O estudante rico pode escolher a escola que quer, e alguns se tornam estudantes profissionais. Ao pobre só resta mendigar o acesso à universidade pública. Há um enorme desperdício de recursos na gratuidade escolar. O sistema universitário público absorve 99,5% dos recursos fiscais e treina apenas 25% dos universitários brasileiros. Igualizar pobres e ricos na escolha do tipo de ensino e da escola é condição de aperfeiçoamento democrático.

Um outro ponto em que parece haver convergência doutrinária é na necessidade de fortalecer a Federação e combater o centralismo dirigista. Várias ideias que estão sendo exploradas convergiriam para o fortalecimento do Federalismo: (a) a propriedade do subsolo deve ser do Estado e não da União Federal, cabendo àquele regular o regime de exploração e concessão; (b) a definição da política industrial deve ser estadualizada, em função de condições fiscais e ambientais favoráveis à industrialização;

(c) a política educacional deveria ser também estadualizada, até mesmo para preservar pluralismo ideológico.

Uma terceira área em que parece haver consenso é na necessidade de um Banco Central independente, particularmente se for adotada qualquer modalidade de parlamentarismo ou presidencialismo-parlamentarismo. O Banco Central foi concebido, na legislação de 1964, como entidade independente, mas a lei "não pegou". Talvez convenha especificar na Constituição esse "status" independente, com mandatos fixos para diretores aprovados pelo Senado. Todas as grandes hiperinflações do mundo só terminaram quando os Bancos Centrais independentes fecharam a torneira do financiamento do déficit público.

Evitar uma Constituição biodegradável significa também distinguir entre "garantias onerosas" e "garantias não-onerosas". Podemos ser ousados com a segunda – direito de expressão, locomoção, associação, privacidade, livre exercício de ofício ou profissão –, mas devemos ser prudentes nas "garantias onerosas", pois estas só se efetivam se determinado o responsável pelo pagamento da conta. Garantir a todo mundo "salário condigno" e "moradia adequada" seria abolir o subdesenvolvimento por decreto. São nobres e válidos "objetivos" sociais, porém seria iludir o povo, transformá-los em "garantias". Qualquer "opção pelo social", para ser viável, tem que passar por uma "opção econômica" eficaz.

4. O Besteirol constituinte, originalmente publicado em O Estado de São Paulo, n. 34439, p. 9, 7 jun. 1987

> "Admito que não tenho esperança. Os cegos falam de
> uma saída. Eu vejo. Quando se consumirem todos os erros,
> ficaremos com uma última companhia à mesa – o nada."
>
> Bertolt Brecht

O respeitável líder do PMDB, senador Mário Covas, impôs às subcomissões da Constituinte, relatores do "bolso do colete". Infelizmente, seu alfaiate só fez o bolso da esquerda. De sorte que os relatores peemedebistas, com honrosas porém escassas exceções, convergem na exibição de três qualidades desamoráveis: (a) agressividade ideológica; (b) desinformação econômica; (c) carência de "sense of humor" – esse doce pudor diante da vida de que falava o poeta. Quando abrem a boca contribuem para reduzir a soma total de conhecimentos à disposição da humanidade...

Desses relatores provieram algumas obras-primas de "besteirol", que os liberais terão dificuldades em alçar, da fase animista e pré-lógica, para o plano da "facticidade" exigida por uma sociedade moderna que se quer eficaz.

No relatório da Subcomissão de Ciência e Tecnologia conseguiu-se uma obra-prima de síntese: o encapsulamento de três asneiras em quatro linhas. Exemplo:

> "Art. 2° – O mercado integra o patrimônio nacional, devendo ser ordenado de modo a viabilizar o desenvolvimento sócio-econômico, o bem-estar da população e a realização da autonomia tecnológica e cultural da Nação."

Se cada nação considerasse seu mercado interno patrimônio nacional, extinguir-se-ia o comércio internacional. Os países do Mercado Comum Europeu, ao abrirem seus mercados, estariam perdendo seu patrimônio, quando na realidade enriqueceram-no pelo acesso ao pujante mercado comunitário. O Brasil ganhará muito mais angariando fatias do grande mercado externo do que "reservando" seu modesto mercado interno. O artigo em causa prescreve ainda que o mercado seja "ordenado". Ora, o mercado é um ente secular e impessoal onde milhões de indivíduos decidem simultaneamente, não podendo ser ordenado senão pela lei de oferta e procura. A última tentativa de ordená-lo foi o congelamento de preços do "Plano Cruzado", desastre recente demais para ser esquecido. O objetivo de "Autonomia Tecnológica" é ridículo num mundo em que país algum se crê capaz do monopólio da criatividade. E que significa "autonomia cultural"? Dispensarmos Hegel para ler Tobias Barreto, ou ouvir Villa-Lobos, em vez de Beethoven?

Em sua proposta, felizmente rejeitada pela Subcomissão de Princípios Gerais da Ordem Econômica, o relator buscava ampliar o atual monopólio de pesquisa e lavra de petróleo, para abranger também o "refino, processamento, importação e exportação, o transporte marítimo e em condutos, do petróleo e seus derivados e do gás natural, em território nacional". Isso provavelmente significaria a estatização da petroquímica e da distribuição de gás natural, em detrimento dos Estados e da iniciativa privada. Tudo isso se justificaria, segundo o relator, "pelos interesses econômicos nacionais incluídos e em razão da soberania". Esse argumento faria corar o conselheiro Acácio, pois acontece que nenhuma das sete grandes potências industriais e financeiras – Estados Unidos, Japão, Alemanha Ocidental, França, Inglaterra, Itália e Canadá – adotam o monopólio do petróleo. Donde se supor que descuram seus interesses nacionais e comprometem sua soberania! O absurdo fica patente se construirmos um "silogismo de barbeiro", nos termos seguintes: "Nenhum dos países ricos possui monopólio do petróleo; muitos países subdesenvolvidos têm monopólios estatais; logo, o monopólio estatal é característica de subdesenvolvimento"...

O relator da Subcomissão do Sistema Financeiro propõe medidas que a um só tempo provocariam a falência dos bancos brasileiros no Exterior, dificultariam a negociação da dívida externa, inviabilizariam a política cambial, entorpeceriam o comércio exterior e configurariam uma ditadura legislativa sobre o sistema financeiro. Ao proibir que os bancos estrangeiros captem depósitos no País, enseja recíproca proibição aos bancos brasileiros nas praças de Nova York e Londres, onde captam, em moeda forte, recursos muito superiores aos que depositamos em bancos estrangeiros aqui, em moeda-manteiga. Num momento em que os bancos estrangeiros se mostram receptivos, absorvido o prejuízo de deságio, a negociarem a conversão da dívida em capitais de risco, decretaríamos sua expulsão do Brasil, no prazo de um ano. Se decisões sobre política monetária e cambial pudessem ser vetadas ou revogadas por uma exótica Comissão Especial Mista Permanente do Sistema Financeiro, o fechamento de câmbio para importação e investimento e a contratação de financiamentos deixariam de ser um risco de mercado para se tornar um objeto de negociação político-partidária com o Congresso Nacional. Existem várias propostas sensatas para se firmar a autonomia do Banco Central como "guardião da moeda". O projeto do relator substitui a subserviência do Banco Central ao Executivo, por uma subserviência pior ao Legislativo, o qual estaria assim infringindo o princípio de separação de poderes.

O relatório da Subcomissão dos Direitos dos Trabalhadores é uma viagem ao seio da utopia. Seu próprio título já é desbalanceado, pois fala nos direitos e omite os deveres. "Assegura" a Justiça Social, segundo certos princípios que significariam a extinção, por simples ato constitucional, do subdesenvolvimento. Ficaríamos constitucionalmente promovidos a níveis de vida superiores aos de países ricos como Estados Unidos, Japão e Inglaterra, todos os quais enfrentam problemas de desemprego, favelamento e inadequadas facilidades de descanso e lazer.

O relator não aprendeu a diferença fundamental entre garantias não-onerosas (liberdade de expressão, religião, associação e outras), que podem ser distribuídas generosamente, e garantias onerosas, que devem ser sobriamente definidas, pois alguém tem de pagar a conta.

Algumas das "garantias", sob o pretexto de beneficiarem os trabalhadores, são "carícias fatais" que promoveriam maciço desemprego. Assim, por exemplo:

- a estabilidade no emprego desencorajaria contratações, aceleraria demissões e promoveria a automação e robotização, pois a empresa não pode garantir "estabilidade no emprego" se suas próprias vendas e mercados são inerentemente instáveis;
- o aumento de benefícios às gestantes e às famílias redundaria em reduzir a contratação de mulheres e privilegiaria os solteiros;
- a participação nos lucros só pode ser resultado de acordo voluntário entre empregadores e trabalhadores, não criando habitualidade, pois, ao invés de lucros, podem ocorrer prejuízos;
- a diminuição de horas de trabalho e o 14° salário representariam custos que induziriam a empresa a tentar repassá-los à comunidade (diminuindo-se o salário real) ou a automatizar e robotizar para conter custos;
- a greve nos serviços essenciais prejudica a sociedade inocente; e, se há completa liberdade de greve sindical, deve-se admitir, isonomicamente, o lock-out patronal.

Entretanto, a intenção do relator não parece ter sido propiciar uma atitude integrativa e não confrontacional entre o trabalhador e a empresa. Essas soluções passariam pelo fortalecimento do FGTS, pela ativação do Fundo de Assistência ao Desemprego (criado em 1964) e também pela instauração da livre negociação salarial, único meio de tratar a questão salarial com realismo de mercado, e ajustamento às peculiaridades de empresa e regiões. O que foi votado na Subcomissão de Ordem Social é uma proposta de destruição de economia de mercado, não se sabendo bem se em favor de um capitalismo de Estado ou de um regime coletivista.

PUBLICAÇÕES DE 1987

Acontece que ambos esses sistemas estão em falência no resto do mundo.

Segundo o Prodasen[5], do Senado Federal, se as comissões temáticas e a Comissão de Sistematização não fizerem amputações construtivas, teremos uma Constituição de 956 artigos, o que dará mais emprego a bacharéis, mais desemprego aos trabalhadores, mais desilusão para todos e uma advertência para que outros países não se entreguem a exercícios de "besteirol".

5. O Besteirol constituinte (ii), originalmente publicado em O Estado de São Paulo, n. 34451, p. 4, 21 jun. 1987

> "É impossível investir num país em que se torna mais fácil fazer um divórcio do que dispensar um empregado"
>
> Ronald Reagan

Os "progressistas", ou melhor, os "xiitas", conseguiram na Comissão da Ordem Social da Constituinte um retrocesso de mais de 20 anos, ao restabelecerem o instituto da "estabilidade no emprego", característica do populismo de Vargas. Só que o pioraram. Naquela época, o empregado tinha uma ilusória estabilidade aos 10 anos de serviço. Era despedido aos 9 anos, perdendo ele a esperança, e perdendo a empresa o treinamento nele investido. As empresas que retinham grande número de "estáveis" não só enfrentavam indisciplina ou absenteísmo, mas seu "passivo trabalhista" as tornava invendáveis e incompráveis.

Criou-se então, em lei votada pelo Congresso em 1966, o FGTS, como alternativa mais humana e racional à estabilidade. Mais humana, porque o empregado não precisava escravizar-se à empresa, à espera da estabilidade, mas poderia escolher melhores empregos, carregando consigo o pecúlio financeiro do FGTS. A indenização de despedida no regime anterior era um prêmio pagável somente no desastre do desemprego. O FGTS era um patrimônio crescente do empregado, disponível para várias finalidades.

---

[5] N.A.: "Centro de Informática e Processamento de Dados do Senado Federal".

Mais racional, porque se ninguém garante à empresa estabilidade de receita e vendas, não pode ela, em sã consciência, garantir a estabilidade dos empregados. Segundo, porque se ao empregado convém a liberdade de mudar de empresa, à busca de melhoria, à empresa também cabe, simetricamente, a possibilidade de mudar de empregado, atendendo à evolução tecnológica e às flutuações dos negócios.

Com abissal ignorância da prática dos negócios e impudente ingerência na empresa privada, a Comissão de Ordem Social restaura o instituto getulista da "estabilidade de emprego". Desta vez, aos três meses, tempo suficientemente curto para que um beberrão possa fingir sobriedade, um cleptomaníaco, desamor à propriedade alheia, e um vagabundo, incansável operosidade... Findos os três meses, o empregador – que hoje já tem de dedicar um terço do seu tempo a enfrentar a mutante burocracia, um terço a tratativas financeiras, pouco lhe restando para a tarefa de produzir – teria que se transformar em querelante judicial para demonstrar, em juízo, "falta grave" ou a "superveniência de fato econômico intransponível, técnico ou de infortúnio da empresa", antes de despedir qualquer empregado. Aos empreiteiros – e presume-se também à agropecuária –, cuja mão-de-obra é por natureza flutuante, concede-se o favor do "contrato a termo" não superior a dois anos, o que provavelmente os obrigará a terminar barragens e estradas com uma enorme sobrecarga de "empregados estáveis". No comércio, desapareceria a figura do "comissionado", de vez que todos teriam garantia de salário fixo, igual ao mínimo, além de remuneração variável.

Os constituintes não poderiam encontrar fórmula melhor para desencorajar investimentos e fomentar um maciço desemprego. O propalado "avanço" é um retrocesso e as "conquistas" do trabalhador apenas aprofundarão a recessão. O empresário racional terá perante si, se a Comissão de Sistematização e o plenário sinalizarem apoio a essa demagogia suicida, as seguintes alternativas:

a) reduzir imediatamente o pessoal, mesmo treinado e útil, retendo apenas o indispensável;
b) automatizar e robotizar tão furiosamente quanto possível;
c) ignorar a Constituição, classificando-a entre as "leis que não pegam";

d) submergir na economia subterrânea, onde as relações de trabalho são informais.

Os investidores estrangeiros, que já fugiam do País em virtude da xenofobia reinante e do controle de preços, terão uma razão a mais para riscar o Brasil de seus programas de investimento.

O "besteirol" constituinte não para aí. Antes de atingirmos uma "civilização do fazer", decretamos a criação de uma "civilização do lazer", pelo simples ato de "bem-querer". Transformam-se em edito constitucional relações de trabalho que devem ser objeto de negociação entre trabalhadores e patrões, e que necessariamente variarão em função da situação do País e da evolução da tecnologia. O projeto constituinte versa detalhes como a jornada de trabalho (fixada em 40 horas descontínuas e 30 horas contínuas), o ano de trabalho da gestante (que teria apenas oito meses), a hora de trabalho noturno (que teria apenas 45 minutos, com salário 50% mais alto). O ano de trabalho seria de 11 meses, mas a remuneração cobriria 14 meses. O empregador garantiria assistência aos filhos e dependentes do empregado até seis anos de idade, e o salário família seria aumentado pago sem limitação de prole. E assegurada a preservação permanente do poder aquisitivo real dos salários (o que teria a vantagem de tornar a inflação inconstitucional...). Haveria participação nos lucros ou nas ações, desvinculada da remuneração. Os empregados teriam ampla liberdade de greve, devendo eles próprios decidir sobre as providências asseguradoras da continuidade dos serviços essenciais à comunidade.

Aos empregadores, que arriscam seu dinheiro e enfrentam a angústia da competição, só restaria o direito de pagar seus empregados, de contribuir com um terço do Fundo de Garantia do Seguro Desemprego, de financiar um novo fundo – o Fundo de Garantia do Patrimônio Individual – e, obviamente, de contratar uma bateria de advogados trabalhistas para as contendas diárias da empresa... Se quisesse vendê-la, enfrentaria o arcaico problema do "passivo trabalhista". Do chamado "capitalismo selvagem" (na realidade o Brasil é mercantilista e não capitalista), passaríamos diretamente a uma não-assumida "ditadura do proletariado".

Isolados no conforto planaltino, os constituintes parecem não perceber que o Brasil vive num mundo asperamente competitivo, onde os coreanos trabalham 54 horas por semana, os japoneses 48 (reduzindo-se para 46 a partir do ano que vem), alguns países europeus entre 42 e 45 horas. Todos, incidentalmente, com padrão de vida superior ao nosso, porque também com níveis superiores de produtividade.

Os custos adicionais, arbitrariamente decretados pelos constituintes, serão talvez absorvíveis por algumas empresas. Mas tornarão outras, quiçá a maioria, inviáveis. Os supostos beneficiários da semana de 40 horas poderão ter de enfrentar a semana de zero hora, ou o salário zero do desemprego; e o custo extra dos benefícios para mulheres e famílias acabará privilegiando a contratação de solteiros.

Nada mais cruel que a "caritocrácia" demagógica. A experiência mundial revela que a chamada "opção pelos pobres" leva a utopias dirigistas ou totalitárias, que se traduzem, finalmente, numa "opção pela pobreza". Sem falar na perda de liberdade...

Na "Declaração de Independência", os legisladores americanos foram mais humildes. Jefferson falou no direito "à vida, à liberdade e à busca da felicidade" ("pursuit of happiness"). Nossa Comissão da Ordem Social não faz por menos. A felicidade passa a ser não apenas um objetivo buscado pela sociedade, mas uma garantia constitucional, pois, segundo o artigo 1º, inciso II:

> "Todos têm direito à moradia, alimentação, educação, saúde, descanso, lazer, vestuário, transporte e meio ambiente sadio."

A Comissão de Ordem Social oferece uma solução simplicíssima para a "vexata quaestio" da Reforma Agrária. Dispõe, no artigo 3° de seu relatório, que todos os "sem-terra" passam a ter "direito assegurado à propriedade na forma individual, cooperativa, condominial, comunitária ou mista", cabendo ao Estado promover as necessárias desapropriações. Talvez por esquecimento, os constituintes não garantiram ao trabalhador urbano o direito de ter sua própria fábrica, aos carpinteiros de possuírem uma carpintaria, às costureiras de conseguirem uma "boutique"...

Tudo indica que, se esse balaio de utopias atravessar o crivo da Comissão de Sistematização e do Plenário, teremos uma Constituição mais rapidamente biodegradável que as sete anteriores. E, por insistir em brigar com os fatos e as realidades do mercado, o País continuará tendo um grande futuro no seu passado.

6. O Bebê de Rosemary, orginalmente publicado em Correio Braziliense, n. 8850, p. 16, 5 jul. 1987

> "Os relatores parlamentares, assim como os redatores de jornais, têm uma tarefa comum: separar o joio do trigo. A fim de aproveitar o joio naturalmente".
>
> James Callaghan, ex-primeiro-ministro britânico

No famoso filme de Roman Polanski, "Rosemary's baby", um demônio incubo fecunda uma adormecida donzela sucuba, e dessa magia negra nasce um pequeno satã de olhos ígneos. A Constituinte Brasileira acaba de produzir um bebê de Rosemary no anteprojeto do relator Bernardo Cabral. Só que não é um bebê satânico. É, apenas, um mongoloide.

Nos "princípios fundamentais", começa o relatório passando um pito em Deus, Nosso Senhor, que nos fez desiguais em talento, diligência e sorte. Legitima-se a "intervenção igualizadora do Estado para alinhar a sociedade na direção de uma democracia de liberdades igualadas". E esse mesmo ente abstrato, o Estado (composto não raro de burocratas, safados e políticos fisiológicos) será encarregado de "promover a justiça social pela implementação das condições necessárias para que a felicidade de cada um não custe a infelicidade de ninguém, mas contribua para a felicidade de todos".

Na sua tarefa de escolher o joio, o ilustre relator descartou coisas aprovadas, restaurou teses derrotadas e declarou compatível a incompatibilidade. Citemos apenas um exemplo. O art. 304 veda taxativamente "a vinculação ou equiparação de qualquer natureza, para o efeito de remuneração do serviço público". Nos artigos 238 e 239 faz-se precisamente o contrário. Os membros do ministério público e defensores públicos são "equiparados", em garantias e vantagens, ao Poder Judiciário. Isso encerra dois disparates: (1) órgãos dependentes do Poder Executivo são equiparados aos de um poder independente (o Judiciário) o que dilui a autoridade e singularidade deste; (2) Os orçamentos dos Estados explodiriam cada vez que fossem aumentados os vencimentos dos ministros no Supremo Tribunal Federal 5 sabido que tanto a União como os Estados têm um excesso de "procuradores". O déficit, como dizia o professor Octávio Bulhões, é de "achadores", profissão que não foi ainda "regulamentada" pela absoluta carência de candidatos capazes...

O capítulo da "ordem social" inviabiliza a economia de mercado, pois que prescreve o milagre de antecipar o momento da recompensa, encurtando o momento do esforço. As seções sobre Previdência Social e Educação têm um "viés estatizante", com desprezo da livre opção individual. Isso, apesar das ululantes provas de ineficiência e inconfiabilidade da Previdência Social estatizada, e dos enormes desperdícios do ensino público. A classe média e as empresas são compelidas a financiar sistemas alternativos de assistência médica e previdência privada. Quanto às universidades públicas, gastam 70 por cento das verbas de educação, extraídas do contribuinte, para treinarem 40 por cento dos alunos, enquanto que as universidades privadas, com 1,7 por cento de subvenções públicas, treinam 60 por cento dos universitários. O capítulo sobre "saúde é risível. Diz o Art. 349: "Saúde é 'direito' de todos e 'dever' do Estado". Só que as bactérias e os vírus não foram informados que ao infectarem os brasileiros estarão violando a Constituição... No Art. 355, adota-se o tema de que "a doença é nossa", de vez que empresas estrangeiras não podem se instalar aqui para curar brasileiros. Se alguma empresa estrangeira, detentora de um breakthrough tecnológico na cura da AIDS, queira aqui prestar serviços, saibam nossos aidéticos que terão de morrer patrioticamente em mãos nacionais.

O mais melancólico em toda essa experiência é verificar a raridade dos liberais puros, que entendem que a liberdade econômica é condição necessária, ainda que não suficiente, de liberdade política. Nossos falsos liberais são líricos na defesa de liberdade política, mas admitem três vertentes de intervencionismo estatal: a vertente "assistencial", que a capacidade e a eficácia do estado previdenciário; a vertente "nacionaleira" que privilegia monopólios e empresas estatais, e restringe o capital estrangeiro, onde ele poderia ser mais útil à mineração e à alta tecnologia: e a vertente "protecionista", que adora as "reservas de mercado", que permitem às indústrias fabricarem a qualquer preço produtos que o consumidor não deseja.

No capítulo da "ciência e tecnologia", assim como no da "ordem econômica", o relator modificou proposições vitoriosas, tornando-as vencidas, esposou uma definição restritiva e xenófoba da "empresa nacional", contrariando uma tradição que vem desde o código comercial de

PUBLICAÇÕES DE 1987

1850: "Empresa Nacional" é toda aquela que aqui se instala segundo nossas leis e dá trabalho a brasileiros. E se for eficiente e atualizada, será mais útil à Nação que a de tupiniquins incompetentes. "Nacionalismo" é criar empregos, dizem os próprios socialistas franceses, mais "progressistas" que os nossos. Além de transmitirmos sinalização negativa aos capitais estrangeiros, num momento em que nossa magra poupança não cria suficientes empregos, e precisamos de atualização tecnológica interna e de mercados externos, a definição restritiva é uma automutilação em matéria tributária. Os países de origem das multinacionais podem questionar o direito ao desconto, pelas matrizes, do imposto de renda pago no Brasil, pois o Governo Brasileiro não as considera nacionais, o que poderia expô-las a uma bitributação fatal para o influxo de capitais.

Da crueldade em relação aos indígenas, passaremos no novo texto constituinte a um indigenismo romântico. Os contribuintes talvez não saibam que as reservas indígenas no Brasil, segundo estudo do professor Mário da Silva Pinto, totalizam 763.574 quilômetros quadrados, para uma população indígena de 100 mil assistidos pela Funai e talvez 20 mil arredios, isso é mais que toda a área agricultada do País (558 mil quilômetros quadrados). E significa que a área per capita reservada ao indígena é mais de 1 mil 200 vezes maior do que a que corresponde ao cidadão brasileiro. Para efeito de contraste, note-se que nos Estados Unidos as reservas são de 40 mil quilômetros quadrados para 797.301 índios, ou seja, a população indígena é sete vezes maior e as reservas apenas 5 por cento da área brasileira...

7. As Soluções suicidas, originalmente publicado em O Estado de São Paulo, n. 34499, p. 5, 16 ago. 1987

"Quod male coeptum est ne pudeat mutasse"

"Não nos envergonhamos de mudar o que começou errado." Esse foi o mote do imperador Felipe, que reinou sobre o império Germano-Românico, no fim do século XII.

É óbvio que a Constituinte começou mal. Primeiro foi popularizada como uma espécie de panaceia jurisdicísta. O "Projeto de Constituição" tornou-se um "dicionário de anseios e aspirações" sem relação com a efetiva capacidade da sociedade de produzir satisfações. Não se fez distinção devida entre "garantias não-onerosas" – Liberdade de vida, pensamento ou religião – e os "garantias onerosos", como habitação, transporte e assistência social, que devem levar em conta realisticamente a capacidade produtiva da sociedade.

Conseguimos produzir um texto timidamente capitalista na "Ordem Econômica", francamente socialista na "Ordem Social", indeciso na opção entre presidencialismo e parlamentarismo.

Se relancearmos o panorama mundial, verificaremos que três das potências que mais se caracterizaram pela sua estabilidade política e impacto no cenário econômico mundial foram extremamente sóbrias em termos de legislação constitucional. Os Estados Unidos têm uma constituição de sete artigos, aos quais foram adicionados os dez mandamentos do Bill of Rights, e, ao longo de 200 anos, apenas 26 emendas. Redigiram-na 55 delegados, que juraram segredo, privando-se de qualquer comunicação popular. Por um desses ardis da História, essa constituição "elitista" presidiu à formação da mais poderosa democracia do mundo. A Inglaterra nunca teve constituição escrita, a não ser a "Magna Carta", imposta pelos barões ao Rei João-sem-Terra, no século XIII. Isso não impediu de liderar a revolução industrial, criar um grande império e transformar seu parlamento na mãe dos parlamentos democráticos. No Japão, prevalece, ainda hoje, a constituição redigida por um invasor estrangeiro – o general Mac Arthur foi uma constituição que os nossos "projessistas" descreveriam como "abjetamente outorgada totalmente alienada". No entanto, implantou a democracia no Japão e permitiu que ele se elevasse à posição de segunda potência econômica do mundo.

Isso indica que as constituições, para vingarem, têm que se inserir numa cultura pré-existente e não há por que visualizá-las como panaceias mudancistas. Assim, a Constituição de 1967 foi privatista, mas assistimos, logo depois, à maior estatização de nossa história. Se agora fabricarmos uma Constituição socializante, não é impossível que, bizarramente, passemos a praticar o capitalismo.

Além de ser um "dicionário de aspirações", o projeto constituinte corre o risco de tornar-se um catálogo de soluções suicidas. Entre estas figuram o princípio da "estabilidade do emprego" e o da "reserva de mercado".

PUBLICAÇÕES DE 1987

É impossível garantir estabilidade no emprego se ninguém garante às empresas estabilidade no faturamento. E as empresas brasileiras são anormalmente instáveis. Não enfrentam apenas os caprichos do mercado. Enfrentam os caprichos do governo. Sucedem-se congelamentos e descongelamentos. O Banco Central virou um motel de alta rotatividade, onde diretorias experimentais menstruam circulares que sanfonam juros, mudam impostos e destroem a previsibilidade empresarial.

Se o desemprego é uma ameaça para o trabalhador, o qual deve ser protegido pelo FGTS e pelo FAD (Fundo de Assistência ao Desemprego), a estabilidade é uma ameaça à empresa. A medida é anticoncepcional, pois desencorajará a formação de novas empresas e empresários, e apressará a liquidação das antigas. Ressuscitaria a figura do "passivo trabalhista" que, antes do FGTS, dificultava fusões e incorporações, tornando muitas empresas incomparáveis ou invendáveis.

Reserva de mercado no Brasil não é a simples proteção aduaneira às indústrias nascentes, coisa que todo mundo aceita. Não é uma proteção em favor do produto nacional; é contra o investidor estrangeiro. Cria cartórios em favor dos escolhidos pela Autoridade. Pune os consumidores e usuários e torna o empresário nacional um misto de corrupto é menor. Tal como a AIDS, é moléstia contagiosa. A infecção começou com a Informática, mas os "xiitas" do governo trabalham incansavelmente para expandi-la. Para isso, acabam de criar mais três subsecretarias no Ministério de Ciência e Tecnologia – a de Materiais Novos, a de Química Fina e a de Mecânica de Precisão – que agasalharão 256 novos burocratas em cargos de diretoria e assessoramento superior. Em vez da química fina, o que teremos é a "química grossa", ou seja, um aumento de 60% nas verbas desse inútil Ministério, poucos dias antes de o governo decretar seu programa de corte do déficit público.

Não se deve subestimar a capacidade do PMDB de reduzir o Brasil a um "gigantesco Moçambique", como disse o deputado Delfim Neto. A "moratória soberana" nos isolou da comunidade financeira internacional; a xenofobia, as reservas de mercado e o "besteirol constituinte" transformaram nosso continente de oportunidade num "continente de risco", precisamente quando os grandes superavitários – Japão, Alemanha e Taiwan – procuram ansiosamente áreas onde investir.

O ministro Bresser Pereira parte para as negociações com uma mentira e uma excentricidade. A mentira é que o FMI seja o culpado de nossas recessões. Ora, o que a experiência revela é precisamente o contrário. O Brasil fabrica suas recessões internamente, apela depois para o FMI e lhe transfere a culpa do remédio... O que aconteceu com João Goulart, cujas peraltices produziram a recessão de 1963 (1,8% do crescimento do PIB). Em 1964, recorremos ao FMI e a taxa de crescimento quase dobrou, marchando o Brasil depois para um longo período de crescimento sustentado. Em 1981/82, sofremos aguda recessão interna, resultante em parte da crise internacional de juros e petróleo. "Não ao FMI" era também o mote do governo militar. Em 1983, em plena recessão, fomos ao FMI, revitalizamos as exportações e retomamos saudável crescimento. A atual recessão Funaro/Bresser é também de fabricação "interna e soberana". A recusa ao monitoramento do FMI, por medo de políticas recessivas, será considerada pelos banqueiros, cujos departamentos têm brazilianist versados na história brasileira, um slogan de palanque, sem compromissos com os fatos nem com a lógica.

A excentricidade do ministro Bresser é exigência de um spread zero. Nem Charles Darwin seria capaz de prever essa "mutação da espécie", mediante a transformação dos banqueiros em "filantropos aquisitivos"...

Para os que pensam a longo prazo nos destinos brasileiros, a situação é melancólica. Na Constituinte, o esporte dos "xiitas" é chicotear as multinacionais (as quais são hoje objeto de namoro soviético e chinês), sem a mínima preocupação de indicar fontes alternativas de poupança para a criação de um milhão e meio de empregos ao ano. E o Poder Executivo, em sua voracidade fiscal, converteu três indústrias – a de fumo, a de bebidas e a de automóveis – em repartições arrecadadoras. Esta última está desmotivada, seja pelo controle de preços, seja pela proibição de produzir livremente a eletrônica indispensável aos carros do futuro. Mais uma espécie em extinção é a indústria farmacêutica, vítima de controle de preços, que neste caso castigam imparcialmente as nacionais e estrangeiras, eliminando uma poderosa alavancagem para o nosso ingresso na biogenética. Felizmente, o partido inspirador da moçambicação, o PMDB, começa a receber vaias, o que indicaria que a população se está dando conta do estelionato eleitoral de novembro de 1986.

8. Mais gastança que poupança, originalmente publicado em O Globo, p. 7, 6 set. 1987

> "Um apaziguador é um homem que alimenta o crocodilo, na esperança de ser comido por último".
>
> Winston Churchill

Refém das esquerdas, ruins de voto mas peritas em patrulhamento, o relator Bernardo Cabral ressuscita, em seu novo Projeto de Constituição, teses derrotadas nas Comissões Temáticas no tocante à definição de "empresa nacional", à reforma agrária e às impúberes eructações sobre ciência e tecnologia. Do "besteirol prolixo" passamos ao "besteirol compacto".

A definição de empresa nacional é de uma patriótica cretinice. Destina-se a afugentar o capital estrangeiro e reforçar os cartórios nacionais. Inventou-se a figura esdrúxula da "empresa brasileira de capital estrangeiro", irmã bastarda da autêntica "empresa nacional", está assim canhestramente definida:

> "Ar. 226 – será considerada empresa nacional a pessoa jurídica constituída e com sede no País, cujo controle decisório e de capital votante esteja, em caráter permanente, exclusivo e incondicional, sob a titularidade direta ou indireta de brasileiros domiciliados no País, ou por entidades de direito público interno."

Dessa convoluta definição resultariam bizarrices: (1) brasileiros domiciliados no exterior não poderiam ser donos de uma "empresa nacional"; (2) se o acionista brasileiro controlador se aposentasse para morar em Portugal, sua empresa se desnacionalizaria; (3) as fábricas, lojas e fazendas de emigrantes italianos, alemães ou japoneses, que esqueceram de se naturalizar, passariam a ser "empresas brasileiras de capital estrangeiro"; (4) na dinâmica capitalista de contínua compra e venda de empresas, estas outra seriam "nacionais" ora "brasileiras", com tratamento favorecido em certas épocas, discriminatório em outras, na dependência do umbigo dos acionistas.

Evidências de "xenofobia" abundam, coisa particularmente insensata numa época em que precisamos promover a conversão da dívida em capitais, e que nos candidatamos a participar do Fundo Japonês de Investimentos. As "empresas nacionais" teriam preferência nas compras do Governo, independentemente de preço e qualidade, livrando-se de incômoda competição, às custas do contribuinte. Pelo art. 232, só as "empresas nacionais" poderão ter autorização de pesquisa e lavra de jazidas minerais, o que nos privaria da cooperação de empresas estrangeiras na fase crítica e arriscada da "pesquisa". A lavra seria por "tempo determinado", a critério do burocrata, e não em função da vida econômica das jazidas. Assim, os "progressistas" matam dois coelhos de uma só cajadada. Como pouquíssimas empresas brasileiras têm fôlego para enfrentar os enormes riscos e lentos resultados da pesquisa, estatizar-se-ia a atividade. Ficaria também garantido o desinteresse das multinacionais em investimentos minerais no Brasil.

Como se essas amolações não bastassem, a exploração de nossas "riquezas" (termo equivocado pois os minérios são apenas cadáveres geológicos) em terras indígenas dependeria de autorização "dos indígenas e do Congresso Nacional". Haveria dois problemas. Um é caçar na selva os caciques indígenas; outro é caçar no Congresso Nacional um fórum suficiente para analisar milhares de pedidos de alvarás...

Outra bizarrice é a proibição dos "contratos de risco" na exploração de petróleo. O risco fica sendo monopólio nosso. Isso intranquiliza a própria Petrobrás que tem contratos de risco em Angola, Mar do Norte e alhures, e receia ser objeto de desagradável reciprocidade.

No capítulo da reforma agrária, parece que "desapropriação" e "reforma agrária" se tornaram sinônimos. Ora, a desapropriação é apenas um – o mais dispendioso e conflitivo – dos instrumentos de reforma. Melhores instrumentos são a tributação progressiva sobre a terra improdutiva, que geraria recursos para a colonização de áreas novas, restando a desapropriação como solução extrema para casos especiais. Ao contrário dos bem-sucedidos projetos da colonização privada, os "assentamentos" do INCRA são um rosário de derrotas.

Ressuscitaram, também, no capítulo de ciência e tecnologia (Cap. IV), as habituais cretinices "progressistas", que eu julgava consignadas ao lixo da história. O "mercado interno é patrimônio nacional", e, através de reserva de mercado, propiciar-nos-ia o alcance da "autonomia cultural e tecnológica". Nesta era em que o mundo é uma "aldeia global", pretendermos autonomia cultural quando temos uma das maiores taxas de analfabetismo do mundo, só pode ser deslumbramento de recém-alfabetizado. Num ataque de irrealismo, exige-se que a "empresa nacional" tenha controle tecnológico "incondicional", inclusive a liberdade de "transferir" a tecnologia comprada. Doravante, ninguém mais cederá às empresas nacionais tecnologia "estado da arte", pois o cedente perderia o controle dos "royalties" que recompensam seu investimento. O Ministro Bresser Pereira já havia transformado os banqueiros em "filantropos aquisitivos", impondo-lhes o "spread zero". Agora a Constituinte quer criar tecnólogos filantrópicos que, ao venderem tecnologia, liberam a empresa nacional para abiscoitar "royalties" no repasse a terceiros. Habituados a considerar o empresário um misto de corrupto e de menor, os "xiitas" da SEI e do INPI – que deviam ser todos demiti dos por insensatez – querem criar tecnologia por decreto. São um razoável fac-símile dental do fundamentalismo islâmico.

No campo da saúde, ficam proibidos os hospitais estrangeiros, o que significa que "a doença é nossa", e os pacientes só poderão morrer em mãos tupiniquins...

A quem interessa a xenofobia dos Constituintes, que atinge as raias do ridículo? Não certamente aos trabalhadores, que precisam de oportunidades de emprego. Não aos empresários que desejam liberdade de associação, quando a julguem útil para sua modernização tecnológica. Não às multinacionais brasileiras que operam no exterior, como a Petrobrás, Vale do Rio Doce ou a Odebrecht, e aprenderam a importância de um clima de investimentos estável e receptivo. A ideologia do ressentimento passa a interessar apenas aos chamados "progressistas", que desconhecem a importância de atrair poupança, até porque a única coisa que apreciam é mesmo a gastança...

9. O direito de ignorar o Estado, originalmente publicado em Correio Braziliense, n. 8.927, p. 5, 20 set. 1987

> "A falha da República é suprimir a corte mantendo os cortesãos"
>
> Carlos Drummond de Andrade

O passional e obsessivo debate entre o parlamentarismo e presidencialismo na Assembleia Nacional Constituinte leva muita gente a esquecer que a única coisa importante é o "humanograma". Os parlamentaristas brigam entre si sobre o "cronograma" de transição. E os presidencialistas se comportam como se a governabilidade do País dependesse do "organograma". Entretanto, na longa visão da História, o que conta não é a "forma" de governo. E a "qualidade da liderança". Em suma, uma questão de "humanograma".

O parlamentarismo tem três atrações. Primeiro, o ar de novidade. A experiência de 1960/62 foi curta demais e a época imperial é uma distante memória. (Esquecemo-nos todos, corno nos relembra o jornalista Carlos Chagas, das grandes crises do parlamentarismo imperial, como as questões religiosa e militar, a Guerra do Paraguai e a queda do Gabinete Zacarias de Góes). Segundo, a impressão de que, num regime de gabinete, mudanças radicais de política podem ocorrer sem desestabilização do governo. Conciliar-se-ia assim o anseio de mudança com o imperativo da estabilidade. Terceiro, o fascínio da "integração" de poderes entre o Legislativo e Executivo. Isso pareceria solução mais tranquilizante que a delicada ginástica do "balanço de poderes" do modelo norte-americano, ou o frequente "conflito de poderes" dos presidencialismos latino--americanos. Dos vários argumentos em favor do parlamentarismo, o menos aceitável é precisamente o mais usado, a saber, que ele aumentaria o teor de pureza da democracia. Afinal de contas, Hitler subiu ao poder por eleição legitima, no bojo de um sistema parlamentarista, e Salazar, presidente do Conselho de Ministros, demonstrou, à sociedade, que parlamentarismo e democracia não são sinônimos. Sem falar no clássico "Assalto ao Parlamento", através do qual a minoria comunista transformou o parlamento tcheco numa ditadura marxista.

O parlamentarismo pressupõe condições que o Brasil não tem e que exigem paciente preparação: uma burocracia concursada e profissionalizada, imune à ciranda dos gabinetes: um Banco Central independente, como guardião de moeda; e, finalmente, partidos políticos compactos e programáticos. É tentador dizer que essas coisas virão com a própria prática do novo regime. Esta seria uma espécie de ginástica cívica que se aperfeiçoa na medida do exercício.

Receio que nossa presente bagunça partidária exija correções necessariamente evolutivas e algo lentas, que passam pela experimentação do "voto distrital" (puro ou misto), que condensaria as agremiações e de "fidelidade partidária" nas questões "fechadas", que as disciplinaria. Um complicador adicional seria o efeito sobre as unidades federativas, algumas das quais desequipadas de opções partidárias válidas para um sistema parlamentar.

É famosa e irresoluta a controvérsia entre Herbert Spencer – que acreditara serem os líderes meros produtos do ambiente histórico – e Carlyle – que neles via os fabricantes da História. São misteriosos e erráticos os efeitos do carisma. A qualidade do líder parece mais relevante que a forma do governo. A democracia americana tem oscilado através dos tempos entre um "presidencialismo imperial" e a "ditadura legislativa". Às vezes, o curso se inverte na mesma presidência. Nixon e Reagan começaram seu segundo mandato como presidentes imperiais. Aquele terminou humilhado pelo "impeachment", que deu início uma ditadura legislativa, e Reagan está ameaçado de desprestígio comparável, após o "irãgate". Nos regimes parlamentares, de outro lado, há primeiros-ministros que dominam a tal ponto o gabinete, que o governo assume perfil presidencialista. É o que está ocorrendo com Margaret Thatcher na Inglaterra, com Felipe González na Espanha, e o que aconteceu com Indira Gandhi, na Índia. Tudo pesado e medido, sinto-me em relação ao parlamentarismo como Santo Agostinho se sentia em relação à castidade: "De-ma senhor, porém não já".

É possível que o confuso resultado de nossa conturbada Constituinte seja um sistema de presidencialismo parlamentar "à la francesa". Com a agravante de não termos nenhum De Gaulle à vista, para dar a partida no jogo. Dado que já experimentamos todas as possíveis formas de governo – monarquia absoluta, monarquia constitucional, parlamentarismo imperial, ditadura civil, presidencialismo, civil e militar – a tentação é quase irresistível.

ROBERTO CAMPOS

Mas o que eu preferiria mesmo é um novel experimento: a "demarquia", o governo das leis e não dos homens, de que Henry Maksoud tem sido tenaz pregador, chegando mesmo a formular um projeto de Constituição bem mais erudito, coerente e sensato do que os projetos até agora produzidos pela Assembleia Constituinte. A "demarquia" se baseia na total "separação de poderes". Exatamente o contrário da "fusão", inerente ao parlamentarismo; ou do adultério conúbio que tem caracterizado o relacionamento entre o nosso Poder Executivo e o Legislativo. Nesta "Nova República", conseguimos reunir o pior dos dois mundos: um presidencialismo "de jure", em que o presidente edita decretos-leis, e um parlamentarismo "de facto", de vez que a maioria parlamentar se considera com direito a ratear entre si Ministérios e cargos do Executivo.

Herbert Spencer falava num direito individual importante, não reconhecido em textos constitucionais – "o direito de ignorar o Estado". A Itália, por exemplo, conseguiu essa façanha. A dívida pública está beirando o PIB e o déficit é de 12 por cento. O Estado é falido. Mas a nação poupa e prospera, graças à razoável estabilidade das regras do jogo econômico providenciada pelo Banco da Itália e pelos tecnocratas do Tesouro. O "Estado" é Romã. A "Nação" são as grandes indústrias de Milão e as pequenas indústrias de Nápoles, a agricultura da Toscana e a da Sicília, e sobretudo a vasta "economia submersa", que é ubíqua e dinâmica. O Estado é grande canhestro. Mas é possível ignorá-lo. Com uma boa dose de privatização e desregulamentação, talvez o Brasil possa exercer essa feliz opção: ignorar o Estado. Até porque se é possível ignorar Roma, não deve ser impossível ignorar Brasília...

10. O "Gosplan" caboclo, originalmente publicado em Correio Braziliense, 27 set. 1987

> "A chave de todas as idades é a imbecilidade; imbecilidade na vasta maioria dos homens, em todos os tempos e mesmo nos heróis, salvo em certos momentos eminentes, vítimas todos da gravidade, do costume e do medo".
>
> Ralph Waldo Emerson.

Ao ler o art. 145 do mais recente projeto de Constituição – apelidado de Cabralão II – que transforma o "advogado" num ente especial "indispensável à administração da Justiça, sendo inviolável, por seus atos e manifestações", lembrei-me de uma estória inglesa sobre a visita do Czar Pedro, o Grande, à Inglaterra de William III, em busca de ideias modernizantes. Incapaz de ocultar seu espanto ao saber que quase todos os ministros da corte eram advogados, Pedro, o Grande, disse ao soberano inglês: – "É curioso. Na Rússia só há dois advogados e eu estava seriamente acariciando a ideia de enforcar um deles"...

Mas não só os advogados são entes especiais no bizarro texto constituinte. Também os garimpeiros, os "soldados de borracha" e os índios. E, naturalmente, os procuradores-gerais. Estes, apesar de membros do Poder Executivo, passam a ter os privilégios de inamovibilidade e irredutibilidade de vencimentos, que outras constituições mundiais reservam ao Judiciário, para caracterizá-lo como poder independente. Ah, ia me esquecendo dos funcionários públicos. Estes ficaram com o direito de greve, de forma que o Estado brigaria consigo mesmo. E embarcarão num ""transatlântico de alegria" pois que todos os servidores que tenham ingressado na administração direta ou autárquica, federal, estadual e municipal, há mais de cinco anos, ficam efetivados, independentemente de concurso. É uma forma sintética de arruinar o Pais: mata-se, a um tempo, o sistema do mérito e a esperança de curar o déficit público...

Outra maneira sintética de fazê-lo é a conceituação da "empresa nacional". Só terá esse augusto nome, aquela cujo controle decisório esteja de forma "incondicional" sob o controle de pessoas físicas domiciliadas no país. Os xenófobos matam três coelhos de uma cajadada só. Primeiro, inviabilizam as joint ventures, pois que os acionistas minoritários estrangeiros normalmente insistem em regras de proteção para os minoritários. De outra maneira, seriam reféns e não sócios. Segundo, garante-se a perpetuação do atraso mineiro do Brasil, cuja produção mineral é de apenas 50 dólares por habitante/ano, contra 150 dólares na média mundial. São minguados os capitais brasileiros para o risco da pesquisa. Terceiro, isola-se o Brasil das tecnologias de ponta, pois ninguém desejará vendê-las à "empresa nacional", pois que esta tem por atributo essencial deter o controle "incondicional" da tecnologia. Seremos compradores da penúltima e nunca da última tecnologia. Em suma, a definição em causa é uma esperteza das esquerdas, um acovardamento dos moderados e uma safadeza contra o progresso do País.

ROBERTO CAMPOS

Quem ler o texto constitucional (art. 210) acreditará que reforma agrária é sinônimo de "desapropriação", como se a tributação sobre a terra ociosa e a colonização não fossem métodos mais eficazes e menos comprometedores da produtividade. Alegrar-se-ão as massas desvalidas ao saber que os constituintes se preocupam em garantir que o "Colégio Pedro II ficará na órbita federal" e que o "poder público poderá deter o monopólio de importação de equipamentos médico-odontológicos, de medicamentos e de matéria-prima para a indústria farmacêutica" (art. 227). Considerando-se a eficiência demonstrada pelo Governo, ao tempo do Plano Cruzado, na importação de carne, arroz e milho, teremos assegurado um rápido aumento na taxa de mortalidade. Eis um presente dos "progressistas" aos doentes brasileiros.

Para um ex-ministro do Planejamento, como eu, que conheceu de perto a vasta desinformação da burocracia e sua lerdeza na percepção dos fatos de mercado, é irônico ficar sabendo que, precisamente no momento em que Gorbachev abandona o "Gosplan" em favor da descentralização decisória, os nossos constituintes querem, mediante lei complementar, criar um "Gosplan caboclo", seja, um "sistema nacional de planejamento econômico e social". Acreditem se quiserem... Leia-se o art. 195, parágrafo 40, redigido nesse estilo sutil como um martelo, característico dos comissários do povo:

> "Lei complementar estabelecerá as diretrizes e bases do planejamento do desenvolvimento nacional equilibrado, definindo: I – Os critérios de zoneamento econômico, articulador dos investimentos públicos e norteador (sic). dos investimentos privados; II – O sistema nacional de planejamento econômico e social que funcionará interativamente com o regional".

Santo Deus. Já seria felicidade bastante se o Governo soubesse o número de seus funcionários, o tamanho do seu déficit e deixasse de ser caloteiro. A capacidade governamental de "desnortear" os investidores privados é infinita; sua capacidade de norteá-los, nula...

A mania brasileira de brigar com a realidade chega a ser desconcertante. Exemplo disso é a moratória. Dizia-se que o pagamento da dívida externa era a causa do déficit público. Deixamos de pagá-la e o déficit aumentou. Dizia-se que os encargos da dívida impediam o crescimento. Passamos o calote e o País estagnou. Dizia-se que o pagamento da dívida estava na raiz da inflação. Após a moratória, a inflação aumentou...

Outro fantasma idiota é o receio de "desnacionalização". O fantasma reaparece sempre que se quer tomar uma decisão racional: sobre a conversão da dívida, as zonas de exportação, o mercado de capitais.

Na realidade, o que existe é uma vasta confusão entre transferência de patrimônio e perda de patrimônio. Desnacionalização só existiria em duas hipóteses improváveis: A) se um brasileiro doasse seu patrimônio a um estrangeiro; B) se o estrangeiro desmontasse fisicamente as propriedades para embarcá-las na calada da noite. A chamada "perda de controle decisório" significa apenas que o brasileiro vende o controle de uma empresa e, com o dinheiro recebido, se habilita a exercer o controle decisório de uma outra atividade, na qual provavelmente será mais eficiente.

Em resposta a um deputado "progressista", que criticava a desnacionalização da fábrica estatal Seat, vendida à Volkswagen, a preço subvencionado, respondeu o primeiro-ministro espanhol, o socialista Felipe Gonzalez: "Desnacionalização só haveria se os alemães desmontassem secretamente a fábrica para implantá-la no Ruhn. O que houve foi a conversão de um elefante branco estatal numa unidade produtiva". Felizmente, parece que a Espanha está escapando do avatar mercantilista para entrar no capitalismo ocidental...

O texto constituinte atual, a ser votado na Comissão de Sistematização – intervencionista, xenófobo e burocratizante – revela estranha parecença com a constituição portuguesa que emergiu da Revolução dos Cravos, levando Portugal a prolongada estagnação. Somente agora, desfeitas as ilusões socialistas, o primeiro-ministro Cavaco Silva começa a tarefa de modernização de Portugal, através da desestatização e desregulamentação.

Aquilo que os franceses chamam "La nouvelle vague antietatique" não chegou ao Brasil. Ou antes, não chegou à Constituinte, porque o povo já começou a sentir a fadiga universal do Estado.

Não devemos subestimar a capacidade de nosso "populismo progressista" de reproduzir, no Brasil, a façanha do "populismo peronista" na Argentina. Estagnada há um quarto de século, pela inchação do Estado e depressão da empresa, a Argentina é um avião que após a decolagem virou helicóptero.

11. Na Contramão da história, originalmente publicado em O Estado de São Paulo, n. 34511, p. 5, 30 ago. 1987

> "A proposta das esquerdas brasileiras é comer a semente destinada ao plantio."
>
> Oscar Lorenzo-Fernandez

O Brasil atravessa uma fase de "baixo astral" em matéria de racionalidade. Normalmente, um país se empenha em ter e manter "crédito externo". No Brasil, "perder crédito", através de moratória soberana, é motivo de orgulho.

Bizarramente, apesar da conjuntura recessiva, permanecem resíduos triunfalistas que tornam útil um exercício de modéstia, de vez que "a verdade, como o sal na ferida, dói mas não deixa apodrecer".

- O Brasil, em termos de PNB (Produto Nacional Bruto) é a oitava potência ocidental. Infelizmente, o que realmente conta para o nível de produtividade e bem-estar é o PIB por habitante e, sob esse aspecto, estamos no 46º lugar do mundo (dados do Banco Mundial relativos a 1985)
- Apesar da era do milagre, a renda por habitante no período de 1950-1985 cresceu apenas 3,3 vezes, contra 8,8 no Japão, 5,8 na Coreia do Sul e 6,2 vezes em Taiwan.
- A situação é menos encorajadora ainda no tocante a indicadores sociais: estamos no décimo lugar na América Latina em termos de expectativa de vida no nascimento, e nossa mortalidade infantil, no primeiro ano de vida, só perde para a do Haiti, Peru e Bolívia.
- O "grande mercado brasileiro" é, na realidade, um pequeno mercado; nossa participação no comércio mundial declinou hoje para 0,75%, inferior a que tínhamos em 1950.

Essa falsa percepção de nossa circunstância agrava-se pela falta de percepção das grandes transformações que ocorreram no mundo.

- *A INTERNACIONALIZAÇÃO DA PRODUÇÃO* – Criou-se, em virtude da liberalização do comércio, o fenômeno de "fábrica global". Assim o Escort, fabricado pela Ford em Halawood, na Grã-Bretanha, e em Saar-luis, na Alemanha, inclui componentes importados de 15 países, inclusive Japão, Canadá e Estados Unidos

- *OS ESPAÇOS COLETIVOS ALTERARAM A DIMENSÃO DOS MERCADOS* – Após sua integração no Mercado Comum Europeu, o pequeno Portugal passou a ter um mercado 11 vezes superior ao brasileiro.

- *A INTERPENETRAÇÃO TECNOLÓGICA TORNOU-SE DRAMÁTICA.* Isso se fez através de *joint ventures* com multinacionais (que o Brasil tanto dificulta) e da importação de tecnologia. No balanço tecnológico – exportações menos importações de tecnologia – o Japão é o mais voraz importador, com um déficit, em 1984, de US$ 1,6 bilhão; segue-se a Itália, com US$ 680 milhões; a Alemanha Federal, com US$ 550 milhões; a França, com US$ 445 milhões. Só os Estados Unidos e a Inglaterra exportaram mais tecnologia do que importaram. O balanço negativo do Brasil foi de apenas US$ 17 milhões, o que enseja duas conclusões. Uma, é que os "xiitas" conseguiram para o Brasil uma autonomia tecnológica superior a do Japão. A outra, mais provável, é que o Brasil está perdendo a corrida da modernização tecnológica.

- *DESAPARECEU A TRADICIONAL DISTINÇÃO ENTRE "CENTRO PERIFERIA".* Alguns países da América Latina e Ásia dominaram as tecnologias menos dinâmicas – aço, navios, automóveis – e os países da franja leste-asiática, no encalce do Japão, estendem esse desafio às indústrias de ponta da eletrônica e informática.

- *VERIFICOU-SE UMA GLOBALIZAÇÃO DA ATIVIDADE FINANCEIRA.* As bolsas de Nova York, Londres, Tóquio e Cingapura garantem o funcionamento de um mercado de câmbio e de valores de 24 horas. A América Latina, com seus controles de câmbio e restrições a investimentos, não participa dessa globalização financeira.

- *AS VANTAGENS DA INTERPENETRAÇÃO COMERCIAL E TECNOLÓGICA* foram reconhecidas até mesmo pelos países socialistas. Tanto a glasnost de Gorbachev, como a open door policy, de Deng Xiaoping, envolvem posturas mais liberais em relação às joint ventures, do que as praticadas no Brasil. Estamos definitivamente na contramão da história.

ROBERTO CAMPOS

Imodestas em tudo o mais, as esquerdas brasileiras têm revelado modestas na apreciação de seus êxitos na Constituinte. Selecionaram para ataque as três colunas-mestras do sistema de economia de mercado – a empresa, a propriedade rural e o capital estrangeiro. A estabilidade no emprego, agora substituída pela "proteção contra demissões imotivadas" (conceito que gerará perpétuos litígios) é receita eficaz para inviabilizar a gestão privada e encorajar a estatização. A "Imissão de Posse" como instrumento principal da reforma agrária – quando seu instrumento mais eficaz seria a tributação progressiva da terra improdutiva – desestabilizará emocionalmente e desencorajará economicamente os produtores rurais. A definição restritiva da "empresa nacional", assim como as "reservas de mercado" camufladas sob o eufemismo "proteção temporária", impedirão a inserção do Brasil no dinâmico contexto do neo-liberalismo mundial. Prosseguiria nosso atraso mineral, pois escasseiam capitais tupiniquins para a fase ingrata da pesquisa.

Os "PROGRESSISTAS" farão o Brasil crescer como rabo de cabalo. PARA TRÁS E PARA BAIXO.

12. No país dos paradoxos, originalmente publicado no O Estado de São Paulo, n. 34571, p. 8, 8 nov. 1987

> "O progressismo no Brasil é a confluência da subcultura como o oportunismo."
>
> Mário Simonsen

Há vários produtos em falta no País, inclusive o bom senso. A única coisa abundante, além de discursos "xiitas" na Assembleia Constituinte, parece ser a produção de paradoxos. Consideremos alguns.

O primeiro paradoxo é o da indústria de informática, que o dinâmico industrial de São Paulo, Ricardo Semler, descreveu como sendo um CCP – misto de cartório, contrabando e pirataria. O paradoxo consiste em produzimos cópias mais caras que os originais. As emulações coreanas e taiwanesas do computador IBM-PCXT já competem com os originais

PUBLICAÇÕES DE 1987

no mercado mundial, apresentando mesmo melhoramentos significativos a um terço do preço do original. Nossas cópias, substancialmente piores, vendem a três vezes o preço do original. Compra-se um êmulo razoável do computador pessoal IBM por menos de um salário mínimo nos Estados Unidos, pouco mais de um salário mínimo na Inglaterra e dois a quatro salários mínimos na Ásia. No Brasil, um equipamento pior custaria mais de oitenta salários mínimos. Em termos de eficácia competitiva, a atual geração de estudantes brasileiros está perdida. O computador que nos Estados Unidos, Europa, Japão e Coreia é brinquedo de menino de dez anos, continua no Brasil um artigo de elite. Talvez seja possível, com uma política liberal de joint ventures, voltarmos a produzir equipamentos modernos. Jamais recuperaremos o tempo perdido nas escolas desequipadas.

O segundo paradoxo é que o único meio de o governo ter efetivo controle sobre as empresas estatais é privatizá-las. Estas são razoavelmente obedientes a regras governamentais. Pesquisa recente de uma firma de auditório. Sob 153 empresas revelou que apenas 6% concederam antecipações salariais superiores ao gatilho da fórmula Bresser de achatamento salarial. Enquanto isso, o Banco do Brasil, o Banco Central e a Petrobrás se apressaram em sabotar a política do ministro, aumentando seus funcionários numa média de 44%, ou seja, 26% em termos reais. São estados dentro de Estado. Privatizá-las seria o único meio de transformá--las em empresas do público, pois, hoje pertencem aos burocratas e políticos. Além de tudo se especializaram em "greves de chantagem", pois a essencialidade dos serviços lhes confere poder de chantagear a sociedade inocente e indefesa.

Outros exemplos abundam. A Embratel se tem mostrado incompetente para utilizar o Brasilset II, que tem dois terços de capacidade ociosa. Aufere lucros monopolísticos na operação de telecomunicação, e perde dinheiro na comunicação de dados, por incompetência técnica e falta de marketing administrativo. Decidida, em boa hora, a concessão a empresas privadas, do serviço de comunicação de dados, que no mundo inteiro é lucrativo, a Embratel teria três vantagens: ocuparia capacidade ociosa no satélite, livrar-se-ia de uma atividade que opera deficitariamente e absorveria a nova tecnologia do *spread spectrum*. Pois bem, o *Soviet* da Embratel rebelou-se em greve, protestando contra esse melhoramento de eficiência, que afetaria seu direito à ineficiência monopolística. A greve foi triplamente ilegítima: é ilegal a greve nos serviços públicos, não é baseada em reivindicação econômica e constitui severa indisciplina. A solução correta seria a demissão dos líderes xiitas e a privatização da empresa, o que, paradoxalmente, aumentaria o controle real do Estado. Todos nós lembramos de que o ministro Hélio Beltrão se rendeu à Associação de Geólogos (ou ideólogos) da Petrobrás, que vetou um contrato de risco com a Chevron somente porque a área contratada era adjunta a áreas promissoras, pois a filosofia dos xiitas da Petrobrás é só permitir contratos de risco nas áreas geologicamente improváveis. E agora querem retardar um investimento de 250 milhões de dólares da Pecten no gás da bacia de Santos, porque desejam que a empresa que correu o risco deixe o lucro com a Petrobrás. A demissão desses xiitas, que se consideram não executores mas juízes das políticas do governo, seria providência rudimentar para que o Estado controlasse suas empresas. Naturalmente, a melhor solução seria privatizá-las, como está fazendo a Inglaterra em relação à British Petroleum, a Alemanha em relação à Veba, e a França em relação à Elf-Aquitaine, e, no campo, das telecomunicações, a Inglaterra em relação à British Telecom, e o Japão em relação à NEC.

O terceiro paradoxo é que os nossos "progressistas" são realmente arcaicos enquanto os liberais representam a modernidade. Como notou Simonsen, constituintes "progressistas" são papagaios que repetem slogans das décadas de 50 e 60, antes da era da alta tecnologia, do mercado de consumo de massa, das integrações regionais e da globalização do mercado financeiro. "O mercado interno deve ser reservado como patrimônio nacional", dizem os nossos xiitas. "Todos os países são hoje muito mais interdependentes", diz Gorbachev em sua Perestroika. Os xiitas acreditam no Estado planejador, assistencialista e controlador. Gorbachev na Perestroika afirma que "os mesquinhos interesses dos departamentos e, às vezes, de alguns grupos, costumam ficar, acima dos interesses da sociedade e do povo". Parecendo até descrever anomia brasileira, desorganizada pelos economistas do PMDB, diz Gorbachev: "O freio na economia, com todas as suas consequências Sociais, levou à expansão da burocracia em todos os seus níveis. Esta burocracia atingiu uma influência grande demais em todos os assuntos do Estado, administração e até da esfera pública". Nossos "progressistas" deviam tom doses maciças das vacinas Gorbachev, Deng Xiaoping que, se bem

PUBLICAÇÕES DE 1987

não os livrassem da contaminação do césio 137, elevaria certamente o nível intelectual do Planalto Central.

O quarto paradoxo é que o propósito de dar estabilidade ao empregado acaba desestabilizando o empregador. Sem estabilidade em suas receitas – que variam em função de estações do ano, mudanças de gosto, evolução de tecnologia e instabilidade das regres governo – as empresas não podem garantir estabilidade a ninguém. Já contribuem para o Fundo de Garantia de Tempo de Serviço, e para suplementá-lo existe o Fundo de Assistência ao Desempregado, cujos recursos podem e devem ser reforçados. O apoio ao desempregado é responsabilidade de toda a sociedade e não da empresa individual. Sendo flexível para demitir, a empresa não tem receio de contratar. Se cada despedido envolve um contencioso jurídico, é melhor robotizar ou submergir na economia subterrânea, onde não existem sindicatos nem relações formais de trabalho. A Comissão de Sistematização deveria visitar Portugal para verificar como o populismo trabalhista conseguiu penalizar o crescimento do país por nove anos.

Tomemos alguns exemplos de pieguice destrutiva. Segundo o novo projeto constituinte, as mulheres grávidas terão 120 dias de descanso, mais um mês de férias, recebendo 13 salários para trabalhar sete meses, além de se aposentarem aos 25 anos de serviço, quando da sua expectância de vida é superior à dos machos. O empresário eficiente e preocupado com custos e produtividade, só empregará virgens ou mulheres de trompas ligadas. Reduzir-se-á o mercado de trabalho feminino, e, em vez de salários normais, os "progressistas" lhes assegurarão o salário zero do desemprego.

13. Dois dias que abalaram o Brasil, originalmente publicado em Correio Braziliense, n. 8982, p. 7, 15 nov. 1987

> "Na política, como na guerra, a verdade é sempre a primeira a morrer"
>
> Paul Johnson

É famoso o livro de John Reed sobre a Revolução russa de outubro de 1917, intitulado "Os dez dias que abalaram o mundo". A Comissão de Sistematização da Assembleia Nacional Constituinte não precisou de dez dias para abalar o Brasil. Fê-lo em dois dias – 10 e 11 de novembro de 1987 – marcados pela inviabilização de nosso balanço de pagamentos.

Consta que o excelso jurista Prof. Miguel Reale descreveu o produto jurídico da Comissão de Sistematização da Assembleia Nacional Constituinte como uma "patifaria". Isso exigiria uma coerência volitiva superior. Trata-se apenas de um besteirol incrementado. Ou seja, um superbesteirol. É uma mistura de tudo: mesquinharia, xenofobia, irracionalidade econômica, corporativismo, pseudonacionalismo e vários outros "ismos" infectos.

A mesquinharia começa nas vedações injustas aos brasileiros naturalizados, que mereciam mais respeito. Elegeram o Brasil conscientemente, enquanto inúmeros velhacos aqui gorjeiam por acidente genético. Nos países de imigração, o naturalizado é um recurso humano importante. Nos Estados Unidos, somente não lhes é acessível a Presidência da República. Dos mais recentes secretários de Estado, nenhum mais prestigioso que Henry Kissinger, judeu-alemão. Um dos mais importantes juízes da Suprema Corte foi Felix Frankfurter, judeu-austríaco. No Brasil, nenhum deles poderia ser sequer diplomata ou soldado.

Nos dois dias que abalaram o Brasil, a Comissão de Sistematização conseguiu parir as seguintes asneiras:

– Uma definição restritiva de "empresa nacional", desestimuladora para os investidores estrangeiros. E também geradora de ineficiência, pois que à empresa nacional se garantem incentivos e privilégios, não em função de sua eficiência e capacidade modernizante, e sim do umbigo dos acionistas. Os empresários brasileiros que se aliam às esquerdas "xiitas" para escorraçar as multinacionais são concertistas em campo de concentração; tocam na esperança de ser poupados.

– A paralisação das empresas de capital estrangeiro no setor mineral, que não mais poderão operar na pesquisa, lavra e exploração de minérios. Como as concessões serão por tempo determinado, e não em função da vida econômica das jazidas, os próprios mineradores nacionais ficarão desmotivados. Considerada a escassez de capitais nativos, especialmente na fase árdua da pesquisa, é de se prever que o Brasil continuará cheio de recursos e pobre de riquezas. É a área continental menos pesquisada do Mundo, pois apenas 0,19% do subsolo (16.245 km²) está sob concessão de lavra. Enquanto nossos minerais permanecem como cadáveres geológicos no subsolo, o Mundo passa a sintetizar materiais novos em laboratórios. Em compensação, a Comissão de Sistematização glorifica a figura do "garimpeiro", ou seja, o artesanato mineral, que contribui mais para a poluição que para a produção.

- A nacionalização dos postos de gasolina, de vez que a distribuição de petróleo e derivados fica restrita às empresas nacionais. Nomes tradicionais como a Shell, Esso, Texaco desapareceriam de nossa paisagem e, a não ser que pretendamos simplesmente confiscá-las, nosso balanço de pagamentos sofreria rude golpe pela exportação das divisas que não podem mais aplicar aqui. A Comissão de Sistematização transformou o País em um mendigo orgulhoso: pedimos acomodação aos bancos credores, pela incapacidade de pagar o dinheiro de aluguel, e expulsamos o capital de risco.

- A criação, por lei complementar, de um vago "imposto sobre as grandes fortunas". A "wealth tax" tem tido história controversa nos países em que foi instituído e alí toma a forma de imposto sobre o patrimônio líquido. O "efeito-receita" tem sido em geral inferior ao "efeito desincentivo" sobre os criadores de riqueza, daí resultando uma evasão de talentos técnicos e gerenciais à busca de países fiscalmente mansos. No Brasil, onde o Estado arrecada mal, gasta pior, não presta serviços e as regras do jogo são instáveis, a resistência do poupador à ameaça do fisco se traduzirá na conversão de ativos em títulos ao portador ou na fuga de capitais. O "efeito--fuga" será maior que o "efeito receita".

Esse o saldo de dois dias de besteirol constituinte, que certamente não abalarão o Mundo, mas solaparão a economia brasileira.

Conhecem-se feitos, efeitos e defeitos das Constituições de vários países. A Comissão de Sistematização da atual Constituinte brasileira apresenta um aspecto absolutamente inédito: é um perigo para o balanço de pagamentos. Conseguiu até mesmo brigar com a aritmética. Segundo o art. 126, haverá sete juízes nos Tribunais Regionais Federais, dos quais um quinto designado dentre membros do Ministério Público, o que significa que um dos juízes teria de ser esquartejado.

Se o plenário da Constituinte não puser termo a parvoices queijandas, o País estará em marcha batida para a insensatez.

14. Progressismo improdutivo, originalmente publicado em O Estado de São Paulo, n. 34507, p. 9, 20 dez. 1987

"Dê ao povo, especialmente aos trabalhadores, tudo o que é possível. Quando lhe parecer que já fez demasiado por eles, dê-lhes ainda mais. Você verificará os resultados. Todo o mundo procurará amedrontá-lo com o espectro de um colapso econômico. Mas isso é mentira. *Nada mais elástico que a economia* – todos a temem porque não a entendem."

Carta de Juan Domingo Perón ao presidente do Chile, Carlos Ibañez, em 1973.

As esquerdas na Assembleia Nacional Constituinte provaram, na confrontação com o Centrão, ter muita voz e pouco voto. Denunciaram com picardia esse grande escândalo democrático: a maioria poderá reformar o regimento, ensejando a rejeição do "besteirol" da Comissão de Sistematização. Queixam-se agora da "tirania da maioria". É a lógica do absurdo...

Não se deve, entretanto, subestimá-las. Dispõem de duas armas importantes: a intimidação semântica e a adulação insidiosa. Utilizando bem a tecnologia de intimidação, carimbam os opositores de "reacionários", "entreguistas" ou "direitistas". E se autodenominam "nacionalistas", "modernos" e "progressistas". É surpreendente como os políticos se intimidam com essas rotulagens cretinas. Vários constituintes do Centrão se sentem inibidos, não por respeito ao "besteirol" constituinte, mas simplesmente pelo medo de serem considerados de "direita". A adulação é outro instrumento igualmente eficaz, levando muitos a sacrificar percepções econômicas realistas, em favor de utopias socializantes, para receber o incenso dos turibulários "progressistas".

Na contramão da história, a grande massa dos brasileiros não percebe que a clivagem atual não é entre "direita e esquerda" – formas ambas de hemiplegia mental – nem entre "progressistas ou conservadores". A clivagem é entre os "arcaicos" e os "modernizantes". Ou, se quiserem, entre os partidários da "economia de comando" e os da "economia de mercado". A direita francesa, por exemplo, é modernizante, como o são os conservadores ingleses e os socialistas espanhóis. Procuram cercear a economia de comando, que se verificou empiricamente incompatível com a era do consumo de massas e da alta tecnologia, para expandir a economia de mercado, mais capaz de compatibilizar o dinamismo econômico com a liberdade política. O anacronismo das esquerdas brasileiras é dramaticamente ilustrado pelo fato de a Comissão de Sistematização ter votado o monopólio de distribuição de petróleo, enquanto Gorbachev convida a *Occidental Oil Company* para construir um polo petroquímico na União Soviética, no valor de 6,5 bilhões de dólares (mais que o investimento total até hoje realizado em nossa petroquímica). A "perestroika" de Gorbachev, e o "kaifang" (política de portas abertas) de Deng Xiaoping constituem utopias modernizantes, inclusive na política da informática, se confrontadas com a paralisia mental dos nossos "progressistas", esses "hábeis imbecis", segundo a definição de Vargas Llosa, que adquiriram "a arte diabólica de poder provar tudo aquilo em que acreditaram e de acreditar em tudo aquilo que podiam provar".

Seja como for, a "novilíngua" das esquerdas logrou popularizar certas cretinices catedralescas. O Brasil, por exemplo, seria vítima de um "capitalismo selvagem". Oxalá! Na verdade, nem o Brasil nem a América Latina jamais chegaram ao capitalismo, seja selvagem seja domesticado. Paramos na fase do "mercantilismo" ou, se quiserem, do capitalismo de estado cartorial. Essenciais ao capitalismo seriam a liberdade de preços e liberdade de ingresso no mercado, práticas tão encontradiças no Brasil como cabelo em bola de bilhar. Este é o país dos controles – no qual o Estado controla tudo, exceto a si mesmo.

O curioso é que o próprio empresariado adota posturas envergonhadas e aceita responsabilidades incompatíveis com uma economia de mercado. Combater a inflação e socorrer os desempregados são responsabilidades do governo e da sociedade. O dever do empresário é operar competitivamente, gerando lucros para criar empregos. Se a preservação da competitividade, numa era de rápida mutação tecnológica, requer redução de pessoal, a sustentação do desempregado é um ônus coletivo da sociedade. À empresa cabe apenas contribuir com sua parcela de impostos e contribuições, como o FGTS. Exigir que o empresário, com vendas instáveis, garanta empregos estáveis é o melhor meio de inibir investimentos e tornar os desempregados inempregáveis. Outro exemplo de semântica perversa é a "demissão imotivada", conceito que transformaria a empresa num contencioso permanente. Demitir alguém "imotivadamente" é um ato humano doloroso para o empresário, que perde o tempo de treinamento. No capitalismo moderno, o trabalhador é cada vez menos mão de obra e cada vez mais capital humano. Do ponto de vista dos empregados, entretanto, a demissão será sempre imotivada, abrindo-se imediatamente um contencioso na Justiça do Trabalho, hoje sobrecarregada, e psicologicamente despreparada para aceitar a aspereza do mercado competitivo.

Só um antifeminista poderia punir as mulheres com as "conquistas" que as esquerdas lhe oferecem, e que tornaria a contratação de mulheres uma insensatez econômica: 13 salários por sete meses de trabalho, com aposentadoria aos 25 anos de serviço, onerando-se imprevisivelmente os custos da empresa, já que o divertimento dos espermatozoides é a reprodução e não a produção...

A vocação brasileira para o esposamento de teses obsoletas é incontável. Prevê-se no atual projeto que a "faixa de fronteira" se estenda até 150 quilômetros, o que totalizaria uma área superior à da França. Ali as atividades econômicas ficariam sujeitas à interferência do Conselho de Segurança Nacional, a cuja Secretaria Geral devemos a insensatez do programa nuclear, ou da política de informática. O conceito de "faixa de fronteira" está ligado à guerra de trincheiras e é irrelevante na era dos mísseis e aviões. O mundo ocidental caminha para a abolição de fronteiras, como aconteceu no Mercado Comum Europeu e como se planeja no continente norte-americano, entre Canadá e Estados Unidos. Dez ou 20 quilômetros bastariam para o projeto militar da Calha Norte, sem encalhar economicamente vastas áreas do território nacional onde a mineração, assim como nos latifúndios indígenas, seria privativos dos escassíssimos capitais brasileiros.

Outro exemplo do viés anticapitalista do texto constituinte é o grevismo. A greve trabalhista é livre, inclusive no funcionalismo e nos serviços essenciais, o que dá aos vários *soviets* instalados nas empresas públicas um direito de chantagem sobre a sociedade inocente. Em compensação, é proibida a greve patronal, o que significa que os empregados podem arruinar a empresa, mas esta não pode defender-se contra a indisciplina.

O Brasil não precisa proteger-se do "capitalismo selvagem". Precisa é livrar-se do "cartorialismo selvagem". Ou do "progressismo improdutivo", para usar uma expressão de Gabriel Zaid, daqueles que ignoram que a economia não é elástica, como pretendia Perón.

2. Publicações de 1988

15. A ética da preguiça, originalmente publicado em O Globo, p. 8, 24 jan. 1988

> "O maior cuidado de um governo deveria ser o de habituar, pouco a pouco, os povos a não precisarem dele"
>
> Alexis de Tocqueville

Dois acontecimentos sem relacionamento aparente, e perdidos nas notícias cotidianas, podem significar grandes revoluções. O primeiro foi a descoberta da supercondutividade. O segundo foi a extinção da pobreza no curso de uma geração. O primeiro evento ocorreu nos laboratórios da IBM, em Zurich, e poderá no futuro ser um "choque do petróleo" às avessas, pois baixaria o custo da energia. O segundo ocorreu na franja asiática – Cingapura, Taiwan, Coreia do Sul e Hong-Kong.

Guy Sorman, em seu último livro – "A nova riqueza das Nações" – chama-nos a atenção para o milagre que representa o segundo evento. Taiwan, Coreia do Sul, Cingapura e Hong Kong, em menos de 25 anos, conseguiram passar da pobreza absoluta à riqueza confortável. Mesmo o Japão, recordista de crescimento, levou cerca de cem anos, a partir da Revolução Meiji, de 1867, para atingir seu atual fastígio. Mais favorecido em recursos naturais, nem por isso os Estados Unidos dispensaram o esforço de pelos menos quatro gerações. Na Europa ocidental, a penosa transição do "reino da necessidade" como dizia Marx, para o "reino da abundância", começou com a Revolução Industrial há mais de dois séculos.

No começo de sua arrancada, no início da década dos setenta, todos esses países, exceto Cingapura, tinham renda por habitante inferior a 100 dólares. Hoje Cingapura se situa na faixa de 7.5 mil dólares, Hong--Kong se aproxima dos sete mil dólares, Taiwan contabiliza 5.5 mil dólares e a Coreia alcança 3.5 mil dólares. No ano passado, quando a América Latina se transformou num muro de lamentações, a Coreia do Sul cresceu 12,2% e Taiwan 11.2%, tornando-se este último um grande exportador de capitais. Nações que tinham tudo para dar errado, deram certo. E a América Latina, que tinha tudo para dar certo, deu errado. A diferença está nas políticas macroeconômicas, lá acertadas e aqui desconcertadas, sob a influência nefasta do populismo e da CEPAL, cujas doutrinas protecionistas e keynesianas infectaram toda uma geração de economistas.

É bom pensar nesse milagre, agora que na América Latina baixam as sombras do retrocesso. Na maioria dos países, o padrão de vida regrediu para o dos anos setenta e a atual década é uma década perdida. Contou-me um amigo que, ao visitar recentemente Hong-Kong, foi levado por um guia a conhecer Aberdeen, laguna onde pobres famílias chinesas nascem, vivem e morrem em barcos ancorados numa baia mal-odorosa. Com orgulho nascido do desempenho, disse-lhe o guia: – "Olhe com muita atenção. Esses são os últimos pobres da Hong-Kong, uma espécie em extinção". No Brasil, dir-se-ia isso a propósito da classe média: – é uma espécie em extinção. Excetuados alguns ricos, seremos todos proletários. A nova "Justiça social" é o nivelamento por baixo.

Mas o milagre não é milagre. Milagre é um "efeito sem causas" e, no exemplo indicado, é possível apontar as causas do sucesso asiático, contrastando com o fracasso latino-americano. Elas se resumem na trindade – economia de mercado, orientação exportadora e prudência financeira.

Isso, acompanhado de flexibilidade de ajustamento. Pois erros de percurso, e graves, foram cometidos. A Coreia do Sul investiu excessivamente na petroquímica e indústria pesada, mas reorientou-se a tempo para a eletrônica e informática. Cingapura elevou demasiadamente o custo da mão de obra, para forçar a transição para indústrias de alta tecnologia, e sofreu uma interrupção do crescimento. No conjunto, entretanto, esses países lograram evitar as três distorções tão encontradiças na América Latina; taxas de câmbio sobrevalorizadas, taxas de juros desestimuladoras de poupança e preços agrícolas inadequados.

Esses países têm uma coisa em comum. Dir-se-ia que praticam um capitalismo selvagem, pois o sistema de previdência social é mesquinho. Entretanto, têm um excelente perfil de distribuição de renda, comparável à da Escandinávia. Isso demonstra que a obsessão *distributivista* – um slogan das esquerdas latino-americanas – resulta, na prática, numa distribuição de renda pior do que a alcançada pelas economias que não se pejam de enunciar uma obsessão *produtivista*. E que a economia, como dizia Hayek, é o resultado das "ações" dos homens e não de suas "intenções".

São duas as grandes lições que o Ocidente pode aprender da franja asiática. Primeiro, é possível para as nações, escapar da pobreza no curso de uma só geração, mesmo sem recursos naturais e quase sem território. Segundo, é possível fazê-lo sem repetir o modelo do capitalismo ocidental, que historicamente atravessou três estágios: – a distribuição de renda piora inicialmente, estabiliza-se depois e começa a melhorar somente após atingido um determinado patamar de crescimento.

Nada disso é possível, entretanto, sem a ética do trabalho. E tudo indica que estamos mais preparados para a ética do lazer. Esfreguei os olhos, incredulamente, quando detectei no projeto do Centrão – bastante melhor, sob vários aspectos que o "besteirol" sistemático da Comissão de Sistematização – o seguinte artigo, que é uma picardia de país subdesenvolvimento:

"Art. 237 § 2º – O Poder Público incentivará o lazer, como forma de promoção social".

Em minha juventude sempre imaginei que a promoção social viesse através do trabalho. Descubro agora, na velhice, que um texto constitucional pode até entronizar a preguiça. Através do Poder Público, naturalmente...

ROBERTO CAMPOS

16. O escândalo da Universidade, originalmente publicado em O Globo, 31 jan. 1988

"A juventude é uma coisa maravilhosa; que pena desperdiçá-la nas crianças."

Bernard Shaw

Como se já não tivéssemos um alentado repertório de crises – a crise institucional, a crise financeira e a crise moral – descobrimos que a universidade pública no Brasil está em crise. E, como muito bem disse o Ministro Hugo Napoleão, a universidade tem de ser integralmente repensada. A redemocratização do País não nos inculcou a lição de que a democracia é um "trade-off" entre liberdade e responsabilidade. Queremos liberdade sem responsabilidade.

Quais os sinais da crise? Primeiro, a produtividade da universidade pública brasileira é escandalosamente baixa. Há um professor para cada 6,8 alunos matriculados, relação que se reduz para 4,7 se tomarmos em conta a frequência efetiva. Os índices comparáveis seriam de 24 nos Estados Unidos, 22 na Itália e 20 na França. Segundo, a universidade pública consome 80% das verbas do Ministério da Educação, para treinar uma duvidosa elite, com modesto coeficiente de pesquisa criadora. Em realidade os indicadores internacionais colocam o Brasil atrás da Argentina, Índia e México, em termos de produtividade científica. Terceiro, a universidade pública perdeu o senso de disciplina: instalaram-se o grevismo e a democrátice participativa – o "assembleísmo", em suma. Dessa forma, sobrevaloriza-se o *estudante*, que afinal de contas ainda nada contribuiu para a sociedade, e desvaloriza-se o estudo, que o habilitaria a contribuir para ela. Há greves de professores, de funcionários e de alunos, apesar de ainda não ter sido revogada a proibição de greve nos serviços públicos e nos serviços essenciais. O Ministro do Trabalho declarou perempta a lei de greve de 1964, sem ter uma alternativa válida, o que torna o grevismo uma coisa vagamente chique e presumivelmente progressista.

Há sobretudo uma extraordinária deformação de mentalidade. Tem-se por democrática a universidade pública gratuita. Ora, a gratuidade estabelece, de início, grave desigualdade: – os filhos ricos, dispensados de trabalhar, e capazes de pagar cursinhos, se qualificam para aterrissar, em automóvel próprio, nas universidades públicas, enquanto os pobres pagam seu ensino noturno em universidades privadas.

Há dois princípios óbvios, cuja precisa obviedade os torna escandalosos. Primeiro, o acesso à universidade é um privilégio dado a uma minoria da população. Esse privilégio deve ser pago pelos alunos ricos e remediados. Aos pobres, que demonstrem capacidade acadêmica e insuficiência de renda familiar, se dariam bolsas de estudo. Segundo, é necessário respeitar o contribuinte, reservando-se lhe a liberdade de optar, em nome dos filhos, pela universidade pública, privada ou confessional.

Note-se que a prática irrestrita da gratuidade da universidade pública pode até mesmo ser acoimada de inconstitucionalidade. O art. 176, § 3º, IV da Constituição de 1967 (que não sofreu alterações na Emenda Constitucional de 1969), assim reza:

"IV – O Poder Público substituirá, gradativamente, o regime de gratuidade no ensino médio e no superior pelo sistema de concessão de bolsas de estudo, mediante restituição, que a lei regulará."

Infelizmente, nunca se votou a lei específica que regulamentaria o texto constitucional, e o regime de gratuidade se perpetuou.

Desde então regredimos consideravelmente no entendimento dessa questão. O texto do título VIII, Cap. III, da Comissão de Sistematização da Assembleia Constituinte entroniza a anarquia participativa, enfatiza a gratuidade e priva os contribuintes de qualquer opção no destino dado aos impostos que pagam. Logicamente, o dinheiro do contribuinte deveria ir *não* para onde querem os políticos e tecnocratas, e sim para onde *estão* os filhos dos contribuintes. A atual situação é um autêntico desaforo, pois 99,5% do dinheiro das verbas do ensino superior vão para a universidade pública, que treina menos de 30% da população universitária. Só se admite auxílio às escolas confessionais "sem fins lucrativos", quando o que interessa é a qualidade da educação dada aos filhos e não o grau de filantropia do educador.

Implantando o regime de ensino pago, com bolsas de estudo para os pobres, as universidades públicas teriam de se esforçar por atrair e reter alunos. Sofreriam desestimulo os estudantes profissionais, mais preparados para a agitação política que para o esforço acadêmico:

e talvez baixassem os custos de nossas universidades públicas, suntuosas em seus "campi" e franciscanas em seus laboratórios de pesquisa. Nosso custo por aluno/ano é um dos mais altos do Mundo: – 3.830 dólares por aluno/ano, contra 1.065 no Chile, 931 no México, 1.664 na Itália ê 3.370 na sofisticada França (estimativas da Unesco relativas a 1987).

O texto do Centrão atenuou bastante a tonalidade estatizaste e "anarco participativa" do texto da Sistematização, mas ainda é tímido no reconhecimento do direito de opção das famílias. Permite o oferecimento de bolsas de estudo nas escolas privadas somente "em caso de insuficiência de vagas na rede pública de ensino". O correto seria dizer que as bolsas de estudo têm por objetivo habilitar as famílias a optarem pelas escolas que julguem de melhor qualidade, sejam públicas, sejam privadas.

A extinção da gratuidade no sistema universitário teria saudáveis consequências. Uma delas é pôr em prática, esse confuso e simpático conceito de "justiça social", pois, se a palavra faz algum sentido será precisamente na igualização do acesso à educação entre ricos e pobres. Outra é o desencorajamento ao "grevismo", hoje facilitado pela passividade do Erário, que desembolsa dinheiro sem exigir resultados. Uma terceira, será a competição de qualidade. As universidades públicas sabem que correriam o, risco de esvaziamento, se sua ineficácia levasse os cidadãos a exercerem a opção pela escola privada ou confessional.

Finalmente, as universidades pagas teriam mais recursos para aplicar na instrumentação laboratorial, além de liberarem verbas que melhor seriam aplicadas no ensino primário e médio, muito mais relevantes, como instrumento de trabalho, para a maioria do sofrido povo brasileiro.

17. A vingança da história, originalmente publicado em O Estado de São Paulo, n. 34664, p. 7, 28 fev. 1988

> "Pouca coisa se requer, para levar uma nação da mais baixa barbárie ao mais alto grau de opulência, do que paz, impostos suaves e tolerável administração da justiça."
>
> Adam Smith

O dr. Ulysses Guimarães, com desusada rispidez, mas não sem certa justiça, descreveu a Emenda Constitucional, da Junta Militar de 1989, como a "Constituição dos três patetas". Realmente, a emenda em causa acentuou aspectos centralistas e autoritários, destruindo o razoável equilíbrio entre ordem e liberdade, e desestruturando o "Federalismo Cooperativo" da Constituição de 1967.

Como a história é vingativa, pode bem ser que a Constituinte presidida pelo dr. Ulysses produza um testo que se torne conhecido no futuro como a "Constituição dos 559 patetas". O grau de desinformação fática e econômica é comovente, se não fosse ridículo. Estamos repetindo com 14 anos de defasagem os erros do populismo português da Constituição dos Cravos, que garantiu ao país um largo tempo de estagnação. Eu me considerava um pateta aposentado; estou voltando ativa.

Nas sessões de 1º e 2 de fevereiro, foram votadas coisas que revelam o débil substrato intelectual da maioria constituinte. O título a, sobre os Direitos Sociais, tem a singularidade de só falar nos direitos dos trabalhadores, esquecendo-se que essa classe, eleita por Marx para exercer a ditadura do proletariado, também tem "deveres". Em segundo lugar, no título em causa, se transforma o texto constituinte numa Consolidação de Leis Trabalhistas. Incluem-se dispositivos sobre salários, horas e turnos de trabalho, que deveriam ser objeto de lei ordinária, ou melhor ainda, de convenções trabalhistas que reflitam as condições cambiantes do mercado.

Nota-se, desde logo, a confusão entre "aspirações" da sociedade e "direitos" por ela garantidos. Dizia-se que Getúlio Vargas morreu sem aprender a distinção entre "salário nominal" e salário "real". Sempre que baixava um decreto de aumento salarial, acreditava piamente estar elevando o padrão de vida, quando na realidade o benefício ou malefício só pode ser determinado pelo mercado, à luz da taxa de inflação e do nível de emprego. Não parece que os atuais constituintes tenham percebido que, quaisquer que sejam suas eructações generosas, somente o mercado pode determinar o salário real. Se os privilégios trabalhistas são exagerados, a resposta do mercado é o desemprego, que equivale a um "salário zero".

A questão do salário mínimo é típica da incompreensão demagógica das realidades econômicas. Há uma respeitável corrente de economistas que acha que a existência de um salário mínimo obrigatório, longe de representar uma proteção humana, é uma promoção do desemprego. Famílias que poderiam ter vários de seus membros empregados, se os salários forem livres, terão apenas um ocupado, pois os salários decretados podem exceder a baixa produtividade dos destreinados. Quando o mercado prospera, como na época do "milagre", a demanda de mão de obra torna o nível oficial do salário mínimo irrelevante. Mesmo nessa época, o salário mínimo não era cumprido no Nordeste, onde a conjuntura permanecia desfavorável.

A Constituinte agrava todas as ilusões vigentes na praça a respeito do salário mínimo. Primeiro, transforma em dispositivo constitucional, o erro legal do "salário nacionalmente unificado". Essa unificação é funesta precisamente para as regiões mais pobres do Nordeste e Norte, cuja capacidade de atrair investimentos seria maior num regime de liberdade salarial. Ao se exigir que os empresários da área paguem um salário mínimo igual ao de São Paulo, um dos três efeitos acontecem. São desestimulados os investimentos, a lei torna-se letra morte ou engrossa-se a economia subterrânea, na qual, a única lei respeitada é a da oferta e procura.

Nem se diga que os incentivos fiscais compensam a rigidez do salário unificado. Esses incentivos são altamente burocratizados, desembolsados com atraso e indisponíveis para a maioria das empresas.

Além disso, os constituintes confundem o salário mínimo, que universalmente, é um "salário de subsistência", pago aos trabalhadores que carecem de qualificações profissionais, com o "salário de conforto", que mesmo as sociedades ricas têm dificuldades de assegurar aos seus cidadãos. Segundo o texto aprovado, o salário mínimo será "nacionalmente unificado" e "capaz de satisfazer às necessidades básicas do trabalhador e de sua família", com "moradia, alimentação, educação, lazer, vestuário, higiene, transporte e previdência social, com reajustes periódicos de modo a preservar-lhe o poder aquisitivo, vedada sua vinculação para qualquer fim".

O dispositivo em causa é um fútil exercício de caritocrasia. Significaria a abolição da pobreza e do subdesenvolvimento por simples edito constitucional. É uma programação do conforto (inclusive o lazer), coisa que nem os países mais ricos ousam "garantir" aos seus cidadãos. Sendo o salário unificado, os componentes de custo da moradia e transporte seriam iguais para São Paulo e para o interior do Ceará. A redação confusa permite a interpretação de que a contribuição de previdência incidiria unicamente sobre o empregador. Consagra-se constitucionalmente a inflação, ao se prever reajustes periódicos do poder aquisitivo, excluída a hipótese de estabilidade de preços, que deveria ser objetivo da sociedade. O que é mais grave, dado que se criou o "mandato de injunção" para garantir os direitos constitucionais, estabelecer-se-á um permanente contencioso sobre a adequação do salário mínimo às necessidades básicas.

As consequências alternativas dessa política serão a) maciço desemprego; b) fuga para a economia subterrânea; c) deterioração da competitividade nacional. Ou nenhuma dessas, pois o mais provável é que a Constituição seja ignorada, por irrealista, retardando-se o ingresso do Brasil no "estado de direito", no qual as leis são feitas para serem cumpridas.

Como se não bastasse essa demonstração contundente de desprezo entre às realidades do mercado, foi fixada a "jornada máxima" de seis horas para o trabalho realizado em turnos ininterruptos de revezamento. O texto do Centrão falava apenas em "jornada especial", para turnos de revezamento, a serem negociados flexivelmente em convenção ou acordo coletivo.

Essa flexibilidade atenderia, de um lado, à enorme diversidade das atividades de turnos contínuos e, de outro, valorizaria a negociação sindical. A fixação constitucional, de um teto de seis horas inibirá a flexibilidade negociai e poderá ter os seguintes efeitos: a) encarecer entre 20 a 30% o custo operacional de atividades como o refino de petróleo e a produção de alumínio ou aço; b) causar sérios inconvenientes a trabalhadores, como os do setor hospitalar e aeroviário, que preferem turnos mais longos seguidos de períodos de descanso; c) agravar a inflação interna e tornar os produtos brasileiros menos competitivos no Exterior.

A combinação de aviso prévio proporcional ao tempo de serviço, extensão de prazo de imprescritibilidade dos reclamos trabalhistas e eventual indenização, a ser votada em lei, pela despedida chamada "imotivada", ressuscita a intimidante figura do "passivo trabalhista", de que nos livramos em 1965, com a criação do FGTS. O resultado será dificultarmos a compra, fusão e mudança de empresas, fatos normais na dinâmica capitalista, que explicam a enorme capacidade norte- -americana de criar empregos, contrastando com o tenaz desemprego europeu. O Brasil será um país caro e conflitivo para o investidor nacional e intimidantemente complicado para o investidor estrangeiro.

Há algumas verdades incômodas, cuja percepção tem sido obscurecida pelo ultrapassado ardor populista dos constituintes: não se extirpa a pobreza por decreto; o aumento do bem-estar depende do aumento de produtividade; progressismo não deve ser o culto da preguiça; não adianta buscar a reeleição sacrificando a Nação.

ROBERTO CAMPOS

A comédia final do dia 2 de fevereiro foi a aprovação de emenda que garante ao marido da parturiente oito dias de descanso, após o parto. Trata-se de prática conhecida na tribo dos Carajás e em algumas culturas polinésias. Presumindo-se que haja 3,9 milhões de nascimentos por ano (projeção do IBGE-1988), o descanso de oito dias para os maridos poderá representar mais de cem milhões de homens-hora. Existe ainda a complicação adicional de saber quem merece o descanso – o marido ou pai – figuras não necessariamente coincidentes. Há consequências curiosas e imprevistas. As "conquistas" da mulher torná-las-ão inempregáveis, se parideiras, pois trabalharão sete meses com direito a 13,33 salários (doravante o mês de férias será pago com adicional de 1/3). Em compensação, abre-se um mercado preferencial para as "coroas" em menopausa. E, se os empresários passarem a exigir atestados de ligamento de trompas, instaurar-se-á, pelas leis de mercado, um saudável controle de natalidade.

É fácil profetizar que a Constituição do progressismo populista – com seu viés antiempresarial e culto do lazer – terá curta vida ou será ignorada. Ou ambas as coisas. A esta altura, sinto-me inclinado a votar pela monarquia. Simplesmente porque é uma rima antinômica da anarquia.

18. Retorno a um país obsoleto, originalmente publicado em Correio Braziliense, n. 9090, p. 14, 6 mar. 1988

> "A civilização da América Latina talvez seja a primeira,
> em qualquer época, a escapar totalmente da autocrítica".
>
> Jean François Reyel

Em recente visita à dinâmica franja asiática, para onde se desloca o eixo do comércio mundial, tive a percepção dolorosa de que o Brasil, desembarcado do mundo, está se tornando um país obsoleto. Obsoleto não apenas no equipamento. Obsoleto também nos temas que debate, na sua visão de prioridades, nos seus conceitos ou preconceitos de política macroeconômica. Diz-se que o século passado foi marcado pela hegemonia britânica e este pela hegemonia norte-americana. O próximo selo pela hegemonia asiática.

Essa obsolescência já era visível na indústria e nos serviços e atinge, aliás, a maioria da América Latina. O *leit-motif* da industrialização latino-americana não foi à conquista de mercados de exportação, mas a substituição de importações num mercado interno protegido por altas barreiras. Isso amorteceu o alicate competitivo e o estímulo a modernização. Como se isso não bastasse, sofreu o Brasil o desastre da política de informática, essa estranha CCP – mistura de cópia, contrabando e pirataria. A automação de escritórios e de fábricas tornou-se cara e lenta, quando não clandestina, pois a burocracia administrativa e a inadequação industrial tornam o modernizador um cliente compungido do contrabandista.

Mas o que me deixou mais preocupado é a obsoleta envia mental de nosso discurso, no qual espocam passionalmente temas que no Pacífico já não fazem parte nem do vocabulário nem da meditação. Entre esses vocábulos e temas, lá ausentes do discurso diário e aqui cotidianos e repetitivos, citemos os seguintes:

– Monopólio estatal de petróleo; contratos de risco; reserva de mercado; terceiro-mundismo; faixa de fronteira.

Na Ásia, a noção de que monopólios estatais de petróleo são condição de soberania está ultrapassada. Eles sabem que nenhum dos sete países mais ricos do mundo capitalista – Estados Unidos, Japão, Alemanha, Grã-Bretanha, França, Itália e Canadá – têm monopólio de petróleo, sem que isso os prive do enriquecimento ou lhes infirme a segurança. Quanto aos contratos de risco, tornaram-se rotina em países tão diversos como a China continental e o Vietnam, de orientação socialista, ou a Tailândia e a Malásia, de tendência capitalista. Poder-se-ia mesmo dizer que monopólio estatal de petróleo é preconceito de países subdesenvolvidos, que precisam de fetiches econômicos para substituir totens tribais. E se agora cancelarmos o contrato de risco com a Texaco, que encontrou promissores indícios de petróleo na ilha de Marajó, conforme desejam os grupos *xiitas* da Petrobrás, estaríamos inventando um novo tipo de calote, o "calote geológico"...

"Reserva de mercado" é outra expressão ausente. A geral preocupação asiática é a ampliação dos mercados externos, reconhecendo-se que isso exige também abertura comedida do mercado interno. Japão, Coreia do

Sul e Taiwan, conquanto ressentidos, reconhecem a lógica da pressão americana e europeia para abertura de suas fronteiras comerciais, redução de tarifas e valorização da taxa de câmbio com o objetivo de induzir importações. As ZPEs se multiplicam como instrumento de atração de capitais, dinamização de exportações e atualização tecnológica. São objetos de experimentação e não de controvérsia.

Uma palavra dramática no contexto latino-americano, e quase ausente no debate asiático, é a "moratória", esse desafio fútil que um país como o Brasil – ilíquido, porém solvente – lançou a comunidade financeira interna forçá-la a aceitar as parvoíces do Plano Cruzado. Mesmo os países mais pobres da Ásia obtiveram acomodações financeiras que os salvaram da insolvência. As duas únicas exceções são, de um lado, o Vietnam, que, como Cuba, vive de mesadas da União Soviética, e de outro, as Filipinas, que carregam a tara ibérica do calote. Felipe II, imperador da Espanha – pioneiro na matéria, pois que se proclamou insolvente duas vezes em seu reinado, em 1575 e 1596 – deixou um mau exemplo de endividamento às ilhas que herdaram seu nome. Surpreendentemente, a Coreia do Sul está antecipando o pagamento das dívidas, e Taiwan, com a segunda reserva cambial do mundo, está se transformando em grande exportador de capitais.

Terceiro-mundismo é outra palavra ausente na discussão asiática. O que é algo estranho, pois se a palavra foi inventada por Alfred Sauvy, o lançamento político do movimento se realizou na conferência de Bandung, na Indonésia, onde pontificaram como líderes do movimento terceiro-mundista, com sua retórica anti-imperialista e anticapitalista: Nehru, Sukarno, Nasser, Nkrumah e Tito. Desapareceram todos eles, sem encontrar no socialismo a fórmula de riqueza. Esta só seria encontrada pelo Japão e pelos tigres do leste asiático, onde vingou uma nova modalidade de capitalismo – o capitalismo oriental – caracterizado por um grau de intervenção governamental um pouco maior e uma distribuição de renda um pouco melhor, que nos modelos ocidentais. No Brasil, o Itamarati ainda toma a sério o terceiro-mundismo...

Ao retornar da Ásia, minha sensação do obsoletismo brasileiro agudizou-se ao verificar que no texto constituinte aparece a figura da "faixa de fronteira" de até 150 km, área na qual a atividade econômica de compra e venda de terras e implantação industrial estaria sujeita a restrições, sob a supervisão do Conselho de Segurança Nacional, que é uma espécie de "burocracia estatólatra à procura de um assunto". Burocratizada a economia fronteiriça, retardar-se-á seu desenvolvimento, prejudicando-se o próprio objetivo da segurança. Caminhamos para um mundo de fronteiras porosas. Em 1992, a Comunidade Econômica Europeia será um espaço econômico unificado. Os Estados Unidos e o Canadá marcham no mesmo sentido e o México, em cuja fronteira se instalam as "maquiladoras", começa a ser atraído por essa economia dos grandes espaços. Os japoneses voltam a pensar, desta vez, pacificamente, na "esfera de co-prosperidade" com que sonharam na 2ª Guerra Mundial. A co-prosperidade asiática está sendo criada pela transfusão de investimentos, transplante de indústrias japonesas, e pela redução de barreiras comerciais no espaço asiático. Neste preciso movimento, o Brasil mantém e dilata o obsoleto conceito de "zona de fronteira", no qual o desenvolvimento industrial e os investimentos minerais sofreriam injunções nacionalóides e burocratizantes.

Confirmação candente, de nosso obsoletismo termos de percepção histórica e geopolítica é a "fidelmania" que hoje assola o Brasil, levando artistas e políticos a Cuba, à busca de duas coisas ali inencontráveis: criatividade artística e ensinamentos políticos.

A fidelmania grassou entre os intelectuais europeus, particularmente franceses, na época dos sessenta, quando era chique ser intelectual de esquerda. Essa coisa também passou da moda, pois a criatividade intelectual está hoje no "liberalismo", que reabilita o indivíduo e não a coletividade como o instrumento e fim da história. Não há mais intelectuais marxistas. Há intelectuais que estudam o marxismo. Visto em suas reais proporções, Fidel é um tiranete, que empobreceu sua ilha com experimentações ineficazes de coletivismo econômico.

Há 29 anos no poder, seu lema democrático parece ser: "Fidel siempre, diretas jamás". Só perde, no campeonato da tirar para Kim II Sung da Coreia do Norte (42 anos no poder) e para Stroessner, do Paraguai (34 anos), ganhando de ambos na técnica de tortura e no número de prisioneiros-políticos (estimado em 15.000). Comparado a Fidel, Pinochet parece um devoto entusiasta do rodízio democrático. Se quisermos ilustrações de patologia autoritária, mais valeria visitar o Chile, onde pelo menos há reais lições a aprender sobre o controle da inflação, o gerenciamento racional da dívida externa, a retomada do crescimento, a privatização economia, e, *last but not least*, o aperfeiçoamento do sistema de seguridade social através da concorrência entre empresas privadas de prestação de serviços. Trata-se de um autoritarismo politicamente biodegradável e economicamente competente. No Caribe, o chefe é imortal, o socialismo irreversível e o país, um medicante, cuja verba de manutenção é parte do orçamento soviético.

Paradoxalmente, encontro neste Brasil, obsoleto um traço futurista, pós-moderno: O direito de voto aos 16 anos. Nas primeiras democracias elitistas, o voto era confinado aos proprietários, depois, aos contribuintes, em seguida, o sufrágio se universalizou abrangendo as mulheres, sem dispensar, entretanto, o eleitor de atingir a "idade da razão". Baixou-se finalmente o limite para 18 anos, época em que começa a responsabilidade penal. Chegamos agora à "democracia da puberdade" – o voto aos 16 anos, idade mais geralmente associada à masturbação e à amotinação que à serena meditação sobre plataformas políticas. É a idade em que todos somos radicais sem experiência, missionários sem causa, idealistas sem ideias, capazes de destruir o passado sem nada saber da construção do futuro... Seja o que Deus quiser.

19. As consequências não pretendidas, originalmente publicado em O Globo, 13 mar. 1988

"A ciência é a previsão das consequências"

Hobbes

Se a ciência é simplesmente a previsão das consequências, a Assembleia Nacional Constituinte é a catedral da Anticiência. Não se ouvem ali as duas perguntas que pareceriam fundamentais: Quais são as consequências? Quem pagará a conta? São consideradas questões pedestres e provavelmente antidemocráticas, pois não é democrático obrigar ao raciocínio aqueles que não querem pensar...

É óbvio que o País sofre um período de "Grevismo". Há greves políticas, greves de solidariedade, greves de equiparação, greves em serviços essenciais. Dois mandamentos simples deveriam ser incluídos na Constituição: (1) é assegurado o direito de greve, nas condições fixadas em lei; (2) é proibida a greve nos serviços essenciais.

O texto do artigo 11 da nova Constituição, aprovado em decorrência de um acordo apressado e impensado, não faz nem uma coisa nem outra. A rigor, outorga aos sindicatos um poder monopolístico irrestrito, nos seguintes termos: "É assegurado o direito de greve, competindo aos trabalhadores decidir sobre a oportunidade e os interesses que devam por meio dele defender." Não haverá mais, assim, greve ilegal. Os trabalhadores, sem quaisquer limitações, poderão engajar-se em greves políticas (invadindo a área dos partidos políticos), em greves de solidariedade e simpatia (divorciadas das reivindicações específicas da categoria), em greves de intimidação ao Congresso, em greves de política externa (referentes, por exemplo, ao apartheid ou FMI), em greves ambientalistas, em greves motivadas pela disputa de liderança sindical, et caterva...

Na maioria dos países civilizados, as leis estabelecem um rito especial para a deflagração de greves. A greve é o último e não o primeiro estágio negociai. Geralmente se prevê que as greves sejam relacionadas exclusivamente com as reivindicações econômicas da categoria; que sejam precedidas de um período de resfriamento (*colling-off*) para negociações; que haja um rito de votação, a fim de impedir que minorias ativistas decretem greves de simples afirmação de poder pessoal; que os piquetes não impeçam o acesso ao local do trabalho àqueles que não aderirem à greve. Curioso é, aliás, que o "direito ao trabalho" (e não simplesmente ao emprego) não figura entre os direitos sociais do trabalhador... Como os empresários só têm deveres, seria despropositado sugerir que lhes seja assegurado o direito de administrar...

Após amarga experiência de "Grevismo", sob o *Labour Party*, que provocou na Inglaterra a decadência de quatro indústrias – a automobilística, a do aço, a do carvão e a da construção naval – com resultante maciço de desemprego, a legislação inglesa corrigiu os abusos do monopólio do poder sindical. Exige-se agora votação da maioria dos sindicalizados (ainda que por via postal), garante-se o direito ao trabalho dos que não aderirem à greve e os sindicatos são multados pela depredação eventual de instalações.

A Constituição brasileira em vigor proíbe "a greve nos serviços públicos e atividades essenciais, definidas em lei". O dispositivo não é inovador, pois repete o que se consagra em várias Constituições modernas. Existe uma profunda distinção entre a greve ordinária e a greve nos serviços essenciais. No primeiro caso, o conflito é bilateral entre o patrão e o empregado e a sociedade tem alternativas de defesa: postergar o consumo, mudar hábitos, importar mercadorias. Nos serviços essenciais, o conflito é com o Estado ou seus concessionários. A sociedade é uma vítima inocente e a falta de alternativas confere aos grevistas não apenas um poder de pressão, mas um poder de chantagem. Há um "trade off" mundialmente reconhecido: nas atividades não essenciais, os trabalhadores suplementam sua capacidade de pressão negociai recorrendo às greves, mas estão sujeitos ao risco dos negócios, e não se atinge indiscriminadamente a sociedade inocente. Nos serviços essenciais, de outro lado, o risco de desemprego é praticamente nulo, a capacidade de pressão dos empregados facilmente atinge o nível de chantagem, e pode ocorrer risco de vida para partes inocentes. Nesses casos, a proibição da greve é um fator que minimiza traumas sociais e econômicos. Considerações semelhantes se aplicam ao serviço público, onde o patrão é o Estado, e a vítima, o contribuinte. Alega-se que a liberalização da greve, mesmo para os servidores públicos, apenas reconhece o que já está ocorrendo no país real. Mas o país real é um país falido. Há que mudá-lo. As liberalidades grevistas apenas confirmariam a falência do Estado.

No § 1º do art. 11 do atual projeto constituinte, inexiste qualquer proibição de greve nos serviços essenciais. A lei apenas "disporá sobre o atendimento das necessidades inadiáveis da comunidade", mandato suficientemente vago para dar amplas oportunidades ao "grevismo", que hoje grassa em serviços essencialíssimos como os médico hospitalares, o serviço telefônico, o transporte coletivo.

A "previsão das consequências" certamente não tem sido o esporte preferido dos Constituintes. Até hoje as empresas estão tentando calcular os incrementos de custos resultantes da superposição de direitos sociais: redução da jornada para 44 horas semanais, turnos de revezamento reduzidos de 8 para 6 horas, 13º salário para os aposentados, calculado sobre o último benefício recebido, indenização compensatória para a despedida imotivada, aviso prévio proporcional ao tempo de serviço, 120 dias de licença maternidade, licença paternidade, adicional de 50% para horas extra etc. Se não é fácil matematizar os custos, é fácil prever genericamente as consequências: aumentarão nominalmente os benefícios, mas diminuirá o número dos beneficiados, pois que crescerá a economia informal (hoje, dos 53 milhões da população economicamente ativa 28 milhões têm carteira registrada); as empresas reagirão diversificadamente.

Algumas tentarão absorver os custos, com variável êxito, mas o resultado mais provável é que se reduzam os lucros, portanto os investimentos e a geração de empregos (pois que o lucro de hoje é o investimento do amanhã e o emprego de depois de amanhã). Outras buscarão transferir os custos aos consumidores, preservando a margem de lucro. Isso agravará a inflação, prejudicando os trabalhadores que se procurava beneficiar, pois na corrida preços-salários, estes sobem pela escada e aqueles pelo elevador.

Os economistas liberais da escola austríaca costumam falar nas "consequências não pretendidas" da ação humana. A aplicação da nova Constituição será um fértil campo de provas. A consequência não pretendida da ampliação da licença maternidade será a redução do mercado de trabalho para as mulheres férteis; a equiparação salarial em favor dos deficientes será cruel desincentivo de sua contratação; os empregados da indústria petroquímica descobrem agora, com surpresa, que a redução do turno de revezamento para seis horas é um "benefício indesejável", pois cancelaria a hora-repouso para alimentação, e seu pagamento em dobro, aumentando ainda o risco de locomoção e de acidentes nas trocas de turmas. O suposto benefício virou castigo.

Cada vez mais acredito no aforismo de Ludwig Von Mises: "O Governo não é capaz de tornar o homem mais rico, mas é perfeitamente capaz de empobrecer."

20. Perigo de melhorar, originalmente publicado em O Globo, p. 8, 20 mar. 1988

> "Seja franco, seu Doutor, há algum perigo de melhorar?"
>
> Pergunta de um engraxate da Câmara a um deputado.

Pedi a um amigo diplomata inglês, que se despedia de Brasília, um "retrato sincero" de suas experiências. Resumiu-as dizendo que achava cinco coisas: (1) o povo brasileiro era muito cordial, mas começava a ficar áspero; (2) poucos povos teriam tanta tenacidade na busca de soluções mágicas; (3) o Brasil sofre de uma crise de facticidade, i.e., o enfrentamento dos fatos é um esporte aborrecido e um castigo imerecido; (4) o Brasil desembarcou do mundo das economias de mercado, enquanto outros países, como a China, procuram nele embarcar; (5) é o único país do Mundo que tem, sem o saber, uma burocracia stalinista, vem praticando o parlamentarismo antes de instalá-lo, e onde ainda é chique ser intelectual de esquerda...

A rude franqueza deixou-me deprimido, mas, como dizia Deng Xiaoping, é preciso buscar a verdade nos fatos. É realmente impressionante nossa persistência na busca de fórmulas simplistas e redentoras. A esperança se centrou primeiro nas *"diretas já"*; depois na *"civilianização"* do regime; mais tarde, a *"Constituinte"* seria a solução final; veio depois a mágica do *"Plano Cruzado"*, que demonstraria nosso machismo face ao sistema financeiro internacional. Agora a panaceia é o *parlamentarismo*. É fácil constatar que essas fórmulas mágicas têm sido mais férteis em frustações que em soluções. A história brasileira é desgraçadamente anti-romântica. Os presidentes mais estáveis foram os mais ilegítimos – como o Ditador Vargas e os presidentes militares – enquanto que, dos presidentes ou vice-presidentes eleitos legitimamente desde 1930, apenas dois completaram seus mandatos. Os ilegítimos têm grande sobrevivência, e os legítimos, 70% de mortalidade. Ao Sul do Equador, legitimidade e estabilidade são apenas rimas e não correlação.

No tocante a nossa atual volúpia parlamentarista, cabe notar que o parlamentarismo vem sendo praticado há quase três anos sem a gente saber. Sarney, a rigor, nunca exerceu o presidencialismo. Delegou a Ulysses Guimarães a indicação da maioria dos ministros, inclusive os postos chave da Fazenda e do Planejamento. Como se faz nos regimes parlamentaristas, atribuiu meia dúzia de Ministérios ao PFL, para formar uma coalização de apoio. Nosso pobre reino foi dividido em grandes satrápias do PMDB e pequenos feudos do PFL...

Se agora instauramos o parlamentarismo, nada acontecerá a não ser a mudança de Ulysses "encapuzado" para Ulysses "destapado". Isso não chega a ser novela excitante. E o PMDB cometerá, formal e dignamente, os mesmos erros que antes cometia informalmente: paternalismo distributivista, confrontação com a finança internacional e o FMI, xenofobia em relação ao capital estrangeiro, complacência grevista, e, naturalmente, o populismo inflacionista. Tudo de acordo com o programa do partido, que ignora duas vertentes fundamentais que a experiência econômica consagrou:

- Não se consegue enriquecer os pobres empobrecendo os ricos;
- Não se consegue assegurar o aumento da recompensa encurtando o momento do esforço.

O debate corrente sobre parlamentarismo e presidencialismo ignora duas coisas fundamentais. Primeiro, o maior problema brasileiro não é o *formato* do Governo e sim o *tamanho* do Governo; este é excessivo e inviável em qualquer regime. Segundo, confunde-se *inadequação dos homens* com o fracasso das instituições. A verdade é que os homens podem facilmente deformar as instituições; mas as instituições dificilmente melhoram os homens. O presidencialismo funcionou no Brasil com homens tão diversos como Campos Salles, Rodrigues Alves, Juscelino Kubitschek e Castello Branco.

A experiência internacional é inconclusiva. Na América Latina, Costa Rica, Venezuela e Colômbia conseguiram democracias estáveis com razoáveis taxas de crescimento, sob regime presidencialistas. Os dois países da Ásia, únicos que conseguiram passar da pobreza à riqueza numa geração – Taiwan e Coreia do Sul –, praticam um presidencialismo autoritário. No Japão há um parlamentarismo de partido único, pois o Partido Liberal não tem a menor intenção de se despedir do poder que exitosamente controla há 43 anos. A Índia, copiando o modelo do parlamentarismo britânico, consegue administrar um complexo quase inadministrável de castas, raças e religiões, sem crises sucessórias. Os Estados Unidos, apesar de terem inventado o sistema presidencialista, experimentaram de fato uma alternância de "presidências imperiais" e "ditaduras legislativas", em função do grau de carisma e da sorte do incumbente. A "Constituição dos Cravos" de Portugal, que serviu de inspiração aos nossos constituintes de esquerda, resultou em 16 diferentes governos em 14 anos, até que o medo do isolamento face ao Mercado Comum Europeu provocasse uma compactação partidária em torno do Centro-Direita. Na Itália, houve 47 Governos em 45 anos, mas tudo isso atenuado pela existência de um Banco Central com presidente vitalício, uma burocracia profissionalizada e a permanência no poder do mesmo partido, há 43 anos. As mudanças de gabinete são antes de tudo jogos de cadeiras musicais.

Algumas coisas parecem certas nesse debate inconclusivo:

- O bom funcionamento do parlamentarismo pressupões um número limitado de partidos programáticos; estes se compactam através do voto distrital e da prática, formal ou informal, da fidelidade partidária.
- Sem a existência de burocracias profissionalizadas e de Bancos Centrais independentes, o rodízio de gabinetes substituiria a grande trauma da sucessão presidencial por sucessivos traumas de paralisação do processo decisório.
- A proliferação partidária leva habitualmente a coalizões instáveis, que tornam difícil a negociação e execução de programas de austeridade.

É cedo para tentarmos uma experiência de parlamentarismo autêntico. Particularmente agora que a crise econômica exige a implantação de medidas rigorosas de contenção de gastos, desregulamentação e privatização, dificilmente absorvíveis por Assembleias heterogêneas, preocupadas com a manutenção da popularidade de curto prazo. Lembremo-nos de que nos 49 anos que durou o parlamentarismo imperial numa democracia elitista, de voto limitado, sucederam-se 39 gabinetes, com duração média de 16 meses. Nada indica que na democracia de massas conseguiremos rotatividade menor... O erro trágico de Sarney foi não ter feito um Governo presidencialista – aceitando impopularidade momentânea em troca de reabilitação futura – e sim cultivando um parlamentarismo "fajuto", adulando o PMDB, em busca de uma legitimação do mandato. Este deveria ser validado pelo desempenho executivo e não pela cumplicidade partidária.

"Parlamentarismo já" equivale a reinstalar no poder, "de jure", o "clube do poire", que já o vinha exercendo "de facto". E exercendo com incompetência e resultados mundialmente conhecidos – moratória externa, falência interna e estagflação. E fa-lo-á no bojo de uma Constituição casuística, estatizante, utópica, para não dizer infanto-juvenil (o voto aos 16 anos e a licença-paternidade serão motivo de chacota nos estudos comparativos de Direito constitucional). A Constituição que estamos desenhando transforma o Congresso num fiscal da CLT, num cartório de concessões de TV, numa imobiliária de compra de imóveis rurais por estrangeiros, num balcão de autorização de mineração de terras indígenas e num mini-Banco Central. A "libido dominandi" dos congressista levou-os a exigir a aprovação prévia de quaisquer "atos que acarretem

PUBLICAÇÕES DE 1988

encargos ou compromissos gravosos ao patrimônio nacional". A ameaça que sobre nós paira é de uma paralisia do Executivo e uma hipertrofia do Legislativo, com resultados patéticos. Pois nada mais patético que a ociosidade do poder.

A resposta franca à indagação do engraxate, sábia em sua ingenuidade, é simples que "não há perigo de melhorar"...

21. Xenofobia minerária, originalmente publicado em Folha de S. Paulo, 10 maio 1988

> "Se a Petrobrás é eficiente, não precisa de monopólio;
> se é ineficiente, não o merece".
>
> Presidente Castello Branco

Nada açula mais nossos instintos fetichistas que a questão mineral. No debate constituinte se aliam "progressistas de esquerda", possuídos de "xenofobia minerária" (para usar uma expressão do prof. Mário da Silva Pinto), com nacionalistas cartorários (que querem reservas de mercado), no insano afã de retardar nosso desenvolvimento mineral. Estranhamente contam com o apoio da Secretaria-Geral do Conselho de Segurança Nacional. A este devemos algumas inspirações de catedralesca inépcia, como a política de informática ou o programa nuclear. Na realidade, quando vejo "militares" semi-informados na disciplina econômica desfraldarem, com pompa e circunstância, a bandeira da "segurança" ou da "soberania", a fim de justificar projetos megalomaníacos, sinto-me como se me estivessem lançando o olhar terno dos que despendem da razão...

De tudo isso resulta uma abundante safra de mitos que é preciso esfarinhar, antes que a Assembleia Nacional Constituinte, na discussão da Ordem Econômica, enverede pela irracionalidade desinformada. Pois, como diz o primeiro-ministro português, Cavaco Silva, que agora amarga a penosa experiência de consertar a Constituição da República dos Cravos, "o problema das Assembleias Constituintes é que fazem besteiras por maioria absoluta e depois são precisos dois terços para corrigi-las"...

O primeiro mito se cifra na confusão entre recursos minerais e riquezas minerais. O Brasil, a Indonésia e a Malásia têm recursos naturais e são pobres. Japão, Suíça e Taiwan não têm recursos naturais e são ricos. Para a transformação de "recursos" em "riquezas" há mister empregar capital e tecnologia e ter acesso a mercados. Coisas que devemos buscar onde quer que estejam, aqui e alhures, pois são artigos mais procurados que oferecidos.

O segundo mito é que o Brasil está tresloucadamente exportando as riquezas de seu subsolo em benefício alheio. Trata-se de grotesca desinformação. O Brasil depende do subsolo estrangeiro para 42% dos insumos minerais que consome. Ricos em recursos, somos a rigor gigolôs do sub-alheio. Dos 150 minerais necessários à civilização industrial moderna, o Brasil exporta apenas 43 variedades. É conhecida nossa dependência do petróleo importado.

O terceiro mito é que, no tocante à pesquisa e lavra, as multinacionais abocanham a maior parte de nosso território. O Departamento Nacional de Produção Mineral diz o contrário. As empresas nacionais – estatais e privadas – detêm 74,3% da área autorizada para pesquisa e 71,5% da área autorizada para lavra. A participação das multinacionais nas áreas autorizadas para pesquisa é de 25,7% e, no tocante à lavra, de 28,5%. Se há alguma coisa a fazer, para um país carente de capitais, é estimular a vinda de investidores estrangeiros, particularmente para a fase de alto risco de pesquisa; e induzi-los a formar associações com empresas brasileiras, na fase da lavra.

Há mitos que viraram fetiches, aos quais se adere com fervor tribal. Lamentavelmente, na Constituição de 1967 foi inserido o monopólio do petróleo, tornando-se a Constituição mercadológica. Com o bom senso que caracterizava os "*fouding fathers*" norte-americanos, abstiveram-se na Constituição de Filadélfia de mencionar a lenha, e nenhuma das Constituições europeias do século passado mencionou o carvão. São combustíveis cuja importância varia no curso do tempo, enquanto as Constituições devem tratar da organização do Estado e dos direitos dos indivíduos. Coube ao Brasil esse pioneirismo ridículo de entronizar hidrocarbonetos na Carta Magna. O atual projeto constituinte agrava o disparate, estendendo o monopólio ao refino assim como à exportação e importação.

É patético ouvir parlamentares e ministros defenderem o monopólio em nome da segurança nacional. Entretanto, o fato é que nenhuma das potências líderes do sistema capitalista – Estados Unidos, Japão, Alemanha

Federal, França, Grã-Bretanha, Itália e Canadá – tem monopólio de petróleo e mrs. Thatcher apressou-se a vender as três empresas estatais que operavam nesse campo – a Britoil, a British Petroleum e a British Gas, com grande lucro para o Tesouro. Só um mentecapto ou um "progressista" brasileiro (os dois predicados não são incompatíveis) imaginaria que a Grã-Bretanha ficou insegura, ou que as grandes potências militares ocidentais descurem de sua segurança nacional. A verdade é que o monopólio petrolífero, como todos os monopólios, é antidemocrático, pois, limita o direito individual de produzir. É irrelevante e até mesmo negativo para a segurança nacional, pois reduz o volume potencial de investimentos e coloca o país à mercê das decisões de um único investidor, que pode errar – como errou a Petrobrás – ao subestimar os perigos da politização do petróleo do Oriente Médio que se desenhavam desde o fechamento do canal de Suez em 1967.

A insistência no monopólio, numa conjuntura financeira desfavorável, levou agora ao corte de investimentos da Petrobrás, a qual não tem dinheiro para acelerar a prospecção, não deixa que outros venham ajudar nessa tarefa, e nem sequer vende suas subsidiárias que operam em áreas oscilares, a fim de amealhar recursos para cumprir sua vocação fundamental. Chamemos a coisa pelo o que é. O monopólio de petróleo é mero fetiche, típico de países subdesenvolvidos, que aliam ao subdesenvolvimento financeiro um bocado de subdesenvolvimento mental.

Num delírio estatizante, e violando tradição que vem desde a Constituição de 1934, a Constituinte votou que cabe à União também a propriedade do subsolo. Essa inovação é uma tolice. O subsolo é *res nullius*. Não pertence a ninguém e pertence a todos – aos Estados, municípios e cidadãos comuns. Pelo regime de concessão, adequadamente regulado pelo Código de Mineração de 1967, cabe à União administrar o solo através de autorizações de pesquisa e lavra. Como são imprecisos os limites entre o solo e o subsolo, não é impossível que os fazendeiros que escavarem um poço artesiano profundo, em busca de água, venham a ser compelidos a pedir licença a um burocrata de Brasília, dado que o subsolo passa a pertencer à União. Definitivamente, o Adenauer, o velho chanceler alemão, tinha razão: "o bom Deus foi sumamente injusto: impôs sérios limites à inteligência dos homens e nenhum à sua burrice."

ROBERTO CAMPOS

22. A revolução discreta, originalmente publicado em O Estado de São Paulo, n. 34711, p. 2, 24 abr. 1988

> "O socialismo, sob qualquer forma, não só perdeu a batalha das ideias, como está sendo posto de lado por não oferecer uma solução para os problemas industriais imediatos com que se defronta a maioria das economias."
>
> Celio Veljanovski, em "Selling the State"

A China comunista acaba de fazer uma sensacional revolução, com o mérito, singular de discrição.

A Assembleia Nacional do Povo aprovou, neste mês de abril, por voto secreto, um "emendão" à Constituição chinesa de 1982, pela qual se legitima a economia de mercado. O eufemismo usado é que a economia privada constitui um "suplemento da economia socialista". emenda constitucional fala elará mente na abertura do país ao capital e tecnologia estrangeiros, no direito das empresas de acumularem lucros e decidirem o retorno da produção, permite a transferência (inclusive por herança) dos direitos de exploração da terra e proclama a necessidade de competição pelo mercado. Sem as inibições que sofre Gorbachev em face da "Nomenklatura" soviética – a instituição de Ligachev, anunciada hoje, é indício de resistência aos marxistas ortodoxos –, os pragmáticos chineses transformam em texto constitucional avanços maiores que os da "Glasnost" e da "Perestroika". Em ambos os casos, trata-se de um reconhecimento da falência do socialismo, evento importante que não chegou ainda ao conhecimento de nossas loquazes esquerdas.

Gorbachev reconhece a inadequação do socialismo louro para o uso da alta tecnologia e da soberania do consumidor. O socialismo, amarelo produziu mais violência do que crescimento e a China: abandona a rigidez do dogma dirigista. O socialismo negro fracassou estrondosamente em Angola, em Moçambique, na Guiné e na Tanzânia. No Brasil, o socialismo moreno estragou a cidade e estagnou o estado do Rio de Janeiro. Em suma, não importa a cor, o que está errado é a doutrina.

O exemplo chinês do "emendão" constitucional é sugestivo. Poderíamos ter poupado esforço, diminuindo riscos e incertezas para os investidores, se nos tivéssemos limitado a um "emendão", expungindo da atual Constituição uns poucos dispositivos autoritários. Talvez fosse essa, aliás, a ideia secreta do astuto Tancredo Neves. O fato é que nossa Constituinte nasceu sem fato gerador. O fato gerador teria sido a ruptura das instituições, coisa que não aconteceu.

Segundo o professor americano Keith Rosen, os países latino-americanos já fabricaram, desde sua independência, 277 Constituições. Ou seja, uma média de 13 por país. Como o Brasil está partejando sua oitava Constituição, estamos ainda abaixo da média continental. O que, significa a probabilidade de sofrermos novos ataques de "constitucionalite", doença endêmica nos países subdesenvolvidos.

Os constitucionalistas estrangeiros que estudarem os textos já aprovados achá-lo não impregnados de um esdrúxulo corporativismo. Detectarão que o texto singulariza criaturas especiais, em desafio ao princípio da isonomia, segundo o qual "todos são iguais perante a lei". Há desigualdades em favor dos professores, médicos, advogados e, a prevaleceram tendências atuais, garimpeiros e seringalistas. O campeonato do corporativismo cabe à profissão de advogado, pois ele é "declarado indispensável à administração da Justiça". Nem mesmo um desquite amigável (com secreta troca de insultos) será possível sem a interferência de um rábula... Se os advogados são "indispensáveis", os procuradores não fazem por menos. Obtiveram os privilégios da magistratura, convertendo-se o Ministério Público numa espécie de quarto Poder. O professor Otávio Bulhões, atazanado pelas delongas processuais na liberação de empréstimos externos, indispensáveis à caixa de um Tesouro falido, costumava murmurar: "O Brasil não se conserta enquanto não extinguirmos carreira de procurador, criando em seu lugar a profissão de achador".

Felizmente, os engenheiros, médicos ou economistas não reclamam privilégio semelhante. Como economista, lamento apenas que, ao contrário dos médicos, não me seja dada a possibilidade de enterrar meus erros. No mais, admito humildemente que Joan Robinson, a grande discípula de Keynes, tinha razão ao dizer que o propósito principal do estudo de economia é habilitar a gente a se defender dos economistas...

É fácil de perceber a razão desse furor corporatista. Nada menos que 186 constituintes, ou seja, 1/3 do total são advogados. Aliás, uma análise das categorias profissionais é bastante esclarecedora das dificuldades de se formular princípios da ordem econômica compatíveis com a economia liberal e o *ethos* capitalista. Somente 115 constituintes, ou seja, menos de 21% do total, provêm de profissões diretamente vinculadas ao processo produtivo – empresários, industriais, administradores e agropecuaristas. O restante é composto de jornalistas, professores, servidores públicos, bancários, militares ou políticos profissionais, que se somam aos advogados para formar uma "burguesia intelectual". Essa espécie sociológica encara com suspicácia, tédio ou indiferença, o esforço empresarial e o lucro. Não hesita muito em ditar regras para a distribuição de riqueza alheia e decretar conquistas sociais, dispensando-se, naturalmente, de explicitar quem vai pagar a conta. Para o "burguês intelectual", salário é renda e não necessariamente custo; e vitórias progressistas podem ser alcançadas pelo simples expediente de se deixar o Estado "brincar de Deus".

Para infelicidade da Península Ibérica, a raiz etimológica da palavra "lucro" é ligada ao logro, sendo ainda pior no espanhol, pois que lucro é "ganância". Os anglo-saxões usam mais construtivamente o latim, pois a palavra *profit* vem de profiscere, i.e., ser eficiente.

Nada mais melancólico do que se ver uma Constituição nascer obsoleta. Pois é obsoleto falar em reserva de mercado num momento em que o mundo todo fala em integração de mercados. E obsoleto falar-se em faixa de fronteira, em nome da segurança nacional, quando a Europa e Norte-América se aprestam para eliminar fronteiras. E absurdo hostilizar a presença de capitais estrangeiros na mineração quando a poupança nacional escasseia, o risco da pesquisa é ingrato, os laboratórios começam a produzir supermateriais e, no século XXI, se extrairão minérios da lua ou dos mares profundos (a despeito de folhetos mentirosos distribuídos na Constituinte por grupos nacionais cartorialistas, a proporção de capitais estrangeiros nas áreas concedidas para lavra é de 28,5%, cobrindo não mais de 0,09% do território brasileiro!...). É ridículo entronizar o Estado corno agente planejador e normativo de atividade econômica, quando ele está falido a ponto de, através do congelamento da URP, pedir moratória os seus próprios funcionários. Estes, absorvendo quase toda a receita, sem deixar margem para investimentos, não mais servem ao público. Servem-se do público.

O paradoxo cruel é que a China, através de um "emendão", abre as portas ao capitalismo. E o Brasil, através de uma Constituição, corre o risco de abrir as portas ao socialismo.

PUBLICAÇÕES DE 1988

A onda neoliberal que varre o mundo não se espraiou ainda pelo Brasil. Aparentemente, não chegaremos ao liberalismo econômico por convicção filosófica ou pela destilação de lições de experiência alheia. Teremos, antes, que sentir na carne, como a Bolívia, a hiperinflação e a falência do Estado, esse Dynossaurus Rex, que, como os monstros pré-históricos, será vitimado pela poeira cósmica do seu próprio déficit.

23. A Marcha altiva da insensatez, originalmente publicado em O Estado de São Paulo, n. 34717, p. 8, 1 maio 1988

> "O surgimento da insensatez independe de época e lugar e temporal, universal, embora hábitos e crenças ou eras e regiões especificas determinem a forma de que se revestirá. Não guarda relação com o regime em vigor: monarquia, oligarquia ou democracia produzem-na indiferentemente".
>
> Barbara Tuchman

Há uma fundamental diferença política e psicológica entre atrair capitais estrangeiros e tolerar investidores estrangeiros. Juscelino Kubitschek, como Presidente eleito, visitou os Estados Unidos e a Europa para convidar multinacionais a se instalarem no Brasil, oferecendo-lhes incentivos para a implantação da indústria automobilística, a mecânica pesada e a construção naval. O BNDE de então chegou mesmo a conceder financiamentos suplementares a Brown Boveri (suíça), à Mecânica Pesada (francesa) e à Volkswagen (alemã). Os japoneses foram atraídos para a construção naval e a siderurgia. Importantes eram a fábrica, a tecnologia e os empregos. Secundária, a origem dos acionistas.

Hoje o clima mudou numa direção nacional-obscurantista. Um estrangeiro que leia o texto da Ordem Econômica da Nova Constituição se convencerá de que o Brasil tolera os capitais estrangeiros, mas não se empenha em atraí-los. O debate volta, com temas ligeiramente diferentes, aos tempos de Getúlio Vargas... Ao invés do "petróleo é nosso", temos "a informática é nossa", o "minério é nosso". E agora, com a suspensão dos contratos de risco, "o risco é nosso". Pela primeira vez, imitando

195

Guiné-Bissau, a Constituição brasileira abriga uma diferenciação entre "empresa brasileira" e "empresa brasileira de capital nacional", cujos acionistas majoritários terão de ser "pessoas físicas domiciliadas e residentes no País". O critério seletivo passa a ser o domicílio do acionista e não a competitividade da empresa, sua capacidade de gerar empregos, satisfazer o consumidor e exportar.

Não se trata de mero capricho definicional. O propósito é permitir, por lei ordinária (o texto do Centrão mais comedido, exigia lei complementar), a criação de novas reservas de mercado ou cartórios industriais para as atividades "consideradas estratégicas para a defesa nacional ou imprescindíveis ao desenvolvimento do País". Fica aberta a porta para a generalização do modelo de informática, que se esperava fosse uma aberração doentia.

A conjuntura nacional e internacional está grávida de paradoxos. Países socialistas, como a União Soviética e a China, educados no ódio ao capitalismo, abrem-se para as multinacionais. Gorbachev, em discurso a um grupo seleto de investidores norte-americanos em Moscou, convida-os a se instalarem na União Soviética com direito à remessa de lucros e liberdade de exportação. A República Popular da China, que era a economia mais fechada do Mundo, é hoje mais aberta que o Brasil. Suas exportações hoje superam as brasileiras, que não recuperaram ainda o nível de 1984. Nas 14 zonas de livre comércio, as empresas estrangeiras podem instalar-se com ou sem parceiros chineses. Mesmo fora das zonas costeiras, o Governo permite multinacionais totalmente estrangeiras, desde que tragam tecnologia de ponta. Exatamente o contrário do que se faz no Brasil, como o resultado de sós termos acessa a tecnologias superadas, pagas a bom preço (quando não podem ser pirateadas). Se Gorbachev expusesse a "perestroika" aos nossos constituintes, eles o chamariam de "testa de ferro das multinacionais". O que não seria novidade para Deng Xiaoping que, durante a Revolução Cultural, era vilipendiado pelos Guardas Vermelhos como "bandido capitalista".

Com raro senso de adequação, ao som do Hino Nacional, que começa com a expressão "deitado eternamente em berço esplêndido", os constituintes vedaram a empresas estrangeiras quer a pesquisa quer a lavra de minérios. Não é uma opção pelos pobres e sim pela pobreza. O Brasil carece de poupanças para investir sem risco e, obviamente, não lhe sobram recursos para investir com risco. Alguns fatos rudimentares merecem ser lembrados:

- O Brasil precisaria investir pelo menos 24 por cento do PIB para manter razoável crescimento; poupa apenas 17 por cento.
- As áreas lavradas por empresas estrangeiras representam 0,09 por cento da área do País, o que não chega a ser uma presença assombradora, e a área efetivamente pesquisada por empresas nacionais e estrangeiras (oito milhões de hectares) não chega a 1 por cento do território nacional.
- Com os avanços tecnológicos, os minerais convencionais ciumentamente guardados no subsolo podem rapidamente tornar-se secundários, com o surgimento dos materiais de laboratório, como os termoplásticos, as fibras ópticas, as fibras reforçadas com metal, a cerâmica avançada e as ligas supercondutoras. O mineral estratégico de hoje pode tornar-se obsoleto amanhã.

A realidade brasileira é uma contínua derrota da esperança. Os poucos liberais na Constituinte ficam roucos de ouvir. Só não ouvem os refrãos relevantes para a modernidade: competitividade e reciprocidade.

Reconhece-se às mulheres Infinitas, aos homens geniais e aos "governos realistas o privilégio", de contradição. O Brasil está certamente abusando desse direito: – queremos que o nosso mercado seja nosso, e o dos outros, também; mendigamos dos bancos dinheiro de aluguel e rejeitamos capitais de risco. Se nossa Constituição autoriza reservas de mercado, não podemos objetar a que os americanos, por lei, criem as suas. E, certamente o FMI, o Banco Mundial e os bancos credores relutaram em injetar dinheiro no Brasil, se esses recursos são neutralizados pela repatriação de investimentos estrangeiros, desencorajados pela neoxenofobia, ou até mesmo pela fuga de capitais nacionais, à busca de ambientes mais livres e seguros.

Na era da desregulamentação e da privatização, os constituintes paranoicamente dispõem que "a lei estabelecerá as diretrizes e bases do planejamento de desenvolvimento equilibrados, o qual incorporará e compatibilizará os planos nacionais e regionais de desenvolvimento". Qualquer pessoa (exceto os economistas do PMDB) sabe que inexiste desenvolvimento "equilibrado: – nos Estados Unidos, o Nordeste e Meio

ROBERTO CAMPOS

Oeste se enriqueceram rapidamente, o Sul retardou-se e agora são ambos superados pela Califórnia; no Reino Unido, a Escócia e País de Gales são retardatários em relação ao Sudeste da Inglaterra; a Itália do Norte é rica, e a do Sul pobre; mesmo no pequenino Japão a Ilha de Hokkaido é subdesenvolvida, comparativamente à Ilha de Honshu. Quanto à capacidade do Governo de compatibilizar planos nacionais, regionais e estaduais, bastaria lembrar que o Governo não consegue coordenar nem seu próprio orçamento, nem o comportamento de seus Ministros.

Agora entendo por que queremos atribuir o direito de voto aos menores de 16 anos. Queremos uma Constituição infatojuvenil!...

24. A Humildade dos liberais, originalmente publicado em O Estado de São Paulo, n. 34723, p. 5, em 8 maio 1988

> "Aquele que busca a salvação das almas, da sua e dos outros, não deve procurá-la na política"
>
> Max Weber

Agora que escrevemos uma Constituição intervencionista e ambiciosa, suspicaz quanto à iniciativa privada, e ingênua na sobreestimação da capacidade do Governo de fazer o bem, é oportuno lembrarmos as lições de alguns eminentes austríacos, paladinos das ideias liberais. No plano econômico, ressuscitam hoje como pensadores seminais Von Mises e Hayek, cujas ideias atravessaram uma longa noite de esquecimento. Prevalecia, de um lado, o experimento socialista, cuja ineficácia os próprios líderes marxistas hoje reconhecem, um pouco desenxabidamente, ao falarem nesse "híbrido infértil" – o "socialismo de mercado". Trata-se de um reconhecimento relutante de que os preços do mercado e os incentivos à produção individual são indispensáveis a uma economia que se quer eficientes. Perdeu-se o entusiasmo ingênuo pelo "planejamento central", conquanto não se aceita ainda, explicitamente, o aforismo de Hayek, segundo o qual "a economia é o resultado das ações dos homens e não de suas intenções".

No Ocidente, prevaleceu durante quarenta anos, como sabedoria convencional, o Keynesianismo, menos ambicioso em seus propósitos, mas também eivado de sobreestimação da capacidade manipuladora dos Governos, seja para corrigir os ciclos econômicos, seja para promover o bem-estar social. O Keynesianismo foi usado como instrumental teórico para intervenções estatizantes muito além do que seu criador sonhara, acabando por servir de substrato a políticas inflacionárias e dirigistas.

O pensamento liberal austríaco foi fértil também no plano da crítica política. Talvez a contribuição mais provocante tenha sido a de Karl Popper, mais conhecido pelos seus trabalhos sobre lógica e filosofia da ciência. Escrito há mais de quatro décadas – em meio ao ensandecimento nazista e às explosões da II Guerra Mundial – o livro "A sociedade aberta e seus inimigos" é uma grande apologia das vantagens da democracia e uma advertência sobre suas limitações. Comum aos liberais austríacos são duas qualidades: a erudição ecumênica e uma profunda percepção da insuficiência de nossos conhecimentos para determinar o curso da sociedade humana. A "pobreza do historicismo" de Popper é, aliás, um grande libelo contra os que pretendem prever leis de evolução da História – como os marxistas – pois ninguém pode prever o curso do conhecimento e dele depende o curso da História.

Em fascinante artigo recente na revista "The Economist", Popper questiona provocantemente algumas das interpretações correntes do processo democrático. Fiel à sua filosofia da ciência, segundo a qual esta é apenas uma sucessão de hipóteses que podem ser "falsificadas" pelos fatos, Popper propõe objetivos modestos para a democracia. Sua teoria de democracia não se baseia no "governo do povo" (concebivelmente, o povo pode eleger um tirano para governá-lo) e sim na "regra da lei", que postula a sucessão incruenta no poder pelo voto da maioria. A democracia não escolhe necessariamente as melhores políticas, mas é o estilo de governo que tem melhores possibilidades de corrigir rapidamente seus erros. A pergunta teórica "quem deve governar?" teve historicamente diversas respostas.

Segundo Platão, deveriam ser os "melhores"; os reis medievais buscavam legitimar-se como escolhidos pelo Poder Divino. Marx propôs que os trabalhadores fossem a classe eleita para governar. A pergunta de Popper é prática e modesta – "como evitar que um mau governante faça mal excessivo?" O que humildemente, então, se deve acentuar não é a "bondade da democracia", e sim o "malefício da ditadura". O mérito da democracia não é necessariamente assegurar o Governo melhor, mas

ROBERTO CAMPOS

apenas garantir, pela regra da lei, o afastamento de um Governo mau. Idealmente, a sociedade deveria maximizar a felicidade; mas já seria bom se conseguisse minimizar o sofrimento...

Soará como surpresa, no momento atual em que confundimos democracia com "democratice", a investida de Popper contra a representação proporcional e os partidos políticos, assim como sua defesa acalorada do dualismo partidário. Para ele, no sistema proporcional, o cidadão não vota em quem ele quer, mas naquele que o partido escolhe. Os partidos interromperiam assim o contato direto entre o cidadão e seus representantes. Os partidos já sofriam mundialmente substancial erosão de seu prestígio por outros fatores: o surgimento da "mídia" eletrônica, com sua possibilidade de plebiscito constante mediante pesquisas de opinião, a crescente importância dos grupos de pressão, a crescente "tecnificação" da legislação, que aumenta o poder dos grupos tecnocratas no Executivo etc. Boa parte das funções clássicas dos partidos – condensar aspirações, veicular protestos e promover o rodízio das lideranças – já havia sido erosada. Nunca, entretanto, com a fundamentação teórica que lhe deu Popper: os partidos são instrumentos de avanço pessoal e de poder, sendo, portanto, ideologias "que não devem ser identificadas com a opinião popular".

A ter que aceitar partidos, Popper optaria por um sistema bipartidário, sendo assim favorável ao voto distrital, que força a concentração partidária, e não ao voto proporcional, que estimula sua proliferação. O raciocínio poperiano é interessante. As coalizões partidárias diluem o sentido de responsabilidade. Nenhum partido ganha totalmente, ou perde totalmente, e, portanto, nenhum assume o peso da responsabilidade. Nos sistemas que se aproximam do bipartidarismo (como os Estados Unidos e a Grã-Bretanha), os partidos se veem obrigados, quando derrotados, a rever sua plataforma e reformular seus objetivos. A derrota passa a ser uma coisa séria, e não um mero acidente pelo qual os partidos coligados se recusam a aceitar plena responsabilidade. Popper refuta a ideia de que a camisa de força. "bipartidária" seja incompatível com a sociedade aberta. De um lado, os partidos podem acomodar várias correntes de opinião. De outro, as duas sociedades mais abertas do Mundo – a americana e a inglesa – praticam algo parecido com o bipartidarismo.

Há mais autocrítica partidária, após as eleições, nesses países, do que naqueles que aceitam o regime de coalizões partidárias, com partidos

PUBLICAÇÕES DE 1988

personalistas, regionalistas ou ideológicos, sempre capazes de partilhar do poder e nunca dispostos a ser inequivocamente responsabilizados pelo seu fracasso.

Essas meditações de um grande liberal são relevantes para o momento brasileiro, particularmente porque já optamos pelo voto proporcional – que estranhamente foi defendido pelos mais entranhados parlamentaristas – estamos ameaçados, nas disposições transitórias, de facilitar exageradamente a proliferação partidária.

Há ainda uma agravante. Os sindicatos adquiriram o privilégio antidemocrático da unicidade sindical, obtiveram uma delegação de poder tributário. suplementar à contribuição compulsória, e podem decidir livremente os interesses que querem defender (os quais não se limitam a salários e condições de trabalho). Tornam-se assim mais poderosos que os próprios políticos.

A proliferação partidária e o grevismo são de mau augúrio para a durabilidade da nova Constituição.

25. O buraco branco, originalmente publicado em Folha de S. Paulo, 10 maio 1988

> "Cada país tem que buscar sua receita e não deve ir contra as leis naturais e nem deve brincar de Deus na economia."
>
> Juan Cariaga, ministro das Finanças da Bolívia

Como principal formulador do Estatuto de Terra, de 1964, sinto-me com alguma autoridade para falar no assunto. O objetivo do Estatuto era pôr termo à contínua ameaça de "confisco sem programa", que paralisara a agricultura, ao tempo de João Goulart, da mesma forma que a Assembleia Nacional Constituinte, de hoje, com sua "desapropriação sem projeto", está destruindo a confiança dos agricultores. No primeiro caso, o resultado foi a escassez de alimentos e as filas por mercados. No segundo caso, será a paralisação dos investimentos agrícolas. A ANC já fez suficiente mal ao país ao nacionalizar a mineração –condenando o Brasil a ser a área continental mais inexplorada do mundo– para se entregar a desatino equivalente, ao desorganizar a produção agrícola.

No maluco caleidoscópio da política brasileira, quando formulei o Estatuto da Terra era acusado de esquerdista e socializante. Num parêntese memorialista, cabe notar que um dos mais combativos adversários da reforma agrária era o jovem latifundiário Severo Gomes, então burguês de direita; hoje continua latifundiário, mas metamorfoseado em "burguês de esquerda". Astutamente, recrutou ele para a tarefa de demolição intelectual do Estatuto da Terra os serviços profissionais do brilhante economista Delfim Netto, que mantinha distante namoro com o socialismo Fabiano. Delfim aprendeu depressa, dos livros e da vida, que, precisamente por não ser um "dogma" e sim uma "cultura", o capitalismo é inerentemente mais flexível e eficaz que o socialismo, e hoje estou certo que partilha meu horror à burrice protecionista da informática, à xenofobia minerária, à cultura da moratória e a outros desastrosos desportes patrocinados pelo PMDB. Quanto ao Severo, continua severamente disposto a escolher erros novos ou antigos, desde que etiquetados de "avanços progressistas"...

As premissas subjacentes ao Estatuto da Terra eram simples:

1. A função social da terra é produzir. Se houver produção haverá como pagar salários e prover bem-estar. Por isso os latifúndios produtivos eram chamados "empresas rurais", merecedores de apoio e não de reproche;
2. A reforma agrária no Brasil deveria ser "capitalista" e não "coletivista". A agricultura, diferentemente da indústria, exige um apego emocional às plantas e às bestas, e isso está intimamente ligado ao sentido de propriedade. Foi por isso que fracassaram todas as reformas coletivistas, seja na Rússia, seja na China Maoísta, seja em Cuba ou na Tanzânia;
3. Por ter grandes extensões agricultáveis, o Brasil dispõe felizmente de um elenco de opções, ao contrário dos países pequenos ei sobrepovoados, como o 'Japão, a. Coreia do Sul e Taiwan, onde a desapropriação era necessária e inevitável;
4. O Brasil dispunha de espaço e tempo (o tempo foi encurtado pela inércia posterior ao governo Castelo Branco) para hierarquizar três soluções, segundo sua maior factibilidade financeira, menos distúrbio da produção e menor contenciosidade política: a) a

tributação progressiva sobre a terra improdutiva; b) a colonização de novas fronteiras agrícolas, e c) a desapropriação, nas áreas de extremo conflito.

A hierarquização dos instrumentos era clara. A tributação, que deveria ser de aplicação geral e imediata, geraria recursos para a colonização, que tornaria desnecessária, a não ser em casos excepcionais, a desapropriação. Infelizmente, o Imposto Territorial Rural, cobrado pela união, mas pertencente aos municípios, nunca foi exacionado seriamente, de modo a provocar a cessão e parcelamento da terra improdutiva. Em seu pico, em 1967, quando ainda se preparava o cadastro rural, alcançou 0,36% da receita geral da União, percentagem que baixou continuadamente, em função da incompetência ou desídia fiscal, até alcançar o nível ridículo de 0,08% em 1983. Perdeu-se assim a oportunidade de uma solução gradualista e eficaz para o drama agrário. Os esforços de colonização do Poder Público limitaram-se a assentamentos em favor de grupos com mais estridente vocalização política, não raro sem vocação ou competência específica para a agricultura. Muito melhor sucedidas foram as colonizações privadas, onde o colonizador seleciona bem os adquirentes de lotes e lhes proporciona o mínimo de infraestrutura e assistência técnica necessária à recuperação do investimento. O "Nortão" de Mato Grosso é um exemplo de reforma agrária bem-sucedida, por colonizadores privados, como acontecera antes no Norte do Paraná. Estes, e não os burocratas do Incra ou Mirad, deveriam ser convocados para a tarefa.

Hoje, passados mais de vinte anos, a questão agrária está prenhe de fervor ideológico e vazia de realismo operacional. No debate corrente na ANC reforma agrária é sinônimo de "desapropriação". Ora, este é apenas um dos instrumentos previstos no Estatuto da Terra e certamente o mais rombudo e dispendioso: cria conflitos políticos, endivida ainda mais o erário falido e, em si mesmo, pouco adianta, pois a terra representa em média apenas 15% do investimento na produção.

Olvidados os outros instrumentos da reforma, o debate na Assembleia Nacional Constituinte se concentra agora na desapropriabilidade da grande propriedade produtiva, que no Estatuto da Terra se chamava de "empresa rural". As médias e pequenas propriedades são excluídas, o que é um toque de demagogia, de vez que propriedades médias podem ser improdutivas, e, no caso de minifúndios, pode tornar-se necessária a desapropriação, visando à consolidação de lotes para possibilitar o uso de insumos modernos.

Até recentemente, as autoridades da reforma agrária combinavam os encontradiços predicados de incompetência e ideologização. Isso justifica o receio dos agricultores de que, deferida aos burocratas, por lei ordinária, a aferição da observância ou inobservância dos "requisitos relativos à 'função social'", criar-se-ia uma enorme área de arbítrio administrativo. E os burocratas são apenas funcionários, raramente missionários e, ocasionalmente, corsários. Não faltarão advogados trabalhistas, pseudo- -ambientalistas, ou "teólogos" da libertação, incapazes de pegar na enxada, mas perfeitamente capazes de habilitar o burocrata e questionar a observância da função social...

Pouca gente dúvida de que o atual texto constituinte seja vitimado pela nossa alta taxa de mortalidade infantil. Nascerá atacada de irrealismo paraplégico. Citemos alguns exemplos.

As "conquistas sociais" ignoram que não se corrige a pobreza por decreto; a aposentadoria precoce encontra uma previdência já falida; a saudável descentralização de receitas coincide com um aumento dos encargos federais; o grevismo é transformado em direito constitucional; num mundo que marcha para a globalização do comércio, consagra-se o princípio da reserva de mercado; a xenofobia minerária garante-nos o monopólio do risco, quando o país não poupa sequer para financiar o investimento sem risco.

Seria saudável modéstia se pelo menos na questão agrária nós tivéssemos limitado a hierarquizar os três instrumentos de reestruturação – tributação progressiva sobre a terra improdutiva, colonização e desapropriação – cuja utilização apropriada se faria nos termos da legislação existente e conhecida, o Estatuto da Terra, cujo maior defeito é não ter sido aplicado. Se a fórmula de compromisso ora em debate na Assembleia Nacional Constituinte remeter a questão à legislação complementar ou ordinária, muitas primaveras se passarão antes que o produtor rural possa investir tranquilamente, pois que nos seis títulos já votados, nada menos que 175 dos 198 artigos (88%) preveem remissão a futuras leis.

É tarde demais para exibirmos, na questão agrária, um grau razoável de realismo. "Rebus sic stantibus", a menos ruim das soluções será o "buraco branco"...

26. A Constituição – espartilho, originalmente publicado em O Estado de São Paulo, n. 34753, 12 jun. 1988

> "Não há mistura mais explosiva que a combinação da utopia com a ignorância"
>
> Fernando Pedreira

Num momento de saudável autocrítica, a Assembleia Nacional Constituinte dispôs sobre sua auto-reforma após cinco anos de vigência. Merecidamente, o texto se reconhece provisório. É mais adequado a sociedades cartorial--mercantilistas do passado do que à moderna "sociedade do conhecimento", caracterizada pela integração de mercados e interdependência tecnológica. Para as gerações futuras será uma lição sobre como não fazer uma Constituição. Experiente no assunto, pois labuta para livrar-se das extravagâncias da Constituição portuguesa de 1974, diz o Primeiro-Ministro Cavaco Silva: "É um grande erro fazer da Constituição um espartilho do funcionamento de uma sociedade, porque o mundo moderno está em mutação..." Numa sociedade dinâmica ela deve confinar-se às normas de organização e funcionamento do Estado e aos direitos fundamentais do cidadão.

"Conquistas" sociais não se alcançam por simples inserção no texto constitucional. Dependem da produtividade da sociedade, das prioridades orçamentárias, da criatividade dos indivíduos, da conjuntura das empresas. Se a pobreza fosse extinguível por decreto, seria crueldade não editar anualmente uma Constituição incorporando novos "avanços progressistas". Curiosamente, enquanto a ANC[6] se embebeda de utopias, o Poder Executivo – livrando-se tardiamente da "cultura da moratória" e da "cultura antiempresarial" herdada dos ministros do PMDB – reconhece a falência do Estado e empunha a bandeira da "modernização", da "competitividade" e da "privatização". É uma dessintonização malvada. Agora, que o Executivo começa a criar juízo, a ANC demonstra que perdeu o seu...

Se alguém disso duvida, basta acompanhar-me num passeio constitucional, assaz inquietante, pois uma simples listagem revelará

---

[6] N.A. Assembleia Nacional Constituinte

ROBERTO CAMPOS

(1) dispositivos pitorescos; (2) imprudências econômicas; (3) utopias sociais; (4) corporativismo antidemocrático e (5) invasão das atribuições executivas. Exemplos de *dispositivos pitorescos* são o tombamento do "mercado interno com o patrimônio nacional" (art. 244[7]); a licença paternidade de oito dias (art. 8[8]); o monopólio de transporte do gás natural de *qualquer origem* (art. 195[9]); a "doença é nossa", sendo proibido os hospitais estrangeiros (art. 222[10]); "o risco é nosso", ficando proscritos os contratos de risco do petróleo e nacionalizada a pesquisa mineral (arts. 194/5[11]); cria-se a "Sanguebrás", pois é vedada a comercialização do sangue (art. 222[12]); faculta-se o voto infanto-juvenil para os maiores de 16 anos,

---

[7] N.A. Aprovado como art. 219, CF. "O mercado interno integra o patrimônio nacional e será incentivado de modo a viabilizar o desenvolvimento cultural e sócio-econômico, o bem-estar da população e a autonomia tecnológica do País, nos termos de lei federal".

[8] N.A. Aprovado como art. 7º, XIX, CF, segundo o qual são direitos dos trabalhadores urbanos e rurais, além de outros que visem à melhoria de sua condição social, "licença--paternidade, nos termos fixados em lei;

[9] N.A. Aprovado como Art. 177, CF: "Constituem monopólio da União: I – a pesquisa e a lavra das jazidas de petróleo e gás natural e outros hidrocarbonetos fluidos (...)"

[10] N.A. Aprovado como art. 199, §3º, CF, segundo o qual "§ 3º É vedada a participação direta ou indireta de empresas ou capitais estrangeiros na assistência à saúde no País, salvo nos casos previstos em lei".

[11] N.A. O art. 177, CF, estabelecia que "constituem monopólio da União: (...) V – a pesquisa, a lavra, o enriquecimento, o reprocessamento, a industrialização e o comércio de minérios e minerais nucleares e seus derivados". A partir da Emenda Constitucional n. 49, de 2006, manteve-se o monopólio para "a pesquisa, a lavra, o enriquecimento, o reprocessamento, a industrialização e o comércio de minérios e minerais nucleares e seus derivados, com exceção dos radioisótopos cuja produção, comercialização e utilização poderão ser autorizadas sob regime de permissão, conforme as alíneas b e c do inciso XXIII do caput do art. 21 desta Constituição Federal". O parágrafo primeiro desse artigo estabelecia que "o monopólio previsto neste artigo inclui os riscos e resultados decorrentes das atividades nele mencionadas, sendo vedado à União ceder ou conceder qualquer tipo de participação, em espécie ou em valor, na exploração de jazidas de petróleo ou gás natural, ressalvado o disposto no art. 20, § 1º". A partir da Emenda Constitucional n. 9, de 1995, esse parágrafo recebeu nova redação e apenas passou a estabelecer que "a União poderá contratar com empresas estatais ou privadas a realização das atividades previstas nos incisos I a IV deste artigo observadas as condições estabelecidas em lei".

[12] N.A. Aprovado como art. 199, § 4º, CF: "A lei disporá sobre as condições e os requisitos que facilitem a remoção de órgãos, tecidos e substâncias humanas para fins de transplante, pesquisa e tratamento, bem como a coleta, processamento e transfusão de sangue e seus derivados, sendo vedado todo tipo de comercialização".

PUBLICAÇÕES DE 1988

que entretanto continuarão penalmente inimputáveis; ficam tabelados os juros reais, ao nível de 12% ao ano (art. 215[13]); é constitucionalizada a correção monetária e, portanto, a inflação (art 226).

Na categoria de *imprudências econômicas*, podem citar-se as seguintes: a discriminação entre empresas em função da origem do capital, visando à criação de privilégios cartoriais para as empresas de capital nacional, inclusive preferência nas compras do Governo (art. 189)[14]; a nacionalização da atividade mineradora (art. 194); reservas de mercado para a informática e alta tecnologia (art. 189); direito de greve, sem qualquer restrição (art. 11[15]); salário mínimo nacionalmente unificado, inclusive transporte e

---

[13] N.A. Aprovado como art. 192, §3º, CF, com a seguinte redação: "as taxas de juros reais, nelas incluídas comissões e quaisquer outras remunerações direta ou indiretamente referidas à concessão de crédito, não poderão ser superiores a doze por cento ao ano; a cobrança acima deste limite será conceituada como crime de usura, punido, em todas as suas modalidades, nos termos que a lei determinar". A referida regra foi suprimida com a Emenda Constitucional n. 40, de 2003.

[14] N.A. O art. 171, CF, tal como originalmente aprovado, considerava "empresa brasileira a constituída sob as leis brasileiras e que tenha sua sede e administração no País" e "empresa brasileira de capital nacional aquela cujo controle efetivo esteja em caráter permanente sob a titularidade direta ou indireta de pessoas físicas domiciliadas e residentes no País ou de entidades de direito público interno, entendendo-se por controle efetivo da empresa a titularidade da maioria de seu capital votante e o exercício, de fato e de direito, do poder decisório para gerir suas atividades". O parágrafo 1º, por sua vez, indicava que "a lei poderá, em relação à empresa brasileira de capital nacional: I – conceder proteção e benefícios especiais temporários para desenvolver atividades consideradas estratégicas para a defesa nacional ou imprescindíveis ao desenvolvimento do País; II – estabelecer, sempre que considerar um setor imprescindível ao desenvolvimento tecnológico nacional, entre outras condições e requisitos: a) a exigência de que o controle referido no inciso II do "caput" se estenda às atividades tecnológicas da empresa, assim entendido o exercício, de fato e de direito, do poder decisório para desenvolver ou absorver tecnologia; b) percentuais de participação, no capital, de pessoas físicas domiciliadas e residentes no País ou entidades de direito público interno". O parágrafo segundo indicava que "na aquisição de bens e serviços, o Poder Público dará tratamento preferencial, nos termos da lei, à empresa brasileira de capital nacional". Essas regras foram revogadas pela Emenda Constitucional n. 6, de 1995.

[15] N.A. O art. 11, do Projeto A, de 24.11.1987, propunha que "é livre a greve, vedada a iniciativa patronal, competindo aos trabalhadores decidir sobre a oportunidade e o âmbito dos interesses que deverão por meio dela defender. O texto final aprovado estabeleceu, no art. 9º, CF, que "é assegurado o direito de greve, competindo aos trabalhadores decidir sobre a oportunidade de exercê-lo e sobre os interesses que devam por meio dele defender".

ROBERTO CAMPOS

moradia (art. 8[16]); monopólio estatal da telefonia (art. 23[17]); o subsolo passa a ser bem da União (art. 23[18]); a anulação retroativa das concessões minerais em terras indígenas (art. 257); a tributação do ouro e pedras preciosas pelos Estados, com inevitável surto do contrabando; "avanços sociais" decretados constitucionalmente, quando deveriam resultar de acordo coletivo ou de lei ordinária, ajustando-se flexivelmente à situação das empresas, à conjuntura de mercado, à evolução da tecnologia (aqui se incluem os dispositivos sobre jornada de trabalho, turnos de revezamento, prazos de prescrição etc.).

O *corporativismo antidemocrático*, com descaso pela "igualdade de todos perante a lei", se manifesta no tratamento especial para certas profissões ou grupos: os professores, que terão aposentadoria precoce (art. 226); os advogados, aos quais se atribui indispensabilidade e inviolabilidade (art. 146[19]); a Ordem dos Advogados do Brasil, que será o único sindicato sacralizado na Constituição; os garimpeiros, que terão prioridade de pesquisa e lavra em sua área de atuação (art. 192); o monopólio de representação em favor do sindicato único e obrigatoriedade de contribuição sindical (art. 10)[20].

[16] N.A. O texto final da Constituição, em seu art. 7º, IV, destacou que "são direitos dos trabalhadores urbanos e rurais, além de outros que visem à melhoria de sua condição social: (...) IV – salário mínimo , fixado em lei, nacionalmente unificado, capaz de atender a suas necessidades vitais básicas e às de sua família com moradia, alimentação, educação, saúde, lazer, vestuário, higiene, transporte e previdência social, com reajustes periódicos que lhe preservem o poder aquisitivo, sendo vedada sua vinculação para qualquer fim (...)"

[17] N.A. Ao ser promulgado, o texto da Constituição estabeleceu, no art. 21, XI, que compete à União "explorar, diretamente ou mediante concessão a empresas sob controle acionário estatal, os serviços telefônicos, telegráficos, de transmissão de dados e demais serviços públicos de telecomunicações, assegurada a prestação de serviços de informações por entidades de direito privado através da rede pública de telecomunicações explorada pela União". A regra teve sua redação alterada pela Emenda Constitucional n. 8, de 15.8.1995, passando destacar a competência para "explorar, diretamente ou mediante autorização, concessão ou permissão, os serviços de telecomunicações, nos termos da lei, que disporá sobre a organização dos serviços, a criação de um órgão regulador e outros aspectos institucionais".

[18] N.A. O art. 20, CF, estabelece que "são bens da União: (...) IX – os recursos minerais, inclusive os do subsolo"

[19] Art. 133, CF. "O advogado é indispensável à administração da justiça, sendo inviolável por seus atos e manifestações no exercício da profissão, nos limites da lei".

[20] Art. 8º, CF. "É livre a associação profissional ou sindical, observado o seguinte: I – a lei não poderá exigir autorização do Estado para a fundação de sindicato, ressalvado o registro

O texto é também fértil em *utopias sociais*. Como os Constituintes se dispensam de calcular os custos ou especificar quem vai pagar a conta, o Estado brinca de Deus, dando tudo a todos. Eis alguns exemplos: garantia de atendimento ao educando fundamental, inclusive transporte e alimentação (Art. 230); transporte urbano gratuito para os idosos de mais de 65 anos (art. 255); salário integral para os aposentados, corrigido monetariamente mês a mês (art. 226); garantia de um salário mínimo para cada portador de deficiência e idoso pobre (art. 227); prestação de assistência social a quem dela necessite, independentemente de contribuição à seguridade social (art. 227).

Possuído de *libido dominandi*, e esquecido de que doravante a votação conscienciosa do orçamento exigirá tempo integral, o Congresso assume atribuições típicas do Poder Executivo, citando-se como exemplos: a aprovação de quaisquer "atos que acarretem encargos ou compromissos gravosos ao patrimônio nacional" (art. 59); a outorga de concessões minerais em terras indígenas (art. 256); a remoção de índios, em caso de catástrofe ou epidemia (os índios poderiam morrer por falta de "quórum") (art. 257)...

Os ambientalistas podem considerar-se premiados, pois que todos passamos a ter direito "ao meio ambiente ecologicamente equilibrado" (art. 250). Esse artigo também declara a Floresta Amazônica "patrimônio nacional", abocanhando assim parcelas da Bolívia, Peru e Colômbia.

Não sabemos ainda o que haverá de utópico ou fisiológico nas "Disposições Transitórias". Mas a amostra acima é suficientemente intimidante.

---

no órgão competente, vedadas ao Poder Público a interferência e a intervenção na organização sindical; II – é vedada a criação de mais de uma organização sindical, em qualquer grau, representativa de categoria profissional ou econômica, na mesma base territorial, que será definida pelos trabalhadores ou empregadores interessados, não podendo ser inferior à área de um Município; III – ao sindicato cabe a defesa dos direitos e interesses coletivos ou individuais da categoria, inclusive em questões judiciais ou administrativas; IV – a assembléia geral fixará a contribuição que, em se tratando de categoria profissional, será descontada em folha, para custeio do sistema confederativo da representação sindical respectiva, independentemente da contribuição prevista em lei; V – ninguém será obrigado a filiar-se ou a manter-se filiado a sindicato; VI – é obrigatória a participação dos sindicatos nas negociações coletivas de trabalho; VII – o aposentado filiado tem direito a votar e ser votado nas organizações sindicais; VIII – é vedada a dispensa do empregado sindicalizado a partir do registro da candidatura a cargo de direção ou representação sindical e, se eleito, ainda que suplente, até um ano após o final do mandato, salvo se cometer falta grave nos termos da lei".

ROBERTO CAMPOS

A futura Constituição é ao mesmo tempo inaplicável e autoaplicável. *Inaplicável*, porque mais de 90% dos artigos são *normas de eficácia limitada*, que dependem de lei ulterior. *Autoaplicável*, porque se cria a figura do "mandado de injunção" (art. 6), que assegurará direitos, mesmo na falta de norma regulamentar. Esse mesmo artigo permite a ação de *inconstitucionalidade contra omissão*. O País será quintessencialmente um país litigante. Os causídicos encontraram afinal seu paraíso...

Nesse aprendizado de como não fazer Constituições sobrevivem, com estruturação tecnicamente competente, os capítulos sobre orçamento, sistema tributário e sistema financeiro. Esses tópicos se prestam a poucos exercícios de imaginação e exigem especialização técnica. Houve uma saudável descentralização de receitas, em favor de Estados e Municípios, a qual deixará de ser saudável se não houver redistribuição de encargos. Infelizmente, houve imaginação bastante para a criação de novos impostos – o imposto sobre heranças e grandes fortunas, o imposto de renda estadual e o imposto sobre doação de bens e direitos. Isso nos coloca contra a maré mundial, pois programas de redução de impostos estão em curso na Inglaterra, França, Estados Unidos, Japão, Alemanha Ocidental, Bélgica, Espanha, Austrália e Nova Zelândia. Numa avaliação global e objetiva do texto constituinte, há que concluir que a safra aproveitável é pequena para tamanho esforço, tamanho custo e tamanha incerteza infligidos à comunidade...

27. Indisposições transitórias, originalmente publicado em O Estado de São Paulo, n. 34677, 10 jul. 1988

> "Coloco a economia entre as primeiras e mais importantes virtudes e a dívida pública como o maior dos perigos a serem temidos. Se pudermos impedir o governo de desperdiçar o trabalho do povo, sob o pretexto de cuidar dele, este será feliz".
>
> Thomas Jefferson

Votadas na confusão das "emendas de fusão" (aprovadas sem distribuição do texto, o que nos garante exclusividade mundial na feitura de uma

Constituição "de ouvido"), as disposições transitórias da nova Constituição podem tornar-se indisposições permanentes para nós e para o resto do mundo. Ao ler agora o texto do relator, surpreendo-me com as "parvoíces" contra as quais votei, mas contra as quais não protestei. Veja-se esta agressão à modernização tecnológica, votada como "disposição transitória" e agora transformada em "disposição geral":

> "Art. 240, parágrafo 4º: o financiamento do seguro-desemprego receberá uma contribuição adicional da empresa cujo índice de rotatividade da força de trabalho supera o índice médio do setor (SIC), na forma estabelecida na lei".

Essa algaravia significa que serão punidas as empresas que se automatizarem ou robotizarem, no afã de cortar custos, melhorar a qualidade ou ganhar competitividade. Torna-se compulsória a mediocridade tecnológica.

Não houve um mínimo de discernimento para distinguir entre o imperativo da eficiência, que é direito e obrigação da "empresa individual", e a assistência ao desempregado, que é dever humanitário do "conjunto da sociedade". Se as empresas se tornarem mais produtivas pela automação, terão maior lucratividade e os impostos assim gerados aumentarão os recursos da sociedade para retreinar desempregados a fim de se adaptarem a um patamar industrial mais avançado. Nosso cenário industrial se tornou surrealista. De um lado o poder Executivo baixa um decreto nobre a "nova política industrial", no qual promete incentivos às firmas que busquem modernização tecnológica. De outro, a Constituinte pune aqueles que pela informatização, automação ou robotização se afastem do nível médio de rotatividade da mão de obra do setor...

Provavelmente, nada acontecerá na prática, a não ser a constatação de que os nossos "progressistas" são a espécie animal mais retrógrada do planeta. Será necessária uma "lei" para regular o assunto. Essa será apenas uma das 39 leis complementares de 196 leis ordinárias previstas no texto constituinte. E coisa para os meus bisnetos... Aliás, como definir o nível médio "aceitável" de rotatividade, se ele flutua em virtude da conjuntura econômica interna, do comércio internacional, de fatores sazonais, da volubilidade dos consumidores?

O discurso sobre as "conquistas sociais" na Constituinte tornou-se um fenômeno de autossugestão. Os oradores parecem realmente acreditar que "conquistas sociais" podem ser viabilizadas independentemente do ânimo empresarial e das condições de mercado. Se assim fosse, mereceríamos, os constituintes, um Prêmio Nobel: – fabricar constituições é um meio de escapar da miséria. Talvez convencido disso é que o presidente Ulysses Guimarães descreve o texto como a "Constituição dos miseráveis". Infelizmente, há dois humildes caveats. Primeiro, estamos legislando para pouco mais da metade dos trabalhadores, porque o resto está na "economia informal", à margem da lei e das garantias, refugiando-se ali para escapar à sanha fiscal e à excessiva regulamentação. Segundo, ao encher de garantias os já empregados, esquecemo-nos de que são os empresários e não os constituintes que têm de criar oportunidades para os desempregados e gerar empregos para a juventude. Encorajar a contratação é melhor fórmula do que dificultar a despedida. É exatamente assim que os americanos conseguiram baixar sua taxa de desemprego para 6 por cento, contra cerca de 10 por cento na Europa: – facilitam a contratação enquanto os europeus dificultam as despedidas. A cultura antiempresarial de que se impregnou a Constituinte em breve fará o Brasil o país ideal onde "não" investir.

Esse país ideal é aquele no qual é mais fácil a gente divorciar-se de uma mulher do que despedir um empregado. Literalmente conseguimos isso: para o divórcio se exigirá apenas um ano de separação, enquanto que o aviso prévio de despedida será proporcional ao tempo de serviço... Criar novas empresas não será uma rotina negocial... Exigirá coragem desvairada...

Pouca gente se deu conta de que, nas "disposições transitórias", não se votou apenas uma "anistia nacional" para débitos dos pequenos empresários rurais e urbanos, mas também uma "anistia internacional". A anistia nacional provocou grande e merecido alarido: os que honraram seus empréstimos, sacrificando seu patrimônio se sentem injustiçados; a anistia beneficiará alguns setores capazes de pagar; o efeito-dominó fará com que haja uma generalização do calote, os prejuízos dos bancos oficiais serão no fim transferidos para toda a comunidade. A mais séria de todas as objeções não foi entretanto, veiculada – é a desapropriação de patrimônio sem prévia e justa indenização. Ao decretar a anistia, a Constituinte confisca parte dos ativos (portanto do patrimônio dos bancos), descartando sem cerimoniosamente o princípio constitucional de prévia e justa indenização (art. 5º, item XIV).

Mas o que passou totalmente despercebido foi a incitação à "anistia internacional", encapsulada no art. 30 das "disposições transitórias". Nele se prevê – desnecessariamente, porquanto a criação de comissões de inquérito é rotina legislativa – a instauração de uma comissão mista de auditoria para "exame analítico e pericial dos atos e fatos geradores do endividamento externo".

Com supina ignorância do direito internacional público e privado, decreta-se, no parágrafo 2º, que "apurada irregularidade, o Congresso Nacional proporá ao poder Executivo a declaração de nulidade do ato (SIC)". Coloca-se assim sob suspeita a validade de todos os contratos de dívida externa.

É óbvio que a solução para o caso de irregularidades internas é a destituição e punição dos negociadores brasileiros incompetentes e não uma anulação de atos internacionais perfeitos e acabados. Estes envolvem organizações internacionais, bancos governamentais estrangeiros e cerca de setecentos bancos privados, numa vintena de países. Todos os acordos de dívida externa designam o foro judicial para as disputas. Qualquer anulação "unilateral", pelo Brasil, seria uma recaída no desastre ecológico da "moratória". Pobre do Maílson da Nóbrega, que terá que explicar aos credores esse despautério jurídico oriundo do PMDB – o grande responsável pela "cultura do calote" – a qual parece impregnar também o "partido do tucano", animal caracterizado por papo grande e incontinência gástrica.

Parece que as esquerdas levantam agora a ridícula tese de que os textos macetados em acordos de liderança, resultantes de fadiga negocial, imprevisão das consequências e descaso pelos liderados, sejam preservados no segundo turno. Este perderia o sentido de instância revisora.

Tenho lido e relido o texto constituinte, um dicionário de utopias de 321 artigos. Pouco ou nada se parece com as constituições civilizadas que conheço. Seu teor socializante cheira muito à infecta Constituição portuguesa de 1976, da qual Portugal procura agora desembaraçar-se a fim de embarcar na economia de mercado da Comunidade Econômica Europeia. O voto aos dezesseis anos dizem copiado da Constituição da Nicarágua. A definição de empresa nacional parece só existir na Constituição de Guiné-Bissau. Em ambos os casos, nem o mais remoto odor de civilização...

28. Os quatro desastres ecológicos, originalmente publicado em O Globo, 24 jul. 1988

> "O jeito brasileiro é uma engenhosa manobra para tornar o impossível, possível, o injusto, justo, e o ilegal, legal."
>
> Charles Morazé

O famoso economista argentino Raul Prebish costumava dizer que seu país era um caso singular de opção pelo subdesenvolvimento. Neste 1988, completando dois anos de estagnação, o Brasil parece solidarizar-se nessa opção obscena. Porque o resto do Mundo está em expansão. Os Estados Unidos completam 64 meses de recuperação ininterrupta. Os japoneses aqueceram o consumo interno e compensaram com sobras o desaquecimento das exportações decorrente da valorização do iene. Os tigres asiáticos, que cresceram na faixa de 10 a 12% no ano passado, esperam um patamar de crescimento ao nível ainda robusto de 8%, que também será atingido pela Tailândia, hoje atraente para investidores. Até a pachorrenta Índia cresceu cerca de 5%. Apesar da modorra alemã, a Europa está crescendo satisfatoriamente, e a prosperidade começa a alcançar os retardatários Espanha e Portugal. Na América Latina, o Chile cresceu 5,7%, com perspectivas, no ano corrente, de uma inflação civilizada, em torno de 10%. Parece haver um pacto de solidariedade na incompetência entre o Brasil e Argentina, ambos vítimas de "estagflação", desacompanhada de ajustes estruturais, e ambos ameaçados de uma recaída populista. O México não conseguiu ainda retomar o crescimento, mas pelo menos fez ajustes estruturais importantes. O déficit fiscal primário (excluídos juros) se transformou em superávit: as importações foram liberalizadas e a tarifa média baixou de 45 para 11%; apenas 6% das importações continuam sujeitos a licença; conseguiu-se pela primeira vez em muitos anos um superávit na conta corrente do balanço de pagamentos. E, ao deixar falir a Aeronaves de México, com 13 mil funcionários, o Governo sinalizou em favor de uma economia de mercado, em que as estatais devem sair do clima de estufa para os ventos da competição. A perda de dinamismo argentino é antiga e complexa. O caso brasileiro é mais recente e mais fácil de explicar. A partir de 1984, quando o Mundo se recuperava da recessão mundial de 1980/83, o Brasil sofreu nada menos que quatro *"desastres ecológicos"* – a *lei de informática*, o *Plano Cruzado*, a *moratória* e a *convocação da Constituinte...*

O *primeiro* desastre ecológico foi a lei de informática, de outubro de 1984, no fim do regime militar. O Brasil se autodemitiu da corrida tecnológica. A reserva de mercado transformou-se numa reserva de incompetência. Os microcomputadores são artigos de elite, quando no mundo industrial moderno fazem parte da pedagogia primária. Como a definição de informática abrange toda a eletrônica digital a semicondutor, o atraso tecnológico se alastrou por toda a indústria manufatureira. Por uma dessas consequências imprevistas da ação humana, o besteirol informático beneficiou os americanos: continuam exportando seus produtos por via de contrabando, sem o risco do investimento no Brasil, e se livram de um potencial competidor no mercado mundial, no qual Coreia e Taiwan apresentam insolentes desafios. A mesma vã pretensão de "autonomia tecnológica" se espraiou para a química fina, a biogenética e a mecânica de precisão, dificultando *joint ventures*, que seriam o caminho mais rápido para a modernidade. A redescoberta da roda passou a ser patriotismo excitante.

O *segundo desastre ecológico* foi o *Plano Cruzado*, que desorganizou completamente a economia. Trata-se da intervenção mais ditatorial que a economia brasileira já conheceu, pois destruiu a liberdade dos empresários, confiscou os direitos dos credores e puniu os poupadores. A inflação inercial provou que só era inercial na cabeça dos economistas.

O *terceiro desastre ecológico* foi a declaração da *moratória*. Daí derivou a "cultura do calote". A fidelidade contratual é hoje coisa de otário. Pouca gente sabe que nas Disposições Transitórias da nova Constituição há nada menos que cinco anistias. A única que despertou debate público foi o perdão da dívida dos micros e pequenos empresários. Passou despercebido o calote governamental em relação às precatórias judiciais emitidas até 31-12-1987, cujo pagamento poderá ser diluído ao longo de oito anos, impossibilitando aos desapropriados obter pronta compensação e cobrir suas necessidades de liquidez. Também os contribuintes retardatários terão um prazo de seis meses para honrar seus débitos fiscais, anistiados da multa e juros de mora, o que torna a pontualidade fiscal uma grosseira carência de tino gerencial. Os débitos dos Estados e Municípios para com a Previdência Social poderão ser escalonados em dez anos, sem o perigo de execução que aflige os empresários privados. Isso significa que os Governos têm o direito de ser imprevidentes em relação à Previdência. Porém a mais requintada e devastadora demonstração da cultura do "calote" é a proposição de que, apurada irregularidade nos "atos e fatos" referentes à dívida externa, o Congresso proporá ao Executivo a "declaração de nulidade do ato internacional", o que significa uma espécie de "reserva de mercado" para moratórias unilaterais. Se irregularidades internas podem invalidar compromissos internacionais do Governo, emprestar dinheiro ao Brasil passa a ser filantropia exagerada ou loucura desvairada.

O *quarto desastre ecológico* foi a *convocação* da Assembleia Nacional Constituinte. A redemocratização poderia ser completada por simples "emendão" aos textos vigentes. A tentativa de passar o Brasil a limpo teve três consequências:

– Elevar perigosamente o nível de expectativas da comunidade e, consequentemente, o de frustração, quando se verificar que inexistem recursos para validar as "conquistas sociais".

– Paralisar investimentos, que são o único meio real de minorar a pobreza, pelo incremento da produtividade e da demanda de mão de obra. O setor público continua absorvendo parcela exagerada da poupança e a aplica, ineficientemente; os empresários receiam investir na criação de empregos, ante o risco de novos tributos e encargos; os investidores estrangeiros, já intimidados pela reserva de mercado da informática, adiam decisões até saberem se serão afetados por novas restrições. O compasso de espera, ao longo de quase dois anos, passou a ser prudência gerencial.

– Desestabilizar a configuração institucional, tornando descontinuas as regras do jogo. Como ao Centro falta combatividade em suas convicções a às esquerdas sobra intensidade passional, acabamos no pior dos dois mundos: o texto constituinte, se levado a sério, não chega a implantar o socialismo, mas é suficientemente intervencionista para inviabilizar o capitalismo.

As quatro ideias-força da modernidade são "integração", "competitividade", "desregulamentação" e "privatização". O que temos no texto é o tombamento do mercado interno como patrimônio nacional, a ampliação

PUBLICAÇÕES DE 1988

das reservas de mercado, a instalação do Estado como "planejador" do desenvolvimento equilibrado, o alargamento dos monopólios estatais.

Nada me irrita mais nos debates constituintes do que essa vasta sobrestimação do poder do Estado, como indutor do progresso e essa vasta subestimação da função do empresário como "descobridor de oportunidades".

Em vez das quatro "ideias força" da modernidade, tivemos quatro desastres ecológicos que criaram um ambiente desfavorável ao desenvolvimento. Essa, a história da nossa "estagflação". E a raiz da nossa angústia.

29. A Constituição promiscuísta, originalmente publicado em O Estado de São Paulo, n. 34695, 31 jul. 1988

> "O Estado social não traz nenhum progresso; só promessas totalitárias e subsídios para grupos de pressão".
>
> Henry Maksoud

Aos dois clássicos sistemas de governo – o presidencialista e o parlamentarista – o Brasil acaba, com originalidade, de acrescentar mais um – o "promiscuísta".

Não tem nada de parecido com o sistema britânico, que é do de integração de poderes. Nem com o americano, que é o da separação dos poderes. No sistema "promiscuista", o que prevalece é a invasão dos poderes.

A "Constituição dos miseráveis", como diz o dr. Ulysses, é uma favela jurídica onde os três poderes viverão em desconfortável promiscuidade. O Congresso invade a área do Executivo, intervindo na rotina das concessões de televisão, dos alvarás minerais em terras indígenas, da venda de terras públicas, da remoção de índios em casos de catástrofe etc. A "censura" aos ministros de Estado é outro exemplo de promiscuidade dos poderes. O Congresso aprovará não só tratados e acordos internacionais, mas quaisquer "atos que acarretem encargos ou compromissos gravosos ao patrimônio nacional". Como essa gravosidade só pode ser determinada

ROBERTO CAMPOS

a posteriori, ficariam paralisadas operações de compra e venda, empréstimos e investimentos, à espera de decisões do paquiderme legislativo, que deixa inúmeros decretos-leis, jazendo o sono dos justos nos "túneis do tempo" construídos pelo Niemeyer...

Mas não é só o Congresso que invade promiscuamente a seara do Executivo. O Judiciário é convidado para participar dessa *partouse*. É que se criaram as figuras do "mandado de injunção" e da "inconstitucionalidade por omissão". Através de uma outra dessas figuras, o cidadão comum poderá, na falta de norma regulamentativa, pleitear no Judiciário os direitos, liberdades e prerrogativas constitucionais. O Judiciário deixará assim de ser o intérprete e executor das normas para ser o feitor das normas, confundindo-se a função judiciária com a legislativa.

Nesse campeonato de promiscuidade, o Executivo também terá suas opções. Uma é invadir a seara da economia de mercado. No art. 180, por exemplo, prevê-se a criação de um Mini-Gosplan, a fim de planejar o desenvolvimento "equilibrado"[21], incorporando e compatibilizando os planos nacionais e regionais de desenvolvimento (o anacronismo dos nossos "progressistas" é tal que não sabem que Gorbachev despediu, por inúteis, 60 mil planejadores do seu Gosplan...). A outra é atazanar o contribuinte através de três sistemas fiscais paralelos: a) o sistema tributário tradicional, com o conhecido elenco de impostos; b) o sistema tributário da seguridade social, que é um sistema paralelo no qual os empresários seriam novamente garfados sobre a folha de salários, o faturamento e o lucro; c) o sistema tributário sindical, que compreende, além do imposto sindical, uma "contribuição da categoria", definida em Assembleia Geral (art. 8°, IV[22]).

[21] N.A. A referência é feita ao art. 180, §1º, do Projeto B, que foi aprovado como art. 174, CF, nos seguintes termos:

Art. 174. Como agente normativo e regulador da atividade econômica, o Estado exercerá, na forma da lei, as funções de fiscalização, incentivo e planejamento, sendo este determinante para o setor público e indicativo para o setor privado.

§ 1º A lei estabelecerá as diretrizes e bases do planejamento do desenvolvimento nacional equilibrado, o qual incorporará e compatibilizará os planos nacionais e regionais de desenvolvimento.

[22] N.A. O texto foi aprovado e hoje o art. 8º, IV, CF, dispõe que "é livre a associação profissional ou sindical, observado o seguinte: (...) IV – a assembléia geral fixará a contribuição que, em se tratando de categoria profissional, será descontada em folha, para custeio do sistema confederativo da representação sindical respectiva, independentemente da contribuição prevista em lei (...)".

PUBLICAÇÕES DE 1988

Apesar dessa mixórdia institucional e fiscal, o dr. Ulysses diz, com otimismo extraterrestre, que a Constituição será "guardiã da governabilidade". E acrescenta que "a governabilidade está no social". É precisamente o contrário. Sem base econômica, o social é ingovernável...

Com um grau maior de realismo, arguiu o presidente Sarney que a nova Constituição tornará o País "ingovernável". Infelizmente, não só a advertência foi tardia, mas, ao longo do processo, os ministros de Estado emitiram sinais desencontrados.

O ministro das Minas e Energia parece não se ter preocupado com a nacionalização dos minérios, esquecido de que isso seria uma sinalização hostil a todos os investidores estrangeiros, que representam mais de metade da anêmica pesquisa mineral que se faz no País. O ex-ministro da Previdência Social Renato Archer – cujo único voo científico foi a ridícula campanha da "areia monazítica é nossa" nos anos 50 – nunca advertiu os constituintes sobre os custos do "justicialismo social", que nossa jovem democracia está, inconscientemente, importando do "justicialismo peronista", e que poderiam representar dispêndio adicional de 5,6 bilhões de dólares por ano.

Por um desses cruéis paradoxos da história, os nossos progressistas, ao invés de avançarem para o "capitalismo do povo" que garante progresso social com liberdade econômica –, regridem para o "justicialismo", um jogo de soma zero, no qual, para que os pobres enriqueçam, é imperativo que os ricos empobreçam.

Várias das razões de ingovernabilidade apontadas pelo presidente são óbvias. O direito irrestrito de greve transferirá aos sindicatos um poder de chantagem que, nos serviços essenciais, castigará a sociedade inocente. O investidor nacional será desmotivado pelo engessamento constitucional de garantias sociais que representam custos, cuja viabilização só pode ser feita através de negociações no mercado, que levem em conta a conjuntura da economia e as peculiaridades da empresa. Ficará intimidado para contratar, pela dificuldade de despedir. A desmotivação o será maior para os investidores estrangeiros, que passam a ser cidadãos de segunda classe, apesar de contribuírem com 26% do PIB, 35% do ICM industrial, 28% das exportações de manufaturas e pagarem salários 39% mais altos que a média nacional.

O "nacionalismo de fancaria" nos traz de volta à década dos 50. Agora o "risco é nosso", pois que teremos o monopólio da pesquisa petrolífera

ROBERTO CAMPOS

e mineral; o mercado interno é nosso, apesar de querermos também o alheio; o "sangue é estatal', e o INAMPS[23], conhecido por matar gente nas salas de espera, nos protegerá da AIDS. Iludidos como antes o foram pelo Plano Cruzado, os pobres acreditarão no "salário mínimo nacionalmente unificado", que dará ao peão de Piancó salário igual ao do trabalhador do ABC paulista!

Menos convincente na fala do presidente é a queixa contra a descentralização das receitas tributárias em favor de estados e municípios. Através da "operação desmonte", encargos podem ser-lhes transferidos e dívidas cobradas. Na pior das hipóteses, substituiremos os macroerros do governo federal pelos microerros dos estados e municípios. E talvez a falência do Estado Central sirva de estímulo à privatização como fonte de receitas, redução de gastos e melhoria de eficiência administrativa.

A "Constituição dos miseráveis", a "Constituição dos andarilhos", ou a "Constituição-cidadã" – o dr. Ulysses é fértil em metáforas –representa para o PMDB a tábua de salvação que antes enxergava no Plano Cruzado. O Plano Cruzado prometia solução indolor para a inflação. A "Constituição" promete solução indolor para a pobreza. Não subestimemos a atração popular por soluções milagreiras, que são a matéria-prima de estelionatos eleitorais.

Num enlevante lance retórico, diz o dr. Ulysses que a "estátua constitucional não ficará inacabada, mutilada ou profanada". Retórica à parte – pois, como dizia o premier inglês Stanley Baldwin, a retórica é a mais prostituta das artes trata-se de uma estátua aleijada e inacabável, pois sua operacionalização exigiria 45 leis complementares, 198 leis ordinárias e quatro leis orçamentárias. Aliás, nem é estátua. E um balaio de confusos anseios, sem custo calculado ou indicação de pagador. No Plano Cruzado, o PMDB nos prometeu inflação suíça e desenvolvimento japonês. Na Constituição, promete-nos uma seguridade social sueca com recursos moçambicanos.

Quanto à questão de governabilidade, tanto o dr. Ulysses quanto o Presidente Sarney têm razão, em diferentes bitolas de tempo. No curto prazo, a Constituição tornará governável a convenção do PMDB. Na longa

---

[23] N.A. Instituto Nacional de Assistência Médica da Previdência Social (INAMPS) era autarquia federal, criada pela Lei nº 6.439/1977. Foi extinto pela Lei nº 8.689/1993, quando da operacionalização do Sistema Único de Saúde (SUS),

PUBLICAÇÕES DE 1988

visão da história, a questão é diferente. Essa peça tragicômica tornará o país ingovernável.

P.S.: Logo após a promulgação pedirei, com idoso, um "mandado de injunção" para que o Bom Deus seja notificado de que tenho garantia de vida, mesmo na ocorrência de doenças fatais (art. 233[24]), sendo, portanto, inconstitucional afastar-me de meus contatos terrestres.

30. Desembarcando do mundo, originalmente publicado em O Globo, p. 18, 21 ago. 1988

"A regra é sempre para os outros; a exceção, para nós".

Embaixador Oscar Lorenzo-Fernandes

Os Judeus dizem que os palestinos são um povo cuja característica é não perder uma oportunidade de perder uma oportunidade... no caso, a oportunidade de paz. O Brasil está fazendo o mesmo no tocante ao desenvolvimento e à modernidade. Ao longo da história, temos alternado diversos empuxes de desenvolvimento, sem nunca fazer uma arrancada sustentada para ingresso no Primeiro Mundo. Aliás, o terceiro mundismo é uma constante de nossa política externa, como se estivéssemos vocacionalmente condenados à pobreza. Temos ficha de inscrição no "Clube Internacional dos Ressentidos".

Em nossa frustrada marcha para o desenvolvimento, houve fases em que a opção política foi nacional-estatista; noutras, extrovertida e privatista.

A longa ditadura Vargas foi nacional-estatizante. Criaram-se os grandes monopólios, como a Petrobrás e a Eletrobrás, que se tornaram estados dentro do Estado, geridos por uma "nomenclatura" propensa a confundir seus interesses corporativos com o interesse público. (Talvez o mais gritante exemplo dessa cultura corporatista, generalizada entre as

---

[24] O art. 233 do Projeto B foi aprovado como Art. 230, CF, segundo o qual "a família, a sociedade e o Estado têm o dever de amparar as pessoas idosas, assegurando sua participação na comunidade, defendendo sua dignidade e bem-estar e garantindo-lhes o direito à vida".

estatais, é a Embratel, de cuja instalação fui culpado quando ministro do Planejamento, num dos meus pecados de juventude. Esta prefere deixar semi-ocioso um custoso satélite, a alugá-lo a empresas privadas para transmissão de dados, atividade para a qual não tem tecnologia adequada nem agilidade comercial...)

Na fase Kubitschek, o Brasil, experimentou um empuxe de modernidade. Despojado do banco nacionalista e estatizante do período Vargas, Kubitschek soube usar as "multinacionais" como instrumento de transferência de tecnologia, reforço de poupança e abertura de mercados externos. As multinacionais não eram "o demônio de plantão". Para a junção de bodes expiatórios das nossas frustrações de País subdesenvolvido, bastavam o polvo canadense (a Light) e as sete irmãs do petróleo...

Houve uma segunda onda de reformas modernizantes no período Castello Branco, quando se desenharam as principais instituições econômicas, que permitiriam depois a grande arrancada desenvolvimentista do "milagre brasileiro", no fim da década dos sessenta até a primeira crise do petróleo. A economia se orientou para a exportação e restaurou-se a abertura Juscelinista para a infusão de capitais externos.

Na década dos setenta, o ajuste à crise do petróleo ressuscitou um modelo introvertido, baseado prioritariamente na substituição de importações, com um colorido nacionalista e fortemente estatizante.

A década dos oitenta foi inicialmente marcada pelas repercussões da segunda crise do petróleo e da recessão mundial. Para grande parte da América Latina, endividada externamente e inchada internamente por ineficientes máquinas estatais, foi uma década perdida. Mais que uma década perdida, uma década "a ser esquecida", para usar a expressão do economista. Armínio Fraga. Somente alguns países, como a Colômbia e o Chile conseguiram manter crescimento sustentado. Este último é, aliás, o país de pensamento econômico mais modernizante na América Latina, pois que se integrou no mercado mundial, liberalizando importações e absorvendo capitais de risco, estado América Latina. Parte de nossa mitologia corrente é o postulado de que somente os governos dotados de "legitimidade" podem tomar as austeras medidas necessárias ao combate a inflação. A realidade não é tão simples. Alfonsín é um presidente inquestionavelmente legítimo e a Argentina experimente inflação e estagnação. Pinochet é ilegítimo e consegue desinflação e desenvolvimento. Donde se conclui que a legitimação presidencial pelo

PUBLICAÇÕES DE 1988

voto direto, altamente desejável para a consolidação democrática, não é fórmula mágica para garantir êxito na luta anti-inflacionária, nem na restauração do desenvolvimento. Tudo depende do senso de prioridades e da coragem cívica do governante.

O mundo está revelando opção cada vez mais nítida pela economia de mercado. Até os países socialistas abrem frestas ao capitalismo, e inventam eufemismos pitorescos, como o "socialismo de mercado", em substituição ao fracassado slogan do "planejamento socialista", este fim de milênio está sendo marcado pela revolução da alta tecnologia e pela integração internacional de mercados à busca de eficiência competitiva. Esse o signo da modernidade.

Que contribuição trará a nova Constituição para inserir o Brasil nessa onda modernizaste? Rigorosamente, nenhuma. O Brasil está desembarcando do mundo. Em vez da "desregulamentação", o estado fará planos globais e normalizará a atividade econômica. Em vez de encorajar o poder executivo a intensificar a privatização, amplia-se o monopólio da Petrobrás, nacionaliza-se a mineração, a União passa a ser proprietária e não apenas administradora do subsolo, os governos estaduais falidos terão o monopólio do gás canalizado. Enquanto a Inglaterra, o Japão e a Espanha, entre outros, privatizam suas grandes empresas telefônicas, o Brasil transforma em monopólio estatal todas as telecomunicações, inclusive a transmissão de dados. Na sociedade da informação isso representa enorme concentração de poder nas mãos da nomenclatura estatal, sujeita a frequentes per versões ideológicas.

Uma das consequências da velocidade tecnológica e da globalização dos mercados é a onda de fusões e incorporações, à busca da escala ótima de produção, como sucede na Europa, Estados Unidos e Canadá. Com o FGTS, criado em 1965, o Brasil havia adquirido agilidade na compra e venda de empresas, pois desapareceria o "passivo trabalhista", que tornava invendáveis empresas recuperáveis e intimidava o investidor com perenes contendas judiciais. Reaparece agora a figura do "passivo trabalhista", em virtude de vários dispositivos constitucionais que supostamente protegem os Já empregados, mas cerceiam oportunidades para os ingressantes no mercado.

Aliás, a preocupação dos constituintes não foi facilitar a criação de novos empregos e sim garantir mais direitos para os já empregados. A estes o que convém é uma elencagem de "conquistas", ainda que ilusórias; para o desempregado, o que convém é que o empresário, nacional e estrangeiro, tenha liberdade e incentivos para criar empregos. Os desempregados e jovens ingressantes no mercado enfrentarão uma safra de impasses; o empresário nacional fica intimidado para contratar, pelas dificuldades de despedir; o investidor estrangeiro é notificado que sua empresa é de segunda classe e pode sofrer discriminações; o Governo falido perdeu capacidade para investir.

A cultura que permeia o texto constitucional é nitidamente antiempresarial. Decretam-se "conquistas sociais" que, nos países desenvolvidos, resultaram de negociações concretas no mercado, refletindo o avanço da produtividade e o ritmo do crescimento econômico. A simples expressão "conquista social" implica uma relação adversária, e não complementar, entre a empresa e o trabalhador. Inconscientemente ficamos todos impregnados da ideologia do "conflito de classe". Elencam-se 34 "direitos" para o trabalhador, e nenhum "dever". Nem sequer o "dever" de trabalhar, pois é irrestrito o Direito de Greve. Obviamente, ninguém teve a coragem para incluir, entre os "direitos fundamentais", o direito do empresário de administrar livremente sua empresa.

A confusão entre "aspirações dignas" e "direitos garantidos" parece natural no sobrenatural clima de Brasília, cidade cujas duas características são a alienação em relação ao País real e a fome das mordomias do poder. Algum tempo se passará antes da patética descoberta de que as realidades do mercado imporão um dos quatro desapontadores resultados: a) Os dispositivos constitucionais não "pegarão"; b) O custo dos benefícios, se não sancionados por aumentos reais de produtividade, será repassado ao trabalhador, enquanto consumidor; c) Muitos empresários se tornarão "marginais", submergindo na economia informal; d) Os resultados se tornarão contraproducentes para os grupos que se deseja beneficiar: – as mulheres verão reduzido seu mercado de trabalho e os horistas dos turnos de revezamento terão menos receita ou serão aceleradamente deslocados pela automação.

Os estudiosos de direito constitucional aqui e alhures não buscarão no novo texto lições sobre arquitetura institucional, sistema de governo ou balanço de poderes. Em compensação, encontrarão abundante material anedótico. Que Constituição no mundo tabela juros, oficializa o calote, garante imortalidade aos idosos, nacionaliza a doença e dá ao jovem de dezesseis anos, ao mesmo tempo, o direito de votar e de ficar impune nos crimes eleitorais? Nosso título de originalidade será criarmos uma nova teoria constitucional: – a do "progressismo arcaico".

31. A Sucata mental, originalmente publicado em O Estado de São Paulo, n. 34819, 28 ago. 1988

> "A história é um mito reescrito por cada geração".
>
> Voltaire

Há visíveis e inquietantes sinais de sucateamento do parque industrial brasileiro. Isso se deve principalmente ao atraso tecnológico oriundo da cartorialização da informática, que pouco informatiza e nada automatiza (no ano passado a automação representou 2 por cento do faturamento de nossas empresas de informática). Tão ou mais grave, entretanto, é a sucata mental. O País está povoado de ideias obsoletas.

Algumas notícias importantes não chegaram à nossa "intelligentzia", ou antes, à nossa "privilengtzia". Uma delas é o "fim do Terceiro Mundo", título de um importante ensaio sociológico do professor inglês Nigel Harris. Outra é a da "morte do socialismo" como fórmula viável de administração de sociedades complexas, morte essa que, como diz Daniel Bell, é o "evento menos divulgado de nossa era".

Algumas das premissas do terceiro-mundismo naufragaram no torvelinho da história. O "congelamento do Poder Mundial" – teoria popular do Itamarati dos anos sessenta – é simples anedota, à luz do visível nível de debilidade do poder econômico das "potências imperiais" (Estados Unidos e União Soviética), comparativamente às "potências comerciais". (Japão e Alemanha). A distinção intransponível entre o Primeiro Mundo, industrializado, e o Terceiro Mundo, condenado à produção primária, é outra peça de mitologia. Não só os tigres asiáticos como também o Brasil tem hoje nos produtos manufaturados sua principal fonte de exportação. O avanço da Coreia do Sul e Taiwan na eletrônica e informática desmentiu, por sua vez, o mito da monopolização da tecnologia pelos países do Centro, em detrimento da periferia. Esses mitos só sobrevivem nos discursos do Itamarati, cujo terceiro-mundismo nos levou a tomar emprestado dinheiro caro para emprestar barato a países africanos, que não têm vontade nem meios de pagar.

Nascido como uma crítica do mundo desigual, o terceiro mundismo propunha "reformas conscientes pelo Estado", ao invés de "transformações cegas pelo mercado". Nesse embalo, alguns países votaram pelo desenvolvimento autárquico, procurando reproduzir, em seus territórios, a estrutura diversificada dos países industrializados, por detrás de barreiras protecionistas. Perderam a corrida do progresso para os países orientados para o mercado que, mais modestamente, optaram por integrar-se no mercado mundial, especializando-se em busca de "núcleos de excelência". É o contraste entre o modelo de desenvolvimento latino-americano, introvertido, e o modelo asiático, extrovertido.

Sobre a utopia socialista, nada melhor do que a confissão de Gorbachev. Segundo ele, "o socialismo, não pode garantir condições de vida e de consumo". O refrão marxista – "de cada um de acordo com sua capacidade, a cada um segundo suas necessidades" – não foi validado pela prática do socialismo real.

O movimento mundial de privatização e desregulamentação inverteu os termos do problema. A crítica das imperfeições do mercado capitalista se transformou na crítica generalizada à rigidez do modelo socialista.

Citamos dois outros exemplos de sucata mental. É penoso ouvir figuras ilustres na defesa apaixonada da estulta tese de que o monopólio estatal de petróleo é "indispensável à segurança nacional". Se existe alguma correlação, é no sentido inverso. Fora do mundo socialista, nenhuma das sete grandes potências econômicas tem monopólio de petróleo nem considera isso relevante para a segurança nacional. Monopólios estatais de petróleo só existem em países pobres. Talvez a insegurança de pobreza é que gere o monopólio. Posso até construir um silogismo de lógica imbatível: – Muitos países pobres têm monopólios estatais de petróleo; nenhum país rico os tem; logo o monopólio é sintoma de subdesenvolvimento.

Outro conceito obsoleto é o da faixa de fronteira "fundamental para a defesa do território nacional". Nessa faixa, a lei poderia estabelecer restrições às atividades econômicas, ficando o pobre empresário sujeito a duas burocracias – a civil e a militar. A defesa nacional melhor seria servida pelo adensamento econômico das zonas de fronteiras, através do desinibido desenvolvimento agrícola, mineral e industrial.

PUBLICAÇÕES DE 1988

O que causa estranheza é a sobrevivência desse "complexo da linha Maginot" num contexto de grandes transformações mundiais. Estamos na era da aviônica e dos mísseis, que ignoram fronteiras. A defesa dos Estados Unidos se faz a partir de mísseis no deserto de Omaha, e a da "União Soviética a partir do Cazaquistão, ambos muito distantes das fronteiras. No plano econômico, estamos assistindo à diluição das fronteiras, busca de mercados globais. As fronteiras serão abolidas na Europa Ocidental, em 1992, enquanto que os Estados Unidos e Canadá esperam formar um mercado único nos próximos dez anos. Quanto às drogas, é óbvio que os contrabandistas aperfeiçoaram sua tecnologia, sabem da existência de aviões e não mais as transportam em lombo de burro através das fronteiras.

Nada dá para entender a faixa de fronteira de até 150, obsoletismo em que se aliaram os militares e as esquerdas, repetindo outras esdrúxulas coalisões, como no caso da informática ou da nacionalização dos minérios...

Ouvi outro dia de um amigo uma explicação psicanalítica da obsessão de nossos militares com a faixa de fronteiras. E o complexo da guerra do Paraguai. As peripécias heroicas da Retirada da Laguna passaram a fazer parte do seu código genético. Os genes transmitidos através de gerações, e a natural tentação de reter uma fatia de poder burocrático, explicariam a sobrevivência dessa sucata mental.

O sucateamento industrial, como se vê, é apenas parte do nosso problema. Problema maior é o obsoletismo dos conceitos.

32. Loucuras de primavera, originalmente publicado em O Globo, 4 set. 1988

> "Exauriu-se a cerimônia da inocência. O Centro se desintegra. Aos bons falta convicção e os maus estão cheios de intensidade passional"

O Plano Cruzado foi nossa loucura de verão. A Nova Constituição será nossa loucura de primavera. Aquele programou a estabilidade de preços, pela revogação da lei da oferta e da procura. Este programa a felicidade, com frequentes bodocadas no bom senso. E saudavelmente libertária no político, cruelmente liberticida no econômico, comoventemente utópica no social...

ROBERTO CAMPOS

O bom senso aconselharia atrair as multinacionais e botá-las a nosso serviço com agentes de modernização. Fizemos o contrário. Declaramo--las empresas de segunda classe, que podem ter suas condições de competitividade canceladas por novas reservas de mercado, ao arbítrio do legislador ordinário. Como se não bastassem as reservas setoriais, proclamou-se uma "reserva de mercado global" num dispositivo anedótico, segundo o qual "o mercado interno integra o patrimônio nacional". Fosse essa atitude imitada alhures e desapareceria o comércio internacional. Há que ter piedade de Espanha e Portugal que, ao se integrarem na Comunidade Econômica Europeia, sacrificaram seu patrimônio nacional!

Há uma fundamental distinção entre a proteção de mercado, que todos os países praticam, em maior ou menor grau, e a "reserva de mercado", tão em moda em nosso País. Naquele caso, inibe-se a entrada do produto estrangeiro, mas acolhe-se o investidor estrangeiro; no caso brasileiro, fechamos a porta tanto ao produto como ao produtor. O País é patrimonialista. O nosso mercado é nosso, e o dos outros, também...

O bom senso aconselharia dividirmos riscos para evitar prejuízos. Fizemos o contrário. Proibimos os contratos de risco no petróleo. Também vedamos a pesquisa mineral a empresas estrangeiras, com o que abrimos mão de mais da metade dos pífios investimentos em pesquisa realizados no País. A insistência em monopolizar prejuízos atinge as raias do masoquismo...

Fundamental, na feitura de qualquer Constituição, é a diferença entre "garantias onerosas" e "não onerosas". O capítulo sobre direitos individuais da Nova Constituição é um real avanço porque explicita liberdades democráticas que têm grande valor e nenhum custo.

Os chamados "avanços sociais" representam custos que algumas empresas absorverão; outras os repassarão ao consumidor, sob a forma de alta de preços, outras os descumprirão, despedindo gente ou submergindo na economia informal. A única maneira de transformar anseios nobres em resultados efetivos é o aumento de produtividade, sem o que teríamos ou mais inflação ou mais desemprego. Produtividade, entretanto, é palavra ausente no texto constitucional. Este, pelo contrário, contra ela conspira ao encurtar o horário de trabalho, ampliar monopólios estatais, legitimar o grevismo, aposentar precocemente, desencorajar investidores externos.

É uma ilusão pensarmos que podemos criar uma seguridade social sueca com produtividade moçambicana. Os legisladores são capazes de legislar aspirações; só o mercado, onde empresários e trabalhadores negociam à luz de realidades concretas, pode transformá-las em satisfações.

Os animais pensantes que resistirem ao embalo emotivo das loucuras de primavera terão que se preocupar com dois graves problemas: a viabilidade política interna e a credibilidade externa do País.

Numa reação pendular ao "bipartidarismo imposto", estamos construindo um "multipartidarismo anárquico". Inexistem no texto os dois freios normais à anarquia partidária: o voto distrital (puro ou misto) e a exigência de fidelidade partidária nas questões fechadas. A liberdade de criar partidos é *democracia*. A representação parlamentar de minúsculos fragmentos da população é "democratice". O processo decisório passa a ser refém de coalizões instáveis.

A crise de governabilidade é agravada pelo fato de o Congresso se ter arrogado atribuições exorbitantes. Normalmente cabe-lhe ratificar tratados, convenções ou acordos internacionais, que envolvam a responsabilidade permanente do Estado. No texto constituinte caber-lhe-á também resolver definitivamente sobre quaisquer "atos que acarretem encargos ou compromissos gravosos ao patrimônio nacional". Ora, a vasta maioria dos atos do quotidiano executivo envolve encargos ou compromissos, não se podendo determinar de antemão se serão ou não gravosos para o patrimônio nacional. Seria aliás exótico que o Governo submetesse ao Congresso atos premeditadamente gravosos!

Depois de termos proclamado como objetivo nacional a autonomia tecnológica – num Mundo quintessencialmente interdependente –, corremos o risco de retorno ao isolamento financeiro. Num dos artigos das Disposições Transitórias, o Congresso cria uma Comissão de Dívida Externa que proporá ao Executivo a "declaração de nulidade" dos empréstimos externos, se apuradas irregularidades. Isso é uma espécie de reserva de direito à declaração unilateral de moratória. O pertinente, no caso, é a punição severa dos negociadores faltosos; o impertinente é a impugnação de atos internacionais perfeitos e acabados. De outra forma emprestar ao Brasil seria aventura desvairada. Os credores acharão, como o General De Gaulle, que o País não é sério. Ou, pelo menos, que seu Parlamento não é sério.

No anedotário parlamentar inglês, existe a famosa estória do estreante no Parlamento que pediu a Churchill uma opinião sobre seu entusiástico discurso de estreia: "Há, respondeu Churchill, no seu discurso muito de

ROBERTO CAMPOS

novo e muito de verdadeiro. Mas o que é verdadeiro não é novo e o que é novo não é verdadeiro".

No texto constitucional, muito do que é novo não é factível; e muito do que é factível não é novo. Novo, por exemplo, é o "mandado de injunção", que asseguraria o gozo dos direitos e liberdades constitucionais, mesmo na falta de norma regulamentadora. E uma aplicação pelo avesso do "mandate of injunction" do direito anglo-saxão. Este é a "obrigação de não fazer". Na versão tupiniquim cria-se uma "obrigação de fazer", o que será certamente uma fábrica de litígios. Em tese, um comprador de geladeiras a prestação poderia exigir um juro *real* máximo de 12%, sem que ninguém saiba como medir o juro real, ante a proliferação de índices macetados pelo burocrata de plantão! O pedreiro de um vilarejo nordestino poderia exigir o mesmo salário mínimo (inclusive despesas de vestiário) de um garçom gaúcho. E eu, como idoso, poderia exigir o direito à vida, como revide aos insolentes achaques da velhice, estado indecente que, como disse Gabriel Marquez, devia ser detido a tempo...

Há alguns resultados positivos. A nova distribuição tributária, em favor de Estados e Municípios, agravará a situação pré-falimentar do Poder Central, levando-o a dois ajustamentos positivos e um negativo. Os positivos são o corte de gastos e a privatização; o negativo, o aumento da carga tributária. Esperemos que o saldo seja positivo.

Tem-se dito que o melhor dispositivo dessa Constituição – que nasceu obsoleta pelo seu viés estatizante, xenófobo e pseudodistributivista – é o que prevê sua revisão em 1993. Tendo vetado os contratos de risco do petróleo, impusemos à Nação um contrato de risco global de cinco anos. Após grande dispêndio e denodado esforço, convidaremos os contribuintes a assistir, nas loucuras de primavera, ao "parto do obsoleto".

33. Democracia e democratice, originalmente publicado em Correio Braziliense, n. 9285, p. 4, 18 set. 1988

"Ninguém pode me obrigar a ser feliz à sua maneira."

Immanuel Kant

Assistiremos, em 5 de outubro de 1988, ao parto de um ente ambíguo: a uma nova Constituição, que é democrática, mas não é liberal. Ela exemplifica a distinção entre democracia e *democratice*. *Democracia* é a livre escolha do indivíduo, abrangendo um leque de opções: opções políticas, opções sociais, opções econômicas. *Democratice* é a ênfase sobre os direitos e garantias políticas com descaso pela defesa do indivíduo contra imposições governamentais no plano econômico, cultural e social.

Ninguém negará a nova Constituição exuberância democrata. Os direitos políticos são amplos. Existem o *habeas corpus*, o *habeas data* e até mesmo o habeas *debitum* (anistia de dívidas). Há liberdade de palavra, pensamento, religião e associação; superpõem-se, para gáudio dos advogados, três mecanismos de preservação dos direitos – o tradicional mandado de segurança, o mandado de injunção e a inconstitucionalidade por omissão. Levou-se ao exagero o participacionismo partidário. Não só é livre a criação de partidos como inexistem os dois mecanismos tradicionais de viabilização da atividade parlamentar: o voto distrital (puro ou misto) e a exigência de uma *performance* eleitoral mínima, de modo que o Parlamento abrigue segmentos expressivos de opinião e não exoticismos personalistas (na Alemanha Federal, só têm representação os partidos com 5% das votações globais). Nossa *democratice* levar-nos-á a um multipartidarismo caótico, precisamente quando o Congresso deveria agilizar-se para absorver graves e ambiciosas responsabilidades.

Mas, se a Constituição preserva *virginalmente* nossos direitos políticos, comete vários estupros da liberdade de escolha.

- o estupro da liberdade de escolhas econômicas;
- o estupro da liberdade e escolhas sociais; e
- o estupro de liberdade de escolhas educativas.

No título da Ordem Econômica e Financeira, o grande estupro é o "consumidor", personagem nem sequer mencionado no texto. Nas economias liberais, o consumidor é soberano. Não está à mercê de reservas de mercado, que encorajam a ineficiência e desencorajam a produtividade. Ele pode escolher entre produtos nacionais e importados, pagando neste caso tarifas aduaneiras que incentivam o produtor local sem dar-lhe poder de extorsão.

A liberdade de escolha empresarial é também estuprada. O empresário nem sequer é livre para dosar sua participação no capital, pois, se for minoritário, não poderá atuar na mineração ou na informática.

Os estrangeiros naturalmente sofrem grosseira discriminação. Quanto aos nacionais, todos são iguais, mas alguns são mais iguais que os outros, dado que a lei poderá criar cartórios econômicos (supostamente por interesses estratégicos é desenvolvimentistas). Todos sabemos, por exemplo, que nossa modernização industrial é refém dos gigolôs da informática...

O consumidor pode também sofrer como *contribuinte* e *usuário*. Como *contribuinte*, porque o Poder Público "dará tratamento preferencial à empresa brasileira de capital nacional" na compra de bens e serviços, o que dispensa o governo da obrigação de comprar melhor e mais barato. (Esse dispositivo criar-nos-á, aliás, imediatos problemas com as duas grandes instituições internacionais financiadoras de obras públicas: o Banco Mundial e o Banco Interamericano de Desenvolvimento. Os estatutos de ambas, dos quais o Brasil é signatário, exigem concorrência "internacional"). Como *usuário*, porque se ampliaram as áreas de monopólio e foi oficializado o grevismo. A greve nos serviços essenciais não é mais proibida. Alguém – provavelmente os sindicatos "progressistas" dos funcionários das estatais – "disporá sobre o atendimento das necessidades inadiáveis da comunidade". Isso não é democracia. É *democratice*. A sociedade inocente ficará refém de um bando de monopolistas, mais interessados em maximizar suas vantagens do que em melhorar seus serviços.

O *estupro da liberdade de escolhas sociais é duplo*. De um lado, a Constituição engessa minuciosamente as relações entre empregadores e empregados, independentemente da situação da empresa e da adversidade da conjuntura. É uma privação de liberdade negocial. Contou-me recentemente um pequeno empresário da indústria de confecções que enfrentou o drama humano de reduzir suas costureiras de 93 para 18, intimidado pelos novos encargos sociais e multa de despedida, legiferados pelos constituintes. Desativará a empresa, e diz com razão que a Constituição, sob aparência benfeitora, é uma conspiração dos já empregados contra os desempregados e os jovens. De outro lado, temos de engolir, goela a dentro, através de contribuições compulsórias, o ineficiente sistema de seguridade social, que gasta mais com os assistentes que com os assistidos. O razoável seria deixar ao empregador e empregados a liberdade de escolha entre o sistema oficial e entidades privadas de previdência e saúde. Estas operariam em ambiente competitivo, rivalizando-se na prestação de serviços, sob pena

PUBLICAÇÕES DE 1988

de perderem a clientela. Os que preferirem ficar sob as asas desse "pai terrível" que é o Estado (para usar uma expressão de Octavio Paz) seria livre para fazê-lo.

Há também um *estupro das liberdades educacionais*. Ao contrário do que dizem os "progressistas", o dinheiro público não deve ir necessariamente para as escolas públicas e sim para a escolhida pelos contribuintes, pública ou privada, leiga ou confessional. Não é democracia e sim *democratice* que os ricos estudem gratuitamente em universidades públicas, enquanto os pobres têm de recorrer a cursos noturnos em escolas pagas. O governo, em vez de entregar polpudos recursos a Universidades semi-ociosas, por falta de alunos ou grevismo dos professores, entregaria "bônus de educação" às famílias cujos filhos demonstrassem capacidade acadêmica e insuficiência econômica. Escolheriam livremente a escola ou universidades, avaliando o que for melhor para o treinamento dos filhos. O pior que poderia acontecer seria termos universidades públicas sobrantes por falta de alunos, com o útil subproduto de eliminarmos a dupla praga do grevismo dos docentes e da displicência dos discentes...

O que cabe a esta altura perguntar é por que produzimos um texto com muito mais *democratice* que "democracia"? Parte da explicação reside na composição enviesada da Comissão de Sistematização, de colorido social-estatizante. O Centrão, terminada a briga regimental, sucumbiu a interesses assistencialistas e cartoriais. Havia esperanças de melhoria no segundo turno, mas não era mais que a tênue esperança de consertar a sombra de urna vara torta. A exaustão fez o resto. Num auge de irresponsabilidade, foi aceita a votação por "acordos de liderança", podendo-se a que por isso a Constituição nascerá inconstitucional. Nos acordos de liderança, os sete líderes de esquerda, que representam a si mesmos ou a alguns míseros gatos-pingados, contavam, tanto como os líderes de partidos expressivos, com a vantagem adicional de maior agressividade. O segundo turno foi, em grande parte, um "voto de ouvido", sem textos previamente distribuídos, o que sem dúvida representa uma escandalosa originalidade na feitura de constituições!

"Ninguém pode me obrigar a ser feliz à sua maneira", filosofava o grande Immanuel Kant. Com profusas promessas sociais, abundantes garantias e escassos deveres, e uma ingênua crença no "pai terrível", os constituintes querem nos tornar felizes à maneira deles...

ROBERTO CAMPOS

PS: Para os futuros historiadores, interessados em avaliar a diferença entre "a democracia de livre escolha" e a "democratice de escolhas impostas", serão interessantes algumas estatísticas. A palavra "produtividade" só aparece uma vez no texto constitucional; as palavras "usuário" e "eficiência" figuram 2 vezes; fala-se em "garantias" 44 vezes, em "direitos" 76 vezes, enquanto a palavra "deveres" é mencionada apenas 4 vezes. Para quem duvide da tendência antiliberal do texto, basta lembrar que a palavra "fiscalização" é usada 15 vezes e a palavra "controle", nada menos de 22 vezes!

3. Publicação de 1990

34. Razões da urgente reforma constitucional, originalmente publicado em "Constituição de 1988 – "O avanço do retrocesso", Coordenador: Paulo Mercadante

> "Não há mistura mais explosiva do que uma combinação de utopia com ignorância."
>
> Fernando Pedreira

A antecipação do debate sobre a reforma da Carta de 5 de outubro de 88 reflete as tensões emocionais, que despertam a consciência da sociedade para os riscos de um declínio continuado da produção e da renda média individual dos cento e quarenta milhões de patrícios. Bastaria lembrar a degradação dos serviços públicos essenciais para uma avaliação realista dos perigos que se acham embutidos no retrocesso socioeconômico. O Brasil e a grande massa dos brasileiros sentem-se empobrecidos. A infraestrutura apresenta um quadro desolador. Tornou-se corriqueira a previsão do colapso do sistema elétrico, sob o peso da demanda insatisfeita; a recordação do período do janguismo no poder parece inevitável quando tentamos fazer uso do telefone; o estado lastimável da rede rodoviária deprime seus milhões de usuários; as usinas siderúrgicas estatais estão empenhadas em fazer da inadimplência perante os credores externos um estilo de conduta no relacionamento com seus fornecedores internos; e a nossa percepção do drama pungente da imensa clientela dos hospitais públicos toma-se aguda quando sabemos que é responsabilidade dos pacientes supri-los de gaze, algodão e mercúrio-cromo.

ROBERTO CAMPOS

De uma necessária e urgente reforma da Constituição depende a abertura de vias que conduzam à implantação de mudanças internas concebidas para libertar o sistema econômico dos obstáculos que ameaçam deixar o País à margem do processo de modernização política e econômica que empolga o mundo exterior. Não pode subsistir, sem graves prejuízos para a nação, o hibridismo do processo decisório que exprime seus esgares no conflito entre o Executivo e o Legislativo, numa queda-de-braço pelo exercício do poder real. Essa imagem nos adverte para a amplitude da área a ser fatalmente ocupada pelo imobilismo. Com efeito, não há força de expressão no truísmo de que a Carta tornou o País ingovernável.

A gravidade da crise socioeconômica induz-nos a admitir que é demasiado longo o prazo de cinco anos fixado pela Constituição para sua reforma. Antecipá-lo parece-nos imprescindível à recomposição da norma jurídica, naquilo que a Carta produziu sob a forma de bloqueio ao progresso econômico. A previsão da reforma, a efetuar-se no prazo de cinco anos, não só denuncia o caráter provisório do texto constitucional, mas também expõe a uma crítica severa a conduta dos constituintes que encararam um quinquênio deste fim de século como um quinquênio qualquer do século passado. É agora indescritível a velocidade do tempo. Diante do empenho de todos os países, sobretudo os industrializados, em acelerar sua modernização no amplo espectro do universo econômico, os recursos financeiros, tecnológicos e humanos entraram em regime de escassez progressiva. Alguns exemplos são gritantemente ilustrativos: um dos objetivos da instauração da República da Hungria, que extinguiu a "democracia popular'", criou o pluripartidarismo e reinstaurou a livre iniciativa empresarial, foi simplesmente este: atrair pelo menos duzentas empresas norte-americanas no futuro imediato, além das cinquenta que já operam em seu território. Para a Alemanha Ocidental, não há dúvidas na escolha do destino de seus maiores investimentos, se no quadro de alternativas estiverem a Alemanha Oriental e o Brasil. A Polônia tornou-se nação mais favorecida para toda a constelação financeira da Comunidade Econômica Europeia. Tanto os Estados Unidos como o Canadá desejam contribuir para o êxito do Governo patrocinado pelo Solidariedade de Lech Walesa, A União Soviética abre negociações em frentes múltiplas com o objetivo de formar consórcios de empresas ocidentais para investir em seu território, seja em associação com empresas locais, seja como

PUBLICAÇÃO DE 1990

empreendimentos estrangeiros autônomos. Enquanto a Europa e o Japão investem maciçamente nos Estados Unidos, o empresariado norte-americano descobre infinitas oportunidades de investimento na Europa e no Japão. Esse é um aspecto da mudança que se opera na face do mundo econômico além de nossas fronteiras. Aí encontramos uma das múltiplas faces do acelerado processo de internacionalização da economia.

A Constituição de 88 praticamente nos exclui das correntes dinâmicas da economia mundial. Cera atmosfera mais adequada a sociedades cartorial-mercantilistas do passado que às sociedades do presente, caracterizadas pela integração de mercados e interdependência tecnológica. Numa sociedade dinâmica a Constituição deve confinar-se às normas de organização e funcionamento do Estado e aos direitos fundamentais do cidadão.

Conquistas sociais não se alcançam por simples inserção no texto constitucional. Dependem da produtividade da sociedade, das prioridades orçamentárias, da criatividade dos indivíduos, da conjuntura dás empresas. Se a pobreza fosse extinguível por decreto, seria crueldade não editar anualmente urna Constituição incorporando novos avanços progressistas. Curiosamente, enquanto a Constituinte se embebedava de utopias, o Poder Executivo – procurando livrar-se, tardiamente, da cultura da moratória e da cultura antiempresarial, herdadas dos ministros do PMDB – reconhecia a falência do Estado e proclamava um certo desejo, ainda que vago, de modernização, competitividade e privatização. No momento, pois, em que o Executivo dava mostras de querer criar juízo, a Constituinte provava aos brasileiros que havia perdido o seu...

A coleta de subsídios aos estudos da reforma da Carta, a que desejaríamos assistir antes do prazo de cinco anos estabelecido em seu texto, apontaria uma longa lista de erros, entre os quais haveríamos de encontrar dispositivos pitorescos, imprudências econômicas, utopias sociais, corporativismo antidemocrático e invasão de atribuições executivas.

Exemplos de dispositivos pitorescos são o tombamento do mercado interno como patrimônio nacional (art. 219); a licença-paternidade de oito dias (art. 7º, inciso XIX); o monopólio do transporte de gás natural de qualquer origem (art. 177, inciso IV); a doença é nossa, ficando proibida a instalação de hospitais estrangeiros (art. 199, § 3º); faculta-se o voto infanto-juvenil para os maiores de 16 anos que, entretanto, continuarão penalmente inimputáveis; ficam tabelados os juros reais, ao nível de

12% ao ano (art. 192, § 3º); é constitucionalizada a correção monetária e, portanto, a inflação (art. 146).

Na categoria de imprudências econômicas, podem citar-se as seguintes: a discriminação entre empresas em função da origem do capital, visando à criação de privilégios cartoriais para o capital nacional, inclusive preferência nas compras do Governo (art. 171); a nacionalização da atividade mineradora (art. 176); reservas de mercado para a informática e alta tecnologia (art. 171); direito de greve, sem qualquer restrição (art. 9º); salário mínimo nacionalmente unificado, inclusive transporte e moradia (art. 7º); monopólio estatal da telefonia (art. 21, inciso XI): o subsolo passa a ser bem da União (art. 176); a anulação retroativa das concessões minerais em terras indígenas (art. 231); a tributação, pelos Estados, das pedras preciosas, com inevitável surto de contrabando; avanços sociais decretados constitucionalmente, quando deveriam resultar de acordo coletivo ou de lei ordinária, ajustando-se flexivelmente à situação das empresas, à conjuntura de mercado, à evolução tecnológica (aqui se incluem os dispositivos sobre jornada de trabalho, turnos de revezamento, prazo de prescrição dos contratos etc.).

O corporativismo antidemocrático, com descaso pela "igualdade de todos perante a lei'", se manifesta no tratamento especial para certas profissões ou grupos: os professores, que terão aposentadoria precoce (art. 202); os advogados, aos quais se atribui indispensabilidade; os garimpeiros, que passaram a ter prioridade na pesquisa e lavra em sua área de atuação; o monopólio de representação em favor do sindicato único e obrigatoriedade de contribuição sindical (art. 8º).

O texto é também fértil em utopias sociais. Como os constituintes se dispensaram de calcular os custos ou especificar quem pagaria a conta, o Estado brinca de Deus, dando tudo a todos. Eis alguns exemplos: garantia de atendimento ao educando fundamental, inclusive transporte e alimentação (art. 208); transporte urbano gratuito para os idosos mais de 65 anos (art. 230); garantia de um salário mínimo para cada portador de deficiência e idoso pobre (art. 230); prestação de assistência social a quem dela necessite, independentemente de contribuição social (art. 203).

Possuído de *libido dominandi* e esquecido de que doravante a votação conscienciosa do orçamento exigirá tempo integral, o Congresso assumiu atribuições típicas do Poder Executivo, citando-se como exemplos: a aprovação de quaisquer "atos que acarretem encargos ou compromissos gravosos ao patrimônio nacional" (art. 49); a outorga de concessões minerais em terras indígenas (art. 231); a remoção de índios, em caso de catástrofe ou epidemia (os índios poderiam morrer por falta de *quorum*) (art. 231, § 5º).

Os ambientalistas podem considerar-se premiados, pois que todos passamos a ter direito ao ambiente ecologicamente equilibrado (art. 225).

A Constituição é, ao mesmo tempo, inaplicável; e autoaplicável. *Inaplicável*, porque mais de noventa por cento dos artigos são normas de eficácia limitada, que dependem de lei ulterior. *Autoaplicável*, porque se cria a figura do "mandado de injunção" (art. 5º), que assegurará direitos, mesmo na falta de norma regulamentar. Esse mesmo artigo permite a ação de inconstitucionalidade por omissão. O País toma-se quintessencialmente um país litigante.

Infelizmente, houve imaginação bastante para criação de impostos – o imposto sobre heranças e grandes fortunas, o imposto de renda estadual e o imposto sobre doação de bens e direitos. Isso nos coloca contra a maré mundial, pois programas de redução de impostos estão em curso na Inglaterra, França, Estados Unidos, Japão, Alemanha Ocidental, Bélgica, Espanha, Austrália e Nova Zelândia.

Em pouco mais de um ano de vigência, a Constituição de 5 de outubro permite uma avaliação global que revela uma safra aproveitável demasiado pequena para tamanho esforço, tamanho custo e tamanha incerteza infligidos à comunidade nacional. Nesse curto período já sentimos os efeitos perversos dos obstáculos criados ao investimento estrangeiro, em particular na mineração e nas áreas de alta tecnologia. Devem ser extintos, o mais cedo possível, os dispositivos que vedam o ingresso de recursos externos para essas atividades. Não custa lembrar que mapas falsificados, distribuídos no Congresso com a conivência do CNPq, que gastou dinheiro público para propósitos ideológicos e não científicos, resultaram numa votação confusa e desinformada.

Não produziu efeito um documento esclarecedor do Departamento Nacional da Produção Mineral, DNPM, elaborado especialmente para dissipar as dúvidas então reinantes. Informava o Departamento que as áreas concedidas para lavra de minérios somavam, até 1º de agosto de 1987, a inexpressiva superfície de 26.576 quilômetros quadrados, o que representa apenas 0,31% do território brasileiro. Do total dessas concessões, o capital estrangeiro detinha 0,09%, enquanto os capitais nacionais, privados e estatais, controlavam, respectivamente, 0,06% e 0,16%. Em números absolutos tocavam a estrangeiros 9.035 quilômetros quadrados ao passo que a soma das áreas exploradas por empresas nacionais (privadas e governamentais) chegava a 17.541 quilômetros quadrados.

A limitada área concedida a mineradoras de capitais estrangeiros está, portanto, a uma distância considerável do total de 401.657 quilômetros quadrados a elas atribuído por um mapa geológico falsificado, que circulou no Congresso Nacional por ocasião do primeiro turno das votações da nova Carta.

Ainda é muito oportuno frisar, considerando-se a necessidade de revisão da Carta, que os pedidos de pesquisa mineral resultam em menos de cinco por cento das áreas com efetiva possibilidade de exploração econômica. Essa informação oficial desmente os números relativos a superfícies que estariam ocupadas por estrangeiros, pois tais áreas são apresentadas pelos porta-vozes do nacionalismo preconceituoso como fruto de uma consolidação estatística englobando autorizações para pesquisa e lavra.

Os falsários produziram uma absurda soma de quantidades heterogêneas. Como se podem misturar as cifras relativas à autorização para pesquisa com as relativas à autorização para lavra? Se considerarmos que esse precário argumento foi desmascarado antes da votação do segundo turno, em que se aprovou o dispositivo que reserva à União a propriedade do subsolo, a aceitação de inverdade tão chocante elimina qualquer laivo de autenticidade que se pudesse atribuir a essa decisão dos constituintes. A pesquisa mineral envolve elevado risco, dado o longo período de tempo indispensável à sua conclusão. E não seria inoportuno relembrar que foram os investimentos da United States Steel, em pesquisa, que descobriram a província de Carajás. Também a bauxita do Rio Trombetas resultou de pesquisa levada a efeito por empresa estrangeira, em benefício da Companhia Vale do Rio Doce. Em ambos os casos, o capital estrangeiro abriu oportunidades para o capital nacional. O investimento brasileiro em pesquisa mineral corresponde a menos de dez por cento do total investido no Canadá. Até mesmo a Austrália investe quase dez vezes mais o montante aplicado pelo Brasil nessa atividade. Tamanha é a escassez de investimentos na mineração que quarenta por cento dos geólogos brasileiros, após dispendioso treinamento, estão desempregados.

Acelerar a exploração do subsolo é questão de urgência, independentemente da origem dos capitais. Até porque a grande ameaça que sobre nós

PUBLICAÇÃO DE 1990

paira é a perda de importância relativa das nossas "riquezas" minerais, face a três fatores: os produtos sintéticos, a economia de matérias-primas e o surgimento de novos materiais de laboratório.

No terreno da xenofobia, seguimos os passos dos constituintes de Angola, Moçambique, Guiné Bissau e Cabo Verde. Depois da Revolução dos Cravos, seria quase natural que a conquista da independência, sob a liderança de partidos "marxistas-leninistas", inspirasse constituições que não desmerecessem o teor da Carta lisboeta de 74, elaborada sob a influência de figuras tão rancorosas como Vasco Gonçalves e Alvaro Cunhal. Moçambique, sob o império da Frelimo (Frente de Libertação Nacional de Moçambique, dominada por Samora Moisés Machel) anuncia, em 25 de junho de 1975, a entrada em vigor de sua Constituição. O território moçambicano é dotado de promissores depósitos de manganês, urânio, carvão, diamantes, gás natural e outros recursos inexplorados. Para resguardo desses "cadáveres geológicos" da cobiça de estrangeiros, a Carta Magna reza, em seu art. 8º: "A terra e os recursos naturais situados no solo e no subsolo, nas águas territoriais e na plataforma continental de Moçambique, são propriedade do Estado. O Estado determina as condições do seu aproveitamento e do seu uso". O resultado fatal tem sido o declínio da produção mineral, principalmente de carvão, hoje menor do que ao tempo do regime colonial. Depois da morte de Machel e da ascensão ao poder de Joaquim Alberto Chissano, o governo de Maputo tem feito esforços por eliminar os traços de xenofobia zoológica que vinha caracterizando o comportamento da República Popular, e tem anunciado atrativos ao ingresso de capitais estrangeiros. As frustradas esperanças de ajuda do Leste europeu contribuíram para essa mudança de atitude. Apesar disso, ainda não é perceptível o interesse dos investidores estrangeiros pela exploração dos recursos naturais do país.

Em Angola, a Constituição de 11 de novembro de 1975 declara, solenemente, no seu art. 11: "Todos os recursos naturais existentes no solo e no subsolo, as águas territoriais, a plataforma continental e o espaço aéreo são propriedade do Estado, que determinará as condições do seu aproveitamento e utilização". Como a Assembleia Constituinte se compunha de membros nomeados por Agostinho Neto, um dos principais líderes marxistas do continente africano, doutrinado na Universidade Lumumba, em Moscou, a Carta angolana não passou de um *diktat* do chefe comunista caboclo. A violenta queda da renda por habitante angolano, no

ROBERTO CAMPOS

primeiro decênio de vigência da Carta, parece simplesmente dolorosa, encerrando terrível lição da tragédia que a governança comunista impôs ao país recém-libertado. Em 1985, a renda *per capita* era estimada em cento e quatorze dólares correntes, comparada aos US$ 220 (duzentos e vinte) de 1970. O preenchimento por José Eduardo Santos da vaga deixada por Agostinho Neto, falecido em 1979, não alterou a situação anterior, agravada pelas lutas fratricidas. A economia continua em decadência. Confronta-se, hoje, o empobrecimento progressivo de todo o povo com o preâmbulo da Carta de 75, onde se dizia que seu primeiro objetivo era... "a construção de um país próspero e democrático, completamente livre de qualquer forma de exploração do homem pelo homem, materializando as aspirações das massas populares'". As medidas práticas concebidas para materializar essas aspirações levaram à colheita de um produto essencialmente contrário ao almejado.

Mais prolixa do que as duas anteriores, porém talvez ainda mais excludente, a Constituição de Cabo Verde diz, em seu art. 8º, que a soberania da República é exercida sobre "a) a superfície emersa que historicamente lhe pertence; b) as águas arquipelágicas e o mar territorial definido na lei, assim como os respectivos leitos e subsolos; c) o espaço aéreo suprajacente aos espaços geográficos referidos nas alíneas anteriores". Salienta logo a seguir que "o Estado de Cabo Verde exerce competência exclusiva em matéria de conservação e exploração de recursos naturais, vivos e não vivos". Mas, como prova de que os constituintes brasileiros nada ficam a dever aos colegas cabo-verdianos, diz a Constituição destes:

> "Art. 12. – 1. A economia nacional rege-se pelo princípio da direção e planificação estatais. 2. O Estado controla o comércio externo e detém o monopólio das operações sobre o ouro e as divisas. 3. O Estado pode autorizar o investimento de capital estrangeiro desde que seja útil ao desenvolvimento econômico e social do país".

Talvez por já encontrarem pronto um texto que interpretava fielmente seu pensamento coletivo e uniforme, os constituintes de Guiné-Bissau reproduziram na sua Carta, que data de 16 de maio de 1984, praticamente tudo o que vem escrito na Constituição de Cabo Verde, inclusive a sentença: "O Estado exerce competência exclusiva em matéria de conservação e exploração de recursos naturais, vivos e não vivos". Isso não alterou o

PUBLICAÇÃO DE 1990

estado de pobreza do pequeno país. Sua população, de quinhentos mil habitantes, tinha renda *per capita* de US$ 250, em 1971, baixando em 1984, no ano da Constituição, para US$ 194, segundo dados das Nações Unidas.

Não parece haver mérito algum no esforço de plágio dos nossos constituintes, se é que supuseram que lhes seria humilhante ficar à retaguarda de outros povos de língua portuguesa. Mas, como nas antigas colônias lusas da África os resultados do bloqueio ao investimento estrangeiro foram simplesmente desastrosos, talvez essa verificação nos induzisse a uma reforma da nossa Carta, a fim de evitarmos desastres semelhantes aos que por lá ocorreram.

Os elaboradores do nosso texto constitucional esqueceram-se de que as constituições devem registrar um mínimo de aspirações para prover um máximo de satisfação. E manter um delicado equilíbrio entre ordem e participação. O mais curioso é que os setores chamados progressistas tanto se empenharam em tornar prolixo o texto, que acabaram produzindo uma constituição retrógrada, intervencionista, quando a *nouvelle vague* mundial é a rebelião do indivíduo contra o Estado obeso. Provocaram a *delivrance* de uma constituição "nacionalista" num mundo cada vez mais interdependente, no qual capitais estrangeiros escassos são requestados até mesmo por países socialistas. Os exemplos do Leste europeu são mais do que convincentes. Conseguiram os chamados progressistas o milagre de perseguir obstinadamente a liberdade política, abrindo ao mesmo tempo o túmulo da liberdade econômica. Pretenderam pôr em prática uma Constituição assistencialista, como se a opção social pudesse ser divorciada da base econômica da sociedade. O Brasil é a oitava potência econômica do mundo ocidental e a quadragésima terceira nos indicadores de bem-estar, o que configuraria uma enorme safadeza social. Entretanto, o conceito relevante, sob o aspecto do distributivismo, não é o PIB global e sim o PIB por habitante, ou seja, a produtividade média dos indivíduos. E aí a disparidade não é grande. Tanto o nosso PIB por habitante como a nossa classificação, em termos de bem-estar social, se situam entre a quadragésima terceira e a quadragésima sexta posições no elenco mundial. Existe, sem dúvida, grande espaço para melhorarmos nossa redistribuição de renda, particularmente se o Estado se concentrar nas tarefas assistenciais, ao invés de gastar recursos em submarinos nucleares ou indústrias, como a informática ou a mecânica pesada, onde meramente concorre com o setor privado. Mas seria dramaticamente irrealista esperar que, por simples legislação caritocrática, passemos da oitava potência econômica ao oitavo padrão de vida ocidental.

Precisamente no momento em que Gorbachev abandonava o *gosplan* em favor da descentralização decisória, nossos constituintes decidiram que, por meio de lei complementar, será criado um *gosplan* caboclo, ou seja, um sistema nacional de planejamento econômico e social. Já no art. 21, estabelece a Carta a competência da União (inciso IX) para elaborar e executar planos nacionais e regionais de desenvolvimento econômico e social. Essa intenção é repetida no art. 48, inciso IV, onde se diz que cabe ao Congresso Nacional dispor sobre "planos e programas nacionais, regionais e setoriais de desenvolvimento". Em estilo sutil como um martelo, característico dos comissários do povo, o art. 174 proclama que o Estado, "como normativo e da atividade exercerá as de planejamento", cabendo à lei (§ 1º) estabelecer

as diretrizes e bases do planejamento do desenvolvimento nacional equilibrado, o qual incorporará e compatibilizará os planos nacionais e regionais de desenvolvimento.

Revela o texto constitucional retardatária repetição de dispositivos que constam da Carta portuguesa de 1974 e que engendraram a estagnação do país, o qual somente agora começa a superá-la, mercê de crescentes investimentos diretos estrangeiros, sobretudo do Mercado Comum Europeu. Diz o art. 81 da Carta de Lisboa que "incumbe prioritariamente ao Estado orientar o desenvolvimento econômico e social no sentido de um crescimento equilibrado de todos os setores e regiões".

No caso brasileiro, não pode ficar sem constantes e estridentes reparos o retrocesso de vinte anos, imposto na Constituição de 5 de outubro, com o restabelecimento do instituto da "estabilidade no emprego", para funcionários públicos com cinco anos de serviço. Já se mobilizam os celetistas para alcançar a categoria de estatutários e se as coisas funcionarem como sempre, os empregados das empresas governamentais acabarão aquinhoados com a mesma vantagem. O sindicalismo irrealista, em ascensão no país, como demonstram resultados eleitorais, não há de perder oportunidades futuras de perturbar a economia nacional com reivindicações relativas a uma restauração da "estabilidade no emprego" para todos os que trabalham. Já a Carta, no art. 7º, estabelece a relação de emprego protegida contra despedida sem justa causa, nos termos

PUBLICAÇÃO DE 1990

de lei complementar. No mesmo artigo, inciso XIII, fica estabelecida a duração do trabalho não superior a oito horas diárias e quarenta e quatro horas semanais; no inciso XIV, determina-se a jornada de seis horas para o trabalho realizado em turnos ininterruptos de revezamento. E como se não ocorresse o desaparecimento anual de impressionante quantidade de empresas, o inciso XXIX trata da ação, quanto a créditos resultantes das relações de trabalho, com prazo prescricional de: a) cinco anos para o trabalhador urbano, até o limite de dois anos após a extinção do contrato; b) até dois anos após a extinção do contrato, para o trabalhador rural. E num jato de irrealismo, o inciso XXII proíbe distinção entre trabalho manual, técnico e intelectual ou entre os profissionais respectivos. Outro inciso do mesmo artigo reza que tem que haver igualdade de direitos entre o trabalhador com vínculo empregatício permanente e o trabalhador avulso.

Como já frisamos, os acréscimos nos custos da mão-de-obra podem ser absorvidos pelas grandes empresas, mas têm criado sérios obstáculos ao funcionamento das empresas de menor porte, já atribuladas com os problemas gerados em cascata pelo processo inflacionário agudo. Não obstante os chavões do esquerdismo inconsequente, as "conquistas sociais" da Carta embaraçam a atividade das pequenas e médias empresas e as empurram para a clandestinidade. Todos os que analisam pacientemente os efeitos financeiros dos trinta e seis incisos e do parágrafo único do art. 7º não abrigam dúvidas quanto aos inevitáveis resultados contrários aos objetivos de seus generosos autores. Mas, no tocante à elevação dos custos de produção, esse artigo não é um caso isolado.

Os constituintes não poderiam encontrar fórmula melhor para desencorajar investimentos e fomentar o desemprego. O propalado avanço é um retrocesso e as conquistas do trabalhador apenas aprofundarão a recessão. O empresário racional tem diante de si: a) reduzir o pessoal, mesmo treinado e útil, retendo apenas os indispensáveis; b) automatizar e robotizar o quanto possível; c) ignorar a Constituição, classificando-a entre as leis que não pegam; d) submergir na economia subterrânea, onde as relações de trabalho são informais. O dispositivo sobre a jornada de trabalho de quarenta e quatro horas faz com que o Brasil viva num mundo irreal, quando o que se destaca nas relações internacionais é a competição acirrada entre os que disputam o mercado mundial. Os coreanos trabalham cinquenta e quatro horas por semana, os japoneses trabalhavam quarenta e oito (reduzidas para quarenta e seis nó ano passado), alguns países europeus entre quarenta e duas e quarenta e cinco horas. Todos com padrão de vida superior ao nosso, porque com níveis superiores de produtividade. Os custos adicionais, decretados pelos constituintes, são absorvíveis por algumas empresas. Mas aumentam de muito as dificuldades que atormentam a maioria delas.

Nada mais cruel que a "caritocracia" demagógica. A experiência mundial revela que a chamada opção pelos pobres leva a utopias dirigistas ou totalitárias, que se traduzem, finalmente, numa opção pela pobreza. Na *Declaração de Independência*, os legisladores americanos foram mais humildes. Jefferson falou no direito à vida, à liberdade e à busca da felicidade. Para nossos constituintes a felicidade passa a ser não apenas um objetivo buscado pela sociedade, mas uma garantia constitucional.

Não são poucas as parvoíces da Carta. A maioria nos impôs uma agressão à modernização tecnológica, votada como "disposição transitória" e depois transformada em "disposição geral". Trata-se do art. 239, § 4º, segundo o qual o financiamento do seguro-desemprego receberá uma contribuição adicional da empresa cujo índice de rotatividade da força de trabalho superar o índice médio da rotatividade do setor (*sic*), na forma estabelecida por lei.

Essa algaravia implica a punição das empresas que se automatizarem ou robotizarem. no afã de cortar custos, melhorar a qualidade de seus produtos ou ganhar competitividade. Torna-se compulsória a mediocridade tecnológica.

Não houve um mínimo de discernimento para distinguir entre o imperativo da eficiência, que é direito e obrigação da empresa individual, e a assistência ao desempregado, que é dever humanitário do conjunto da sociedade. Parece óbvio que as empresas que se tornam mais produtivas pela automação, têm maior lucratividade e os impostos assim gerados aumentam os recursos da sociedade para retreinar desempregados, a fim de se adaptarem a um patamar industrial mais avançado. Nosso cenário industrial se tornou surrealista. De um lado, o Poder Executivo baixa um decreto-lei sobre a "nova política industrial", no qual promete incentivos às firmas que busquem modernização tecnológica. De outro, a Constituição pune aqueles que, pela informatização, automação ou robotização, se afastam do nível médio de rotatividade da mão-de-obra. Como definir o nível médio "aceitável" de rotatividade, se ele flutua em virtude da conjuntura econômica interna, do comércio internacional, de fatores sazonais, da volubilidade dos consumidores?

Ao mesmo tempo, a cultura antiempresarial de que se impregnou a Constituição está fazendo do Brasil o país ideal onde não investir. Esse país ideal é aquele onde é mais fácil divorciar-se de uma mulher do que despedir um empregado.

Contrariando uma suposição generalizada, podemos afirmar que a Constituição de 5 de outubro não é liberal. Ela exemplifica a distinção entre *democracia* e *democratice*.

Democracia é a livre escolha do indivíduo, abrangendo um leque de opções: políticas, sociais, econômicas. *Democratice* é a ênfase sobre os direitos e garantias políticas, com descaso pela defesa do indivíduo contra imposições governamentais no plano econômico, cultural e social. Se a Constituição preserva virginalmente nossos direitos políticos, comete vários estupros da liberdade de escolha: o estupro da liberdade de escolhas econômicas; o estupro da liberdade de escolhas sociais; e o estupro da liberdade de escolhas educacionais.

No título da "Ordem Econômica e Financeira", o grande estuprado é o *consumidor*, personagem sequer mencionado no texto. Nas economias liberais o consumidor é soberano. Não está à mercê de reservas de mercado, que encorajam ineficiência e desencorajam a produtividade. Ele pode escolher entre produtos nacionais e importados, pagando neste caso tarifas aduaneiras que incentivam ao produtor local sem dar-lhe poder de extorsão.

A liberdade de escolha empresarial é também estuprada. O empresário nem sequer é livre para dosar sua participação no capital, pois se for minoritário não poderá atuar na mineração ou na informática. Nas demais áreas de alta tecnologia (mecânica de precisão, química fina, biotecnologia, novos materiais etc.) as restrições não se acham definidas em lei, porém criam obstáculos intransponíveis ao investimento estrangeiro, isolado ou em associação com capitais nacionais. Quanto aos nacionais, todos são iguais, mas alguns são mais iguais que os outros, dado que a lei poderá criar cartórios econômicos (supostamente por interesses estratégicos e desenvolvimentistas). Todos sabemos, por exemplo, que nossa modernização industrial é refém dos gigolôs da informática...

O consumidor pode também sofrer corno *contribuinte* e *usuário*.

Como contribuinte, porque o Poder Público "dará tratamento preferencial à empresa brasileira de capital nacional" nas compras de bens e serviços, o que dispensa o Governo da obrigação de comprar melhor e mais barato. Como usuário, porque se ampliaram as áreas de monopólio e foi oficializado o grevismo. A greve nos serviços essenciais não é mais proibida. Alguém – provavelmente os sindicatos "progressistas" dos funcionários estatais – "disporá sobre o atendimento das necessidades inadiáveis da comunidade". Isso não é democracia. É democratice. A sociedade inocente ficará refém de um bando de monopolistas, mais interessados em maximizar suas vantagens do que em melhorar seus serviços.

O estupro da *liberdade de escolhas sociais* é duplo. De um lado, a Constituição engessa minuciosamente as relações entre empregadores e empregados, independentemente da situação da empresa e da adversidade da conjuntura. É uma privação de liberdade negocial. Contou-me recentemente um pequeno empresário da indústria de confecções que enfrentou o drama humano de reduzir suas costureiras de noventa e três para dezoito, intimidado pelos novos encargos sociais e multa de despedida, legiferados pelos constituintes. Desativará a empresa e diz. com razão, que a Constituição, sob a aparência benfeitora, é uma conspiração dos já empregados contra os desempregados e os jovens. De outro lado, temos que engolir, goela adentro, através de contribuições compulsórias, o ineficiente sistema de seguridade social, que gasta mais com os assistentes que com os assistidos. O razoável seria deixar a empregador e empregados a liberdade de escolha entre sistema oficial e entidades privadas de previdência e saúde. Estas operariam em ambiente competitivo, rivalizando-se na prestação de serviços, sob pena de perderem a clientela. Os que preferirem ficar sob as asas desse "pai terrível" que é o Estado (para usar uma expressão de Otávio Paz) seriam livres para fazê-lo.

Há também um *estupro das liberdades educacionais*. Ao contrário do que dizem os "progressistas'", o dinheiro público não deve ir necessariamente para as escolas públicas e sim para a escolhida pelos contribuintes, pública ou privada, leiga ou confessional. Não é democracia, e sim democratice, que os ricos estudem gratuitamente em universidades públicas, enquanto os pobres têm que recorrer a cursos noturnos em escolas pagas. O Governo, em vez de entregar polpudos recursos a universidades semi-ociosas, por falta de alunos ou grevismo dos professores, entregaria "bônus de educação" às famílias cujos filhos demonstrassem capacidade acadêmica e insuficiência econômica. Escolheriam livremente a escola ou universidade, avaliando o que for melhor para o treinamento dos filhos. O pior que poderia acontecer seria termos universidades públicas sobrantes por falta de alunos, com o útil subproduto de eliminarmos a dupla praga do grevismo dos docentes e da displicência dos discentes...

"Ninguém pode me obrigar a ser feliz à sua maneira", filosofava o grande Immanuel Kant. Com profusas promessas sociais, abundantes garantias e escassos deveres, e uma ingênua crença no "pai terrível", os constituintes pretenderam nos tornar felizes à maneira deles...

Aos reformistas do texto em vigor seria interessante lembrar algumas estatísticas curiosas. A palavra "produtividade" só aparece uma vez no texto constitucional; as palavras "usuário" e "eficiência" figuram duas vezes; fala-se em "garantias" quarenta e quatro vezes, em "direitos" setenta e seis vezes, enquanto a palavra "deveres" é mencionada apenas quatro vezes. Para quem duvide da tendência antiliberal do texto, basta dizer que a palavra "fiscalização" é usada quinze vezes, e a palavra "controle" nada menos de vinte e duas vezes!

Segundo o primeiro-ministro do trabalhismo inglês, James Callaghan, nada mais perigoso do que a feitura de textos constitucionais. Isso desperta o instinto utópico adormecido em cada um de nós. E todos somos tentados a inscrever na Constituição nossa utopia particular. Foi o que aconteceu. É utopia, por exemplo, decretar que prevaleça no Nordeste um salário mínimo igual ao de São Paulo. É utopia dar garantia de vida, ou seja, a imortalidade, aos idosos. É utopia imaginar que num país que precisa exportar competitivamente se possa ao mesmo tempo encurtar o horário de trabalho e expandir os benefícios sociais.

Há consequências inesperadas e cruéis, assim como inesperadas e favoráveis. Urna, favorável, é a queda da taxa de natalidade. O alongamento da licença-maternidade representa um custo adicional, que leva as empresas a preferir mulheres com ligamento da trompa. O resultado é anticoncepcional. O financiamento do Estado Assistencial, mediante aumento das contribuições previdenciárias e do Finsocial, significará repasse aos preços. É provável que os trabalhadores percam, através da redução de empregos ou elevação de preços, mais do que ganharam em novos benefícios, que a máquina obsoleta da Previdência distribuirá com irretocável ineficiência. O resultado é tão esperado como cruel.

Dir-se-á que o mal vem de não se ter regulamentado a nova Constituição. A verdade é que ela é em boa parte irregulamentável. Como regulamentar, por exemplo, a taxa "real" de juros de 12%? Como regulamentar o dispositivo que prevê uma relação estável de emprego, se o consumidor não garante ao empresário uma relação estável de vendas? Corno regulamentar o esdrúxulo dispositivo do art. 239 (§ 4º), que pune as empresas que modernizarem seus equipamentos, pois pagariam urna contribuição adicional por economizarem mão-de-obra em relação ao resto do setor? A regulamentação desse dispositivo congela o atraso e bloqueia o caminho da modernização industrial.

A "Constituição dos Miseráveis", como costumava dizer o Dr. Ulysses em sua campanha eleitoral, é uma favela jurídica onde os Três Poderes viverão em desconfortável promiscuidade. O Congresso invade a área do Executivo, intervindo na rotina das concessões de terras públicas, da remoção de índios em casos de catástrofe. A "censura" aos Ministros de Estado é outro exemplo de promiscuidade dos poderes. O Congresso aprovará não só tratados e acordos internacionais, mas quaisquer "atos que acarretem encargos ou compromissos gravosos ao patrimônio nacional". Como essa gravosidade só pode ser determinada *a posteriori*, ficariam paralisadas operações de compra e venda, empréstimos e investimentos, à espera de decisões do paquiderme legislativo, que deixa inúmeras determinações do Executivo dormindo o sono dos justos, nos "túneis do tempo" produzidos pelo Niemeyer. Por sua vez, o "mandado de injunção" convida o Judiciário a se imiscuir em qualquer área onde esteja presente o Executivo, ao passo que este encontra inúmeras oportunidades de desempenhar funções que a Carta atribui ao Legislativo. Essas rápidas pinceladas talvez nos deixem realmente convencidos de que o país tem pendente uma questão de urgência urgentíssima: reformar a Constituição e retirar o País do claustro, a fim de que os brasileiros respirem os ares do novo mundo em gestação.

4. Publicações de 1991

35. A Constituição dos miseráveis, de 20 jan. 1991, originalmente publicado em Livro "Reflexões do crepúsculo", p. 127-130

> "O brasileiro tem capacidade para fazer qualquer coisa, desde que não saiba bem o que é".
>
> Oscar Lorenzo Fernandes.

Disse-me um banqueiro estrangeiro que apesar de há muito tempo não hospedar dinheiro brasileiro em seu bolso acolhedor, não era isso que o preocupava. Era o obsoletismo da macrovisão brasileira, mesmo em relação a outros países da América Latina o continente ingovernável a que se referia Simon Bolívar.

O Brasil, segundo ele, não está passando nos testes vestibulares da modernidade. O primeiro desses testes é a abertura do comércio à competição internacional. Estamos atrasados sob dois aspectos. De um lado, nosso programa de liberalização das barreiras aduaneiras tem a coragem dos carneiros e a velocidade das tartarugas. Planeja-se uma tarifa média de 20% a ser atingida apenas em 1984. Ora, o Chile há anos pratica uma tarifa única de 15%; no México, a tarifa máxima hoje é de 20%, e a média de 8,9%, devendo esta declinar para 6%. De outro lado, subestimamos a irresistível tendência da globalização de mercados. O México busca integrar-se ao complexo norte-americano/canadense e, antes disso, completará sua união aduaneira com a América Central, em 1991. O Chile está negociando um tratado bilateral de livre comércio com os Estados Unidos. Esses países já perceberam que hoje só os grandes mercados atraem investidores estrangeiros. O Brasil não parece interessado na proposta de Bush, de integração no Clube dos Ricos, preferindo integrar-se no Clube dos Pobres do Clones Sul.

O segundo teste de modernidade é a liberdade de ingresso de capitais. A idade da alta tecnologia, a necessidade de investimentos no controle da poluição, e agora a mendicância dos países socialistas, tornam o capital um bem escasso. O mínimo que se pode fazer é garantir o "tratamento nacional", isto é, a não discriminação contra as empresas estrangeiras. Alguns países não só acolhem capitais como subvencionam os capitalistas, pouco lhes importando a nacionalidade dos acionistas. O que lhes interessa é a absorção de tecnologia a criação de empregos e a abertura de mercados externos. O Brasil parece não se dar conta da escassez mundial de capitais.

O terceiro teste é a demolição de mito. A modernidade chegará ao Brasil somente no dia em que se eliminar o monopólio estatal do petróleo. Pois ele simboliza o culto a um fetiche animista, isto é, a transformação de um combustível vulgar numa idolatria religiosa. O mau exemplo na América Latina veio do México. Aliás, o implantador do monopólio – Lázaro Cárdenas – era mestiço de índio e, portanto, vulnerável a fetiches. Há, entretanto, uma diferença fundamental entre os monopólios petrolíferos do México, Venezuela e alguns países árabes e o da Petrobrás. Naqueles casos, o fetiche foi barato, pois o risco e os investimentos haviam sido feitos pelos estrangeiros desapropriados. No caso brasileiro, o fetiche foi caro, pois não monopolizamos petróleo existente e sim risco permanente. O México começou agora a flexibilizar-se, ao obter crédito de 5 bilhões de dólares para novas prospecções e facilidade de refino. No Brasil, a nova Constituição não só proíbe contratos de risco, como cria um outro fetiche – o das telecomunicações, o que revela não só um pensamento pré-moderno mas antimoderno.

Para os que pensam modernamente, em termos de globalização de mercados, a atual discussão sobre liberalização da reserva de mercado da informática é um episódio de pornografia econômica. Os produtos liberados correspondem a apenas 20% do faturamento da indústria. Continuam "reservados" produtos fundamentais para a modernização como o fax e o microcomputador. A ABICOMP (Associação Brasileira da Indústria de Computadores) não tem pejo de pedir uma margem de proteção de 600%, enquanto a ala econômica do governo, num espasmo liberalizante, admitiria uma proteção de 280%! A diferença é que a ABICOMP quer estuprar o consumidor e os outros se contentam em surrá-lo. Pela lei antitruste, que proíbe restrições à concorrência, ambos os grupos deveriam ir para a cadeia, uns como comitentes e outros como coniventes... Tem razão o professor Carlos Longo, no seu livro Estado brasileiro, – ao dizer que o que irá distinguir no futuro se um país faz parte do Primeiro Mundo é sua disposição a eliminar reservas de mercado.

Abriu-se agora a discussão sobre a revisão da Constituição de 1988. De uma coisa estou certo. Não vale apena regulamentá-la. Não há como dar funcionalidade a uma peça pré-histórica. É estatizante, quando o mundo se privatiza. Endossa reservas de mercado, quando o mundo se globaliza. Entroniza o planejamento estatal no momento do colapso do socialismo. Cria um centauro com cabeça presidencialista e corpo parlamentarista. E, sobretudo, não distingue entre garantias não-onerosas, como direitos humanos, e garantias onerosas, como empregos, salários e aposentadoria, que representam contas a pagar pelo contribuinte.

Argumentam alguns que a revisão se impõe em nome da luta anti-inflacionária. O emagrecimento do Estado é inibido pela tríplice restrição da estabilidade, da isonomia e da irredutibilidade de vencimentos do funcionalismo. O governo federal já estava alquebrado e a Constituição o tornou "quebrado", pois que transferiu receita demais, e encargos de menos, para estados e municípios. A Previdência se inviabilizou, passando sua despesa de 4,8% do PIB em 1980 para 10,1% no ano passado. O déficit que era conjuntural se tornou estrutural. Alegam outros que as vedações ao capital estrangeiro, as reservas de mercado e o intervencionismo econômico diminuem nosso potencial de desenvolvimento.

Para mim, o argumento fundamental em favor da revisão é que o Brasil não pode esperar mais três anos para sinalizar ao mundo que aceita os imperativos da modernização. E a modernização é incompatível com uma Constituição dirigista e corporativista.

Afonso Arinos nos ensinava que existem Constituições "suma" e Constituições "instrumento". A atual não é nem uma coisa nem outra. É uma Constituição "regulamento". Impregnada daquilo que Miguel Reale chamava de "totalitarismo normativo".

Ulysses Guimarães, em comovido discurso no encerramento da Constituinte, apelidou-a de "Constituição dos miseráveis". Erro apenas na preposição. Ao criar um desequilíbrio estrutural nas finanças públicas,

ROBERTO CAMPOS

proclamar direitos sem deveres e criar obstáculos a liberdade empresarial, não é uma Constituição "dos" miseráveis. É "contra" os miseráveis.

36. Besteira preventiva, de 7 abril 1991, originalmente publicado no Livro "Reflexões do crepúsculo", p. 209-212

> "As esquerdas brasileiras têm, em relação ao lucro, aversão comparável à que os homossexuais reservam para o sexo oposto".
>
> Das "Memórias de um diplomata"

Sempre achei que o imposto sobre as grandes fortunas, criado pelo art. 153, item VII, da Constituição Federal, seria uma excelente contribuição para o desenvolvimento de Miami e das Bahamas. Entretanto, relatei favoravelmente projeto do senador Fernando Henrique Cardoso – atenuando-o com um substitutivo depois patrocinado pelo senador Gomes Carvalho – cujo propósito era precisamente regulamentar a aplicação do dispositivo constitucional.

Como explicar a contradição? Recorro à teoria da "besteira preventiva", a que se referia o professor Eugênio Gudin. Uma besteira menor, consciente, pode prevenir uma besteira maior, inconsciente. Antes que surgisse uma regulamentação exacerbada, procurei minimizar o mal. Um meio de minimizar o mal é permitir às vítimas do imposto a alternativa de aplicá-lo parcialmente em investimentos na infraestrutura de serviços públicos, que dificilmente atrairiam capitais voluntários. Um investimento constrangido é melhor do que um tributo extorquido.

A votação na Constituinte do imposto sobre as grandes fortunas foi mera concessão à demagogia populista, que, oxalá, tenha sido nessa Carta Magna (magna apenas no tamanho) seu canto de cisne...

É fácil entender por que o imposto sobre as grandes fortunas é disfuncional. Patrimônio é renda acumulada. E essa renda já foi tributada ao longo do processo cumulativo. Por isso o imposto é antidesenvolvimentista. O agente econômico produz a renda no país, mas é induzido a acumular o patrimônio no exterior, para escapar à dupla tributação. E essa fuga de capitais empobrece ainda mais os infortunados, que se supunha psicologicamente gratificados pela punição dos afortunados. A intenção é honrada; o resultado, cretino.

A experiência internacional com esse imposto é constrangedora. O Japão adotou-o em 1950 e aboliu-o em 1953. A Itália introduziu em 1946 o "imposto extraordinário sobre o patrimônio" e suprimiu-o no ano seguinte. Vários países de tecnologia fiscal avançada como a Grã-Bretanha, o Canadá e a Austrália estudaram-no em intermináveis relatórios, mas optaram prudentemente pelo aperfeiçoamento do imposto de renda ou pela aplicação de impostos sobre formas específicas de patrimônio, como o imobiliário.

Os Estados Unidos, que não são bobos, abstiveram-se de criar esse imposto, pois adoram atrair para si o patrimônio alheio. Quando mais impostos se criam na América Latina, melhor para a prosperidade da Flórida e da Califórnia...

A França dança um minueto. Os socialistas tributaram as grandes fortunas a partir de 1981, sob delirantes aplausos dos bancos suíços, cujas arcas se encheram. Os conservadores aboliram-no em 1983. Com o retorno de Mitterrand em 1986, voltou também o imposto sob forma mais mansa. A receita é mesquinha, suficiente como barretada aos tabus socialistas, porém insuficiente para impedir o exercício de um capitalismo decente. É provável que não sobreviva ao livre fluxo de capitais no mercado europeu unificado.

A fuga é apenas um dos percalços. Outro é a enorme complexidade administrativa de cobrança. Como avaliar adequadamente patrimônios de composição e liquidez tão diversos, como imóveis, ações, debêntures e obras de arte? Os alemães, que não brincam em serviço, tiveram de formular uma lei sobre avaliação de patrimônio com 123 parágrafos, sendo que os comentários interpretativos da lei abrangem nada menos que 1698 páginas!

Na experiência internacional, o imposto sobre grandes fortunas não é considerado um imposto de arrecadação, mas antes um instrumento adicional de fiscalização. Visa não ao confisco do patrimônio, e sim amplias o alcance de tributação sobre ganhos de capital. Já havendo no Brasil três impostos patrimoniais – o IPTU (Imposto sobre a propriedade territorial urbana), o ITR (Imposto territorial rural), e o IPVA (Imposto sobre a propriedade de veículos automotores), e sendo reconhecidamente grosseiros e perceptíveis os vazamentos da coleta do imposto de renda, pareceria elementar prudência aperfeiçoar-se a arrecadação desses tributos antes de se criar uma nova superposição fiscal. Nosso sistema tributário, árvore de natal para o governo, e câmara de tortura para os contribuintes, já inclui 53 diferentes instrumentos de extração de recursos. Sem falar, obviamente, do maior de todos, o imposto inflacionário.

Registre-se, ainda, a mudança do clima mundial no tocante à fiscalidade, ao longo da última década. Há uma generalizada percepção do excessivo tamanho do Estado e da conveniência de alívio das alíquotas fiscais como meio de expandir a base, conciliando-se os objetivos de aumentar a arrecadação e preservar incentivos à criatividade e mérito individuais. A regra da equidade seria atendida pela "proporcionalidade" do tributo, pagando cada um em proporção à sua renda, enquanto a progressividade tem o questionável efeito de punir os mais bem-sucedidos e criativos, que passam a ser vítimas da presunção da "renda merecida".

Tendo o Estado revelado ineficiência e desperdício em seu redistributivismo, o "efeito-incentivo", resultante do alívio fiscal, passou a primar sobre o "efeito-redistributivo". Surgiu uma nova cultura fiscal, simultaneamente com o impulso de desregulamentação e privatização que ora permeia o mundo. Sucessivamente, os Estados Unidos, Inglaterra, Alemanha, França, Japão e agora os países escandinavos, buscam aliviar a progressividade do imposto de renda, reduzindo o número de alíquotas e diminuindo seu nível absoluto.

O resultado uniforme tem sido aumento de arrecadação, redução da taxa de evasão, rápido progresso tecnológico e sustentada atividade econômica.

Se o imposto sobre as grandes fortunas traz o risco de desencorajar a poupança e afugentar capitais, se gera pouca receita e traz altos custos administrativos, por que os constituintes o criaram sem choro e ranger de dentes? Ora bolas! Quem se admira de que os políticos não meditem suficientemente sobre os efeitos inesperados dos impostos que votam, não conhece o bê-á-bá da política. "A política – diz o professor James Buchanan – é a arte de retirar o dinheiro dos ricos para arrancar os votos dos pobres, sob o pretexto de protegê-los uns dos outros".

37. *Nihil novum sub sole*, de 12 maio 1991, originalmente publicado no Livro "Reflexões do crepúsculo", p. 205-208

> "A vocação do burocrata é transformar a solução num problema".
>
> Woody Allen

"Nada de novo sob o sol", diz o *Eclesiastes*. Vários temas que agora parecem modernos e palpitantes – Banco Central independente, voto distrital, fidelidade partidária, exigência de eleitorado mínimo para a representação de partidos políticos no parlamento – já foram objeto de dispositivos constitucionais ou leis que não pegaram. Não basta ter leis. É preciso que elas "peguem".

A ironia da história é que o Banco Central nasceu independente e se tornou vassalo pela prevalência dos costumes viciados. Em seu formato inicial, segundo a lei nº 4.595, de 1964, a política de moeda e crédito seria formulada pelo Conselho Monetário Nacional. Este se compunha de nove membros votantes, dos quais apenas três eram demissíveis "ad nutum" – o ministro da Fazenda e os presidentes do Banco do Brasil e do BNDE. Os demais, conquanto designados pelo presidente da República, teriam de ser aprovados pelo Senado Federal e gozariam de mandatos fixos de seis anos, salvos assim do redemoinho das sucessões presidenciais e dos rodízios do legislativo. O presidente do Banco Central e três diretores do Banco seriam eleitos pelo Conselho, dentre seus membros, sem interferência governamental. Esse desenho de independência não sobreviveu à primeira transição presidencial. Quando tentei explicar ao general Costa e Silva, então presidente eleito, que ele não podia substituir o presidente do Banco Central por ser este o "guardião da moeda", protegido por estabilidade de mandato, a resposta foi que o próprio chefe do Executivo seria o guardião da moeda, observação que só poderia provir de alguém sem experiência das enormes pressões de gastança sobre o Executivo.

Subsequentemente, os mandatos foram extintos e o Conselho Monetário expandido pela multiplicação de membros, tornando-se mais um comício que um Conselho. Outro exemplo de prevalência das leis sobre o costume é a desinibida violação do preceito da nova Constituição Federal (art. 164), que proíbe ao Banco Central financiar quer direta quer indiretamente os déficits do Tesouro. Atenta a tradição emissionista do Banco Central, trata-se de um preceito ousado: equivale a recomendar a um cafetão que faça um voto de castidade.

Ligada à questão do parlamentarismo surge a discussão de três pré-requisitos de sua viabilização: – o voto distrital, a fidelidade partidária e a exigência de um eleitorado mínimo para que os partidos se credenciem à representação no parlamento. Na República Nova, passamos de um bipartidarismo constrangido a um multipartidarismo caótico, que causaria extrema instabilidade num regime parlamentarista. Acontece que o voto distrital misto já fora previsto pela Emenda Constitucional nº 22 de 1982, sem jamais ser implantado. A fidelidade partidária fora instituída pelo parágrafo único do art. 152 da Emenda Constitucional nº 1, de 1969. Esse mesmo artigo cerceava a proliferação de partidos, pois estes teriam sua organização e funcionamento condicionados à obtenção de 5% dos votos contados na última eleição realizada para a Câmara dos Deputados.

Falamos hoje, com ar de modernidade, na adoção do modelo parlamentarista alemão. Mas alguns de seus elementos essenciais já eram dispositivos constitucionais, e simplesmente não "pegaram". Nossa criatividade está tão baixa que o que parece inovação é simplesmente ressurreição.

O alarmante na conjuntura brasileira não é apenas a "estagflação" econômica. É que estamos mais atrasados que qualquer dos grandes países latino-americanos na compreensão dos requisitos da modernidade. A privatização de empresas é hoje consensual em quase toda a América Latina. O Chile foi o pioneiro, seguindo-se-lhe o México, que já privatizou 2/3 de suas empresas. A Argentina privatizou sua linha aérea, seu sistema telefônico e concessões de petróleo. No Brasil, entretanto, recente pesquisa de opinião revela simpatia pela permanência de estatais nos serviços essenciais, o que é uma cabal demonstração clínica de masoquismo. Não só os serviços são precários como a sociedade se tornou refém desses monopólios estatais, que descobriram nas greves (sem desconto dos dias faltados) não só um instrumento de poder como um passaporte para férias remuneradas. Na mesma pesquisa emergem fortes preconceitos populistas contra multinacionais e os lucros do empresário. Aparentemente a população não vincula a ideia de lucro à criação de empregos, como se os lucros de hoje não fossem a fonte do investimento do amanhã e dos empregos de depois do amanhã. Ao contrário da percepção popular, o

PUBLICAÇÕES DE 1991

Brasil é hoje um país de alto risco e baixo lucro. Não é por outra razão que fogem os capitais nacionais e não entram os estrangeiros. Nem há suficiente percepção de que num mundo onde capitais são escassos, a competitividade exige apuro tecnológico e o acesso a mercados externos é essencial para a economia de escala, o papel das multinacionais cresceu de importância, rivalizando-se os países, quer capitalistas, quer socialistas, quer pós-socialistas, em atraí-las como instrumentos de modernização.

Há dois outros indícios do atraso brasileiro na aceitação da ideologia do livre mercado. Somos provavelmente o país mais protecionista do Continente. Nossa tarifa média de importação, mesmo após o programa liberalizante de Collor, é de 40% "ad valorem", contra 15% no Chile, 8,9% no México e 11,5% na Argentina. E partilhamos com esta duvidosa hora de sermos os únicos países a adotar o congelamento (ou trégua) de preços, com toda a parafernália burocrática que isso acarreta, como instrumento de combate à inflação. Sempre achei que Brasil e Argentina, desde que esta iniciou a temporada de choques heterodoxos com seu Plano Austral, progenitor do Plano Cruzado, se parecem em política econômica a um par bêbados cambaleantes a cabecear nos postes. Só que a Argentina parece estar no caminho do mercado, enquanto o Brasil parece estar de volta ao bar.

O novo modismo sob o sol destes tristes trópicos é a procura de uma "terceira via" entre o capitalismo e o socialismo, a chamada "economia de mercado socialmente regulada". Trata-se de maquiagem simpática, cujo resultado único será diminuir a eficiência do mercado e preservar a ineficiência do dirigismo. Como diz o ministro das Finanças da Checoslováquia, Vaclav Klaus, "a terceira via é o caminho mais curto para o Terceiro Mundo".

38. Saudades da chantagem, de 16 ago. 1991, originalmente publicado no Livro "Antologia do bom senso", p. 301-304

"Toda a coerência é, em princípio, suspeita."

Nelson Rodrigues

A desastrosa Constituição de 1988 – inspirada pela portuguesa, da qual os lusitanos se arrependeram quando se deram conta de que haviam sido

259

ROBERTO CAMPOS

cravados pela "Revolução dos cravos" – representou, para usar a feliz expressão do professor Paulo Mercadante, um "avanço do retrocesso".

Em matéria de entendimento intelectual da economia de mercado, o Brasil se atrasou em relação a outros países da América Latina. Algumas coisas se tornaram consensuais neste desperdiçado continente e não o são entre nós. A privatização, a abolição de inúteis controles e congelamentos, a integração competitiva no mercado mundial, a liberação da informática, o reconhecimento da propriedade intelectual são coisas percebidas alhures como o novo paradigma das sociedades modernas. Nós ainda não nos demos conta do surgimento desse "novo paradigma", cujos quatro princípios, segundo James Pinkerton, seriam a descentralização, a ênfase na escolha pessoal, o pragmatismo e a opção pelas forças do mercado.

Os sinais do avanço do retrocesso são óbvios. Um deles foi cretino debate sobre a privatização da Usiminas. Receava-se que a usina fosse vendida a preços subavaliados, coisa rigorosamente impossível em leilão num mercado livre: o preço pode ser demasiado alto ou demasiadamente baixo no laboratório do burocrata ou no escritório do auditor. No leilão competitivo só existe um preço: o preço do mercado. O regionalismo mineiro seria mais inteligente se postulasse do Governo Federal que os proventos da venda da Usiminas fossem aplicados em projetos de saúde e educação no Estado. Seria injusto para com nós outros, que não participamos da graça da mineirice, pois a usina foi construída com nossos impostos. Mas seria mais inteligente do que preservar a empresa nas mãos de um investidor falido. É tempo aliás de cessarmos esses ridículos *slogans* de defesa da empresa pública, pois que as empresas públicas nunca foram do público e sim do político e do tecnocrata. Privatizá-las é o único meio de torná-las públicas. Patrimônio público é apenas o dinheiro do contribuinte que o governo extrai incompetentemente e administra desastradamente.

"Avanço do retrocesso" é a volta ao congelamento de preços, pela surpreendente verificação de que a água represada flui com força maior quando aberta a comporta. "Avanço do retrocesso" é a prefixação de salários, coisa que só faria sentido se houvesse a prefixação de preços. Mas se o mercado obedecesse aos decretos governamentais, por que não prefixá-la em zero? É a "lógica do congelamento" que a ex-ministra Zélia adotou em abril de 1990, com os resultados conhecidos...

"Avanço do retrocesso" é a propalada ressurreição no Congresso da Frente Parlamentar Nacionalista, para defender os monopólios estatais e proteger da cobiça estrangeira os cadáveres geológicos que chamamos de "riquezas naturais". Trata-se de uma exumação de *slogans* do bernardismo dos anos vinte e do getulismo dos anos cinquenta. Isso na era tecnológica dos novos materiais de laboratório é coisa tão criativa como exumar esqueletos na esperança de transformá-los em símbolos sexuais!

A defasagem intelectual do Brasil em relação aos requisitos da modernidade foi evidenciada por nossa fleuma em manter a reserva de mercado da informática até outubro de 1992. São mais quinze meses de atraso – duas gerações de computadores – como se manter a economia de pernas amarradas por esse tempo fosse bom treinamento para um futuro salto olímpico.

O Brasil é hoje, possivelmente, a economia mais inflacionária do mundo, ganhando mesmo de países afligidos por guerrilhas, como Peru, Líbano ou Filipinas. O fenômeno é mortificante para nós e incompreensível para os estrangeiros. Só se explica por absurda incompetência gerencial ou alguma tara cultural.

Que existe um fenômeno cultural prova-o o fato de que mesmo os países latino-americanos supostamente bem-comportados, como Chile e México, exibem taxas inflacionárias da ordem de 20% ao ano, mais de duas vezes a dos países asiáticos em comparável nível de desenvolvimento.

Marginalizado por investidores estrangeiros, com participação declinante no comércio internacional e nos fluxos financeiros, o país está possuído de um sentido de isolamento e melancolia.

A melancolia provém da perda de importância estratégica num mundo que deixou de ser bipolar. Nossa frustração é comparável à do diplomata chinês que via três cenários da nova estrutura do poder mundial: o cenário da "unipolaridade", em que os Estados Unidos seriam a única potência de alcance global; o cenário da "tripolaridade", no qual os atores cruciais seriam os Estados Unidos, o Japão e a Europa, presumindo-se que o poderio econômico substitua a eficácia militar como moeda do poder; e o cenário da "não-polaridade", resultante do reconhecimento da interdependência, ou da erosão da capacidade dos. governos para governarem efetivamente. E em nenhum desses cenários visualizava a China como ator estratégico relevante, pelo menos até a virada do século. O caso do Brasil não é muito diferente.

ROBERTO CAMPOS

Em certo sentido, nossa confusa diplomacia sente saudades do mundo bipolar, em que o modelo soviético tinha alguma credibilidade como alternativa. Os países do Terceiro Mundo podiam então fazer suas pequenas chantagens: ameaçar o Ocidente, caso não obtivessem ajuda financeira, com a conversão ao comunismo, alterando-se o balanço de poder mundial; recorrer à tecnologia soviética para escapar às exigências ocidentais de controle do uso de tecnologias sensíveis ou do reconhecimento de patentes; intensificar o comércio com o Leste Europeu, como vingança contra o protecionismo dos países industrializados capitalistas. Depois de Chernobyl, entretanto, a tecnologia soviética não irradia simpatia e a precisão dos mísseis "Scuds" só é comparável à das previsões governamentais sobre a taxa de inflação. Aliás, nem há mais Terceiro Mundo, pois o Segundo Mundo, o socialista, desmoronou. Para fins operacionais os grupamentos decisórios relevantes são, no plano político, o Conselho de Segurança da ONU e, no plano econômico, o G7, o grupo dos sete países ricos. O resto é o resto ...

Alguns esportes divertidos na América Latina se tornaram insossos. Como atribuir todos os males do Continente ao imperialismo anglo-saxão, quando mexicanos e chilenos querem se integrar no grande mercado americano-canadense? Como acusar o FMI de grande Satã do capitalismo quando a União Soviética lhe está batendo às portas, em busca das receitas de ajuste à economia de mercado?

Temos saudades do tempo da chantagem. Eu não. Sempre fui coerente. Mas, como dizia Nelson Rodrigues, a coerência é, em princípio, suspeita.

39. O fácil ofício de profeta, originalmente publicado em *Correio Braziliense*, 1º set. 1991

"Contra a estupidez até os deuses lutam em vão"

Schiller

Se fosse a profissão de profeta, com vencimentos adequados, eu passaria facilmente no concurso. Sem falsa modéstia, virtude que, como a roupa íntima da mulher, existe, mas não deve ser exibida, profetizei o colapso do marxismo soviético, antevendo três rebeliões: a rebelião dos intelectuais,

PUBLICAÇÕES DE 1991

a rebelião dos consumidores e a rebelião das nacionalidades. Errei apenas na sequência, pois que as nacionalidades se rebelaram antes dos consumidores.

No caso brasileiro, ser profeta é uma barbada. Profetizei, um pouco solitariamente, que a reserva de mercado da informática seria um desastre tecnológico. Previ que o "Plano Cruzado", essa peça de dirigismo desvairado, não só não curaria a inflação como desorganizaria a economia, gerando a subcultura do dirigismo e a subcultura do calote. Adverti que a moratória "independente" lançaria o Brasil no ostracismo financeiro, pois que o custo de "não" pagar (cessação de investimentos e financiamentos) seria maior do que o custo de pagar. Durante a Constituinte, predisse que o País se tornaria ingovernável. O nacional populismo, na véspera de sua raivosa menopausa, produziu um documento que é híbrido no político, utópico no social e estatolatra no econômico.

Veio depois o "Plano Collor I". Era fácil prever que sua mistura de congelamento (desorganizando o mercado) – e de confisco (desorganizando a poupança) resultaria numa "inflação recessiva". A cirurgia deveria objetivar extirpar as amídalas inchadas do setor.

Os esforços de desregulamentação, privatização e abertura internacional foram tímidos e, em matéria de dívida externa, ao invés de desmontarmos o patíbulo, como o fizeram os mexicanos, perdemos mais de um ano espichando a corda.

O "Plano Collor II" foi o quinto choque "heterodoxo", num quinquênio de estagnação, precisamente quando outros países subdesenvolvidos transformavam o crescimento numa rotina. Apesar do protecionismo e da indiferença dos ricos, países tão díspares como a Turquia e a Tailândia cresceram mais de nove por cento no ano passado.

Que dizer do "Emendão" (remendão, segundo alguns) constitucional, submetido aos governadores e ao Congresso? No início do governo teria soado como urna proposta realista de "restauração da governabilidade". Hoje parece urna improvisação em momento de desespero, ou urna tentativa de auto absolvição, caso o Congresso não coopere. Aliás, o Congresso tem dado quase tudo que o Presidente pediu, inclusive dois congelamentos e um confisco. Os pedidos é que foram errados.

Mas o "Emendão" tem a grande vantagem de ser uma confissão da falência do Estado. Isso é melhor do que a ilusão de solvência. Os que se opõem à privatização devem conscientizar-se de que o Estado investidor

ROBERTO CAMPOS

está falido. Estatismo hoje é sinônimo de sucateamento físico e mental. E os governos estaduais devem convencer-se de que não podem continuar na gastança. A crise fiscal dos estados brasileiros não é em função do seu grau de pobreza, e, sim, do seu grau de incompetência. Os quatro estados mais ricos – São Paulo, Minas Gerais, Rio Grande do Sul e Rio de Janeiro – figuram entre os mais insolventes. Foram os mais beneficiados pela cessão de títulos federais para a rolagem das dívidas e serão os grandes beneficiários do programa de seu refinanciamento em 20 anos. Pode ser que o crime não compense, mas a imprudência no Brasil compensa.

Collor é especialista em atos de coragem, virtude a ser exercida com parcimônia. É coragem, por exemplo, investir contra a aposentadoria por tempo de serviço, que trará à Previdência Social urna hemorragia de *déficits*. Nosso sistema de seguridade social é sueco em suas ambições e moçambicano em seus recursos. É coragem investir contra o tríptico de privilégios que diferencia o funcionário público do trabalho comum: a estabilidade, a isonomia e a irredutibilidade de vencimentos, as quais inviabilizam a reforma administrativa do elefante estatal.

No "Emendão" há coisas que não deveriam ser retiradas e coisas que deveriam ser inseridas. A abolição da gratuidade na universidade pública seria um santo remédio para o grevismo, que torna o ano letivo um intervalo entre greves. Ela treina apenas 25 por cento dos universitários e a produtividade é escandalosamente baixa – 2,3 alunos por servidor. As coisas seriam diferentes se as universidades, em vez de receber verbas, tivessem que usar o verbo para conquistar os alunos. É mais que bem-vinda a abolição do monopólio estatal de telecomunicações, mas não a retomada do conceito de empresa nacional, para eliminar discriminações xenofobias que expeliram o Brasil da paisagem de investimentos internacionais. Seria ambição demais esperar do governo um ataque à vaca sagrada do monopólio estatal do petróleo, esse cacoete terceiro mundista que nos torna reféns de greves de petroleiros. Ao contrário do que diz Brizola, o perigo hoje não é sermos explorados. Os russos estão doidos para ser explorados, até mesmo no petróleo. O perigo é sermos ignorados.

Há coisas induvitavelmente úteis no "Emendão", como por exemplo a fixação de tetos de dispêndio com pessoal e encargos. Mais duvidoso é o esquema de reescalonamento da dos estados, que seria financiado com redução de receitas municipais e realocação de fundos vinculados ao BNDES e programas regionais. O efeito pode ser premiar os estados mais

PUBLICAÇÕES DE 1991

caloteiros. A concessão máxima a fazer seria transferir-lhes o benefício do reescalonamento obtido dos credores da dívida externa avalizada pelo governo federal.

O maior, desapontamento do "Emendão" corre por conta dos dispositivos fiscais. A se tocar na constituição, seria aconselhável, pelo menos, uma minirreforma simplificadora, para a qual já existem várias propostas. O "Emendão" se limita a um fiscalismo exacerbado. A abolição do requisito de anualidade previamente à alteração de impostos aumentaria a instabilidade das regras do jogo. E numa economia que já sofre da fuga de capitais, a obrigações do sigilo bancário faria o dinheiro fugir, não só para fora do país, mas para fora dos bancos. Fuga de capitais e desintermediação bancária significariam perda da receita, e não melhoria de arrecadação. Quanto à ameaça de indisponibilidade de bens para os inadimplentes – prefeituras e empresas estatais –, elas ficariam com seus bens saudavelmente indisponíveis.

Não vale a pena para o Congresso nacional votar sanções que aumentem a arbitrariedade do fisco, sem reformas simplificadoras e racionalizadoras que tornem a evasão uma safadeza, e não urna condição de sobrevivência. Dizia o presidente Bush que em política internacional "a instabilidade é o inimigo". Na economia brasileira, também.

40. A modernidade abortada, originalmente publicado em Correio Braziliense, 22 set. 1991

> "Não seria suficiente fazer que o Congresso visse a luz.
> Foi preciso fazer que ele sentisse o calor"
>
> Presidente Reagan

Em termos de cultura econômica, o Brasil não é um país moderno. Não se impregnou ainda dos dois grandes consensos do mundo pós-muro de Berlim: a cultura anti-inflacionária e a cultura da economia de mercado. Estas se baseiam no reconhecimento de que o desenvolvimento sustentável é impossível com altos graus de inflação e de que a planificação central e o dirigismo são receitas de ineficiência.

O "consenso anti-inflacionário", antigo nos países industrializados, é recente na América Latina. Foi um subproduto das frustrações da década perdida. Poucos se dão conta de que o Brasil detém hoje o campeonato absoluto da inflação, não só na América Latina, mas no mundo. Nossos tradicionais rivais nesse campeonato Chile, Bolívia, Peru, Argentina, e na Ásia, a Indonésia – se converteram à cultura anti-inflacionária. Se buscarmos uma cosmovisão dos processos inflacionários, verificaremos que há vários níveis de tolerância a essa doença. Nos 22 países industrializados da OECD a margem de tolerância se situa entre um a sete por cento ao ano. (Na Europa, os casos aberrantes são Portugal e Grécia, precisamente os menos desenvolvidos). Os países em desenvolvimento da Ásia estão na faixa de entre seis a 12 por cento. Na América Latina, os níveis são tradicionalmente mais altos, mas podem se detectar dois patamares: entre dez e 20 por cento anuais, no caso da Bolívia, Chile, México e Venezuela, que fizeram processos de ajuste, entre 50 e 80 por cento na Argentina e Peru, recém-convertidos à cultura anti-inflacionária. O Brasil é o campeão absoluto – entre 125 e 150 por cento nos primeiros sete meses deste ano, dependendo do índice adotado. Um outro meio de medirmos a profundidade de nossa cultura inflacionária é lembrarmos de que, enquanto nos 101 anos desde a proclamação da República (1889-1990) os preços mundiais aumentaram em média 23 vezes, no Brasil eles subiram 32 vezes dez elevado a 15ª potência.

O Brasil não está no mundo moderno. Está em órbita. Em órbita inflacionária.

Além de não ter aderido à cultura anti-inflacionária, pois a sociedade, ao invés de exigir o fim da inflação, contenta-se em pleitear um indexador adequado, o Brasil também não se ajustou ao outro paradigma moderno: a economia de livre mercado.

Que o Brasil não é uma economia de mercado, e, sim, uma economia dirigista e basicamente anticapitalista, provam-nos os seguintes dados estarrecedores sobre o nosso intervencionismo. Desde 1980, tivemos oito planos de estabilização, quatro diferentes moedas, seis congelamentos de preços e salários, dez presidentes do Banco Central, 15 fórmulas salariais, 18 mudanças nas regras cambiais, 21 pseudoprogramas de austeridade fiscal, 22 propostas de renegociação da dívida externa e cem sequestros da poupança, de dimensões inéditas em tempos de paz. Quanto à dívida externa, houve na década moratória para todos os gostos: a moratória "messiânica" do ministro Funaro, a moratória "cordial" do ministro Maílson e a moratória "zangada" da ministra Zélia.

É visível nosso atraso na absorção dos novos paradigmas da cultura econômica. Não só no contexto mundial, mas na própria América Latina. Basta dizer, por exemplo, que a privatização de empresas estatais, hoje consensual na América Latina (para não falar na Europa Oriental, possuída de uma fúria privatizante), é ainda passionalmente questionada no Brasil. Em termos de abertura comercial somos hoje o país mais protecionista com tarifas aduaneiras absurdamente elevadas e indecentes reservas de mercado. Aí reside, aliás, uma das grandes dificuldades para a operacionalização do Mercosul. Somos o único grande país que não renegociou sua dívida externa e não concluiu acordo com o FMI. Este, considerado pelas esquerdas caboclas o grande Satã, é hoje visto pelas esquerdas socialistas europeias como a gazua para a abertura dos cofres internacionais. No resto do mundo, o que vigora em relação a capitais estrangeiros investidos no país é o "tratamento nacional". Avaliam-se as empresas em função de sua contribuição tecnológica, de sua capacidade de criar empregos e exportar, e não em função da nacionalidade do capitalista. O tratamento discriminatório é uma bizarria introduzida no Brasil pela Constituição de 1988. Com a globalização dos mercados, há uma contínua graduação das empresas, de nacionais para regionais; de regionais para multinacionais; destas para transnacionais (quando não só a administração, mas também a pesquisa é descentralizada); e destas para as empresas globais, que perdem identificação com o país de origem e têm suas ações cotadas em todas as grandes Bolsas mundiais.

Estamos num momento de confluência de crises, superpondo-se a crise financeira, a política e a moral. No fundo, o que existe é um duplo desapontamento. O desapontamento político, porque redescobrimos a democracia política mas não conseguimos operacionalizar a convivência política. O sistema partidário é caótico. Sob certos aspectos, até regredimos. Três das condições de fortalecimento partidário – o voto distrital, a fidelidade partidária e a exigência de um *quorum* expressivo de votos para que os partidos participem do Parlamento – já figuraram como dispositivos constitucionais, revogados todos pela nova Constituição. Todos eles terão que ser ressuscitados, se quiser falar seriamente na aventura parlamentarista. O desapontamento econômico provém do duplo fracasso: não conseguimos debelar a inflação, o nacional-populismo se revelou incapaz de promover a retomada do desenvolvimento. O Brasil é um caso de modernização abortada.

O "emendão constitucional" que está sendo apresentado ao Congresso pelo presidente Collor contém ideias modernizantes, sobretudo no tocante à abertura da economia. Não é sem tempo, pois corríamos o risco de ver a Rússia se tornar capitalista antes do Brasil, e a Albânia mais privatista do que Minas Gerais.

O Congresso terá que superar vários cacoetes nacional-populistas, tarefa mais difícil do que parece, pois vários de seus segmentos ainda não reconhecem a queda do muro de Berlim. E puro exibicionismo, por exemplo, termos dois partidos comunistas, quando na União Soviética o partido está ameaçado de se tornar clandestino. Foi criado no Congresso Nacional o Bloco da Economia Moderna. (BEM). Ele se propõe não só ver a luz dos fatos, mas sentir o calor da modernidade. Sua ideologia é o desmentido às ideologias. O postulado fundamental é que "o Estado moderno é o Estado modesto". Os princípios reitores devem ser o princípio da "subsidiariedade" e o da "complementaridade". Segundo aquele, as unidades superiores do governo não devem fazer o que pode ser bem feito pelas unidades inferiores. Segundo este, o governo não deve fazer o que a iniciativa privada pode fazer. Fundamental é também o princípio da "intervenção mínima": o governo deve agir preferivelmente por controles indiretos, estáveis e impessoais, antes que por controles burocráticos diretos que favorecem o arbítrio do burocrata e a caçada de rendas nos corredores de Brasília, essa corte medieval com *aparatchicks*.

5. Publicação de 1992

41. *Spes in arduis*, **de 26 jan 1992, originalmente publicado no Livro "Antologia do bom senso", p. 305-308.**

> "É melhor que um homem exerça tirania sobre seu saldo bancário que sobre a vida de seus concidadãos."
>
> Lord Keynes

Entre suas várias originalidades, o Brasil encerra a de ser socialista sem o saber. Certamente o é a Constituição de 1988, pré-Muro de Berlim. No título VIII – Da ordem social – exibem-se duas características fundamentais do socialismo: despotismo e utopia.

Exemplos de despotismo são os dispositivos relativos à educação e à previdência social. Quanto à educação, diz-se que ela é dever do Estado, com a colaboração da sociedade. É o contrário. Ela é dever da família, com a colaboração do Estado.

O Estado não deve ser o "dono da educação". Os contribuintes lhe pagam impostos para que crie um sistema educacional público. Mas muitos, senão a maioria dos contribuintes desejam manter aberta a opção da escola privada, leiga ou confessional, hoje menos burocratizada, menos politizada e menos infectada de grevismo. A opção privatista está sempre à disposição dos contribuintes abastados. O problema é estendê-la aos filhos dos contribuintes pobres.

Não é democrático um sistema em que 99% das verbas são destinadas às escolas públicas, como se todo o mundo fosse obrigado a acreditar na competência estatal.

Outro exemplo de despotismo é a previdência estatal compulsória. Todos devem ser obrigados a filiar-se a algum sistema previdenciário, para não se tornarem intencionalmente gigolôs do Estado. Mas aqueles que não confiam no Estado devem ter o direito de optar por sistemas particulares de previdência e assistência médica, assumindo a responsabilidade do seu próprio destino. Hoje os contribuintes pagam duas vezes. Pagam pela previdência pública, em cujos serviços não confiam, e enfrentam também os encargos de planos privados de seguridade e assistência médica. O resultado é uma redução do salário real do trabalhador ou do rendimento do profissional. Nos planos organizados por empresas e instituições os custos são habitualmente repassados aos preços ou tarifas; e, quando não o são, haverá menos capacidade de pagar salários ou criar empregos. Essa é uma das razões por que o Brasil é um país de salários baixos e custo de mão-de-obra alto.

Outra característica do socialismo é o utopismo, sendo que o socialismo real é o mais utópico de todos, como o prova o colapso do regime soviético. Como até o nosso socialismo é subdesenvolvido, também nossas utopias são subutopias. Basta citar uma delas: no país real, particularmente no Nordeste, muitas empresas e prefeituras não conseguem sequer pagar um salário mínimo aos ativos. Mas a Constituição garante a todos os inativos o salário mínimo integral. Talvez na presunção de que a inatividade aumente a produtividade...

Diz-se também que a saúde é "direito de todos". Os idosos, como eu, sabem que se trata de um capricho do Criador...

No caso da educação, a solução democratizante é a distribuição de vales-educação às famílias pobres, para que seus filhos, se academicamente aptos, possam optar entre escolas e universidades públicas e privadas.

No caso da previdência, a solução democrática é deixar à livre opção dos indivíduos inscreverem-se na previdência-estatal ou em sistemas privados. Face à presente crise da Previdência Social – que tem o efeito didático de sublinhar para o Congresso e o Judiciário que a todo benefício corresponde uma despesa – emergem no Congresso duas correntes principais: a *"escapista"* e a *"reformista"*. Para os *"escapistas"* a Previdência pública é viável e deve continuar compulsória. Sua falência tem causas gerenciais antes que estruturais. Bastaria extirpar o trinômio IIC – incompetência, impunidade e corrupção e estaria reabilitado o Estado Benfeitor.

PUBLICAÇÃO DE 1992

Os "reformistas" pensam diferentemente. A compulsoriedade da contribuição para a Previdência pública é antidemocrática. O sistema de "repartição", no qual os ativos sustentam os aposentados, é inaceitável. Deve ser substituído pelo sistema de capitalização, no qual a poupança dos trabalhadores ativos forme reservas que, capitalizadas, lhes garantam o sustento futuro. Essa capitalização é uma fonte de poupança para financiamentos e investimentos de longo prazo, que auxiliam na criação de empregos e na dinamização da economia. E o governo é intrinsecamente incapaz de administrar fundos de longo prazo, pois não resiste a canibalizá-los nas emergências de curto prazo.

Os "reformistas" se repartem entre *radicais* e *híbridos*. Para os radicais, a Previdência pública não mais seria compulsória. Os optantes pelo sistema privado deixariam de pagar contribuições e usariam seus recursos para adquirir quotas de fundos

de pensão e aposentadoria e apólices de seguro-saúde. Os empresários usariam a folga deixada pela dispensa das contribuições para aumentar salários e/ou montar esquemas mais completos de assistência aos trabalhadores.

Os reformistas híbridos manteriam a obrigatoriedade de filiação à Previdência pública. Mas os benefícios garantidos pelo Estado se limitariam a três ou cinco salários mínimos, cabendo aos indivíduos contratar privadamente Previdência suplementar para benefícios adicionais.

Em ambos os casos seriam inevitáveis reformas estruturais – abolição de aposentadoria precoce por tempo de serviço, redução do elenco de benefícios, privatização do seguro de acidentes de trabalho, responsável por 70% das fraudes previdenciárias – e separação entre previdência e saúde. A primeira pode ser atendida pelo regime de capitalização, mas a segunda universalmente exige ampla cobertura orçamentária.

Há tempos, visitando a Universidade da África do Sul em Capetown, num momento explosivo de conflitos raciais, deparei-me com o moto da universidade. Era a expressão latina "spes in arduis". Esperança em meio a coisas difíceis, ou talvez através delas. Na atual crise da Previdência Social no Brasil que é um misto de inchaço de benefícios, imprevidência de gestão e corrupção sistêmica, não resta mais senão professar "spes in arduis".

6. Publicações de 1993

42. *Impeachment* por incompetência, de 4 fev. 1993, originalmente publicado no Livro "Antologia do bom senso", p. 309-312

> "O hipotético tem seus encantos, mas é a realidade
> dos governos que faz a história."
>
> Barbara Tuchman

O velho liberal austríaco, Karl Popper, costumava dizer que a democracia não é um sistema para escolher os melhores; mas é o melhor sistema para impedir que os piores permaneçam no poder. E isso não é pouco.

Têm sido tão numerosos os erros brasileiros na escolha das lideranças (em 40 anos de governo civil apenas três presidentes terminaram seus mandatos), que os dispositivos de "ejeção" se tornaram tão importantes quanto os mecanismos de "eleição". Para mim, pelo menos, o dispositivo de "ejeção" tomou-se o argumento fundamental em favor do experimento parlamentarista.

Com nossa mania de bárbaros simplificadores da história, houve tempo em que costumávamos debitar os males brasileiros às "eleições indiretas". Restaurada a plenitude da sabedoria popular pelo voto direto, diminuiriam as "injustiças sociais" e retomaríamos a senda do "progresso com liberdade". Era o tempo dos comícios esfuziantes das "diretas-já". Hoje o pêndulo se move na direção oposta. Ha comícios em prol do parlamentarismo, ou seja, queremos as "indiretas-já". Às vezes a mesma pessoa física pode encarnar almas opostas. Ulysses Guimarães foi o senhor

ROBERTO CAMPOS

"Diretas-já" e, antes de morrer, graças ao seu extraordinário poder de transfiguração, estava se transformando no senhor "Indiretas-já". Em ambos os casos com grande aceitação da classe política. Isso demonstra que ó brasileiro é essencialmente um personagem à busca de uma ideia. Gosta dos heróis bifrontes.

Com um certo cinismo – que a velhice me autoriza a chamar de experiência – acho que as boas lideranças são acidentes da história e não produtos da engenharia democrática. Castello Branco, eleito em eleições indiretas, foi um acidente feliz de liderança. Jânio Quadros, triunfante em eleições diretas, um acidente infeliz.

É a frequência de acidentes infelizes em nossa história recente – e não é por outra razão que a "potência emergente" dos anos 70 se tornou a potência "impotente" de hoje – que passei a julgar os sistemas políticos em função da maior ou menor eficiência e rapidez dos mecanismos de "ejeção" que oferecem. Sob esse aspecto, o parlamentarismo é obviamente superior ao presidencialismo. Neste, o único mecanismo de "ejeção" é o impeachment, a não ser que o Criador se incumba pessoalmente da tarefa. O impeachment se fundamenta no "crime de responsabilidade", de penosa apuração e longo e traumático processamento. Trata-se de invenção inglesa, aplicada pela primeira vez em 1376 e pela última vez em 1806, principalmente para derrubar ministros de Estado e oficiais da Corte.

Nos Estados Unidos, em mais de dois séculos, o único presidente julgado (e salvo por um só voto) foi Andrew Johnson, que cometeu a ousadia de querer demitir seu ministro da Guerra. O presidente Nixon renunciou antes de consumado o processo. Um dos poucos avanços tecnológicos do Brasil recente foi o impeachment de Collor, conduzido com razoável decência parlamentar e perícia jurídica. Pelo menos nisso exercemos um certo grau de pioneirismo.

Sob o ponto de vista de mecanismos de "ejeção", o parlamentarismo é mais versátil e criativo: a queda do primeiro-ministro e do Gabinete pode ocorrer por simples desobediência ao programa anunciado, ou por contestação da opinião pública, suficiente para alterar o balanço partidário, nas moções de confiança ou desconfiança. Em suma, no presidencialismo, o chefe do governo só pode ser derrubado por crimes de responsabilidade, entre os quais não se inclui a incompetência; no parlamentarismo, ele pode ser derrubado por incompetência, predicado alarmantemente frequente em nossas liderança e que, a continuarmos assim, em breve atingirá características de normalidade. No presidencialismo não há meio de ejetar-se o honesto incompetente; no parlamentarismo, o assento ejetório do comandante pode ser acionado, ou pelo botão da criminalidade ou pelo botão da incompetência. Mas, para que não haja a tentação de se apertar esses botões com demasiada frequência, é indispensável que o Parlamento esteja sujeito à ameaça de dissolução. A convocação de eleições gerais seria, assim, a vacina contra os frívolos e os açodados.

Nunca achei que a reforma do sistema de governo fosse a emenda constitucional de maior urgência. De urgência urgentíssima, sim, é a reforma dos capítulos econômicos (e não meramente do sistema fiscal) da Constituição de 1988. Sem a abolição dos monopólios estatais, cuja privatização cancelaria boa parte das dívidas interna e externa, é sem a abolição das restrições a capitais estrangeiros, para atrair investimentos, não corrigiremos nem a inflação nem a estagnação. Passaremos apenas da estagflação presidencialista à estagflação parlamentarista.

Em artigo na Folha de São Paulo (03/02/93), Paulo Maluf adverte-nos de que, sem um entendimento partidário prévio sobre as condições mínimas de operacionalidade, "o parlamentarismo frustrará as expectativas da sociedade". Tem razão ao afirmar que o povo está sendo convocado para uma "escolha do regime parlamentarista no escuro, sem garantia ou salvaguardas".

E enuncia alguns pressupostos de eficácia: o voto distrital, a limitação dos partidos, a fidelidade partidária e os termos de dissolução do Congresso. Poderia ter acrescentado a essas pré-condições o reconhecimento da autonomia do Banco Central, questão mais cultural do que legal, de vez que em sua lei de origem (lei 4.595/64) o Bacen nasceu independente, mas a "lei não pegou".

Na atual conjuntura somos prisioneiros de dois erros. O primeiro é acreditar que a reforma do sistema político seja mais urgente que a reforma do sistema econômico. Admitidamente, nossa atual Constituição criou um híbrido político; mas criou também, o que é mais grave, um monstrengo econômico. O segundo erro é que o dispositivo constitucional revisionista previu um "plebiscito," quando a forma apropriada ao caso seria um "referendo". Naquele, diz-se "sim" ou "não" a uma proposição genérica. No referendo, poder-se-ia votar um modelo específico e estruturado de parlamentarismo, e não simplesmente o parlamento "in abstracto". Curiosamente, os eleitores mais bem informados serão os monarquistas, pois somente a Frente Monarquista divulgou um projeto operacionalmente detalhado de monarquia parlamentar, enquanto nas duas outras escolas – presidencialismo e parlamentarismo – estão ainda em debate várias alternativas.

Aliás, quatro das condições acima referidas – voto distrital, compactação de partidos, fidelidade partidária e autonomia do Banco Central – serão úteis, mesmo na hipótese de continuação do presidencialismo

Quanto a mim, resignado aos desencontros de nossa história, votarei pelo parlamentarismo por um argumento pouco sofisticado, porém devastador: precisamos ter o direito de "impichar" não apenas por crime de responsabilidade como pela irresponsabilidade da incompetência.

43. Como não fazer constituições, originalmente publicado no Correio Braziliense, 28 fev. 1993

> "As constituições são como as mulheres; só são férteis
> quando violadas"
>
> Getúlio Vargas

Sempre defendi a tese de que é melhor não ter constituição escrita. É o caso dos britânicos, que se contentam com a Magna Carta de 1215 e o *Bill of Right* de 1000. Os americanos mantêm a sua há 206 anos, ajustando-se aos novos tempos mediante interpretações da Suprema Corte e 26 emendas. A terceira melhor solução é dos japoneses, cuja constituição foi escrita pelos inimigos durante a ocupação. Também a constituição alemã, de 1949, refletiu em certa medida a cultura política americana e foi certamente mais duradoura que a constituição autóctone de Weimar, após a Primeira Guerra Mundial. Às vezes o exercício constitucional é perigoso. Os canadenses viviam bem sob a constituição de 1982 aprovada pelo Parlamento inglês, e agora se meteram em encrencas com o Acordo de Meachen, rejeitado em plebiscito, que redefiniria o status constitucional de franceses e indígenas.

Os países latinos são naturalmente mais buliçosos. Desde a Revolução de 1789, a França teve os períodos da Restauração, do Império e da.

República, estando agora na República. A cada fase correspondeu uma ordenação constitucional diferente...

O continente mais criativo, infectado pela "constitucionalite", urna espécie de diarreia constitucional, é a América Latina. Conforme nota o professor Keith Rosen, desde a respectiva independência, no primeiro quarto do século XIX, os latino-americanos fabricaram uma média de 13 constituições por país.

As constituições brasileiras têm três defeitos, que parecem agravar-se no curso do tempo. São reativas, instrumentais e crescentemente utópicas.

Chamo-as de *"reativas"* porque não apenas mudam para adaptar-se às circunstâncias, mas reagem pendularmente, e exageradamente, às situações anteriores. A Constituição de 1891 foi uma reação contra o Império. Marchamos da monarquia parlamentar para o federalismo republicano, segundo o modelo americano. Mas, lá, o federalismo nasceu de baixo para cima e aqui de cima para baixo. Mais recentemente, verificamos que a Constituição de 1946 foi uma reação ao autoritarismo de Getúlio Vargas, cuja manifestação mais clara foi a Constituição "polaca" de 1937. Passamos de um Executivo forte para um Executivo fraco. A Constituição de 1967 (piorada em 1969 pela Emenda Constitucional nº 1, mais autoritária e centralista) visou a reconstruir um Executivo forte e a estabelecer um cuidadoso disciplinamento financeiro. A Constituição de 1988 foi uma reação ao suposto autoritarismo militar. Mas exageramos nas tintas. Temos um híbrido de presidencialismo e parlamentarismo, em que o Executivo tem mais responsabilidade que poder, e o Legislativo tem poder sem responsabilidade. Descentralizamos recursos em favor das unidades federadas; com descentralizar funções, criando-se assim um permanente viés inflacionário.

O segundo defeito é que cada vez mais marchamos para as constituições – instrumento, para usar a expressão de Afonso Arinos, ao invés de ficarmos nas constituições suma, mais duradouras. Estas se limitam a dispor sobre a organização do Estado e os direitos básicos do cidadão. Aquelas tendem a refletir reivindicações e exigências do momento, e por isso são condenadas à transitoriedade. Outros tratadistas preferem falar nas constituições *clássicas*, que são sintéticas, como no modelo americano, e nas constituições *"sociais"* ou *"culturais"* que são casuísticas ou analíticas, como no caso das constituições mais recentes, como a portuguesa, a espanhola, a iugoslava e a brasileira.

ROBERTO CAMPOS

O professor Diogo de Figueiredo prefere distinguir entre os tipos institucionais *formais* e os *materiais*. As constituições sintéticas, como a americana e a japonesa, concentram-se basicamente na estrutura e funcionamento da organização social e política. Contêm apenas "princípios" ou, no máximo, normas programáticas. Já as constituições materiais, mais frequentes nos países latinos, são minudentas. Contêm *preceitos* que cobrem as mais variadas áreas de atuação social, como ciência, tecnologia, desportos, lazer e comunicação social. E o caso de nossa Constituição de 1988, que seguiu o modelo português de "constituição dirigente".

O terceiro defeito, inerente a todas as constituições dirigistas, é a grotesca falha de não distinguirem entre "garantias não onerosas" e "garantias onerosas". Pode haver ampla generosidade no tocante às primeiras – liberdade de voto, de opinião, de associação e de locomoção, direito à vida e processo judicial. São proteções essencialmente negativas, a saber, são negadas as leis que restringem o exercício das liberdades humanas. Ao dá-las, ninguém está usando aquilo que John Randolph, estadista americano, descrevia como o mais delicioso dos privilégios, "o direito de despender o dinheiro alheio". A coisa é diferente quando se trata de "garantias onerosas" como salários, aposentadorias, educação, saúde e meio ambiente. Essas garantias devem ser objetos de leis, porque é necessário especificar e estimar quem vai pagar a conta.

Meu cepticismo em relação a textos constitucionais é hoje acachapante. Tal como concebida, a Constituição de 1967 foi a mais anti-inflacionária e uma das mais privatistas do mundo. O Congresso não poderia aumentar despesas; não haveria investimentos sem projetos e especificação de receita; exigiam-se orçamentos – programas e os investimentos seriam amarrados por orçamentos plurianuais. O Governo só poderia intervir no domínio econômico se houvesse desinteresse do setor privado ou necessidade inadiável de segurança. Entretanto, nos 20 anos que se seguiram à votação da Constituição, tanto a inflação como o estatismo continuaram sua marcha impávida. No campeonato mundial da inflação só perdemos para a Rússia, e nossa burocracia estatal não fica muito a dever à burocracia stalinista.

Não sei como fazer constituições. Mas sei como não fazê-las. Elas não devem ser meramente *"reativas"*, não devem ser *"dirigentes"* e devem deixar para leis específicas as garantias onerosas, cuidando-se sempre de especificar quem vai pagar a conta.

44. As perguntas erradas, originalmente publicado no O Globo, 4 abril 1993

"Semeei dragões e colhi pulgas..."

Heine

A via tortuosa de progresso exige a contínua busca de respostas certas, mas metade do sucesso é evitar as perguntas erradas.

No Brasil de hoje são menos audíveis os clanglores do sucesso que as lamentações do retrocesso. Insistimos em fazer as perguntas erradas.

E que um ataque de leucemia intelectual parece ter-nos atingido precisamente quando o mundo hauria a experiência, e tirava as consequências, da queda do muro de Berlim. Talvez não tenha surgido ainda uma nova ordem de comportamento político. Mas surgiu uma nova ordem de ideias. Começam a recuar as fronteiras do Estado: a ditadura do planejador é substituída pela soberania do consumidor; o mercado é visto como grande mecanismo democrático, onde o plebiscito é diário, sob a forma de aceitação ou rejeição de produtos: a densidade do conhecimento é mais importante que a disponibilidade de recursos naturais; os exageros do Estado assistencial tornaram-se uma fonte de desemprego.

Consideremos três perguntas errada. Uma delas se refere à questão da revisão constitucional. Pergunta-se o que seria politicamente mais conveniente: deflagrar este ano o processo de revisão ou adiá-lo para 1995? No primeiro caso a desvantagem é que a revisão poderia ser intranquila, no atropelo de uma próxima refrega eleitoral; no segundo, a desvantagem seria elegermos um líder que não saberia a extensão de seus poderes e o quadro institucional em que deveria operar. Sua plataforma seria ginástica no vácuo.

Posta assim a questão, várias repostas são cabíveis, pois o problema é encarado sob o ângulo da "conveniência política". Posta diferentemente a questão, ela se torna uma questão de "urgência econômica".

A pergunta relevante seria: "pode a economia brasileira aguentar mais dois anos sob uma Constituição que condenou o país à "estagflação"? A resposta aqui é mais nítida – "não"! A nova Constituição é inflacionária

ROBERTO CAMPOS

porque transferiu receitas da União a estados e municípios sem lhes transferir encargos; porque diminuiu a flexibilidade orçamentária por excessivas vinculações de verbas; porque foi permissiva na criação de entidades federativas e municipais inviáveis; porque proclamou conquistas sociais, que são custos, sem vinculação à produtividade econômica. Caiu no tradicional erro sócio-populista de apressar o momento da recompensa encurtando o período de esforço.

É também recessiva. Desencoraja o capital estrangeiro por numerosas restrições. Sanciona monopólios, em favor de um Estado falido. Torna extremamente onerosa a contratação de mão-de-obra, criando para as empresas um terrível trilema: desempregar gente, fugir para a economia informal ou falir. O sistema fiscal virou um pandemônio fiscal até porque se criaram dois sistemas paralelos: os impostos convencionais e as contribuições previdenciárias, baseadas quase sempre no mesmo fato gerador.

Nada mais bizarro, a meu ver, que a expressão "conquistas sociais", a que se referem os nacionais populistas, como se a melhoria social fosse obra de "conquistadores", com "vontade" política, e não de "produtores", com "eficiência" econômica. O castigo imposto aos políticos pela realidade do mercado foi imediato. Nunca a participação do salário na renda nacional foi tão baixa; nunca o salário-mínimo real foi tão minguado ou mais rapidamente corroído; nunca o desemprego foi tão alto; nunca os investidores tão desanimados; nunca esteve mais próxima e mais fatal a falência do sistema previdenciário; nunca, para a juventude, mais amarga a percepção da perda de horizontes. A "Constituição dos miseráveis", do que falava o dr. Ulysses, se revelou uma "fábrica de miseráveis". As conquistas sociais foram um plantio de dragões, para uma colheita de pulgas, como diria Heine.

Não teremos retomada de crescimento sem investimentos estrangeiros. E estes não nos virão, quando o mundo lhe acena com incentivos e nós lhe impomos restrições. Também não curaremos a inflação, sem uma completa reformulação do sistema fiscal. Essas tarefas são para ontem e não para amanhã. Talvez políticos e juristas possam esperar; os miseráveis, não.

Parte da responsabilidade da crise atual é a azarenta escolha de lideranças ineptas; parte, sem dúvida, é atribuível ao arcabouço institucional anacrônico. O ministro da Fazenda tem razão ao dizer que pelo menos os capítulos fiscais e da ordem econômica deveriam ter sua revisão antecipada para logo depois do plebiscito.

A segunda pergunta é se o Brasil deve integrar-se no movimento mundial de redimensionamento do Estado, mediante privatização acelerada? Ou se convém manter uma economia mista, com forte presença empresarial do Estado? Posta assim a questão, ela assume interesse filosófico e perde relevância prática.

A questão relevante é outra. Pode o Estado resolver o problema da dívida interna, indispensável para combater a inflação, sem vender seu patrimônio? A resposta é "não". Nem a política monetária nem a reforma fiscal podem administrar uma dívida, que exige, para seu serviço e rolagem, cerca de 65% do orçamento. A privatização de estatais, dessarte, não é uma opção política. E uma imposição econômica. Mas privatização não é vender 49% das ações votantes, ficando o controle em mãos do Governo. Isso é estatização da poupança e, a rigor, um desperdício, pois não induz aumento de eficiência. O fator mais escasso no Governo é precisamente a capacidade gerencial.

O Estado brasileiro é um devedor imprudente, que sacrifica todo o patrimônio futuro por não querer desvencilhar-se de parte do patrimônio passado.

Uma terceira pergunta é se o Brasil deve ou não ajustar sua lei de propriedade intelectual ao paradigma prevalecente no Primeiro Mundo. Formulada assim, a questão parece tratar-se de uma opção teórica entre nacionalismo e integracionismo.

A pergunta mais humilde, e mais relevante, é outra: quer o Brasil receber investimentos dos países líderes em biotecnologia ou prefere que esses investimentos se encaminhem aos países vizinhos? Prefere preservar oportunidades de pirataria para a indústria artesanal existente (pagando *royalties* no exterior embutidos na importação de produtos novos) ou prefere encorajar, pelo patenteamento, todos os que venham produzir no país, correndo os riscos do mercado?

Assim colocada a questão, grande parte do debate "nacionalista" sobre patentes é gesticulação vazia.

Às vezes penso que a noção de "realismo" no Brasil está próxima daquela do ébrio irlandês, que definia a realidade como "uma ilusão perigosa provocada por uma aguda escassez de álcool"...

ROBERTO CAMPOS

45. Da dificuldade de ligar causa e efeito, originalmente publicado no Correio Braziliense, 23 maio 1993

"Metade dos meus homens não é capaz de nada; metade
é capaz de tudo"

Getúlio Vargas

Encontrar um brasileiro remotamente capaz de ligar causa e efeito é uma felicidade, dizia Gilberto Amado. Hoje, mais que isso, é uma raridade...

Exemplos abundam. A alta de preços de remédios e alimentos é atribuída à força dos oligopólios ou à ganância dos empresários. Nenhuma menção se faz à expansão monetária, feita pelo Governo, muito além das possibilidades da produção. E muita moeda caçando pouco produto. A alta de juros é atribuída a ganâncias dos bancos, e não ao fato de que é o Governo que a provoca, ao entupir o mercado com títulos inconfiáveis. Por serem inconfiáveis, em virtude de passados confiscos e moratórias, há um duplo efeito perverso: sobe a taxa de juros e inviabiliza-se a produção privada. Donde um círculo vicioso: cresce a dívida do Governo e cai sua receita, pela queda da produção.

Registre-se, com tristeza e revolta, que os salários no Brasil são baixos e o desemprego alto. Mas ignora-se o fato de que os encargos sociais sobre a mão-de-obra são altos e rígidos. O resultado é que o empresário fica com medo de contratar porque é difícil despedir; ou, quando contrata, procura fazê-lo pela economia informal, na qual não há leis nem impostos. Num caso, eleva-se o desemprego. Noutro, reduz-se a receita de impostos.

Quanto mais o Congresso inventa leis salariais e conquistas sociais, mais diminuem os assalariados com carteira assinada. Estima Joelmir Betting que em 1979, na véspera da década perdida, a fatia dos formais era de 48 por cento. No último suspiro da década, em 1990, essa fatia despencara para 40 por cento. Hoje é 38 por cento. Mais uma rodada de leis salariais e algumas conquistas a mais, e o Congresso estará votando leis que beneficiarão apenas a bancada do PT e um punhado de gatos pingados.

Outro exemplo é o caso da Previdência Social, cuja falência inevitável torna o ministro Antônio Britto um otimista insuperável. Não há – meio atuarial de se viabilizar uma Previdência na qual há apenas 1,9 contribuintes para um beneficiário, a menos que os contribuintes sacrifiquem metade do seu salário. Com aposentadoria por tempo de serviço e os privilégios da aposentadoria precoce (mesmo para profissões sem periculosidade), quase metade dos aposentados está na faixa dos 50 anos. Apenas 11 por cento têm mais de 60 anos. A imagem do aposentado como um velhinho simpático, trôpego e quase gagá como eu, esperando na fila, falseia a realidade. Há atléticos latagões e simpáticas balzaquianas gozando às vezes de aposentadorias múltiplas.

A solução habitualmente proposta é o aumento da receita da Previdência. Mas, quando se elevam as alíquotas de contribuição, reduz-se proporcionalmente o número de contribuintes, que desertam para a economia informal. Pode-se, sem dúvida, atenuar o problema pelo combate à sonegação. Mas há pouco fôlego nisso, porque os maiores sonegadores são precisamente os estados, os municípios e as empresas estatais. E estes têm suficiente poder político para reescalonarem suas dívidas a 20 anos (o que incidentemente é uma injustiça e uma inconstitucionalidade, pois as empresas aprovadas só obtêm oito anos, ferindo o princípio de igualdade perante a lei). A solução óbvia, de que [...] se fala, é a eliminação de aposentadoria por tempo de serviço e a privatização do sistema, de modo que o nível do benefício seja diretamente relacionado à contribuição de cada um. Para os desvalidos, o governo teria que providenciar um mínimo vital.

Em nenhum caso, o divórcio entre causa e efeito é mais chocante do que no problema da revisão constitucional. Os mesmos congressistas que discursam sobre a urgência inadiável de se jugular a inflação e combater o desemprego –acham que a revisão constitucional pode ser adiada por um ano ou dois, segundo as conveniências eleitorais. Não percebem a relação de causa e efeito entre uma Constituição malfeita e a atual crise brasileira. Ignoram, ou pretendem ignorar, que a atual Constituição dos miseráveis é ao mesmo tempo inflacionista e recessiva, e que, se não a mudarmos, não escaparemos do estagflação. Ela foi urna das maiores calamidades da história brasileira, comparável ao Plano Cruzado e ao confisco de Collor.

Longe de progressista, a Constituição de 1988 é retrógrada, refletindo doutrinas superadas de hipertrofia estatal.

A hipertrofia estatal é ilustrada pelo professor Diogo de Figueiredo Moreira Neto por urna comparação entre as Constituições de 1967/1969 e a de 1988. Naquelas eram previstas 14 modalidades de intervenção estatal; na atual, esses institutos são 41, subdivididos em quatro categorias: intervenções regulatórias (28), intervenção concorrencial (1), intervenções sancionatórias (5) e monopolísticas (7). As Constituições de 1967/1969 só previam um monopólio estatal: o da pesquisa e lavra de petróleo. Hoje são sete, inclusive o ridículo monopólio estatal de telecomunicações. Deste resulta que a grande metrópole de São Paulo até hoje não tem telefonia celular e que muitos assinantes pagam primeiro e esperam dois a três anos para obter um telefone. Em qualquer país civilizado, as empresas telefônicas sofreriam pesadas multas ou cancelamento da concessão. No Brasil a Telebrás é considerada indústria estratégica, com o direito sagrado de ser ineficiente e de desrespeitar o usuário.

O sistema fiscal da Constituição em vigor condena o Executivo Federal a ser deficitário e inflacionista e é tão complexo que está causando um descolamento da sociedade em relação ao Fisco, condena a Previdência Social à falência e os trabalhadores ao desemprego, pelo excesso de encargos sociais intimidantes para as empresas, e pelo nacionalismo, que inibe capitais estrangeiros.

Como se isso não bastasse, a Constituição é de uma romântica generosidade na concessão de direitos e garantias fundamentais. Na Carta anterior, eram 36: hoje, são 77! Pobres dos americanos, mais modestos, que se contentam com os dez princípios do *Bill of Rights...*

De vez que após a Carta de 1988 os salários reais baixaram, o desemprego aumentou, a distribuição de renda piorou e os assalariados viram reduzida sua participação na renda nacional, segue-se que, quanto mais garantias sociais nossa legislação oferece, maior é o grau de injustiça social.

Reformar a Constituição não é certamente suficiente para nos curarmos da pobreza; mas é condição necessária. Requer-se, além disso, uma pitada de bom senso.

Na visão dos analistas mundiais da crise brasileira, o País perdeu o mínimo de racionalidade indispensável para organizar seu projeto de desenvolvimento. Atingira-o na segunda metade da década de 60, mas desde então o grau de racionalidade baixou alarmantemente. Para muitos grandes investidores o *dossier Brazil* permanecerá fechado até 1997, quando se espera que o País tenha reformado suas instituições e criado um pouco de juízo.

PUBLICAÇÕES DE 1993

Para atrair investidores, o Brasil tem que passar por pelo menos três testes de racionalidade: controlar a inflação patológica de mais de mil por cento ao ano; aprovar urna lei de propriedade intelectual que atraia tecnologia e capitais; e reformar sua Constituição anterior à queda do Muro de Berlim. A China fê-lo recentemente, ao aprovar nove emendas constitucionais indispensáveis à implantação da economia de mercado, à restauração da propriedade privada e à redução do estatismo. Está sendo recompensada com as mais altas taxas de crescimento dos dias de hoje. Na Rússia, o presidente Yeltsin está engajado na formulação de uma Constituição liberal.

No Brasil são precisamente os partidos trabalhistas que, pleiteando o adiamento da revisão, contribuem para prolongar a tortura desumana da hiperinflação e do hiperdesemprego.

46. Da necessidade de autocrítica, originalmente publicado no O Estado de São Paulo, 4 julho 1993

> "Gostamos mais dos direitos do que das obrigações... Nas culturas anglo-saxônicas a simetria entre direitos e deveres é aceita com naturalidade. Entre nós, ela é evitada com impetuosidade".
>
> Professor José Pastore

Disse recentemente o ministro Fernando Henrique Cardoso que o Brasil está carente de autoestima. Discordo. O Brasil ainda é um país exacerbadamente nacionalista. E o nacionalismo é autoestima levado à paranoia. Aliás, a diferença entre patriotismo e nacionalismo é que os patriotas amam seu país e os nacionalistas "desamam" os outros. A carência brasileira é de autocrítica. Isso nos leva a considerações sobre nosso desempenho, comparado ao de outros países latino-americanos, na onda redemocratizante da década dos 80.

A questão é saber qual o regime mais adequado ao crescimento econômico. Nossa presunção natural é que a democracia seja o instrumento mais eficaz. Assim a prova do grande experimento norte-americano e o sucesso mundial do capitalismo democrático. Mas essa presunção só é válida se a liberdade política nasce conjugada com a liberdade econômica. Isso é coisa rara na América Latina.

Em livro recente, o professor John F. Helliwell, da universidade canadense British Columbia, analisa as relações entre democracia e crescimento de quase cem países, entre 1960 e 1985. Seus dados não ensejam nenhuma conclusão definitiva e permitem até uma inferência pessimista: os governos autoritários, particularmente se dão aos cidadãos "direitos econômicos", através da proteção da propriedade privada, podem ser marginalmente favoráveis ao crescimento.

Há, entretanto, uma interessante verificação empírica: se a democracia não leva necessariamente ao crescimento econômico, este leva à democracia. Todos os 24 países ricos da OCDE são democráticos. E no Leste Asiático, os chamados tigres, partindo de regimes autoritários, tornaram-se democráticos à medida que avançaram no desenvolvimento econômico. Isso é compreensível. O progresso econômico exige expansão da educação, e a educação gera demandas de liberdade.

Uma outra inferência, não feita por Helliwell, é que, se todos os países ricos são democratas, nenhum país socialista conseguiu ficar rico. E que o sistema nega tanto a liberdade política como a econômica.

Gorbachev popularizou uma boa terminologia para exame do problema, ao distinguir entre glasnost (abertura política) e perestroika (liberalização econômica). Tornou-se hoje clássico o contraste entre as duas formas de saída do socialismo. A Rússia fez a glasnost política sem fazer a perestroika econômica. O resultado foi desastroso. A China, ao contrário, fez uma dramática perestroika sem glasnost. Está conseguindo êxito desenvolvimentista. É verdade que os chineses inventaram uma fórmula intermediária: não fizeram a democratização, mas fizeram a descentralização. Nas zonas econômicas especiais, na região costeira, surgiu um capitalismo selvagem e o socialismo é contemplado como um compêndio de slogans envelhecidos.

Examinemos a América Latina à luz dos conceitos Gorbachev. É um continente que aceita a glasnost, ainda que sem fidelidade ou constância, mas é basicamente avesso à perestroika. A ideologia antimercado prevaleceu mais ou menos intacta no período do pós-guerra, particularmente no Brasil, afeiçoado a congelamentos, confiscos e choques heterodoxos.

Na década dos 80 houve uma onda de redemocratização política. Seria interessante comparar a eficácia relativa de lideranças militares e civis em duas áreas cruciais – controle da inflação e taxa de crescimento.

O caso mais interessante é o do Chile. Em 1973, os militares chilenos interromperam a glasnost. Mas, sabiamente, embarcaram na perestroika, liberalizando a economia. Como era previsível, a retomada do crescimento e o avanço na educação geraram pressão democratizante. Restaurou-se a glasnost com a queda de Pinochet, em 1990. Se a liberalização econômica induz, mais cedo ou mais tarde, a liberalização política, a recíproca não é verdadeira. A Índia, desde a independência, se tornou uma grande democracia política. Mas continua sendo, como o Brasil, uma burocracia socialista e autoritária.

A questão de superioridade gerencial dos militares versus civis na América Latina está longe de ser nítida. Na Bolívia foi um civil, Paz Estensoro, que, arrependido de suas estripulias populistas, reformou dramaticamente a economia. Na Argentina, a performance econômica dos militares foi desastrosa, tudo agravado pelo conflito das Malvinas. Os civis, sob Alfonsín, pioraram o desastre com duas hiperinflações. Mas reabilitaram-se com Menem, que está realizando uma perestroika. O México é um caso à parte. Sempre foi uma democracia tutelada, com escasso pluralismo partidário. Agora, com Salinas de Gortari, está fazendo com êxito sua perestroika. No Peru, a glasnost foi enterrada pelo populismo militar de Juan Velasco Alvarado, mas os civis, sob Alan Garcia, conseguiram vandalizar ainda mais o país. Houve glasnost, sem perestroika. Agora, sob Fujimori, houve um retrocesso na glasnost, mas, em compensação, está havendo uma formidável perestroika, com a abolição de monopólios, a abertura comercial, o declínio da inflação de 7.000% para 50% ao ano e a retomada, ainda que tímida, do crescimento.

Nossa classe política precisa de um exercício de autocrítica. Atribui-se aos militares uma safra de desastres: inflação alta, queda do crescimento, má distribuição de renda, abusos contra direitos humanos, indiferença a problemas sociais. Presumivelmente, os civis corrigiriam essas deformações.

Mas os indicadores são humilhantes. O máximo da inflação militar foi de 230% ao ano. As previsões deste ano, no terceiro governo civil, são de 2.200%. A taxa média de crescimento sob os militares foi de 6% ao ano, apesar de duas crises de petróleo, da explosão de juros e da crise da dívida. Nos governos civis, pouco mais de 1%, apesar da queda dos preços do petróleo e de juros e da prosperidade mundial até 1990. A distribuição de renda piorou sob qualquer critério – salário mínimo real, participação dos assalariados na renda nacional, nível de desemprego. O sistema educativo oficial está destroçado pelo grevismo. A rede hospitalar em processo de desintegração.

A glasnost eliminou, felizmente, a repressão política. Não mais se violam os direitos políticos. Mas em compensação, aumentou dramaticamente a violência pessoal. O extermínio de crianças de rua e os homicídios urbanos nas grandes cidades fazem mais vítimas cada ano do que a Revolução em 20 anos.

A Constituição de 1988 foi uma desastrosa perestroika às avessas. Aumentou o grau de autoritarismo econômico, ao mesmo tempo e que ampliava a glasnost ao ponto da anarquia partidária, confundindo democracia com democratice. É fácil compreender por que são maiores as probabilidades de êxito se a perestroika precede a glasnost. Esta libera aspirações reprimidas, que melhor podem ser satisfeitas numa economia de mercado eficiente e competitiva. Caso contrário, essas pressões resultarão em alta inflação, com perigo de esta nação, precisamente o que ocorre no Brasil redemocratizado. Os militares brasileiros erraram ao fazer a glasnost sem a perestroika.

Analisada objetivamente, a redemocratização brasileira foi menos eficiente que a chilena, a boliviana, a argentina e até mesmo a peruana. Nesses países, a inflação baixou, retomou-se o crescimento, e declinou o nível de violência.

Que fazer ante esse panorama catastrófico? Primeiramente, evitar as falsas soluções. Uma, por exemplo, seria adiar a revisão constitucional. O que é necessário é antecipá-la. Outra seria um retorno militar, ou alguma forma de "fujimorização". Os militares já tiveram 20 anos de poder e exauriram sua cota de erros, conquanto tenham errado menos que os civis. A solução para o Brasil não reduzir a glasnost política. É acelerar a perestroika econômica, desregulamentando rapidamente e privatizando maciçamente.

47. O grande embuste, originalmente publicado no Correio Braziliense, em 11 de julho de 1993, p. 7

"O socialismo não funciona, exceto no Céu, onde não é necessário, e no Inferno, onde sempre existiu".

Stephen Leacock.

A Constituição brasileira de 1988, triste imitação da Constituição portuguesa de 1976, oriunda da Revolução dos cravos, levou ao paroxismo a mania das constituições "dirigentes ou "intervencionistas". Esse tipo de constituição, que se popularizou na Europa após a Carta Alemã de Weimar de 1919, tem pouca durabilidade. Ao contrário da mãe das Cartas Magnas democráticas – Constituição de Filadélfia –, que é, como diz o professor James Buchanan, "política sem romance", as constituições recentes fazem o "romance da política". Baseiam-se em dois erros. Primeiro, a "arrogância fatal", de que nos fala Hayek, de pensar que o processo político é mais eficaz que o mercado na promoção do desenvolvimento. Segundo, a ideia romântica de que o Estado, esse "mais frio dos monstros frios", como dizia Nietzche, é uma entidade benevolente e capaz. Tal idiotice foi mundialmente demolida para o colapso do socialismo na inesperada revolução de 1989/91, no. Leste Europeu. O socialismo seria a forma máxima de intervenção do Estado "sábio e justo" para corrigir os erros e injustiças do mercado; o resultado foram de crueldade e ineficiência, sem paralelo na história.

É tempo de aprendermos a lição e voltarmos ao constitucionalismo clássico: os governos são um mal necessário e a função das constituições é restringir eficazmente o uso do poder coletivo ao mínimo possível. A coerção deve ser limitada à fixação de normas gerais de conduta para que cada um possa construir sua liberdade até o limite da liberdade do vizinho. Esse modelo duradouro de constituição disporia apenas sobre a limitação e balanço dos poderes, sobre restrições ao direito de tributar e sobre garantias básicas do indivíduo, distinguindo-se entre as "garantias não onerosas", que podem ser amplas, e as "garantias onerosas", que devem se ajustar realisticamente à capacidade econômica da sociedade.

Nossa atual Constituição, que deve ser revista, a partir de outubro, isso não tem nada de parecido com isso. É um ensaio de "totalitarismo

ROBERTO CAMPOS

normativo", como diz o professor Miguel Reale. Aliás, nem é uma constituição. É uma plataforma partidária de uma coalizão nacional-populista, temporariamente vitoriosa graças à nossa obtusidade em não perceber a gigantesca transformação sociocultural que culminou na queda do Muro de Berlim, em 1989. Essa plataforma nacional-populista tem boa parte da responsabilidade pela nossa, atual estagflação.

É difícil exagerar os malefícios desse misto de regulamentação trabalhista e dicionário de utopias em que se transformou nossa Carta Magna. O presidente Sarney tinha razão ao dizer que ela tornaria o País ingovernável. No plano político, há o hibridismo entre presidencialismo e parlamentarismo. No plano congressual, levou a um anárquico multipartidarismo. Destruiu precisamente os elementos que poderiam viabilizar partidos estáveis, o voto distrital misto (objeto da Emenda Constitucional n. 22[25], que nunca foi aplicada), a fidelidade partidária e a exigência de que um mínimo eleitoral para a formação de partidos com acesso ao Parlamento. E agravou, pelo facilitário de criação de novos estados, a desproporcionalidade de representação no Legislativo, que prejudica o Centro-Sul desenvolvido, comparativamente às outras áreas.

No campo tributário, condenou o Governo Federal à insolvência, pois lhe tirou receitas e lhe manteve funções. Um dos erros crassos foi a abolição dos impostos únicos sobre combustíveis, eletricidade e minérios. Os recursos foram para os estados e o Governo Federal ficou com a responsabilidade de construir as rodovias-tronco e as grandes centrais elétricas: A infraestrutura está depredada.

No campo previdenciário, condenou a Previdência Social à falência, dando, universalidade de cobertura, sem universalidade de contribuições, facilitando aposentadorias precoces, e criando um sistema fiscal paralelo perverso, que eleva a tal ponto o custo de contratação de mão-de-obra que desencoraja a criação de empregos. A falência da Previdência, paradoxalmente, pode ser providencial. Pode-se extinguir a obrigatoriedade da seguridade estatal, que é antidemocrática, dando-se a todos a oportunidade de optar por seguros privados. Poder-se-ia, por exemplo, criar a figura do "operário livre", como propõe o empresário José Fragoso Pires com o direito de renunciar voluntariamente à

[25] N.A. Emenda Constitucional n. 22, de 29.6.1982.

seguridade estatal, pactuando com as empresas a cobertura necessária à sua sobrevivência decente.

Na ordem econômica, nem é bom falar. Discrimina contra investimentos estrangeiros, marginalizando o Brasil na atração de capitais, desdobra o monopólio da pesquisa e lavra de petróleo em cinco outros monopólios; e cria o absurdo monopólio de telecomunicações. Reduziu dramaticamente a pesquisa mineral no País, com grande desemprego de geólogos, ao limitar capitais estrangeiros na mineração. Tudo isso se traduziu numa diminuição dos investimentos potenciais e numa queda do ritmo de crescimento do País.

Estamos num humilhante processo de "miserabilização": taxas negativas de crescimento, aviltamento de salários, piora na distribuição de renda. Atribui-se o fato a variadas causas, perdas internacionais (tese Brizola), ganância dos empresários (tese Lula), espoliação pelos credores, inflação, taxas de juros etc. Poucos se lembram de que parte da nossa "miserabilização" é consequência da própria Constituição.

Isso nos traz ao "grande embuste": as "conquistas sociais". Estas enchem o papo dos demagogos e esvaziam a barriga dos trabalhadores. A demanda de mão-de-obra, única, forma de se elevar salários, é reduzida dos dois lados, num "efeito bumerangue". O engessamento das relações capital-trabalho, por encargos sociais que mais do que dobram o custo de contratação de mão-de-obra, tem efeito perverso: as empresas ficam com medo de investir; mecanizam desnecessariamente; despedem gente ou submergem ria economia informal.

O outro "efeito bumerangue" é do lado dos investimentos. Reduz-se a procura de mão-de-obra porque os investidores estrangeiros são desencorajados, e os nacionais intimidados por um intervencionismo tresloucado. Segundo nota o professor Diogo. Figueiredo, eram 14 os instrumentos de intervenção do Estado, na Carta de 1969; hoje são 40. Havia um único monopólio estatal; hoje existem sete.

Registra-se, sem dúvida, uma extraordinária expansão do elenco dos direitos e garantias. Na Carta antiga havia 36 parágrafos sobre direitos fundamentais, na atual são 77 os incisos. O problema é que esse catecismo de desejos se transformou num prontuário de frustrações...

As chamadas "conquistas sociais" desprezaram as realidades "mesquinhas" do mercado: oferta e procura de mão-de-obra, nível de produtividade, diferenças regionais. Mas o mercado se vinga. Nunca o salário mínimo real

ROBERTO CAMPOS

foi tão baixo, nem o desemprego tão alto, nunca pior a distribuição de renda. O salário mínimo, nacional *unificado*, capaz de atender às necessidades vitais básicas do trabalhador e sua família", é para o nordestino uma piada de mau gosto. Como o são, para o carioca, os 77 direitos fundamentais. Ele não pode sair de casa sem ser 'assaltado, sem assistir à humilhação- da mendicância e sem enfrentar a terrível ineficiência dos serviços públicos do Estado intervencionista.

O que me causa perplexidade, na cena atual, é a mobilização de entidades como a CNBB e a OAB, além dos partidos "canhotos" (a esquerda desmoronou com o Muro de Berlim), contra a urgente revisão constitucional. Será que não percebem que o "grande embuste"? Será que não ou viram falar da crise mundial do Estado dirigista? No caso da: OAB, há uma explicação corporativista: temos a única constituição do mundo que entroniza o advogado como "indispensável à administração da Justiça", e glorifica no texto constitucional a Ordem dos Advogados, como se fosse um Poder do Estado, e não um clube de profissionais.

A modernização brasileira e a cura da estagflação passam pela revisão constitucional. Felizmente, o problema não é de enxertos, que poderiam provocar rejeição: é simples cirurgia de amputação. Não é preciso o bisturi do dr. Pitanguy. Basta uma tesoura de podar...

48. Piada de alemão é coisa séria, originalmente publicado no O Globo, 26 set. 1993

> "O problema brasileiro é que a democratização virou esculhambação."
>
> Dístico de caminhoneiro na Via Dutra

O debate econômico no país virou uma briga com a aritmética. O debate constitucional, uma briga com a lógica.

A última decisão do Supremo Tribunal, rejeitando o IPMF, na preliminar de inconstitucionalidade, foi economicamente sensata. O imposto fora concebido como uma heroica simplificação – substituir o atual manicômio fiscal por um imposto único sobre a moeda eletrônica. Eliminar-se-iam a burocracia da declaração, a corrupção do fiscal e a engenhosidade do

PUBLICAÇÕES DE 1993

sonegador. A ideia foi distorcida pelo Governo, piorada no Congresso e tornou-se apenas o 59º tributo. Uma espécie de "Bebê de Rosemary", do filme de Roman Polanski, oriundo de uma transa inconsciente de Mia Farrow com Belzebu. Aliás, durante as discussões da Constituição de 1988, profetizei que estávamos criando um bebê de Rosemary: o diabo incubo era o nacional populismo, que o Brasil somente começou a exorcizar depois da queda do Muro de Berlim.

Se a decisão do Supremo foi economicamente válida, a teoria jurídica subjacente é questionável e perigosa. Implica promover-se o critério de anterioridade dos tributos (só podem ser cobrados no ano posterior à sua criação) à dignidade religiosa de uma "cláusula pétrea". Para começo de conversa, essa cláusula não é aplicável no caso do IPI, do IOF e dos impostos sobre comércio exterior, ou seja, a maior parte da receita. Aliás, a própria noção de "cláusula pétrea" é uma pretensiosa construção dogmático-formal. Implica transformar os constituintes de 1988 em constituintes pentecostais. Sobre eles teria descido o Espírito Santo, sob a forma de línguas de fogo, habilitando-os a pinçar certas garantias e direitos como de eterna validade, irreversíveis por qualquer quórum e imutáveis em qualquer clima político. Isso é tanto mais absurdo quanto a Carta de 1988 não é uma Constituição clássica, de princípios, e sim um programa partidário nacional populista. Ao lado de garantias não onerosas, que podem ser permanentes, contém pseudodireitos, que dependem da capacidade econômica da Nação. Nela se encontram dispositivos anedóticos, hibridismo político, absurdos econômicos e utopias sociais. Em suma, é um "Bebê de Rosemary", e o Espírito Santo não costuma produzir bebês da espécie...

A se admitir o construtivismo das "cláusulas pétreas", mesmo uma emenda aprovada pela unanimidade do Congresso poderia ser declarada inconstitucional. Seria uma novel aritmética política, em que o todo é menor que as partes. O ilustre jurista Saulo Ramos insinua que o Supremo Tribunal estaria aplicando a teoria do constitucionalista alemão Bachoff. Esta, em tese, possibilitaria declarar-se inconstitucional uma emenda constitucional, ainda que o texto original da Constituição fosse votado por apenas 51% dos constituintes e as emendas por três quintos dos congressistas. Levada a coisa às últimas consequências, 11 juízes do Supremo poderiam declarar inconstitucional uma emenda votada pela unanimidade do Congresso, ou seja, 584 parlamentares! Ignorante em

ROBERTO CAMPOS

direito, mas respeitoso da aritmética, prefiro o francês Burdeau – que admite a "décheance", isto é, a possibilidade de caducidade constitucional por desadaptação à conjuntura econômica e política – ao constitutivismo de Bachoff. Este, ao amarrar gerações inteiras a um texto sacralizado, me parece ter feito uma piada jurídica. Mas reconheço que, como admitem os ingleses, "a German joke is a serious thing"...

Há várias coisas desconcertantes na paisagem. Primeiro, as esquerdas se mobilizam maciçamente, com agressiva intolerância, contra a revisão constitucional. Mas, conforme demonstrou irrefutavelmente o deputado Amaral Netto ("Folha de S. Paulo", 21/09193), os congressistas de esquerda votaram, em 1988, pela revisão. Agora, oportunistas, acham que isso não é oportuno, pois a queda do Muro de Berlim desmoralizou o dirigismo estatal e eles amam os dinossauros monopolísticos (a Petrossauro, a Telessauro, a Electrossauro etc).

Também não entendo a posição de juristas respeitáveis (dos quais excluo os lobistas da OAB), que querem limitar o escopo reformista do Congresso Revisional. A meu ver, e no ver dos eleitores, não existe diferença em grau de legitimidade entre o Congresso Constituinte de 1988 e o Congresso Revisional de 1990. Aquele foi eleito para fazer a Constituição, e este para reformá-la, revê-la ou emendá-la. Reformar, rever ou emendar todas as formas de mutação constitucional. Distinguir entre elas é coisa tão interessante como investigar o sexo dos anjos. Poder sejam até aqui, como o faz o professor Diogo Figueiredo, que o atual Congresso Revisional é mais legítimo que o Congresso Constituinte de 1988, porque este era poluído pela presença de senadores biônicos...

Há coisas urgentes a fazer para que o país se torne governável. Ou, como diz o caminhoneiro, para que a "democratização não vire uma esculhambação". No capítulo da ordem econômica, é preciso eliminar monopólios e discriminações. O sistema fiscal tem que ser simplificado, pela redução de vinculações e por um melhor balanceamento de encargos e receitas entre o Governo federal e as unidades da federação. Na previdência social, é preciso abolir a compulsoriedade ditatorial da previdência pública, reduzir as aposentadorias especiais e por tempo de serviço e descomplicar as contribuições sociais. Na ordem política, há que eliminar a proliferação partidária, pelos mecanismos conhecidos do voto distrital, fidelidade partidária e exclusão de partidos nanicos da representação parlamentar. E também imperativo aumentar-se a representação proporcional do Centro-Sul na Câmara dos Deputados.

Os dispositivos anedóticos, abundantes no texto atual, podem ficar, seja por falta de tempo, seja para desopilar o fígado dos constitucionalistas estrangeiros...

7. Publicações de 1994

49. A Constituição saúva, originalmente publicado no Folha de S. Paulo, 8 de maio de 1994[26]

> "Nada há de errado com o Congresso em Washington, exceto o pessoal que está lá".
>
> Booth Tarkington, sobre o Congresso americano.

O melancólico caminho da revisão constitucional afinal começa a assustar a opinião política do país. Um dever sério e nobre estaria, como diz o povo, acabando em pizza. Várias propostas de convocação de uma assembleia revisora exclusiva já foram apresentadas dentro e fora do Congresso por personalidades respeitáveis como o senador José Sarney, o deputado Delfim Netto, o economista Luís Nassif e o jurista Ives Gandra Martins.

Quanto mais penso nisso, entretanto, mais me parece um caso de intenções postas a perder por ilusões. A ideia de uma Constituinte expressamente eleita para o fim exclusivo de votar uma Constituição parece, à primeira vista, uma solução atraente. Um grupo de homens ilibados, de alto nível intelectual, animados do mais acendrado patriotismo –de que mais se precisa para formar uma augusta assembleia?

---

[26] Esse mesmo texto, com pequenas alterações, foi publicado como o capítulo *"A assembleia revisora exclusiva"*, no Livro *"Na virada do milênio"*, p. 437-440, ostentando a data de novembro de 1993.

Mas que pessoa no seu juízo normal se candidataria a uma eleição, com todos os custos e desgaste que isso implica, apenas para ficar seis meses em ação e, depois da dissolução da assembleia, voltar para a sua vida de antes? E que responsabilidade poderia sentir essa gente sabendo que, mal terminado o seu trabalho, este poderia ser modificado pelo Congresso propriamente dito?

O dinheiro para as eleições teria de vir de alguma parte. Seria uma campanha tanto mais difícil quanto inevitavelmente se sobreporia, dentro de uma faixa comum de tempo, às eleições regulares – no caso, as mais complexas levadas a cabo no país.

E em quê uma eleição – semelhante, na mecânica, a todas as outras – haveria de distinguir os pró-homens exemplares dos xiitas, militantes esquerdistas e dos aventureiros e lobistas, que provavelmente seriam bem mais atraídos por essa única oportunidade de mexer nas regras do jogo do que pelo penoso trabalho do cotidiano parlamentar?

Compreendo a impaciência de muitos diante do péssimo desempenho do Legislativo na revisão constitucional – e o receio de alguns diante das possíveis reações da opinião pública no pleito que se aproxima. A atual Constituição já foi experimentada cinco anos: como disse Monteiro Lobato da saúva, ou o Brasil acaba com essa Constituição ou ela acaba com o Brasil.

O primeiro grande erro foi exclusivamente do governo. Como já havia sido feito ao tempo de Sarney, o governo não enviou ao Congresso um texto para ser examinado – sob o mesmo pretexto de não interferir no processo da elaboração da Lei das Leis.

Ora, em nenhum país medianamente civilizado se costuma redigir uma Constituição "de baixo para cima", por agregação de partes. O procedimento racional universalmente seguido consiste em ter-se primeiramente um texto preparado por um grupo de especialistas de alta qualificação, depois submetido ao Legislativo e, conforme o caso, apresentado ao referendo popular.

É, aliás, escrúpulo curioso da parte do atual governo, porque o anterior havia submetido ao Congresso em 1991 o "Projetão" e o "Emendão", propostas ambas sensatas e trabalháveis.

Em nenhuma democracia o governo pode furtar-se de um papel de liderança. É da própria regra do jogo. Todos os parlamentos são divididos pela variedade de forças neles representados, ao passo que o Executivo tende a representar o conjunto de forças dominantes.

PUBLICAÇÕES DE 1994

E, francamente, os últimos governos têm-se devotado com espontânea alegria à edição de medidas provisórias, uma faculdade típica dos regimes parlamentaristas, onde a correspondente rejeição acarretaria a queda do governo e a formação de outro. Neste nosso pindorama surrealista, o governo não cai – reedita.

Em segundo lugar, o governo potenciou a sua responsabilidade ao insistir na emenda às Disposições Transitórias que criou o Fundo Social de Emergência, por conta de um plano de estabilização até agora não precisamente definido. O Congresso aprovou tudo, num raro ato de fé neste nosso mundo sem crenças. A discussão sobre a URV atrapalhou as atividades por mais um bom tempo – com o resultado final de que a dita pode ser mais ou menos qualquer coisa que o governo queira.

Por fim, a CPI do Orçamento acabou por tomar um tempo excessivo por uma variedade de razões e, com isso, fez o jogo das esquerdas corporativas, que querem encobrir um escândalo muitíssimo maior de desperdício e mau uso dos dinheiros públicos nas estatais.

Ainda assim, a revisão poderia ter sido feita se as forças majoritárias não houvessem cedido aos "contras", que pretendiam dar à sua oposição ideologizada um caráter de verdadeiro direito de veto. Numa democracia, as minorias têm direito de voto e não de veto. Infelizmente, não há nada de novo nisso. Grupos radicais e de interesses conseguem parar a vontade da maioria parlamentar que, por definição, representa, ela própria, a "maioria silenciosa". Tem havido uma progressiva deterioração da qualidade dos constituintes. Os de 1946, uma grei excelsa. Os de 1967, bastante razoáveis. Os de 1988, um desastre. Isso reflete várias coisas. Brasília desencoraja pessoas que detestam vazios culturais; é visível a deterioração de nosso nível educacional. Mas o fator mais importante, de resto positivo, é que saímos de regimes elitistas para entrarmos na democracia de massa. Foi nas eleições de 1986 que pela primeira vez 52% da população votou. Enquanto não se elevar o nível cultural médio do "povão", não há porque esperar um Parlamento de sábios.

O Congresso Nacional está longe de ser perfeito, mas ele espelha afinal os contrastes da sociedade brasileira. Nele não escasseiam idiotas, mas, como dizia o vice-presidente norte-americano Hubert Humphrey, boa parte da população é idiota e merece ser bem representada. Mas o Congresso não é "o" culpado pela crise institucional. Tem a sua parcela de responsabilidade como os demais Poderes e como todos os eleitores.

ROBERTO CAMPOS

No total, demonstrou uma rara coragem, cortando na própria carne, sob a pressão de uma opinião pública açudada até o paroxismo do linchamento. Mas a ideia da assembleia revisora "exclusiva" que reflete intenções sérias pode acabar levando a urgência a superar a prudência, e agravando a enfermidade que se quer curar.

50. Pregando no deserto, de 5 de junho de 1994, originalmente publicado no Livro "Antologia do bom senso", p. 393-396

> "Chegará um dia em que ninguém irá ver Shakespeare, com medo de que o Hamlet lhe bata a carteira."
>
> Nelson Rodrigues

Há uns trinta anos, o grande filósofo e matemático Bertrand Russell, pacifista e alma de grande coragem, falando em Nova York pouco antes de morrer, abalado pela idade e pela saúde claudicante, disse, num fio de voz, no meio de um total e comovido silêncio, que sua vida havia sido construída sobre o suposto da Razão. Mas naquele momento, no fim de sua vida, uma profunda angústia o oprimia: a angústia de perceber quão frágil e inerme era ela, a Razão. Calou-se um momento, e concluiu: apesar disso, ela ainda é o nosso único instrumento.

O Brasil tem a propriedade de, no começo, anedoticamente divertir, depois exasperar, e por fim desesperançar aqueles que confiam na racionalidade, na procura de causas e efeitos, e na sequência do discurso como sujeito-verbo-predicado. Completa-se neste ano de 1995 uma década de um regime que se chama a si mesmo de democrático e de tropeço em tropeço, de farsa em farsa, cada vez mais difícil está ficando descobrir para onde nos levará o destino. Atribuíram-se ao regime militar todas as mazelas reais ou imaginárias que pareciam existir no país e festejou-se o remédio mágico que vinha dos céus por intermédio dos Constituintes, do Congresso e do governo. Estava decretado o fim da escassez e revogada a lei da oferta e da procura (essa estrangeirice imposta pelo imperialismo capitalista com a cumplicidade do FMI...).

Acabar-se-ia a pobreza bastando para isso promulgar leis e decretos progressistas dando a todos o que queriam. Bem de início, o desconforto da inflação herdada do regime militar foi medicado pelo Plano Cruzado, essa fulgurante descoberta nacional de que a inflação era inercial!

Mas deixemos de lado a proliferação de pacotes, novas moedas, estagnação econômica, e uma inflação que, afinal, chegou apenas a 825 milhões por cento. Vamos apenas tentar entender aonde nos leva o Febeapá, o festival de besteira que assola o país. Ou será que é mesmo para acreditar que as outras economias do mundo, que abandonaram o nacional-estatismo, todo o resto do batalhão, esteja com o passo errado, e só o cabo Macunaíma marche na cadência certa?

Infelizmente, o Brasil não é, nem nunca chegou a ser, uma economia liberal. Mal saindo do país essencialmente agrícola, como se dizia então, entrou no caminho da modernização e industrialização sob a tutela do Estado, e não conseguiu chegar à maioridade. Para um capitalismo de verdade, uma economia onde o mercado determina os preços relativos dos fatores e produtos e as opções entre poupança e consumo, falta-lhe muito. Hoje, cada vez mais. Na realidade, o Brasil é um caso galopante de estatismo selvagem, uma economia com os defeitos da soviética, sem a seriedade que o despotismo socialista demonstrou em matéria de educação.

Em 1985, voltamos ao caos demagógico do nacional-populismo que já havia causado o desastre de João Goulart. Um mecanismo político-partidário e eleitoral doentio e totalmente descontrolado levou-nos ladeira abaixo, na frenética concessão de privilégios e distribuição de recursos que simplesmente não existiam, de parcelas de um Produto Interno que ainda não havia sido gerado. Multiplicaram-se restrições e foram criados sensíveis impasses à atividade produtiva, porque governos, legisladores e burocratas nos tratam como objetos do arbítrio da autoridade, e não sujeitos do nosso destino, cidadãos.

É o país do sabe-com-quem-está-falando levado ao paroxismo. E, é claro, corrupção. Não a simples corrupção de uns quantos que se apropriam do que não lhes cabe, e que existe, em graus vários, em todas as 394 partes. Muito pior. É a corrupção sistêmica, é a corrupção como maneira de ser do Estado, e que desborda por todos os bueiros da vida nacional, como espuma de esgoto: são os abusos institucionalizados das empresas estatais; são as greves cutistas contra o povo pobre e indefeso; são os marajás com seus salários malandros, recheados de vantagens a título pessoal e leis específicas conferindo privilégios a categorias, e até a indivíduos; é a sangria dos impostos mais estúpidos do orbe civilizado, usados para multiplicar o empreguismo, os marajás e os desperdícios.

É a corrupção da maldade, das crianças sem escola, dos país pobres, madrugada adentro, nas filas de escolas e hospitais. É o governo vigarista que não paga e, depois, chama de moedas podres os títulos que não honra. O Brasil tornou-se um grande festival demagógico. E se alguém tenta, na ponta do lápis, mostrar que as contas somam muito mais do que qualquer possibilidade de pagá-las – ah! é um neoliberal!

Se mágica e decreto resolvessem, o· Brasil seria o país mais rico do mundo. O desastre representado pelo PIB potencial perdido deste 1985 é de estarrecer. Tomando-se como padrão a média de crescimento do país neste século – 5% – a perda representaria cerca de 11 % da corrente de renda; e se tomarmos a taxa média de crescimento (8,35%) dos 26 anos não afetados, desde 1950, pela desordem de Goulart e pela crise mundial de 81/84, a perda teria sido de mais de 27% da corrente renda.

A demagogia do estatismo selvagem privou-nos, conforme o caso, do equivalente, respectivamente, a algo como 350 bilhões ou 860 bilhões de dólares. PIB cessante, inflação frenética, desordem, corrupção, criminalidade incontida, são sintomas do grau de disfuncionalidade que atingiu o sistema. Sendo um totalitarismo econômico, ele não dispõe dos mecanismos automáticos de ajuste que operam nas economias de mercado e nas sociedades efetivamente democráticas. E o fato de ser a situação tendente ao caos não a faz melhor, porque este adiciona à opressão a dimensão da imprevisibilidade.

É melancólico registrar-se, que hoje, segundo a revista The Economist (27/ 05/94), o Risco Brasil só é menor que o Iraque, Rússia e Nigéria. Ainda não aprendemos o que o mundo inteiro aprendeu nestes últimos 15 anos, ou seja, que não há substituto para o máximo de eficiência econômica. Enfrentar carências, pobreza, marginalidade, doença e ignorância não se faz com monopólios e empresas estatais. Estas são, pelo contrário, o ninho onde se cria a mais espoliativa das burguesias, que é a burguesia do Estado, improdutiva e sinistra, porque encostada ao poder. O Brasil não tem mais margem de erro.

PUBLICAÇÕES DE 1994

51. A paranoia dos milicratas, originalmente publicado no Livro "A lanterna na popa", p. 1088-1104

No Brasil, ao contrário, praticava-se um miliburocratismo paranoico. Passei a cognominar os burocratas militares da informática de *milicratas*. Na realidade, o crescente despotismo da SEI, que acabou absorvendo as atividades de controle de importação da CACEX (através do absurdo Comunicado nº 41, de 24 de janeiro de !983) e dominando inteiramente o INPI, constitui uma estória de horrores.

É difícil conceber obstáculo maior à modernização industrial do país que o item 2 do aludido Comunicado. Este resultou, provavelmente, de uma imposição militar ao diretor da CACEX, Benedito Fonseca Moreira, meu ex-aluno e ex-funcionário do ministério do Planejamento, que certamente havia absorvido minhas lições liberais e deve ter sofrido uma crise existencial ao coonestar a seguinte cretinice:

> "2. Sujeitam-se ainda à prévia e expressa anuência da SEI as importações de máquinas, equipamentos, aparelhos e instrumentos, isolados ou constituindo sistemas, que, embora enquadráveis em classificação tarifária não prevista para análise da SEI, ou não possuindo classificação tarifária específica, contenham, incorporados ou em apêndice, comandos, controles ou outros sistemas com circuitos de lógica digital; do tipo comando numérico, controlador lógico programável e assemelhados."

O Comunicado nº 41 representava, naturalmente, a combinação de um processo de crescente obscurantismo, do qual dois estágios merecem menção especial. Um deles foi a famosa Portaria Interministerial nº 70, de 9 de junho de 1975, negociada entre o ministro João Paulo dos Reis Velloso e o ministro da Marinha Geraldo Azevedo Henning. Era um conjunto de 11 diretrizes, denominadas pedantemente de "estratégia global". Mencionavam-se expressões que depois passariam a ser parte do jargão do nacionalismo informático como: "o domínio da tecnologia eletrônica digital" e a "capacidade de futura autonomia".

O outro estágio, já citado, foi a militarização definitiva da condução da política de informática pelo Decreto nº 84.067/79, que criou a SEI como "órgão complementar do Conselho de Segurança Nacional". Na tentativa de inserir a informática na área de segurança, que lhes daria maior

ROBERTO CAMPOS

margem de arbítrio e menor preocupação com prioridades econômicas, os militares tiveram o auxílio de um grupo do Itamaraty, que obviamente subestimava a velocidade das transformações tecnológicas e o potencial de conflitos comerciais decorrentes do hiperprotecionismo brasileiro. O Itamaraty nunca sofreu de escassez de "incompetência treinada".

Em meu primeiro ano no Senado foram-me denunciados bizarros exemplos de obscurantismo tecnológico. Um deles foi a intensa luta no seio do governo, que redundou num veto à fabricação no Brasil, pela IBM, do minicomputador 32. Já haviam sido produzidos 400 exemplares, mas os partidários da reserva de mercado lograram vetar sua fabricação, mesmo se destinada à exportação. O IBM 32 acabou sendo fabricado no Japão, substituído depois pelo 36, incorporando sucessivas mutações tecnológicas.[27]

A Hewlett Packard, que já fabricava calculadoras em Campinas, foi proibida de produzir o HP 3.000, que acabou sendo manufaturado no México, Canadá e, curiosamente, na China comunista, numa empresa de composição paritária com o governo chinês. Esse contraste me levou a dizer que o Brasil era um país pseudocapitalista e criptosocialista, sendo a China exatamente o contrário. A Apple Computer, que quis se instalar no Brasil, acabou associando-se a um grupo mexicano para produzir seus computadores em Guadalajara.

Mais absurda ainda, e de consequências mais dramáticas, foi a vedação da cooperação estrangeira na microeletrônica, campo em que o Brasil tem hoje posição inexpressiva, comparativamente a países como a Malásia e a Tailândia, que nem sequer figuravam na paisagem informática mundial quando o Brasil lançava seu programa de autonomia tecnológica. Revoltei-me ao saber que, em 18 de dezembro de 1981, um reles coronel da SEI, Humberto Costa Monteiro, sem nenhum fundamento constitucional ou legal, dirigiu à Motorola um ofício (082/81-GABSEI) no seguinte teor:

---

[27] O objetivo da CAPRE, então dirigida por Ricardo Saur, era garantir a sobrevivência, no mercado, da COBRA, que produzia o computador Sycor 400, vítima de rápida obsolescência tecnológica, enquanto a COBRA se transformaria, ao longo dos anos, numa fábrica de déficits. Admitir-se-ia a concorrência com outras empresas nacionais, numa espécie de nivelamento por baixo, em prejuízo do usuário, que optaria por tecnologias mais avançadas.

PUBLICAÇÕES DE 1994

"Quanto à industrialização de componentes semicondutores, a SEI decidiu que a Motorola não poderá iniciar essas atividades no Brasil. As atividades, ora sendo realizadas em nome da Motorola, terão que ser gradualmente desativadas, conforme já exposto à V. Sas., pela Secretaria de Atividades Estratégicas. (sic!)"

Idêntica vedação foi imposta à Texas Instrument, que já tinha uma fábrica em Campinas e desejava ampliar sua produção, ingressando no campo da microeletrônica. O equipamento, já encaixotado em Houston, acabou sendo deslocado para a Argentina!

Ao invés de incentivarmos a implantação de indústrias estrangeiras de liderança tecnológica, isoladas ou em *joint-ventures* com nacionais, como fizeram a Escócia e Cingapura, reservamos o mercado a apenas três empresas nacionais – a Itautec, a Elebra Componentes (grupo Doca de Santos) e a Sid (grupo Machline), que havia adquirido uma subsidiária da Philco, em Contagem, Minas Gerais. As duas últimas nunca atingiram produção econômica, e a *Itautec* não conseguiu acompanhar o vertiginoso passo da microeletrônica mundial.[28] Em fibras óticas, produto abusivamente incluído na definição da Lei de informática, foi inicialmente concedido um monopólio de cinco anos a uma empresa, a ABC-XTAL, obrigada a usar tecnologia nacional já defasada de cinco anos em relação aos padrões americanos. O monopólio foi depois flexibilizado para incluir duas outras empresas.

A política de informática da SEI tornou-se, entre 1979 e 1984, um assalto simultâneo à lógica econômica e à ordem legal. Violavam-se simultaneamente quatro princípios constitucionais: o princípio da isonomia, o da reserva geral, o da liberdade de associação e o da primazia da iniciativa privada. E nada menos que sete leis eram também violadas: o Código de Telecomunicações; o decreto-lei nº 200, da Reforma Administrativa; o Código Comercial; a Lei Antitruste, de 1962; a Lei

---

[28] A fábrica de Contagem havia sido construída pela Philco, da Ford, em cooperação com a National Cash Register, para suprir grande parte do mercado interno de circuitos integrados digitais, colocando o restante no mercado externo. A SEI, perseguindo o objetivo de estender a reserva de mercado à fabricação de *chips*, forçou a paralisação da fábrica, que acabou sendo transferida ao grupo Machline por um terço do custo original e se tornou fortemente deficitária. Ver Gilberto Paim, op. cit., 66-77.

ROBERTO CAMPOS

sobre Capitais Estrangeiros; a Lei do Comércio Exterior, e a Lei das Sociedades Anônimas.

Diante desse estupro da ordem legal, eu não conseguia entender a passividade do meio empresarial e da sociedade em seu conjunto. Só havia duas explicações possíveis. A primeira era a intimidação ideológica. Lançado o *slogan* nacionalista "a informática é nossa", todos os dissidentes dessa política passavam a ser considerados antipatriotas, senão mesmo submissos a interesses estrangeiros. A segunda, era a intimidação econômica. Cassados em seu direito de produzir com liberdade de escolha de sócios, equipamentos e tecnologia, os empresários-usuários não ousavam protestar, com medo de retaliação pela denegação de licenças de importação, restrição do acesso a créditos oficiais e cancelamento de contratos governamentais.

No intuito de tentar deter a onda irracional de nacionalismo informático, promovi, como presidente da Comissão de Economia do Senado, audiências com diferentes setores. Os empresários Firmino Rocha Freitas, da ABINEE, e Jorge Gerdau Johannpeter foram veementes na oposição ao dirigismo informático.[29] Dentre as autoridades governamentais, foram ouvidos o ministro da Indústria e Comércio, Camilo Pena, o ministro das Comunicações, Haroldo Correia de Matos, e o técnico Salomão Wajnberg, secretário-executivo do GEICOM (Grupo Executivo Interministerial de Materiais e Componentes), todos os quais se posicionaram em favor de uma política aberta de absorção de tecnologia e de formação de *joint-ventures* com empresas estrangeiras de vanguarda tecnológica. Era um testemunho claro do alto grau de descoordenação do governo Figueiredo, pois se tratava de posição diametralmente oposta à da secretaria do Conselho de Segurança Nacional, ao qual estava subordinada a SEI.

Assisti, ao longo de 1984, à formação de uma dessas estranhas e fatais coalizões obscurantistas, semelhante à que ocorreu na campanha do petróleo, em 1952-53, e viria a se formar na Constituinte de 1988,

---

[29] Um dos depoentes foi uma das principais vítimas do despotismo da SEI. Era o engenheiro Gilberto Job, proprietário da Coencisa – Indústria de Comunicação Sociedade Anônima, sediada no Distrito Federal, com participação minoritária da empresa norte-americana RACAL, que fornecia tecnologia atualizada. Gilberto Job foi obrigado pela SEI a nacionalizar totalmente a empresa, pela recompra da parte americana. Por falta de recursos, teve que se retirar do negócio, vendendo sua parte à MODDATA.

PUBLICAÇÕES DE 1994

no tocante à exploração mineral. Era uma coalizão entre militares de extrema-direita da SEI, parlamentares da esquerda nacionalista (sobretudo do PMDB) e empresários cartorialistas de São Paulo. Inicialmente, as propostas da SEI foram encaradas com natural suspicácia pelos congressistas de esquerda, como a deputada pernambucana Cristina Tavares, cuja desinformação na matéria era proporcional ao seu fervor ideológico. Mas, gradualmente, se cimentaram estranhas afinidades durante o debate legislativo.[30] Era um bizarro pacto Molotov-Ribbentrop na eletrônica digital.

As motivações eram, naturalmente, diferentes: os militares da SEI, que sentiam inevitável a perda de poder político, com o acirramento da campanha das "diretas já", viam no controle da informática uma fonte de poder; as esquerdas do Congresso se seduziam com a afirmação nacionalista contra o imperialismo tecnológico das multinacionais; e os empresários paulistas sempre se encantaram com a ideia de um mercado protegido e subvencionado, numa das áreas industriais de crescimento mais dinâmico. Essa bizarra coalizão não seria sustentável não fosse o cimento aglutinador do nacionalismo. No caso, aliás, uma forma obscurantista de nacionalismo.

Tentando prevenir o mal maior que adviria das propostas em gestação no governo, preparei um projeto de lei apresentado em abril de 1984. Tinha por objetivo permitir ao Brasil acompanhar, com o mínimo de defasagem possível, a vertiginosa rapidez da evolução tecnológica do

---

[30] O conhecimento especializado de Cristina Tavares, a *pasionária* da informática, articulada e combativa, ia pouco além da leitura do relatório francês de Simon Nora e Alain Mine, chamado *L'infonnati.sation de la société*, de janeiro de 1978, preparado a pedido de Giscard d'Estaing. O relatório, que endossava com cautelas o dirigismo informático do general De Gaulle (que mais tarde se revelaria um rotundo fracasso) advertia contra os riscos à soberania nacional criados pelas redes internacionais de informação e contra as ameças à democracia, pela invasão da privacidade dos cidadãos. Este último aspecto deveria, em tese, levar as esquerdas brasileiras a se mobilizarem contra a política patrocinada pelo SNI, mas estranhamente não impediu essa inexplicável coalizão que o deputado Roberto Cardoso Alves jocosamente defluiu como uma "conspiração de oito coronéis com oito comunistas para favorecer ojto cartórios paulistas". Ver Vera Dantas, op. cit., p. 258. Um outro propagandista da tola ideia de auto-suficiência informática foi Arthur Pereira Nunes, que, auto-exilado em Paris, também se impregnou do lirismo tecnológico do *Plan Calcul* do general De Gaulle. De membro do movimento radical de esquerda, Pereira Nunes passaria mais tarde à liderança da SEI.

setor, sem o que a sociedade brasileira rapidamente perderia eficiência interna e competitividade externa.

"A filosofia adotada – dizia eu – é de *mobilização* e não de *restrição*. A experiência

revelou que a indústria de informática depende, mais que outras atividades, de uma constante criatividade pessoal, e de excitação competitiva, que não se *compadece* com burocracia de licenças, controles e vedações."

As orientações básicas eram assim descritas:

"1. A escassez de poupança interna, evidenciada em nossa incapacidade de prover sequer às necessidades básicas de educação, alimentação e saúde, toma desaconselhável estabelecer proibições no ingresso de poupança externa, admitindo-se também empresas mistas ou estrangeiras, com liberdade de associação.

2. O desenvolvimento do mercado interno deve ser assegurado por generosa proteção aduaneira, decrescente no tempo, para refletir o amadurecimento econômico e tecnológico das indústrias. Este sistema é preferível às restrições quantitativas que criam oligopólios e monopólios, às vezes espoliativos dos usuários, e desestimuladores da eficiência competitiva.

3. Sem impor às empresas nenhuma fórmula compulsória de composição do capital, criam-se incentivos para favorecer a assunção de controle majoritário por empresários nacionais, mediante variados instrumentos, tais como: a) isenções fiscais; b) preferências e/ ou exclusividade nas encomendas do governo e no acesso a financiamentos governamentais, para desenvolvimento da indústria (*hardware*) assim como de programas (*software*). Essa técnica de proteção se assemelha ao chamado "modelo japonês", com as diferenças impostas pelo fato de o Brasil não dispor nem do nível de poupança interna do Japão, nem do seu estoque científico e tecnológico.

4. Estimula-se a exportação, não só como fonte de divisas, mas como meio de atingir escalas econômicas de produção. As exportações seriam livres e desburocratizadas, facilitando-se o *drawback* e facultada a criação, pela SUDENE e SUDAM, de distritos de exportação, com ampla delegação de poderes às entidades regionais".

O projeto chegou a ser aprovado na Comissão de Constituição e Justiça, mas teve sua tramitação obstaculizada nas demais comissões,

PUBLICAÇÕES DE 1994

pela preferência dada ao projeto do Executivo, enviado ao Congresso em 30 de julho de 1984. Esse projeto, com 31 artigos, estabelecia a "Política Nacional de Informática", a ser elaborada por uma Comissão Nacional de Informática (definida como órgão complementar do Conselho de Segurança Nacional) e aprovada pelo presidente da República. Consagrava indiretamente a reserva de mercado, ao delegar ao Executivo a faculdade de decretar proteções provisórias às empresas nacionais e controlar as importações, por oito anos.

Logo após a apresentação de meu projeto, cinco outros passaram a tramitar no Congresso. Dois, de colorido radicalmente nacionalista, da deputada pernambucana Cristina Tavares e do deputado carioca José Eudes, do PT; um terceiro, algo mais moderado, do senador Carlos Chiarelli. Além do meu projeto, dois outros propunham a extinção da SEI e da reserva de mercado. Eram da autoria dos deputados Salles Leite, de São Paulo, e Luiz Antonio Fayet, do Paraná, ambos com bom conhecimento técnico da matéria. De um modo geral, os congressistas que tinham trabalhado no setor de telecomunicações, como Renato Johnson, do Paraná, Arolde de Oliveira, do Rio de Janeiro, e Salles Leite, de São Paulo, tinham pontos de vista hostis à SEI, temerosos da interferência retardatória desta nos projetos de telecomunicação, crescentemente dependentes de componentes informáticos. Dentro do governo Figueiredo, e depois, talvez ainda mais acirradamente no governo Sarney, era visível a rivalidade e a luta de poder entre o ministério das Comunicações e a SEI.[31]

Antes da introdução formal do meu projeto, que previa elevada proteção aduaneira

contra os produtos importados, mas não endossava a reserva de mercado para empresas nacionais (receita certa de fracasso, pela escassez de capitais e tecnologia), visitei o ministro da Fazenda, Ernane Galvêas, e o ministro do Planejamento, Delfim Netto. Adverti esses dois amigos do desastroso atraso tecnológico que resultaria da política nacional-protecionista (que

---

[31] Uma laboriosa aliada na tentativa de impedir o tratamento de urgência para um tema grave num Congresso desinformado foi a deputada Rita Furtado, esposa de Rômulo Furtado, secretário-geral do ministério das Comunicações, há muito familiarizado com o imperialismo da SEI, a qual queria transferir para sua esfera de ação o licenciamento da produção e importação de componentes informáticos para o sistema de telecomunicações. Rita colheu um abaixo-assinado de 38 senadores e 142 deputados pedindo a revogação do regime de urgência. Apud Veras Dantas, op. cit., p.

ROBERTO CAMPOS

eu chamava de "industrialização por passe de mágica"), patrocinada pelos generais Danilo Venturini, secretário-geral do Conselho de Segurança Nacional, e Otávio Medeiros, chefe do SNI. Estes estavam possuídos de ingênuo voluntarismo tecnológico, incapazes de avaliar os efeitos negativos dessa política para o influxo de capitais e a posição do nosso balanço de pagamentos. Os dois ministros, como

experientes economistas, perceberam logo a extensão do erro. Mas declararam-se incapazes de reverter uma política "considerada vital pelos militares". Soube depois que Delfim tentara atenuar o desastre, pleiteando que a reserva de mercado fosse por apenas cinco anos, enquanto o general Venturini desejava dez anos. Fez-se um compromisso em torno de oito anos, a contar da passagem da lei.[32] Como as restrições à importação de produtos é à vedação de projetos tinham começado em 1975 (através de decretos, portarias e atos normativos), a reserva de mercado, fixada para término em 1992, se estenderia por um desastroso período de dezessete anos, durante o qual toda uma geração acadêmica permaneceria subinformatizada e pouco competitiva num mundo sacudido pela revolução eletrônica.

Visitei São Paulo para explicar meu projeto a Olavo Setúbal, empresário competente e realista. Concordou com a intenção básica de minha proposta, mas teve uma reação estranha: – Você e eu acreditamos num regime internacionalmente competitivo. Mas isto está fora da cultura brasileira, que é protecionista e cartorial. E eu não posso operar numa cultura ideal, que não existe entre nós.

Já estava decidido a embarcar no projeto da Itautec, que. abrangia tanto a fabricação de minicomputadores como a microeletrônica. As condições pareciam ideais: um mercado seguro de automação bancária, dentro do conglomerado Itaú; recursos financeiros adequados; competência empresarial comprovada do grupo; e, *last but not least,* reserva de mercado. Era uma experiência que não podia falhar. Comprei um bom lote de ações na oferta inicial; elas experimentaram dramática, porém transitória, valorização. Delas me desfiz a tempo, convencido de que

---

[32] Essa forma de compromisso me fez lembrar a famosa anedota de Churchill, quando chanceler do Erário Britânico: "Na discussão do orçamento, a Marinha de Sua Majestade pede seis milhões de libras; o Tesouro não quer dar mais que quatro; chegou-se a um acordo de paz em torno de oito".

PUBLICAÇÕES DE 1994

o Brasil não teria cacife para a vertiginosa corrida tecnológica que se avizinhava.

Para examinar o projeto do governo, enviado ao Congresso em julho de 1984, foi criada uma comissão mista de senadores e deputados, presidida pelo deputado Freitas Nobre, tendo como relator meu colega do PDS, o senador Virgílio Távora. Era um nacionalista moderado e consegui persuadi-lo de algumas de minhas teses, mas apenas fugidiamente. Eram enormes as pressões que sofria.[33] De um lado, as injunções de seus colegas, os militares nacionalistas. De outro, as pressões organizadas e intensas dos empresários cartorialistas de São Paulo, congregados na ABICOMP (Associação Brasileira da Indústria de Computadores). Esta se formara como uma dissidência da ABINEE, cujos pontos de vista eram mais moderados, pela presença de empresas multinacionais da indústria elétrica e eletrônica. Criou-se o "Movimento Brasil Informática" (IBM às avessas), uma réplica da campanha do "petróleo é nosso". O refrão era: "Em defesa da tecnologia nacional". O movimento reivindicava:

"A aprovação urgente de mecanismos legais de estímulos e proteção permanente ao desenvolvimento tecnológico nacional, buscando assegurar-lhe pelo mecanismo da reserva de mercado, a emancipação tecnológica do país".

Não faltava, naturalmente, a tradicional claque nacional-obscurantista – a OAB, a UNE e, estranhamente, a SBPC que, por alguma razão misteriosa, é quase sempre dirigida por cientistas de esquerda, com mais furor ideológico que objetividade científica.

---

[33] O ambiente na Comissão Mista era absurdamente ideologizado. Levantei a preliminar de inconstitucionalidade do projeto governamental, com base em parecer do ilustre constitucionalista, Manoel Gonçalves Ferreira Filho. O art. 9º do projeto era manifestamente inconstitucional. Solicitei ao presidente da Comissão que fossem dadas aos parlamentares 24 horas para leitura do parecer jurídico e meditação sobre seus conceitos. A proposta foi rejeitada por 16 votos a 2. Insisti em ler então as 48 laudas do parecer em meio a uma propositar atoarda, que só cessou com o término da leitura e sua sumária rejeição. A atitude era a de Oswald de Andrade, ao receber a obra de um poetastro que pedia sua indulgência: "Não li e não gostei". O episódio é relatado por Gilberto Paim, op. cit., p. 87-88.

ROBERTO CAMPOS

Compareceram para testemunhar na Comissão Mista vários depoentes, com distribuição razoavelmente equilibrada entre proponentes e adversários da reserva de mercado.

Os pronunciamentos mais esperados foram naturalmente os dos presidenciáveis: Tancredo Neves e Paulo Maluf. Maluf defendeu realisticamente a necessidade de criarmos *joint-ventures* entre empresas nacionais e estrangeiras, adotando-se tarifas aduaneiras como forma de proteção. Era uma posição liberal e esclarecida, que me confirmou na posição de partidário de sua eleição para a presidência. Em vista do emocionalismo político da questão, propôs uma fórmula intermediária entre o meu projeto e o do governo, conciliação que o deputado Ihsen Pinheiro declarou, desdenhosamente, impossível. Tinha razão! Eu acreditava na competição no mercado, e a SEI, no dirigismo centralista.

Nessa audiência da Comissão Mista sobre informática, Tancredo, visivelmente trabalhado pela ala nacionalista do PMDB, endossou o que ele chamava de "esforço para se fixar, de uma maneira clara e nítida, os objetivos de uma política de Informática". Esta, a seu ver, devia ser mantida "sob a orientação, controle e expansão do poder público".[34] Para minha grande frustração, defendeu explicitamente a "reserva de mercado" e a subordinação da Comissão Nacional de Informática à presidência da República, devendo os "planos de informática ser aprovados pelo Congresso".

Em vista de nossa velha amizade, sabatinei-o com delicadeza, tentando explicar-lhe os perigos de desatualização tecnológica que o Brasil incorreria pela absurda pretensão de autonomia. Procurei questionar alguns *chavões* que Tancredo havia absorvido das arengas *nacionalisteiras*. Um era o receio da *caixa preta*. Não haveria real transferência de tecnologia dos países industrializados aos subdesenvolvidos, devendo estes desenvolver uma tecnologia própria. Demonstrei-lhe que a Coreia do Sul havia desbancado a Europa na construção naval e que os tigres asiáticos haviam absorvido a tal ponto a tecnologia da eletrônica de consumo, que tanto a Europa como os Estados Unidos receavam desindustrializar-se nesse setor. Procurei esclarecer a diferença entre três diferentes conceitos

---

[34] Soube depois que o IPEA, que fora uma criação minha no ministério do Planejamento, tinha redigido a alocução de Tancredo, numa clara evidência de degradação intelectual e tresleitura da evolução tecnológica.

PUBLICAÇÕES DE 1994

de reserva de mercado: quanto ao país, quanto à empresa e quanto à poupança estrangeira. A reserva de mercado, ao nível do país, era a simples proteção aduaneira contra importações, método universalmente praticado; a reserva, ao nível da empresa, implicava a criação de privilégios cartoriais para certas empresas, escolhidas pelas autoridades, criando-se ineficientes monopólios e oligopólios (a SEI escolhera um produtor de fibras óticas, três de microeletrônica, cinco de minicomputadores e oito de superminis), ficando os demais candidatos cassados em seu direito de produzir; a reserva de mercado quanto à poupança estrangeira se traduzia em absurdas restrições ao ingresso de multinacionais e à formação de *joint-ventures,* num país endividado e carente de poupanças. Protestei, finalmente, contra a absurda abrangência do conceito de informática, que burocratizaria qualquer esforço de modernização industrial.

Um dos mais bizarros aspectos do debate da informática era o desdém com que se tratava o inquestionável sucesso dos tigres asiáticos, cuja renda por habitante estava crescendo muito mais que a do Brasil. Eram países pequenos, dizia-se, meros entrepostos comerciais, indignos de comparação contra a grande *potência emergente.* E procuravam-se falsas similitudes entre o modelo botocudo da SEI e o sofisticado modelo japonês. À parte o fato de que o Japão, com sua enorme capacidade de poupança interna (34% do PIB) e bom estoque de talento tecnológico, necessitava muito menos que nós de capitais externos, havia pelo menos seis diferenças fundamentais:

- O Japão não proibia a implantação e expansão de empresas estran-geiros e quase todas as multinacionais importantes ali operavam;
- O Japão protegia a produção interna contra importações por via de tarifas aduaneiras e não de proibições burocráticas; em 1961, essa proteção foi elevada de 15% para um máximo de 25% *ad valorem;*
- O Japão não proibia participações minoritárias de acionistas estrangeiros no capital de empresas de informática;
- O Japão não condicionava os projetos à comprovação de tecnologia desenvolvida localmente, facilitando, ao contrário, a compra de tecnologia externa;
- O Japão não reservava cartórios a indústrias eleitas pelo governo, promovendo, ao invés, intensa competição interna;

ROBERTO CAMPOS

- Os militares japoneses não interferiam na política de informática, nem se criaram empresas estatais, ficando a condução da matéria a cargo do MITI.

Soube depois que minha argumentação tinha despertado, na mente de Tancredo, saudáveis dúvidas, depois reforçadas, quando, já como presidente eleito, em viagem aos Estados Unidos e à Europa, ouviu reclamações desses governos sobre os exageros de nosso nacionalismo informático. Naquele momento, entretanto, percebendo a onda xenofóbica prevalecente na Comissão Mista, endossara as teses nacionalistas.

No seio da Comissão Mista, havia nítida predominância de congressistas favoráveis ao nacionalismo tecnológico da época, ou pelo menos desmotivados para enfrentar a pressão militar em favor do dirigismo. Os mais agressivos, suficientemente desinformados para não se afligirem com a angústia da dúvida, eram a deputada Cristina Tavares, de Pernambuco, e o deputado Odilon Salmoria, de Santa Catarina. A hesitação principal da comissão era saber se se deveria arrostar a crítica internacional, explicitando a reserva de mercado, ou se convinha mascará-la, através do poder dado à SEI para controlar importações.

– Fazer sexo explícito – dizia eu com ar de chacota a Severo Gomes – é obsceno sob o ponto de vista fisiológico. Mas, se a intenção dos ideólogos fanáticos é *to screw the foreigners,* por que não o fazer explicitamente?

Mesmo no meu partido, o PDS, eu só podia contar com apoio integral do senador João Lobo, e parcial do senador Jutahy Magalhães. Os senadores Marco Maciel, Carlos Chiarelli e Marcondes Gadelha se alinhavam com a política do governo. O mesmo acontecia com os senadores do PMDB, Pedro Simon. Henrique Santillo e Severo Gomes, este último o mais combativo em sua novel encarnação de burguês da esquerda. A representação da Câmara, com exceção de Álvaro Valle, de postura mais liberal, inclinava-se pelo nacional-protecionismo. Infelizmente, não pude estar presente na sessão crucial da Comissão, em 27 de setembro, quando Virgílio Távora apresentou seu relatório, pois tive que partir para uma importante reunião em Washington do "Grupo dos 30", sobre o sistema financeiro internacional. Na véspera, visitei em seu apartamento o senador Virgílio Távora, e saí com a convicção de que tínhamos um firme acordo sobre os seguintes pontos:

- A definição de "informática" seria restrita a computadores, programas de computação, bancos de dados e equipamentos correlatos, rejeitando-se a absurda pretensão da SEI de estendê-la a toda a "eletrônica digital a semicondutor";
- A definição de empresa nacional seria a defluente da Constituição de 1967 e da Lei de' Sociedades Anônimas, considerando-se maioria nacional 51 % do capital votante e não os 70% propostos pela SEI;
- A proteção aos produtos nacionais se faria por tarifas e não por licenças e quotas de importação;
- Manter-se-iam os dispositivos relativos à criação de "distritos de exportação", onde seria livre a implantação de indústrias de informática direcionadas para o mercado externo.

Minha impressão era equivocada. Em Washington, recebi a notícia de que o relatório de Virgílio Távora acolhera quase integralmente o xenófobo projeto da SEI. Aparentemente, o general Figueiredo, que àquela altura revelava grande abulia, senão enfado, em relação à condução efetiva do governo, teria telefonado pessoalmente a Virgílio Távora, despertando-lhe os brios de antigo militar, no sentido de atender aos "imperativos de segurança nacional contemplados no projeto da SEI". O secretário-executivo da SEI, coronel Edson Dytz, imprimia a seu trabalho de lobista do projeto governamental a unção religiosa dos luteranos, transformando diferenças de julgamento sobre alternativas tecnológicas numa dramática luta entre o bem e o mal. Era o exemplo típico daquilo que Raymond Aron chamava de "ideocrata", isto é, o burocrata possuído de uma ideologia. Acumulara uma boa dose de informações técnicas, desacompanhadas de bom senso crítico. Um caso de *incompetência treinada*, dizia eu.[35]

---

[35] Num discurso na Associação Comercial, no Rio de Janeiro, assim me expressei: "Os que transformaram o nacionalismo em seitas exclusivistas se dividem em três categorias. Primeiro, os radicais de esquerda, esquecidos de que Lênin considerava o nacionalismo um *preconceito burguês*, que enfraqueceria a solidariedade internacional do proletariado e o conflito de classes dentro da nação. Segundo, os imigrantes de primeira e segunda gerações, que desnecessariamente (pois todos nos orgulhamos da contribuição europeia à formação do sul do Brasil) buscam documentar, mediante um *hipernacionalismo*, sua integração no ecúmeno nacional; às vezes, ao nacionalizar-se, desnacionalizam os que deles divergem. Terceiro, os industriais do nacionalismo, que o utilizam como instrumento de preservação de cartórios industriais e eliminação da concorrência."

ROBERTO CAMPOS

Só me restava, ao regressar, fazer obstrução no plenário do Congresso. Fi-lo tanto quanto possível. O projeto nunca foi submetido a efetiva votação, sendo aprovado, em 29 de outubro de 1985, por um conchavo das lideranças. Essa aprovação fora tecnicamente nula, por não estar presente o quórum mínimo de senadores. Mas não me foi possível persuadir a liderança do PDS, num momento de frenético entusiasmo nacionalisteiro, sob a pressão das galerias ululantes, a pedir a verificação do quórum.

Retirei-me do plenário melancolicamente. Estava consumado um grande erro. Como eu pressentira, e depois se verificou, outubro de 1984 foi um momento de inflexão de curvas. Infletiu para o alto a curva da remessa de rendimentos e repatriação de capitais; e, para baixo, a curva do ingresso de capitais. O Brasil ficaria à margem da grande corrida tecnológica da segunda metade da década dos 80.

Empossado o governo civil de Sarney, reacenderam-se minhas esperanças. Descompromissados com a militarização da informática, e revisionistas em relação às políticas anteriores, os civis seriam, acreditava eu, mais favoráveis à abertura econômica e tecnológica. Doce e ledo engano! Sarney herdara de Tancredo Neves o compromisso de designar Renato Archer para o recém-criado ministério de Ciência e Tecnologia (Ulysses Guimarães propusera Archer para o Itamaraty). Esse ministério era, em si mesmo, uma excrescência administrativa. Ciência é algo umbilicalmente ligado à educação. A tecnologia não é um ente abstrato, e sim a aplicação da ciência a ramos concretos – indústria, agricultura, telecomunicações – cobertos por ministérios setoriais. Países líderes na ciência, como os Estados Unidos e a Grã-Bretanha, se contentam com um assessor científico junto ao chefe do governo, para auxiliá-lo nas grandes opções. A coordenação é feita através de conselhos interministeriais e associações científicas. No Japão, a tecnologia fica no MITI.

O *hipernacionalismo* dos descendentes de imigrantes de primeira e segunda geração é um fenômeno sociológico curioso. No caso da informática, criou-se o que eu chamava o *eixo autoritário italotedesco*: Geisel, Dytz e Saur, do lado tedesco. Brízida, Venturini e Fregni, do lado italiano. Geisel foi o criador da CAPRE, conquanto talvez não aprovasse o fanatismo de seus seguidores; o coronel Dytz foi secretário-executivo da SEI em sua fase mais despótica; Saur fora o primeiro presidente da CAPRE. O coronel Brízida fora o segundo secretário especial da SEI, sucedendo a Octávio Gennari Neto, de tendências mais moderadas; o general Venturini foi secretário-geral da CSN no governo Figueiredo, e Edison Fregni, o primeiro presidente da ABICOMP.

PUBLICAÇÕES DE 1994

Archer nunca fora acusado de trazer contribuição quer para a ciência, quer para a tecnologia. Sua principal qualificação era ser membro do *Clube do poire* de Ulysses Guimarães. Lembrava-me dele pelo fervor passional que devotara às ultracentrífugas para enriquecimento de urânio, encomendadas pelo almirante Álvaro Alberto, precursor do sonho da "bombette atômica", e pela campanha das areias monazíticas, vasta sobrestimação da importância do tório_ como combustível nuclear. Archer trouxe logo *nacionalisteiros* para seu convívio: Luciano Coutinho, da UNICAMP, e Celso Amorim, do Itamaraty, e nunca conseguiu distinguir entre pirataria alegre e autonomia tecnológica.

Longe de se abrandar O protecionismo obscurantista dos militares da SEI, ele foi

agravado e assumiu tons policialescos. Grupos mistos da SEI e da secretaria da Receita Federal passaram a invadir consultórios médicos e corretoras para confiscar equipamentos importados. Os computadores eram depois cedidos a agências oficiais, que prontamente descartavam as maquinetas nacionais pré-históricas. Parecia termos voltado ao.; tempos da revolução cultural da China, quando a leitura de Confúcio fora proibida e o ministério do Comércio Exterior era chamado pela jovem guarda de *ministério da Traição Nacional!*

O obscurantismo na informática se instalara no país como uma névoa seca, que impedia O vôo do bom senso e a decolagem da competitividade tecnológica. Protegidos pela reserva de mercado, os produtores locais, ao invés de se tornarem inventores, tornaram-se copiadores. E copiadores incompetentes, pois enquanto os *clones* asiáticos encontravam mercado mundial, a compra de computadores brasileiros era um heroísmo patriótico.

Em 1985, quanto Gilberto Paim escreveu seu livro *O computador faz política*, havia dezesseis cópias de modelos da Apple, doze cópias de TR'S, oito do Sinclair e quatorze dos PC's-XT's, da IBM.[36] O contrabando de computadores de bens de informática era estimado em 50% do valor da produção nacional e representava mais do que isso, em termos de efetiva capacidade de processamento. Prossegui na luta pela modernização, produzindo, com o auxílio de Gilberto Paim, um grande número de panfletos, compendiando artigos de jornais, conferências em entidades

[36] Gilberto Paim, op. cit., p. 163-64.

de classe, e discursos no Senado Federal. Dentre os mais importantes citam-se:

- Política brasileira de informática;
- Obscurantismo na informática;
- Subsídios à formulação de uma política de informática;
- A industrialização num campo de sombras.

Eram todos tentativas de demonstrar o óbvio, coisa que, como dizia Nelson
Rodrigues, só os gênios enxergam.

"A reserva de mercado – argumentava eu – tal como concebida, vai acarretar *redução* de mercado porque a) eleva os preços internos, pois as indústrias viram cartórios; b) afasta investidores potenciais; c) prejudica as exportações, pelo antagonismo às empresas internacionais, experientes nos mercados externos; d) burocratiza uma indústria que exige singular criatividade pessoal; e) estimula o contrabando, com o resultado de que a criação de empregos e a capacitação de pessoal se realizam no exterior; e f) desperdiça capital, ao exigir que a totalidade do capital votante fique em mãos nacionais."

No primeiro aniversário da lei, em outubro de 1985, já sentidos seus efeitos maléficos, resolvi passar à ofensiva. Promovi uma *arguição de inconstitucionalidade* contra a "Lei de Informática nº 7.732, de 29 de outubro de 1984, o decreto-lei nº 2.203, de 27 de dezembro do mesmo ano, e demais diplomas normativos infralegais, implementadores da legislação de informática".

A arguição foi redigida com a cooperação da competente assessora do Senado, Herzeleide Maria Fernandes de Oliveira, e se baseava em pareceres dos juristas Hely Lopes Meirelles, conhecido mestre de direito administrativo, e Manoel Gonçalves Ferreira Filho, professor de direito constitucional. A arguição foi assinada por 12 senadores e 42 deputados, desmentindo a propaganda do ministério de Ciência e Tecnologia de que a lei foi votada quase unanimemente. Na realidade, como já foi dito, ela sequer fora formalmente votada, passando por voto simbólico de liderança, sem contagem do plenário.

PUBLICAÇÕES DE 1994

As duas principais peças legislativas acima referidas feriam os princípios constitucionais da liberdade de iniciativa, do direito adquirido, da isonomia, da liberdade de empresa e os princípios jurídicos da legalidade e Indelegabilidade de funções. Esses vícios afetavam consequencialmente os demais diplomas normativos infralegais.[37]

A petição foi encaminhada ao procurador geral da República, José Sepúlveda Pertence, para que este representasse ao Supremo Tribunal Federal sobre as inconstitucionalidades apontadas. Deixando-se influenciar por pressões políticas e ideologias de esquerda, em detrimento da objetividade jurídica, o procurador geral reteve o processo por cerca de quinze meses. Somente o liberou em janeiro de 1987, após ter-me eu dirigido ao chefe da Casa Civil de Sarney, o senador Marcos Maciel, para reclamar do desrespeito aos 54 parlamentares signatários. E, numa experiência para mim inédita de chantagem política, ameaçar que passaria a fazer bloqueio sistemático de todas as propostas do governo no Senado.

A arguição foi finalmente encaminhada ao Supremo Tribunal Federal, com um parecer negativo, assaz especioso e visivelmente ideologizado, por serem cristalinas as inconstitucionalidades. Foi sorteado para julgar o processado o ministro Aldir Passarinho. Visitei-o para sublinhar os perigos de atraso tecnológico do país, o caráter fascistóide das atividades da SEI e a necessidade de preservação de direitos constitucionais. O ministro se manteve em elegante mutismo. Encontrei acolhida um pouco mais simpática por parte de alguns ministros, mas obviamente nada poderiam fazer sem o parecer do relator.

O ministro Aldir Passarinho não manifestou nem intrepidez nem velocidade decisória. Com a instalação da nova Assembleia Constituinte, em 29 de fevereiro de 1987, tinha excelente desculpa para o arquivamento do processo à espera de nova ordenação constitucional.

Somente em setembro de 1988, vinte meses depois de recebido o processo, o relator se pronunciou desfavoravelmente, com o bizarro

---

[37] A arguição de inconstitucionalidade cominava especificamente os seguintes pontos: artigos 1º e 3º da Lei nº 7.232, por ferirem o princípio constitucional da liberdade de iniciativa; os artigos 9º a 16º da mesma lei e o artigo nº 100 do D.L. 2.203/84, por violação também dos princípios constitucionais de direito adquirido, isonomia e liberdade de empresa; os artigos 6º (parág. 2º), 7º, 17º a 22º (itens I e II) e 23º (parág. 1º e 2º), da Lei nº 7.232, e artigo 2º do decreto nº 90.754/84 por lesão aos princípios jurídicos da legalidade e indelegabilidade de função, cominação aplicável também ao decreto nº 91.146/85.

ROBERTO CAMPOS

argumento de que a representação não era de ser conhecida em virtude de ter o procurador geral opinado pela constitucionalidade da lei. Isso, a meu ver, constituía uma "denegação de justiça", pois o procurador tem funções de instrução e defesa e não poder judicante. O único ministro a rejeitar a preliminar da incompetência do Tribunal foi Célio Borja, menos contaminado pelo cacoete do nacionalismo tecnológico.

A vitória do obscurantismo seria completada um mês depois, com a votação da Constituição de outubro de 1988 que legitimou as reservas de mercado, ao legalizar discriminações contra empresas de capital estrangeiro.

O Brasil prosseguiria firme em sua vocação de atraso. A política de informática permanecera ilegal e inconstitucional entre 1975 e 1984; tornara-se legal, porém inconstitucional após a Lei nº 7.232; e acabou sendo reconstitucionalizada pela "Constituição besteirol" de 1988.[38]

Coube ao presidente Fernando Collor o mérito de desmistificar o mito informático. A essa altura, já se tinha tornado claro o atraso tecnológico do país. Um dos atrasos mais visíveis era no setor automobilístico, cujas *carroças* não incorporavam a "eletrônica embarcada", rotineira em outros países.

O ministério da Ciência e Tecnologia foi rebaixado para o nível de secretaria. Em compensação, foi designado um secretário de alto nível, o professor José Goldemberg, que criou um ambiente mais científico e menos ideologizado. Goldemberg tinha efetiva experiência de pesquisador e manejador de computadores, ao contrário de seus jejunos antecessores. Seu único erro foi não ter desmontado a burocracia dos *xiitas*. Deixar a cargo desses ideocratas a administração do fim da reserva de mercado parecia-me algo comparável ao uso de sanguessugas para a cura da

---

[38] Fiquei frustrado ao verificar que minha argumentação lógica, ao longo dos anos, sobre os desatinos da política de informática, exerceu muito menos impacto sobre a opinião do Congresso do que uma simples –reportagem da revista *Veja*, intitulada "O lixo da reserva de mercado", de 10 de junho de 1991. Esta, além de demonstrar nosso grave atraso em informatização escolar, explorou o lado anedótico da questão. Alcunhou-se o novo ministro da Ciência e Tecnologia, o deputado Luiz Henrique, do PMDB, que substituíra Renato Archer. de *Rainha da sucata*. A ABICOMP passou, de uma postura de arrogância nacionalisteira, a ter que se defender do apodo de *Clube dos sucateiros*. No Brasil, os silogismos são menos convincentes que a anedota...

PUBLICAÇÕES DE 1994

leucemia... "Os anéis burocráticos", para usar uma expressão de Fernando Henrique Cardoso, continuavam operacionais.

Em 13 de setembro de 1990 Collor enviou ao Congresso um projeto de Lei (nº 5.804) que, para todos os propósitos práticos, extinguia a reserva de mercado, findos os oito anos previstos para o poder da SEJ de controlar importações. O projeto determinava que cessasse, em 29 de outubro de 1992, a arbitrária atribuição ao governo do poder de análise e decisão sobre projetos privados de bens de informática; extinguia, a partir da mesma data, os incentivos fiscais, em consonância com o objetivo de sanar a posição deficitária do Tesouro; e restabelecia a definição constitucional da "empresa brasileira de capital nacional" (51% do capital votante em nome de pessoas físicas e jurídicas brasileiras), ao invés da esdrúxula exigência de 70% do capital votante prevista na lei de informática.

O nacional-protecionismo não seria, entretanto, tão facilmente derrotado. Após mais de um ano de debate, foi votada, em 23 de outubro de 1991, a Lei nº 8.248, que piorava substancialmente o projeto governamental. Prorrogavam-se os benefícios fiscais por mais sete anos, a contar de outubro de 1992, para os bens de informática e automação fabricados no país, cabendo ao CONIN individualizar esses produtos "tendo, como critério, além do valor agregado local, indicadores de capacitação tecnológica, preço, qualidade e competitividade internacional". Este dispositivo encerrava dois absurdos: 1) Delegar ao burocrata o poder subjetivo de discriminar entre produtos favorecidos e não-favorecidos, sem consulta aos interesses do usuário; 2) Violar os acordos do GATT, segundo os quais a proteção contra o produto estrangeiro se deve fazer por tarifas aduaneiras, não por impostos internos. Criava-se também um *"buy Brazilian Act"* no setor de informática, estabelecendo-se preferências nas compras de bens e serviços de informática e automação, por órgãos do poder público, em favor das "empresas brasileiras de capital nacional". O artigo nº 171, parág. 2º da Constituição de 1988, que estabelecia essa preferência, fora uma imitação canhestra do *buy American Act*. Este permite discriminação contra os produtos importados, mas beneficia quaisquer empresas localizadas nos Estados Unidos, independentemente da origem do capital, desde que 51% dos componentes sejam localmente fabricados.

Sobreviveram, assim, o burocratismo e o protecionismo. Mas o Brasil foi salvo da total obsolescência por um dinâmico e florescente contrabando e, depois, pelo tardio reconhecimento pelas empresas nacionais de informática, da inevitabilidade, senão desejabilidade, da formação de *joint-ventures* com empresas estrangeiras de boa densidade tecnológica. A importação de *kits* contrabandeados, para montagem local, moderou os preços extorsivos cobrados dos pequenos usuários. As médias e grandes empresas, que não podem recorrer ao setor informal, continuam subinformatizadas, pelos padrões internacionais. O efeito combinado da tarifa aduaneira de 35% mais os impostos internos (o IPI é dispensado e o ICMS pago pela metade no caso dos produtos nacionais), dão a estes uma margem de cerca de 80% sobre os preços internacionais, reduzindo-se consideravelmente o ritmo de informatização do país.

O pior efeito, entretanto, é cultural. Enquanto que no mundo industrializado e nos países asiáticos em rápido desenvolvimento, o computador é presença rotineira nas escolas primárias, menos de 1% das nossas dispõe de computadores. E metade de uma geração perdeu a oportunidade de se inserir competitivamente na era tecnotrônica. O usuário brasileiro foi tratado como um misto de cobaia e otário. Durante certo tempo, um grupo misto de funcionários da SEI e da Receita Federal invadia consultórios médicos e corretoras para confiscar aparelhos importados, depois sofregamente utilizados pelos burocratas em substituição do equipamento nacional. Era o *gulag eletrônico*. O Brasil tornou-se, naturalmente, o maior parque arqueológico de computadores do mundo, trogloditas da era eletrônica.

A burocratização e o nacional-dirigismo na informática provocariam generalizada defasagem tecnológica em toda a gama de indústrias brasileiras, afetando negativamente a robótica, as telecomunicações, a eletrônica embarcada, as máquinas de controle numérico e a eletromedicina. Foi um suicídio tecnológico autoprogramado. A patriotada nacionalisteira de 4 de outubro de 1984 seria apenas o primeiro dos desastres que, na segunda metade da década dos 80, impediria o Brasil de participar na terceira onda sincrônica de crescimento no pós-guerra, condenando-nos a permanecer parte da retaguarda incaracterística do Terceiro Mundo, enquanto os tigres asiáticos marchavam para sua inserção no *Clube dos ricos.*

PUBLICAÇÕES DE 1994

52. A dupla travessia, originalmente publicado no Livro "A lanterna na popa", p. 1112-1114

Quando cheguei ao Senado Federal, em 1983, o problema que se apresentava à sociedade brasileira era o de organizar uma dupla transição: do autoritarismo para a democracia política, e do dirigismo para a economia de mercado.[39] Até o momento em que escrevo, dez anos depois, não completamos com êxito nenhuma dessas transições. A Constituição de 1988, agora em processo revisional criou uma democracia disfuncional, que piorou as condições de governabilidade do país. E a Nova República embarcou num intervencionismo autoritário na economia, sem precedentes, através de choques e confiscos.

O problema da descompressão política havia muito tempo me preocupava. Escrevera em 1974 um ensaio – "A moldura política nos países em desenvolvimento" – sobre o assunto.[40] O renascimento de um Executivo forte se impusera, em 1964, como elemento de contenção do populismo distributivista, do regionalismo dispersivo e do personalismo político. Mas, prolongada a presença militar além do *momento cirúrgico* a que se referia Castello Branco, surgia o problema da legitimação do governo. O primeiro passo para validar a opção política da revolução seria a reconciliação popular. E isso teria que ser feito sem as fórmulas fáceis (mas a longo prazo contraproducentes) de *popularização do regime*, habituais na América Latina:

- O populismo distributivista; e
- A hiperexcitação nacionalista.

[39] Como o faz notar Lourdes Sola, nessa transição, já de si complexa, sobrecarregou-se o sistema com uma tarefa adicional desnecessária, por não ter havido ruptura institucional: a reforma completa da ordem legal. Poder-se-ia acrescentar um outro elemento complicador da transição: o ingresso definitivo do país na "democracia de massa". Pela primeira vez, os votantes nas eleições congressuais de 1986 atingiram 52% da população total. Por sua vez, a urbanização interna, que atingiria 73% nas eleições de 1990, agravaria o potencial de conflito. Ver Bolívar Lamounier, Depois da transição, São Paulo, Ibrades, 1991, p. 25.

[40] O ensaio em causa foi publicado no livro, escrito em cooperação com Mário Henrique Simonsen, A nova economia brasileira, Rio de Janeiro, José Olympio, 1974, capítulo 10, "A opção política brasileira", p. 223-257. Nesse ensaio se propunha uma estratégia de descompressão política.

Inexistindo, felizmente, personalidades carismáticas que pudessem conseguir indesejável legitimação pelo *culto da personalidade*, a descompressão política teria que tomar a forma de sucesso eleitoral. Legitimação temporária fora alcançada, em alguns períodos do ciclo militar, pelo impulso reformista ou pelo sucesso desenvolvimentista.[41] Mas a legitimação pela eficácia não é sistêmica. Era preciso institucionalizar-se um sistema que mantivesse o rodízio democrático normal, mesmo em condições de ineficácia. A grande vantagem da democracia é precisamente a administração das crises. Quando estas se instalam, substitui-se o líder, mas permanece o sistema. Nos regimes autoritários, quando há insucesso econômico, não se debilita apenas o governante. Enfraquece-se o sistema. Donde a necessidade de se *civilizar o regime*, pondo-se termo ao ciclo militar, que revelava sinais de fadiga, com perda de criatividade e indícios de corrupção. A abertura política, começada na era Geisel com a abolição do Ato Institucional nº 5, tinha prosseguido na era Figueiredo com a lei de anistia, de agosto de 1979; a extinção do bipartidarismo, em outubro do mesmo ano; a restauração das eleições diretas para os governos estaduais, em setembro de 1980, e o *Emendão*, de junho de 1982, que facilitava a criação de partidos políticos e ampliava o colégio eleitoral para a eleição do presidente da República.

Como eu receava, o movimento de redemocratização sofria de duas falhas. Uma, a propensão de substituir soluções por *slogans*. Outra, o quase completo silêncio sobre a segunda parte da travessia: a abertura econômica.

Em meu primeiro discurso no Senado, em junho de 1983, tentei fazer as necessárias retificações. No plano econômico, investi contra o tabu dos monopólios estatais e apresentei um programa de privatização intitulado *Programa de repartição de capital*. Meu antiestarismo antecedeu, assim, de vários anos, à queda dos mitos socialistas simbolizados pelo muro de Berlim. No plano político, questionei a validade dos dois *slogan*: "Diretas já" e "Constituinte já". O primeiro slogan vocalizava uma ilusão – a ilusão formalista. O segundo, um perigo – a panaceia jurisdicista. O grande apóstolo das duas iniciativas, Ulysses Guimarães,

---

[41] O politólogo Bolívar Lamounier faz uma distinção muito apropriada entre "a legitimidade decorrente do desempenho – vale dizer, a audácia e o eventual sucesso das medidas – e a legitimidade advinda da investidura (a vitória eleitoral)." Bolívar Lamounier, op. cit., p. 89.

tornou-se o "Senhor diretas já", e depois o "Senhor Constituinte já". Em sua admirável pertinácia na busca de fórmulas salvacionistas, Ulysses, quando morreu, em 1992, tinha embarcado numa terceira campanha, a do "Parlamentarismo já".

O caráter direto ou indireto das eleições presidenciais é detalhe litúrgico e não predicado fundamental da democracia. A eleição indireta é a regra nos sistemas parlamentaristas e, quando votada a Constituição de 1967, era praticada em 58 dos 89 países então listados como nações independentes. Mesmo no presidencialismo americano a eleição do supremo mandatário é feita formalmente através de um colégio eleitoral de delegados dos estados, conquanto só três vezes, em mais de duzentos anos, tenha havido divergência entre o colégio eleitoral e o voto popular.

No caso brasileiro, argumentava eu, o caráter extremamente divisionista das eleições presidenciais, a paralisia administrativa resultante das longas campanhas eleitorais, o resíduo de animosidade dos pleitos e a competição demagógica dos candidatos porfiando-se em promessas inviáveis – o que levou Afonso Arinos a qualificar a campanha presidencial de "plebiscito de demagogos" – aconselhavam uma experimentação mais prolongada das vantagens e desvantagens do sistema indireto. Suas únicas contraindicações seriam:

- A diminuição do sentido de participação popular na política, que privaria o supremo mandatário da autoridade provinda da unção do voto popular;
- O risco de assimetria, de vez que os governadores eleitos por voto popular poderiam considerar-se mais representativos que o chefe da nação, eleito por voto indireto.

Quanto ao primeiro argumento, cabe observar que mais importante do que alargar a participação popular na política é preparar as instituições para absorvê-la. Quanto ao segundo, cumpre notar que os governadores popularmente eleitos poderiam participar no colégio eleitoral, e aqueles que, no exercício da liderança, somassem à unção eleitoral um bom desempenho executivo, tenderiam a tornar-se candidatos naturais ao *munus* presidencial. Não seria, além disso, inconcebível examinar-se de futuro a instituição de um referendum plebiscitário, para o reconhecimento popular do presidente eleito.

ROBERTO CAMPOS

Em suma, as eleições diretas, dizia eu em 1983, são excitantes exercícios de atletismo democrático, mas quem nelas enxerga uma garantia de redenção não leu ou tresleu nossa história. Em pouco mais de 50 anos tivéramos cinco eleições presidenciais pelo voto popular direto e duas assunções presidenciais de vice-presidentes, também popularmente eleitos. Apenas dois ungidos completaram seus mandatos – Dutra e Kubitschek. Dos outros cinco – Washington Luís, Vargas em seu retorno constitucional, Café Filho, Jânio Quadros e João Goulart, três foram depostos, um suicidou-se, outro renunciou. (Não sabia eu, então, quão profético seria. O primeiro presidente popularmente eleito após a restauração democrática em 1985, Fernando Collor, foi vítima de impeachment!). Uma ingênua extrapolação histórica indicaria a probabilidade estatística de 70% dos eleitos pelo voto direto serem vitimados por crises institucionais. Somente tiveram alguma estabilidade Getúlio Vargas, em seu período discricionário, e os líderes militares, eleitos por eleições indiretas.

O movimento das "Diretas já" que entusiasmava as massas àquela época, me parecia apenas o arroubo dos que sonham com soluções formais, dispensando-se de viajar ao âmago das coisas: a explosão demográfica, a explosão inflacionária, o gigantismo estatal, a epilepsia das regras do jogo econômico e político – quatro cavaleiros do Apocalipse que ameaçam a cidadela do progresso.

53. Parlamentarismo e privatismo – dois ensaios frustrados, originalmente publicado no Livro "A lanterna na popa", p. 1115-1118

Em março de 1983, a tese das "Diretas já" encontrou expressão formal numa emenda constitucional proposta pelo deputado mato-grossense Dante de Oliveira. Era a primeira, cronologicamente, de uma série de emendas com o mesmo objetivo, catapultando seu autor ao proscênio político.

Votei contra essa emenda, que acabou sendo derrotada em renhida batalha parlamentar na noite de 25 de abril de 1984. Alcançou 298 votos, 22 menos que os 2/3 necessários. O objetivo fundamental da emenda Dante de Oliveira era a modificação dos artigos nº 74 e 148 da Constituição, e a revogação do artigo nº 75 e do parágrafo 1º do artigo nº 77, todos os quais

PUBLICAÇÕES DE 1994

regulavam a eleição do presidente da República pela maioria absoluta do Colégio Eleitoral.

O problema fundamental não me parecia ser a mudança do rito eleitoral. Era necessária uma reforma do regime, na direção do parlamentarismo, o que facilitaria também a retirada dos militares e a desejada *civilianização* do sistema. Aproveitando o envio ao Congresso da emenda governamental nº 11, de 17 de junho de 1984, que ficou conhecida como emenda "Figueiredo", apresentei duas subemendas, longamente discutidas com Luís Viana, que encabeçou a lista dos proponentes. Eu redigira tanto o texto como a justificação das subemendas, mas preferi não me apresentar como autor principal. Luís Viana era geralmente bem visto no Senado, enquanto que minhas teses internacionalistas e privatistas encontravam escassa simpatia dos moderados e franca hostilidade das esquerdas.

Essas subemendas, que afinal se transformaram nas emendas nº 92 e 153, visavam

a dois objetivos. O primeiro era substituir a querela das "Diretas já" por uma proposta mais ampla de alteração do regime presidencialista, calcado no modelo americano, visando a um sistema de presidencialismo parlamentar (ou parlamentarismo presidencialista) em moldes parecidos com o regime francês da Quinta República. O segundo era reafirmar a primazia da iniciativa privada no domínio econômico, consagrada em tese pela Constituição de 1967, mas abandonada na prática por um surto de estatismo e intervencionismo a partir do período Geisel.

Para minha surpresa, ambas as emendas tiveram um substancial apoio, ainda que longe de atingir os 2/3 necessários. A emenda parlamentarista nº 92 foi subscrita por 28 senadores e 168 deputados. A emenda privatista nº 153, foi assinada por 29 senadores e 173 deputados. Nunca pude saber até que ponto se tratava de uma tomada de posição consciente ou de apoiamento perfunctório, atitude esta frequente na rotina parlamentar.

A justificação que redigi para a emenda nº 92 enumera as vantagens do novo sistema de "presidencialismo parlamentar" sobre o presidencialismo convencional, indicando também as adaptações a ser feitas no modelo francês para sua melhor adequação à realidade brasileira. A justificação tinha o seguinte texto:

"A experiência histórica brasileira revela que o regime presidencialista convencional, calcado sobre o modelo americano, padece de dois defeitos:

1. Pela excessiva concentração de poder, sem o delicado balanceamento de poderes, inerente à experiência norte-americana, nosso regime presidencialista tem resultado na figura do ditador constitucional.

2. As crises políticas que têm surgido, por falta de um mecanismo que flexibilize mudanças de orientação, sem trauma nacional e sem infirmar a figura do chefe de Estado, se transformam em impasses. Basta lembrar que apenas dois dos presidentes eleitos após a restauração democrática, em 1946, lograram completar seus mandatos.

O problema institucional de fundo que se apresenta é como conciliar a necessidade de estabilidade das instituições e da chefia do Estado com o requisito de flexibilidade do governo, em resposta a mudanças drásticas da conjuntura, seja econômica, seja política ou institucional, que tornem imperativa a escolha de nova equipe de governo para corporificar novas tendências. Em suma, como evitar que as crises se transformem em impasses.

Uma das soluções clássicas para esse dilema é a adoção do parlamentarismo puro, modelo que tem sido objeto de várias proposições legislativas, ao longo do tempo, sendo de notar em período mais recente as importantes contribuições trazidas pela emenda do deputado Herbert Levy, a que se acresceram emendas dos deputados Victor Faccioni, Fernando Bastos e outros, assim como o abrangente substitutivo apresentado pelo senador Jorge Bornhausen, relator da Comissão Mista, em 28 de novembro de 1983.

O inconveniente dessa solução é o perigo de instabilidade pelo rodízio de gabinetes, antes que se tenham criado duas condições essenciais à implantação do parlamentarismo puro: a formação de uma burocracia profissional nos altos quadros dirigentes, que assegure continuidade administrativa, e a restauração do Banco Central em sua condição original de guardião da política monetária, coordenado com as autoridades encarregadas da Fazenda e de Planejamento, mas detentor de razoável independência técnica. Releva notar que em concepção original, o Conselho Monetário se compunha de onze membros, dos quais seis eram detentores de mandatos fixos ou representantes do setor privado da economia, capazes assim de expressão autônoma.

Tudo indica ser prudente experimentarmos um modelo novel, baseado na experiência francesa da Quinta República, que se poderia denominar de presidencialismo parlamentar. Um regime intermediário, que de um lado preservaria aspectos importantes de nossa tradição presidencialista na chefia

do Estado e de outro criaria a figura de um chefe de governo – o primeiro-
-ministro – removível por voto de desconfiança na Câmara dos Deputados.
Evitaríamos O perigo de instabilidade excessiva dos gabinetes, mediante
contrapesos estabilizadores. A Câmara dos Deputados poderia derrubar
o primeiro-ministro e consequentemente o gabinete, mas o presidente da
República, desde que transcorrido um ano de mandato legislativo e somente
após a destituição de dois gabinetes, poderia usar a opção de dissolver a
Câmara dos Deputados, convocando novas eleições legislativas. O Senado
Federal, que representa os Estados federativos antes que a população, não
estaria sujeito à dissolução, mas em compensação não teria o poder de remover
O gabinete por voto de desconfiança. Manteria suas funções tradicionais e
seria um fator de continuidade política e institucional.

A separação entre a figura do chefe de estado – o presidente da República
– e O chefe do governo – o primeiro-ministro – aquele eleito por voto popular
em duplo escrutínio, e este designado pelo presidente da República, mas
removível por voto de desconfiança da Câmara dos Deputados, poderia ser
implementada imediatamente, e independeria da decisão tomada quanto
ao rito eleitoral. Na subemenda ora apresentada é mantido, para a próxima
sucessão presidencial, em 15 de março de 1985, o rito eleitoral constante
da emenda governamental à Emenda Constitucional nº 11, mas o mandato
presidencial seria de cinco anos, vedada a reeleição."

A emenda privatista nº 153 procurava delimitar claramente três tipos
diferentes de intervenção estatal no domínio econômico, submetendo-a
a normas estritas:

"A primazia da iniciativa privada consagrada na Constituição Federal nos
artigos nº 163 e 170 tem permanecido letra morta, face à crescente intervenção
do estado, como regulador e investidor. E as incursões empresariais do
governo se têm realizado a expensas de suas funções sociais. Em termos de
proporção do PIB, as aplicações nos setores sociais declinaram de 4,46% em
1979 para 1,73% em 1983.

Os dispositivos contensores do intervencionismo, consignados no art.
nº 163 – a indispensabilidade para a segurança nacional ou a impossibilidade
de desenvolvimento eficaz do setor no regime de liberdade de iniciativa –
ficaram à mercê de julgamento subjetivo. A definição de segurança pelo
Poder Executivo tem sido feita de maneira arbitrária e abrangente, ensejando

exagerada intrusão estatal. E nenhum obstáculo tem sido criado à criação de empresas ou aquisição de controle acionário por entidades de administração indireta, ou por sociedades de economia mista, sem recurso à aprovação do Legislativo, e sem adequada análise do interesse da iniciativa privada ou de adequação do setor à iniciativa governamental.

Com vistas a restaurar em seu ideário original o texto constitucional, são aqui apresentadas subemendas à emenda Constitucional nº 11, de 1984, que têm por efeito:

'1.1. Distinguir claramente entre três níveis de intervenção estatal:

– A monopolização de atividades ou serviços, a qual constitui restrição tão séria a aos direitos individuais, que passaria a exigir lei complementar.

– Intervenções no domínio econômico, restritivas de liberdade de iniciativa. Estas dependeriam de lei federal, na qual se especificariam as restrições à liberdade de iniciativa, e as atribuições das autoridades competentes para executá-las.

– Subordinação do exercício da atividade econômica a autorização administrativa, caso em que o órgão executor deverá divulgar em ato normativo os requisitos para o deferimento de novas auto-rizações.'

Para reforçar o apoio ao princípio da iniciativa privada, consignado no art. nº 170, mas descurado na prática, veda-se especificamente, na subemenda em tela, a criação de empresas públicas, ou a aquisição de controle de sociedades existentes, sem prévia autorização legislativa. Consigna-se outrossim que as empresas públicas e as sociedades de economia mista se regerão pelas normas aplicáveis às empresas privadas, inclusive quanto ao direito do trabalho, das obrigações e tributário."

Quero crer que a história brasileira teria sido diferente e melhor, se essas retificações de rumo tivessem sido aprovadas em 1984. Não teríamos tido a maluquice intervencionista do Plano Cruzado em 1986, e a crise do impeachment de Collor não teria ocorrido em 1992.

PUBLICAÇÕES DE 1994

54. O avanço do retrocesso, originalmente publicado no Livro "A lanterna na popa", p. 1183-1190

– Fazer constituições é um esporte perigoso – disse-me na embaixada em Londres, em 1978, o primeiro-ministro James Callaghan. Cada parlamentar sente uma tentação insopitável de inscrever no texto constituinte sua utopia particular.

Esse esporte perigoso somente se justifica logicamente quando há uma ruptura das instituições, como ocorrera na proclamação da República ou no fim da ditadura Vargas. O mesmo não se pode dizer da Constituição de 1988, que nasceu sem ruptura de regime, no bojo de um processo eleitoral constitucionalmente válido.

Em minha experiência política, participei de dois momentos constituintes. O primeiro quando, como ministro do Planejamento, no governo Castello Branco, preparei a redação básica dos dispositivos sobre a ordem econômica, orçamentação, sistema tributário e educação, que viriam a figurar no texto da Constituição de 1967. O segundo, em 1987-88, como senador e membro da Assembleia Nacional Constituinte.

Meu ceticismo em relação a textos constitucionais é hoje acachapante. Tal como concebida, a Constituição de 1967 foi a mais anti-inflacionária e uma das mais privatistas do mundo. O Congresso não poderia aumentar despesas; não haveria investimentos sem projetos e especificação de receita; exigiam-se orçamentos-programas e os investimentos seriam amarrados por orçamentos plurianuais; o governo só poderia intervir no domínio econômico se houvesse desinteresse do setor privado ou necessidade inadiável de segurança nacional. Entretanto, nos 24 anos que se seguiram àquela Constituição, tanto a inflação como o estatismo continuaram sua marcha impávida. No campeonato mundial da inflação estamos empatando com a Rússia e nossa burocracia estatal não fica muito a dever à burocracia stalinista.

Chego hoje à conclusão que a situação ideal é a inglesa. Contentam-se os britânicos com a Magna Carta de 1215 e o *Bill of Rights* de 1689, precedido este pela *Petition of Rights*, de 1623 e o *Habeas Corpus Act*, de 1679. A ordenação política foi, ao longo dos tempos, flexibilizada e enriquecida em leis do Parlamento e por jurisprudência, adaptando-se as leis à evolução dos costumes. Uma segunda solução – *second best* – é a americana: uma Constituição que dura há mais de 200 anos, com apenas

ROBERTO CAMPOS

26 emendas, ou seja, uma, em média, por decênio. A terceira solução, que parecia humilhante mas foi na prática satisfatória, foi a do Japão, cuja Constituição foi escrita, a rigor, pelo inimigo, quando o país, derrotado na Segunda Guerra Mundial, estava sob ocupação americana.

Situação semelhante é a da Alemanha, cuja lei fundamental, editada em 1949, refletia em parte a cultura constitucional norte-americana. É mais sintética, e por isso mais duradoura que a Constituição de Weimar, de 1919, que inaugurou a moda das constituições chamadas *dirigentes*.

Às vezes o exercício constitucional é perigoso. Os canadenses viviam hem sob a Constituição de 1982, aprovada pelo Parlamento inglês, e agora se meteram em encrencas com o acordo de Meech Lake, depois rejeitado em plebiscito, que definiria o *status* constitucional de franceses e indígenas.

Os países latinos são naturalmente mais buliçosos. Desde a Revolução de 1789, a França teve os períodos de Restauração, do Império e de República, estando agora na V República. A cada fase correspondeu uma ordenação constitucional diferente.

O continente mais criativo, infectado pela *constitucionalite*, uma espécie de diarreia constitucional, é a América Latina. Conforme nota o professor Keith Rosenn, desde a respectiva independência, no primeiro quarto do século XIX, os países latino-americanos fabricaram uma média de 13 constituições por país. Os casos de extrema incontinência são a República Dominicana, a Venezuela e o Haiti, com mais de 20 constituições. Brasil e México estão empatados com oito, mas o desempate em 1994 será a nosso favor (ou desfavor?). E há dois casos considerados bizarros em teoria constitucional. Um é o do Brasil, cuja Constituição prevê sua própria revisão depois de cinco anos, o que indica que os constituintes tinham uma vaga ideia de que estavam fazendo uma porcaria. (Trata-se de uma imitação malfeita do art. nº 286 da Constituição portuguesa). Outro é a Constituição de 1961, da Venezuela, que dispõe que ela não perderá seu efeito, mesmo se sua observância for interrompida por um golpe de Estado. Isso é que é surrealismo![42]

As atuais constituições americana, japonesa e alemã configuram, assim, o modelo

---

[42] Ver Keith S. Rosenn, 'The sources of constitutionalism in the United States and its failure in Latin America', artigo publicado na *Interamerican Law Review*, Fall 1990, vol. 22, nº 1.

PUBLICAÇÕES DE 1994

constitucional clássico. São constituições, para usar uma expressão do professor Diogo de Figueiredo, *principiológicas*, que enunciam princípios, por contraste com as constituições *prescritivas*, que enunciam preceitos de comportamento.

As constituições limitadas a princípios gerais de organização do Estado e de seus poderes, e às garantias das liberdades individuais, podem ser duradouras. As constituições de preceito, também chamadas de constituições *instrumento*, tendem a refletir a configuração partidária do momento e participam da instabilidade das opções sociais vitoriosas em determinados momentos históricos.

Um marco importante no surgimento das constituições do tipo *dirigente* foi sem dúvida a famosa Constituição alemã de Weimar, de agosto de 1919. Essa Constituição acrescentou às normas de organização política e liberdades pessoais, preceitos relativos à *vida social*, à *religião e sociedades religiosas*, à *instrução de estabelecimentos de ensino* e à *vida econômica*.

A maioria das constituições brasileiras costuma ter três defeitos, que parecem agravar-se no curso do tempo. São *reativas, instrumentais* e frequentemente *utópicas* Chamo-as de reativas porque não apenas mudam para adaptar-se às circunstâncias, mas reagem pendularmente, ultrapassando o ponto de equilíbrio. A Constituição de 1891 reagiu contra a centralização do poder imperial e o regime parlamentar, estabelecendo o regime presidencialista e federativo segundo o modelo norte-americano. Era o sistema de balanço de poderes, ao invés do poder moderador do Imperador.[43] A Constituição de 1934 foi uma reação contra as constituições clássicas e passou a incluir, segundo o modelo da Constituição de Weimar, preceitos sobre direitos sociais e econômicos. A Constituição de 1937, outorgada por Vargas, refletia as tendências autoritárias então existentes, com o surgimento do nazi-fascismo. Era um reforço do Estado contra os desafios da direita e da esquerda. Deveria ser legitimada por um plebiscito que jamais se realizou. A Constituição de 1946 foi uma reação contra a ditadura Vargas, e procurou enfatizar direitos individuais. A Constituição

---

[43] Na Constituição do Império, de 1824, estabelecia-se um claro endosso das constituições clássicas. O art nº 178 assim rezava: "É só constitucional o que diz respeito aos limites e atribuições respectivas dos poderes políticos, e aos direitos políticos e individuais do cidadão. Tudo que não é constitucional pode ser alterado, sem as formalidades referidas pelas legislaturas ordinárias".

ROBERTO CAMPOS

de 1967 representou uma reação contra o imobilismo legislativo que resultara da Constituição de 1946. Tendeu, novamente, a fortalecer o Poder Executivo. Receava eu assim em 1987-88 que, segundo a tradição pendular, fizéssemos uma Constituição que, fortalecendo demasiado o Congresso, criasse uma espécie de ditadura legislativa.[44] Melhor pareceria podar aspectos autoritários das Constituições de 1967/1969, sem sobrecarregar a transição democrática com a tarefa adicional de reformulação completa da ordem jurídica.[45]

O segundo defeito das constituições brasileiras é o excesso de normas programáticas característica das constituições latino-americanas, que Diogo de Figueiredo descreve como *materiais*, por contraposição às principiológicas. Essas constituições são minudentes. Contêm *preceitos* que cobrem as mais variadas áreas de atuação social, como ciência, tecnologia, desportos, lazer, tratamento de indígenas e comunicação social. É o caso de nossa atual Lei Magna, que seguiu o desastrado modelo português de Constituição *dirigente*, assemelhando-se a uma plataforma nacional-populista, que se tomou obsoleta com a internacionalização da economia e o colapso do

[44] A Constituição de 1988 criou uma espécie de "participativismo", que foi uma reação não só contra o autoritarismo, mas também contra a própria democracia "representativa". Criaram-se vários institutos de participação popular como o plebiscito, o referendo e a ação popular. Entre essas inovações, figuram também o "mandado de injunção", o "mandado de segurança coletivo" e o *habeas data*. Uma forma extrema de participativismo é o atual assembleísmo universitário que, nas eleições das reitorias, trata com o mesmo peso valores diferentes, com graves prejuízos para o ensino universitário, que se deve basear muito mais na "meritocracia" que na "democracia". É o que Diogo de Figueiredo chama de "fascínio pelo participativismo".

[45] Diogo de Figueiredo elenca seis momentos da evolução política brasileira. O primeiro momento – do absolutismo ao liberalismo – vai da Independência até o fim do Segundo Império. O segundo momento – o do bacharelismo liberal – iniciar-se-ia com a Proclamação da República indo até a Revolução de 30. O terceiro momento – o do autoritarismo nacional--corporativo – foi a era de Vargas, desde 1930 até a redemocratização em 1945. O quarto momento – o do neoliberalismo democrático – estender-se-ia desde a queda da ditadura getuliana até a Revolução de 1964. O quinto momento – que ele chama de autoritarismo estatizante – vai da Revolução de 1964 até a eclosão do movimento constitucionalista em 1985. O sexto momento – que eu denominaria de nacional-populista – iniciou-se com a convocação da Assembleia Nacional Constituinte pela Emenda nº 26, de 27.11.85, e se institucionalizou com a Constituição de outubro de 1988. Ver Diogo de Figueiredo Moreira Neto, *Constituição e revisão*, Rio de Janeiro, Forense, 1991, p. 7-8.

PUBLICAÇÕES DE 1994

socialismo. As ideias supostamente progressistas se tomaram reacionárias, com surpreendente rapidez. Nesta era de privatização, a defesa dos monopólios estatais é coisa tão excitante como uma festa de urinóis na época da privada patente...

O terceiro defeito, inerente a todas as constituições dirigistas, é a grosseira falha de não distinguirem entre "garantias não onerosas" e "garantias onerosas". Pode haver ampla generosidade no tocante às primeiras – liberdade de voto, de opinião, de associação e de locomoção, direito à vida e processo judicial. São proteções essencialmente negativas, a saber, são vedadas as leis que restringem o exercício das liberdades humanas. Ao dá-las, ninguém está usando aquilo que John Randolph, estadista americano, descrevia como o mais delicioso dos privilégios, "o direito de dispender o dinheiro alheio". A coisa é diferente quando se trata de "garantias onerosas", como os salários, aposentadorias, educação, saúde e meio ambiente. Essas garantias devem ser objeto de regulação infraconstitucional, porque é necessário medir os custos e especificar quem vai pagar a conta. Os financiadores e os beneficiários podem variar no curso do tempo, e cabe aos partidos políticos, em seus programas, demonstrar à sociedade que a relação custo-benefício é favorável e assim se credenciarem para o exercício do poder. Inserí-las no texto constitucional é tomá-lo inexequível ou irrelevante.

É por essas considerações e apreensões que desde meu primeiro discurso no Senado me pronunciei em favor de um simples *emendão* ao invés de uma nova Constituição. Tinha, como já disse, a premonição de que qualquer nova Constituição seria do tipo *reativo*, procurando opor-se acriticamente à chamada *Constituição dos militares*, de 1967, atirando- se fora coisas boas e coisas más.[46]

[46] José Guilherme Merquior opina diferentemente que, "no Brasil pós-autoritário, a reforma constitucional era um imperativo da institucionalização política". E cita a tese de Samuel Huntington sobre. as situações *pretorianas*, em que às vezes um alto índice de mobilização coincide com um baixo nível de institucionalização. No plano político, a reforma da Constituição, segundo Merquior, deveria passar por pelo menos três pontos: a reconceituação de direitos, a redefinição do papel do Congresso e a posição dos estados frente à Federação. Ora, foram precisamente nesses três pontos que os meus receios sobre os desvarios da "constitucionalite" se provaram bem-fundados.
A Carta de 1988 tornou-se um catálogo de direitos ineficazes; seu congressualismo hipertrofiado levou o Congresso a invadir a esfera executiva; e o sistema ficou desbalanceado

Meu segundo receio era de natureza político-institucional. O Congresso Constituinte de 1987 era desbalanceado, graças ao estelionato eleitoral resultante do Plano Cruzado, que dera ao PMDB uma posição de singular supremacia. Pertenciam a esse partido 305 deputados e senadores, representando 54,6%, ou seja, a maioria absoluta do Congresso. E o PMDB era, a meu ver, um "partido ônibus", abrangendo um amplo espectro ideológico, mas com nítida predominância das correntes nacionalistas e populistas, ou seja, o nacional-populismo.

Meu terceiro receio era partirmos da estaca zero, sem um anteprojeto de constituição, fator também excitante do utopismo. Sarney consignara a merecido arquivamento o projeto da comissão de notáveis cuja notabilidade maior era a abundância de aspirações utópicas e uma crença miraculosa nos poderes do Estado. Mas não apresentou nenhum texto alternativo.[47]

As duas figuras dominantes na Assembleia eram Ulysses Guimarães, seu presidente, e Mário Covas, líder da maioria. Ulysses era basicamente de instintos conservadores, mas não resistia à adulação das esquerdas que o acariciavam com a alcunha de *progressista*, levando-o a adotar posições absurdas. Chegou a fazer uma "opção pela esquerda" durante o processo constituinte, precisamente quando eram perceptíveis no mundo sinais do colapso do socialismo. Mário Covas, dizendo-se socialdemocrata, perseguia uma linha de nacionalismo e populismo. Esperava-se que o relator do Regimento, Fernando Henrique Cardoso, mais familiarizado com as novas tendências mundiais hostis ao planejamento socialista, fosse o

pela excessiva transferência de receita para as subunidades federativas sem correspondente transferência de funções. Ver José Guilherme Merquior, 'Liberalismo e Constituição', ensaio na coletânea organizada por Paulo Mercadante, *O avanço do retrocesso*, Rio de Janeiro, Rio Fundo, Rio de Janeiro, 1990, p. 15.

[47] Pouco depois de convocada a Constituinte, em artigo em *O Globo* (22.12.88), sinalizei que a partir da década de 80, com o *reaganismo* e o *thatcherismo*, tinha havido uma substancial mudança na ecologia econômica, notando-se o surgimento de quatro rebeliões: "A primeira contra o Estado regulador, que destrói a flexibilidade necessária às sociedades industriais modernas; a segunda, contra o Estado exator, que aumenta tributos sem cortar gastos e sem melhorar serviços; a terceira, contra o Estado empresário, que não pode ser julgado pelos testes do mercado, por operar com monopólios e privilégios; e, finalmente, contra o Estado previdenciário, que agrava desnecessariamente os custos de mão-de-obra, quando seus serviços poderiam ser executados com menor custo e maior eficiência pelas próprias empresas, mediante acordos :fiscalizados pelos trabalhadores". Minha leitura do panorama mundial era correta, mas meus conselhos foram uma pregação no deserto...

PUBLICAÇÕES DE 1994

relator da Assembleia Constituinte, posto em que foi surpreendentemente desbancado por Bernardo Cabral, cuja ideologia me parecia indefinida.

Nas negociações para a estruturação das discussões, o PFL, segundo maior partido, cometeu um erro tático. Aceitou ter a presidência das comissões, título meramente honorífico, porque a figura relevante seria a dos relatores das comissões e subcomissões temáticas. Segundo o Regimento, estes é que tinham assento na Comissão de Sistematização. Todos os relatores foram designados pelo líder do PMDB, Mário Covas, com um viés nitidamente esquerdizante. Assim, mesmo quando pontos de vista liberais ou conservadores conseguissem vitórias nas comissões temáticas, corriam o risco de ver essa posição reversada na Comissão de Sistematização.

À falta de um texto básico, o processo constituinte brasileiro foi assim uma espécie de *happening* assembleísta. Criaram-se 24 subcomissões e 8 comissões temáticas, confluindo O trabalho para a mais importante de todas, a Comissão de Sistematização.[48]

No plano político, a Constituição teve dois defeitos principais: Primeiro, criou um sistema híbrido de governo, que não obedece a nenhum dos dois modelos tradicionais – o modelo de *equilíbrio de poderes* da Constituição americana, ou o modelo de *integração de poderes* praticado nos regimes parlamentaristas. Uma pilhéria da época era que nosso regime não seria nem *presidencialista* nem *parlamentarista*, e sim *promiscuísta*. É que a Constituinte se iniciou com um viés parlamentarista que, ao longo do percurso, em virtude de mobilização feita por Sarney, resultou na preservação do presidencialismo, ficando do modelo anterior alguns feitios, como, por exemplo, a medida provisória, instrumento importado do parlamentarismo italiano. Foi supostamente uma reação contra o Executivo forte da Constituição de 1967, que tinha a seu dispor três instrumentos e emergenciais: o

decreto-lei o decurso de prazo e a lei delegada, este último nunca aplicado.

---

[48] A votação em plenário se tornou extremamente confusa, em virtude da admissão de "emendas aglutinativas", resultantes de conchavos partidários de última hora. Às vezes essas emendas eram simplesmente lidas por Ulysses Guimarães, sem distribuição do avulso, isto é, do texto escrito. Protestei, sem efeito, junto a Ulysses Guimarães, dizendo-lhe que teríamos talvez a única Constituição do mundo votada "de ouvido".

O tiro, entretanto, saiu pela culatra. O instituto de medidas provisórias, supostamente limitativa da ação governamental, acabou sendo objeto de grande abuso tanto no governo Sarney como no governo Collor. Enquanto decreto-lei tinha sua aplicação limitada especificamente à segurança nacional, finanças públicas e vencimentos

do funcionalismo, a medida provisória só sofria o requisito geral de ser *urgente* e *relevante*, pré-condição que se presta a grande subjetividade de interpretação. Ao contrário do decreto-lei, que era nitidamente um instituto de poder emergencial, a medida provisória quase se tomou um rito de lei ordinária...

Durante O processo constituinte, interessei-me mais diretamente pelos dispositivos referentes à ordem econômica, prestando atenção secundária aos capítulos referentes ao sistema tributário e à ciência e tecnologia.

A Comissão da Ordem Econômica (Comissão VI) se dividiu em três subcomissões:

- VI-A – Princípios gerais, Intervenção do Estado, Regime de Propriedade ao Subsolo e Atividade Econômica;
- VI-E-Questão Urbana e Transportes; e
- VI-C –Política Agrícola e Fundiária e Reforma Agrária.

Fui membro titular da subcomissão VI-A sobre "Princípios Gerais". Minhas ideias as se afinavam com a de seu presidente, o deputado Delfim Netto (PDS/SP), convertido à economia de mercado após uma gestão bastante intervencionista, e se desafinavam com as do relator, Virgildásio de Senna, do PMDB baiano. Esse contraste se reproduziu ao nível da com sessão plenária, cujo presidente, José Lins (PFL/CE), tinha um passado tecnocrático e convicções centristas, em contraposição a o relator, senador Severo Gomes, meu ex-colega no gabinete de Castello Branco, que adotava uma postura de esquerdismo ultramontano, talvez para se livrar da acusação de serviçal de governos militares e burguês latifundiário...

Graças a uma boa articulação, orquestrada em parte por Afif Domingos (PL/SP), conseguimos formular um elenco de emendas apresentadas individualmente que, somadas, compunham um capítulo com predominância da linha de economia de mercado. Essa proposta acaba ou prevalecendo sobre a do relator, Virgildásio de Senna, que perfilhava uma

PUBLICAÇÕES DE 1994

ideologia nacional-estatizante. Derrotado o relator, seria de se esperar, como de praxe, sua renúncia, seguida pela designação de um novo relator. Consultado sobre a matéria regimental, Ulysses Guimarães decidiu pela desnecessidade da renúncia do relator, o que viria, de futuro, a causar problemas de vez que, como já foi dito, só o relator e os sub-relatores das comissões temáticas e não os respectivos presidentes, participariam da Comissão de Sistematização. Como resultado, Virgildásio de Senna e Severo Gomes viriam a reapresentar, na fase da sistematização, várias propostas que desvirtuaram a linha liberal e privatista vitoriosa na subcomissão de Princípios Gerais.

O texto coordenado pela Comissão de Sistematização, antes de passar ao Plenário, adquiriu um viés intervencionista e estatizante. É que o bloco nacional-populista, apesar de minoritário, revelou maior articulação e combatividade.

Como reação a esse texto, os parlamentares de visão mais liberal organizaram um bloco suprapartidário que viria a ser apelidado de Centrão.[49]

Diogo de Figueiredo assim avalia criticamente o desempenho do *Centrão*:

"Terminado o projeto da Comissão de Sistematização, o Centro despertou e virou *Centrão*, mas nem assim chegou a se concentrar como força política dominante. Cumpriu um papel aquém de suas reais possibilidades. E como o *Centrão* não se concentrou, por faltar-lhe unidade doutrinária e coesão de propósitos, as forças conservadoras do estatismo, embora incrivelmente enxertadas de oportunistas, de demagogos e de ideológicos, fizeram prevalecer e até agravar-se o *status quo* alardeando um alegado progressismo que troca arremedo de pretendidas benesses sociais, a curto prazo, por um regresso econômico e, consequentemente, também social, a médio e longo prazo. Tudo pela teimosa manutenção de um modelo de desenvolvimento exaurido: uma espécie de saudosismo ideológico."[50]

---

[49] Tendo o senador Jarbas Passarinho se recusado a ser líder do Centrão, houve múltiplas lideranças. Os membros mais destacados foram o senador Marcos Maciel e os deputados Ricardo Fiúza e José Lins, pelo PFL, Delfim Netto e Roberto Campos, pelo PDS, e Afif Domingos, pelo PL.

[50] Ver Diogo de Figueiredo Moreira Neto, *Ordem econômica e desenvolvimento na Constituição de 1988*, Rio de Janeiro, Apec Editora, 1989, p. 55.

55. A vitória do nacional-obscurantismo, originalmente publicado no Livro "A lanterna na popa", p. 1191-1197

O episódio do *Centrão* serviu para dar-me duas lições. A primeira foi ilustrar a solidão dos liberais. O adjetivo liberal é lascivamente usado pelos partidos políticos (PFL e PL, por exemplo) em descompasso com a realidade subjacente. No *Centrão* eram todos libertários em política, mas quando se passava ao campo econômico e social, a atitude vastamente majoritária era intervencionista, segundo quatro vertentes principais: a vertente nacionalista, a protecionista, a assistencialista e a corporativista (subdividida esta em corporativismo laboral, patronal e estatal).

A segunda lição foi sobre a incoerência ideológica, quase suicida, do empresariado nacional. Lembro-me de uma discussão no apartamento do deputado Ricardo Fiúza, em Brasília, sobre a definição de empresa nacional (ou *empresa brasileira*, segundo a redação final ao art. nº 171 da Constituição). Estavam presentes representantes do empresariado nacional, principalmente empreiteiros, reforçados por ultramontanos da indústria de informática. Defendi o ponto de vista de que deveríamos manter a tradição de tratamento não discriminatório para todas as empresas aqui sediadas e constituídas segundo as leis do país. A definição da empresa nacional (ou brasileira) seria a do Código Comercial de 1850, que sobrevivera a todas as cartas constituintes: o princípio seria o do *jus soli* não o do *jus sanguinis*. A consideração relevante ·seria a geração local de renda e empregos e não a nacionalidade e domicílio do acionista. De outra forma, estaríamos punindo as empresas estrangeiras que aqui se tinham instalado, esperando estabilidade nas regras do jogo. E desencorajaríamos novos investimentos estrangeiros.

Meu esforço foi baldado. Os representantes das empreiteiras insistiam na manutenção do texto original do relator da subcomissão de Princípios Gerais, Virgildásio de Senna, vivazmente apoiado por Severo Gomes, relator da Comissão da Ordem Econômica, que diferenciava entre *empresa brasileira* e *empresa brasileira de capital estrangeiro*. Seriam *empresas brasileiras* as pessoas jurídicas constituídas e com sede no país, desde que o controle decisório e de capital votante estivesse "em caráter permanente, exclusivo e incondicional, sob a titularidade direta ou indireta de pessoas físicas domiciliadas no país ou de entidades de direito público interno". As demais seriam denominadas "empresas brasileiras de capital estrangeiro".

O objetivo dessa discriminação era duplo:

- Possibilitar a instituição de programas destinados a fortalecer o capital nacional e melhorar-lhe a competitividade;
- Assegurar às empresas de capital nacional tratamento preferencial na aquisição de bens e serviços pelo setor público.

Debalde argumentei que essa postura era a) Logicamente indefensável, à luz do art. nº 170 que declarava ser a ordem econômica "funda da na valorização do trabalho humano e na *livre iniciativa*"; b) Qualquer estímulo governamental deveria ser baseado na essencialidade e produtividade do projeto e não na origem do investidor; e c) A preferência que se pretendia dar era uma tradução falseada do *Buy American Act*. Este dá uma proteção para o produto localmente produzido, sem discriminação quanto à nacionalidade da empresa, bastando que 51% dos insumos e componentes sejam fabricados em território americano.

Bizarramente, como nota Diogo de Figueiredo, essa discriminação constitucional entre categorias de empresas brasileiras pode compelir o poder público a adquirir, de empresas nacionais, bens e serviços com um grau de nacionalização menor do que se comprasse de empresas estrangeiras estabelecidas no país.[51]

Os representantes da s empreiteiras eram os mais vocais na defesa do princípio de "reserva de mercado". Argumentei que esse tipo de discriminação era inútil e perigoso. Inútil, porque nossa indústria pesada de construção era eficiente e capaz de competir internacionalmente. Perigoso, porque outros países, por reciprocidade, seriam tentados a discriminar contra o Brasil, limitando o acesso de nossas empreiteiras ao mercado internacional. Um fator negativo adicional era privarmo-nos de financiamentos de agências internacionais, como o Banco Mundial e o BID, que exigem concorrência internacional (ainda que dispostos a reconhecer uma certa margem de preferência local, nos casos de países em desenvolvimento, tendo eu próprio em 1966 negociado com o Banco Mundial a aceitabilidade de uma margem de sobrepreço de 15% em favor de empresas nacionais). Ao final, perguntei-lhes, exasperado: – Hipocrisias à parte, qual é a real motivação?

[51] Ver Diogo de Figueiredo, op. cit., p. 65.

Verifiquei, surpreso, que a motivação era o "medo dos coreanos". Aparentemente, as empreiteiras coreanas teriam demonstrado excepcional agressividade competitiva no Oriente Médio, graças às condições espartanas impostas aos seus operários, para os quais o trabalho em projetos de construção civil no exterior, geradores de divisas, era considera do pelo governo uma alternativa a o serviço militar compulsório. As grandes empreiteiras receavam que os estrangeiros se associassem a pequenas empresas locais, aumentando o nível de concorrência.

– Não tenham medo – acrescentei – os coreanos não virão, nem tampouco os japoneses. Vocês têm três barreiras de proteção natural, independentemente de preferências constitucionais. O primeiro é a correção monetária; esse instituto fundiria a cuca d e coreanos e japoneses. O segundo é a legislação trabalhista; é tão complexa e o processo de disputa judicial tão lento, que as empresas estrangeiras receiam ficar com esse passivo exigível em aberto. O terceiro é a tecnologia da corrupção, altamente desenvolvida no país; o estrangeiro não sabe a delicada dosagem de propina indispensável para viabilizar a aprovação do projeto, sem inviabilizá-lo economicamente.

A reunião terminou em tom azedo. Os empresários, ou pseudo-empresários, fizeram sentir que, a não ser mantido o texto protecionista, poderiam desfalcar o *Centrão* em cerca de 60 votos, prejudicando-o em outras votações.

Mal sabia eu que, através de emendas de plenário, o texto viria a piorar consideravelmente. É que entraria em ação a *máfia da informática*. O texto da sistematização facultava a concessão de *proteção especial* às "atividades consideradas estratégicas para a defesa nacional ou para o desenvolvimento tecnológico". O texto finalmente aprovado em Plenário alargava o arbítrio protecionista para cobrir genericamente também as "atividades consideradas... imprescindíveis ao desenvolvimento do país". E exacerbou os poderes de arbítrio discriminatório da burocracia nacional, ao dar-lhe, nas alíneas a e b do inciso II do art. nº 171, a faculdade de:

- Exigir que o controle decisório nacional se estendesse ao "exercício de fato e de direito do poder decisório para desenvolver ou absorver (sic) tecnologia";

- Estabelecer percentuais de participação, no capital de pessoas físicas domiciliada se residentes no país, em entidades de direito público interno.[52]

Ambos os dispositivos violavam frontalmente o direito de livre associação no capital, tornavam o empresário dependente do burocrata na escolha de tecnologia e ignoravam a contínua interpenetração tecnológica existente no mundo.

Esses dispositivos constitucionais inibiram o influxo de capitais e completaram a tarifa de desmodernização tecnológica do país, galhardamente iniciada pela SEI no período militar. O Brasil ficaria à margem da grande revolução tecnológica da segunda metade da década de 80, que catapultou os tigres asiáticos, que tinham políticas mais flexíveis, a um a posição mundialmente competitiva na tecnologia informática.

Foi uma tragédia para o Brasil que, precisamente quando explodia no mundo a revolução do computador, com a massificação do uso do computador pessoal, a partir de 1984, o governo civil, em vez de rejeitar o "entulho autoritário" da SEI, o tenha reforçado. Sarney herdaria de Tancredo Neves a indicação de Renato Archer para a novel pasta de Ciência e Tecnologia e posteriormente par a ela nomeou o deputado catarinense Luiz Henrique. Seria difícil conceber personalidades mais despreparadas para o entendimento dos problemas de desenvolvimento tecnológico. Ambos esses peemedebistas eram paragons do nacional--obscurantismo, uma explosiva combinação de nacionalismo e ignorância.

Além da questão de definição de empresa nacional, três outros tópicos se provaram controversos e em nenhum deles o *Centrão* logrou fazer prevalecer princípios liberais de mercado. Eram eles:

- A exploração direta de atividade econômica pelo Estado (art. nº 173);
- Os monopólios estatais (art. nº 177);
- A pesquisa e exploração de recursos minerais (art. nº 176, parág. 1º).

---

[52] Esse dispositivo expôs o investidor estrangeiro a um grau inaceitável de incerteza e risco, pois que a qualquer momento uma lei ordinária poderia privá-lo do controle majoritário.

ROBERTO CAMPOS

No tocante à "exploração direta de atividade econômica pelo Estado", a formulação é nitidamente mais intervencionista que na Carta de 1967. Nesta a intervenção estatal direta, assim como a formação de monopólios, depende de três condições: a) Lei especial; b) Indispensabilidade para a segurança nacional; e c) Desinteresse ou incapacidade do setor privado. Na Carta de 1988, essa intervenção direta é permitida em termos mais genéricos "quando necessário aos imperativos da *segurança nacional* ou relevante interesse coletivo". Paradoxalmente, conforme nota Diogo de Figueiredo, a "proscrita doutrina de segurança nacional, varrida da Carta de 1988, praticamente em tudo o que se refere ao político e social, logrou sobreviver no econômico".[53]

A questão dos monopólios estatais me era particularmente enervante. Perdera a batalha para Afonso Arinos na Constituição de 1967, quando o monopólio legal de pesquisa e lavra de petróleo foi inserido no texto constitucional.[54] Esperava eu que, com as mudanças mundiais da década de 80, quebrados o encanto do planejamento socialista e a falsa noção da eficácia estatal pela *perestroika* de Gorbatchev e pelo programa das *quatro modernizações* de Deng Xiaoping, o velho mestre mudaria de opinião.[55] Doce

[53] Ver Diogo de Figueiredo, op. cit. p. 64. Divirjo de Diogo de Figueiredo em sua alegação de que, não obstante a Carta de 1988 ter ampliado o número de hipóteses de intervenção do Estado, ela o faz com maior precisão e amarração constitucional, permitindo mais efetivo controle da excepcionalidade da intervenção, em contraste com os dispositivos menos precisos dos arts. 163 e 170 da Constituição de 1967. O ponto nevrálgico, a meu ver, é que na antiga Constituição a intervenção tinha como um dos condicionantes a inapetência ou indisponibilidade do setor privado para o exercício da tarefa, enquanto que as expressões "segurança nacional" e "relevante interesse coletivo" da nova Carta não explicitam essa limitação.

[54] Até então o monopólio da União provinha de um dispositivo infraconstitucional: a Lei nº 2.004, de outubro de 1953. Como líder da UDN, Afonso Arinos desempenhara papel importante na instituição do monopólio. Apoiaram-no Bilac Pinto, Aliomar Baleeiro, Maurício Joppert e Gabriel Passos.
Subsequentemente adeririam à ideia membros de outros partidos como Agamenon Magalhães, Gustavo Capanema e Domingos Velasco.

[55] Enquanto no Brasil se discutia a Constituição de 1988, o reaganísmo e o thatcherísmo já haviam deflagrado mundialmente uma tendência de encurtamento das fronteiras do Estado. No caso específico do petróleo, havia em curso três movimentos simultâneos: desmonopolização, privatização e flexibilização. O apogeu da era dos monopólios estatais fora na década de 70, quando chegaram a existir no mundo 20 monopólios. Esse número caiu para 17 na década de 80. Em 1993 restavam apenas 6 monopólios estatais, cabendo ao Brasil

PUBLICAÇÕES DE 1994

e ledo engano! Arinos não só reafirmou sua velha tese do monopólio estatal, mas discursou apoiando a expansão do monopólio para cobrir outras áreas além da pesquisa e lavra, pronunciando-se contrário até mesmo aos "contratos de risco". O eminente constitucionalista, supostamente um liberal, se tornara mais nacionalista que Geisel![56]

O monopólio da pesquisa e lavra de jazidas de petróleo, gás natural e outros hidrocarbonetos fluidos foi expandido para abranger:

- O monopólio da refinação do petróleo nacional ou estrangeiro (art. nº 177, 11);
- O monopólio da importação e exportação dos produtos e derivados básicos do petróleo, do gás natural e outros hidrocarbonetos fluidos (art. nº 177, III);
- O monopólio do transporte marítimo de petróleo bruto de origem nacional ou de derivados básicos de petróleo produzidos no país, bem assim do transporte por dutos de petróleo bruto, derivados e gás de qualquer origem (art. nº 177, IV);
- O monopólio, atribuído aos estados, para explorar diretamente ou mediante concessão a empresa estatal, com exclusividade, a distribuição de gás canalizado (art. nº 25 parág. 2º).

Era completa a vitória do nacional-obscurantismo e do corporativismo da Petrobrás. Mais que nunca essa empresa, responsável em grande parte pela dívida externa, e incapaz em mais de três décadas de existência de garantir-nos a prometida autossuficiência, se tornaria, conforme expressão usada anos antes pelo ministro de Minas e Energia, Antonio Dias Leite, "a República Independente da Petrobrás"! Por pouco os *soi disant* nacional-desenvolvimentistas não conseguiram fazer aprovar um

a duvidosa distinção de ser o único país importador de petróleo que recusa investimentos estrangeiros no setor.

[56] A senectude tornou o velho mestre cada vez mais vulnerável a cacoetes demagógicos. Dele proveio a proposta do voto aos 16 anos, dispositivo até então só encontrável na Constituição nicaraguense, e que dá a jovens, civil e criminalmente inimputáveis, a grave responsabilidade de participar da escolha do primeiro mandatário. Escrevi, na ocasião, que se tratava de uma politização precoce, pois que nessa idade é mais propícia à masturbação fisiológica do que à meditação política!...

ROBERTO CAMPOS

dispositivo de nacionalização compulsória das distribuidoras de petróleo. Isso, sem dúvida; desarrumaria a indústria petroquímica erigida em grande parte com a colaboração de distribuidoras estrangeiras, segundo a fórmula tripartite.[57]

Um episódio bizarro denota a deterioração da disciplina administrativa no governo Sarney. Como constituinte, recebi ao mesmo tempo uma carta do presidente da Petrobrás, Ozires Silva, defendendo a manutenção dos contratos de risco, e um panfleto da AEPET (Associação dos Engenheiros da Petrobrás), mais conhecida pelas suas atividades ideológicas do que geológicas, advogando a extinção dos contratos de risco como "uma ameaça ao monopólio"!

Imaginar que tudo isso tenha ocorrido quatro anos de pois que Margaret Thatcher inaugurara a onda mundial de privatizações, um pouco mais de um ano antes da queda do muro de Berlim, é algo que me faz pensar que Tavares Bastos tinha razão ao dizer que "quando o brasileiro decide ser burro é capaz de proezas imbatíveis"!

Uma outra vitória do nacional-obscurantismo foi a votação do art. nº 176. Como já vimos antes (capítulo XIV, 17.3.), na Constituição de 1967 e no Código de Mineração (DL 227 /67) a atividade minerária se governava pelo princípio do *res nullius*, e a exploração era aberta a sociedades organizadas no país, independentemente da nacionalidade dos acionistas. Isso provocou grande expansão da pesquisa e produção mineral. Na Constituição de 1988 houve um duplo retrocesso:

---

[57] Num apelo emocionado ao plenário da Câmara, brandindo suas credenciais nacionalistas de ex-superintendente da Petrobrás na Amazônia, o senador Jarbas Passarinho conseguiu deter a onda de hipernacionalismo, salvando as distribuidoras estrangeiras de morte por inanição. Contribuiu também para que fosse admitida a continuidade dos contratos de risco em execução, mas ante o aumento da incerteza e a visível hostilidade da Petrobrás, as multinacionais de petróleo reorientaram suas atividades para os países da antiga União Soviética e para os países asiáticos, que passavam a abrir-se precisamente quando o Brasil radicalizava suas praxes monopolísticas. Um dos argumentos contra os contratos de risco era a ausência de descobertas significativas, esquecendo-se os monopolistas que a Petrobrás levara 20 anos até descobrir á bacia de Campos. O exemplo mais bem-sucedido de contratos de risco na América Latina foi o da Colômbia, onde foram descobertos dois campos gigantes, um pela British Petroleum e outro pela Ocidental Oil Company, que transformaram esse país num grande exportador. Uma dessas descobertas exigiu 9 anos e a outra 18 anos de investimento.

PUBLICAÇÕES DE 1994

- Restaurou-se o regime *dominial*, passando a União de administradora de concessões a proprietária do subsolo, com aumento do poder discricionário da burocracia; e
- As autorizações ou concessões de pesquisa e lavra só podiam ser dadas a brasileiros ou "empresas brasileiras de capital nacional".

O texto aprovado em plenário foi mais restritivo que o da Comissão de Sistematização, o qual se referia apenas a "brasileiros ou empresas nacionais", sem explicitar a exigência de maioria de capital nacional. Houve, por assim dizer uma *nacionalização* da pesquisa e produção mineral, coisa de atroz irrealismo num país extremamente carente de recursos· para o risco da pesquisa. Essa maluquice foi introduzida através de uma "emenda de fusão", em torno de um destaque (nº 2.079) proposto pelo senador mato-grossense Márcio Lacerda. À corrente nacionalisteira foi vitoriosa, apesar das advertências dos deputados do *Centrão*, José Lins, Francisco Dornelles e José Lourenço, de que isso provocaria um colapso no ritmo até então promissor de expansão da pesquisa mineral no Brasil.[58]

Dois outros pontos merecem ser mencionados. O primeiro é o ridículo art. nº 174, que é um atentado contra a economia de mercado pois transforma o Estado no agente "normativo e regulador da atividade econômica". Precisam ente no momento em que Gorbachev abandonava o *Gosplan* em favor da descentralização decisória, nossos constituintes, em estilo sutil como um martelo, característico dos. comissários do povo, proclamaram no art. nº 174 que o estado, "como agente normativo e regulador da atividade econômica, exercerá as funções de planejamento", cabendo à lei (parág. 1º) estabelecer:

"As diretrizes e bases do planejamento nacional equilibrado, o qual incorporará e compatibilizará os planos nacionais e regionais de desenvolvimento."

[58] Sob a égide da Constituição de 1967 e do Código de Mineração, a taxa de expansão da produção mineral, entre 1975 e 1991, cresceu 7% ao ano. Os investimentos estrangeiros em pesquisa e lavra representavam 61% do total. Após a votação da Carta de 1988, a queda foi desastrosa. Os investimentos na produção mineral, que alcançaram US$ 918 milhões, em 1 987, caíram em 1991 p ra US$400 milhões. Em prospecção e pesquisa, investimos nos últimos três anos US$130 milhões, 60% do que aplicávamos em 1981!

Essa algaravia, tida por "progressista", não só desconhecia o fracasso mundial do planejamento central como recomendava algo tecnicamente inviável: o desenvolvimento é sempre um processo dinâmico, caracterizado por regiões e setores de ponta, em contraste com regiões e setores de atraso relativo.

Estultice comparável é a do art. nº 219. Assisti a algumas das reuniões da subcomissão de Ciência, Tecnologia e da Comunicação (subcomissão VIII B), pelo meu

interesse em questões de informática. Como receava, a relatoria foi entregue a uma expoente da esquerda radical, a deputada Cristina Tavares (PMDB/PE), defensora do nacionalismo informático. Ela conseguiu a façanha de inserir num curto artigo dois disparates. O primeiro é "o tombamento" do mercado interno como "patrimônio nacional", o que significaria que nossa integração em mercados regionais e continentais se ria uma perda de patrimônio. O segundo é a incentivação do mercado interno de modo a viabilizar "a autonomia tecnológica do país", coisa esdrúxula num mundo caracterizado pela interdependência e interpenetração tecnológica.

56. O hiperfiscalismo, originalmente publicado no Livro "A lanterna na popa", p. 1198-1204

Acompanhei com interesse, mas com certo grau de distanciamento, os trabalhos da V Comissão – do Sistema Tributário, Orçamento e Finanças. Eu era apenas um suplente pelo PDS nessa comissão. Podiam-se augurar bons resultados porque tanto o presidente, Francisco Dornelles (PFL-RJ), como o relator, José Serra (PMDB-SP), eram competentes tributaristas, capazes de evitar estultices fiscalistas. Com vaidade de coautor, eu achava que pouco se poderia melhorar no texto da Constituição de 1967, cujos dispositivos fiscais e orçamentários tinham sido sugeridos em sua quase totalidade por Octavio Bulhões, ministro da Fazenda, e por mim próprio, como ministro do Planejamento.

As acusações de excessivo centralismo desse diploma surgidas ao longo do tempo derivavam mais de desvios de implementação do que de erros de concepção. E que, para atenuar a obrigação de partilha com estados e municípios, o governo federal, a partir dos anos 70, tinha recorrido

PUBLICAÇÕES DE 1994

extravagantemente à criação de impostos e contribuições sociais – PIS-PASEP, Finsocial e Funrural. Era uma atomização da arrecadação com duas características negativas – *aleatoriedade* e *regressividade*. Esse objetivo casuístico de recentralização da receita afetou particularmente o Imposto Único sobre Combustíveis, cuja partilha entre a União, estados e municípios, Bulhões e eu tínhamos como fundamental para o equilíbrio federativo. A inserção das novas contribuições sociais na estrutura de preços dos combustíveis limitava a área potencial de incidência do imposto, diminuindo-se assim a receita partilhável com os estados e municípios. Com o absurdo jurídico adicional de que o Imposto Único deixava de ser *único*.

Dornelles e Serra se seduziram com a ideia de transferir para os estados a cobrança do Imposto Único sobre Combustíveis e também do Imposto sobre Comunicações. O ICM estadual passou a ser um ICMS, abrangendo na competência estadual tanto os combustíveis como os tributos sobre comunicações. Para mim, a transformação do ICM no ICMS foi um desastre, principalmente porque se eliminaram os impostos únicos de combustíveis líquidos, eletricidade e mineração. Os dois primeiros serviam de base de financiamento para os investimentos federais em rodovias--tronco e centrais elétricas, investimentos essencialmente interestaduais e por isso mesmo insuscetíveis de regionalização ou municipalização. Quanto ao Imposto Único sobre Minérios, sua vantagem principal era impedir que a fúria fiscalista das subunidades acabasse prejudicando as exportações.[59]

A explicação que à época me deram Serra e Dornelles para a estadualização do imposto sobre combustíve.is era que isso facilitaria exportações, pois a mecânica do ICMS, como imposto sobre valor adicionado, permitiria, sem objeções internacionais a exoneração de sua incidência sobre os produtos exportados. A explicação não me pareceu suficiente. Poder-se-iam excogitar outros mecanismos de compensação aos exportadores, sem se desmontar o delicado e eficiente sistema de impostos partilhados. Suspeito que ambos esses eminentes economistas, esperando uma chance merecida e legítima de ascensão à governança dos respectivos estados, tinham inconscientemente subestimado os perigos da exagerada descentralização da competência tributária.

[59] Ver Roberto Campos, *Reflexões do crepúsculo*, Rio de Janeiro, Topbooks, 1991, p. 226.

De qualquer maneira, a tendência descentralizadora se tornou avassaladora na Constituinte. Os senadores representam os estados, os deputados se interessam pelos estados e municípios, e ninguém representava a União.

O resultado final da Constituição de 1988 foi tomar o governo federal ingovernável como disse na ocasião o presidente Sarney. Ao fim do processo descentralizado; da Receita, em 1983, a parcela da União na receita tributária caíra de 47% para 37%, a dos estados subira para 42% e a dos municípios para 22%.

A União ficou entre duas tenazes. Perdeu 5 dos 11 impostos que tinha, ficando privada do Imposto sobre Transportes Municipais, do Imposto sobre Comunicações e da parcela que lhe cabia nos três impostos *únicos*: combustíveis, eletricidade e minérios. Paradoxalmente, teve suas atribuições aumentadas; e a criação de cinco novos Estados, além das despesas de implantação, implicou aumento do número de senadores e deputados.[60] Ao contrário do que seria de prever, à redistribuição de receitas não correspondeu uma redistribuição de gastos, seja porque as unidades subfederativas não quiseram absorver novas tarefas, seja porque o governo federal não quis abrir mão do poder político oriundo da alocação clientelística de verbas.[61]

Não é de admirar pois que o jurista Yves Gandra Martins tenha chamado a Carta de 1988 de "Constituição da hiperinflação". Mais justo, aliás, seria denominá-la "Constituição da Estagflação". O excesso de encargos sociais e o aumento da carga tributária desestimulavam os investidores nacionais, enquanto que as discriminações xenofóbicas e os monopólios estatais punham o Brasil fora do radar dos investidores estrangeiros. O desequilíbrio estrutural do orçamento da União resultaria inevitavelmente em inflação. Dessarte, a estagflação de que hoje sofremos não é mero acidente de percurso; é um mandato constitucional.

---

[60] As compensações dadas à União foram inexpressivas: participação na magra receita no Imposto Territorial Rural e previsão da criação de um novo imposto sobre as grandes fortunas. Este último tributo é um cacoete socialista, que mundialmente se revelou de baixa capacidade extrativa, além de provocar fuga de capitais.

[61] Com a autonomia de Brasília e a criação do estado de Tocantins, o antigo estado de Goiás ficou com nada menos que 9 senadores e 24 deputados.

PUBLICAÇÕES DE 1994

Enquanto a emenda constitucional nº 18/66, depois incorporada à Constituição de 1967, simplificou e racionalizou o sistema, a Constituição de 1988 marchou num sentido contrário, piorando a estrutura fiscal sob dois aspectos:

- Criou novas figuras tributárias: o imposto sobre grandes fortunas, o imposto de renda estadual, o IVV (imposto sobre vendas a varejo), o imposto de exportação de semimanufaturados e, finalmente, a participação dos estados e municípios nos resultados da exploração do petróleo, gás natural, recursos hídricos e minerais;
- Instituiu uma colunata tributária em três níveis, com substancial superposição de incidências de bitributação: a) O sistema tributário tradicional com conhecido elenco de impostos clássicos; b) O sistema tributário da seguridade social, incidindo sobre a folha de salários, faturamento e lucros, e c) O sistema tributário sindical, constituído do imposto sindical e da "contribuição da categoria" definida em assembleia geral (art. 8º, IV).

Assim, a atual Lei Magna logrou violar os três princípios que, segundo um chanceler trabalhista do Erário inglês, Hugh Dalton, deveriam nortear a atividade exatorial: economia, modicidade e comodidade.

Observam os autores Lia Alt Pereira e Claudino Peter que as flutuações da carga tributária no Brasil não se relacionam com variações do PIB ou variações de preços, e sim com manipulações arbitrárias das alíquotas de exação. Assim, em 1988, ano da reforma constitucional, a carga tributária teria sido de 20,92% do PIB, subindo para 27,79% do PIB, precisamente em 1990, ano de substancial queda do produto.[62]

As comparações internacionais sobre a carga tributária em relação ao PIB nunca me pareceram relevantes. Habitualmente se arbitra que uma relação de 24% entre a carga fiscal e o PIB seria adequada para um país no estágio de desenvolvimento brasileiro. Na realidade o que conta não é a exação fiscal e sim a taxa total de extração. Esta é altíssima no Brasil pelo forte imposto inflacionário, pela insuficiência dos serviços públicos de contrapartida e pelo fato de que o setor contribuinte provavelmente não

[62] 513 Ver Lia Alt Pereira e Claudino Peter, 'Reforma Tributária', artigo na coletânea *A última década*, Rio de Janeiro, FGV, 1993, p. 129.

excede de um terço do PIB. Os outros dois terços seriam representados pelo setor informal e organizações governamentais não-contribuintes.

No plano orçamentário, a nova Constituição introduziu um instrumento adicional de controle, acompanhado de uma flexibilização potencialmente perigosa.

Os elementos legislativos de controle passaram a ser três:

- Orçamentos anuais;
- Plano plurianual de investimentos;
- Lei de diretrizes orçamentárias.

Houve generalizados protestos durante a Constituinte contra a rígida disciplina orçamentária da Constituição de 1967, que vedava ao Congresso emendas que aumentassem despesas, admitindo apenas transposição de verbas. Essa ideia pareceria absurdamente antidemocrática e foi assim considerada. Entretanto, em várias democracias, como, por exemplo, no parlamentarismo inglês, o orçamento é considerado um programa de governo que pode ser aprovado ou rejeitado, porém não descaracterizado pelo processo emendatício. A influência do Parlamento se exerce antes da apresentação do orçamento pelo debate de prioridades e, depois, pela crítica da execução. A restauração do direito de emenda nos reaproximaria do modelo norte-americano, facilitando, entretanto, déficits crônicos. A ressalva de que a votação de aumentos de despesas fica condicionada à especificação de novas receitas é defesa inadequada; sobretudo em condições inflacionárias, pelo artifício das estimativas de saldos de arrecadação.

Desde a aprovação da Constituição de 1988, os orçamentos não só são votados com atraso como passaram a ser peças de ficção, e os equilíbrios orçamentários são ilusórios, pois somente são conseguidos através do efeito assimétrico da inflação: as receitas são indexadas e as despesas corroídas, em termos gerais. E as barganhas das emendas, sobretudo no tocante às subvenções sociais, se tornaram fonte de corrupção. No momento em que escrevo, está sendo criada uma CPI sobre o "escândalo do orçamento".

Minha longa vivência de problemas fiscais me levou à conclusão de que o Brasil precisa de uma revolução tributária; não apenas de uma reforma fiscal e menos ainda de remendos fiscais.

PUBLICAÇÕES DE 1994

Frequentemente os brasileiros querem inventar teorias econômicas novas, onde elas são descabidas. No caso fiscal, temos o direito de inovar e até a obrigação de fazê-lo.

As figuras tributárias clássicas perderam sentido porque o Brasil tem três características nada clássicas:

- Não usa significativamente a moeda manual e sim predominantemente a moeda bancária eletrônica;
- Tem um sistema bancário de caráter nacional surpreendentemente informatizado;
- Perdeu o sentido da ética fiscal, em virtude a) da complexidade e multiplicidade dos tributos; b) da ausência de contrapartida adequada de serviços, provocando revolta no contribuinte.

Acresce que, após uma longa busca de séculos, somente agora, na idade da informática, surgiu uma base tributária suficientemente simples e abrangente para permitir receita adequada com baixas alíquotas: é a transação bancária, com moeda eletronicamente manipulável e transferível. Pode-se assim tributar o "grande conjunto" ao invés de se tributar setorialmente vários subconjuntos – renda, produção, circulação e consumo de bens e serviços.[63] Se outros países continuam mantendo

[63] É velho na literatura econômica o sonho do *imposto único*. Alfred Sauvy a ele se referia como *le mythe du simple*. Na literatura clássica das finanças foi consignado ao museu das utopias. Os antecedentes históricos eram, entretanto, respeitáveis. Hobbes, no século XVII, falava no "tributo geral", e Vauban, no começo do século XVIII, no dízimo real. Os fisiocratas franceses do século XVIII sempre defenderam o imposto único sobre a terra, e Henry George, nos Estados Unidos, no século passado, falava no *Single Tax*. John Law, o grande especulador dos *assignats*, ao tempo de Luiz XIV, queria um imposto único sobre os "bens de raiz". Já no século XIX surgiram na França vários fiscalistas como Yves Guyot e Emile Justain Menier, que propugnavam um imposto único sobre o capital fixo, deixando-se de lado a renda e o capital circulante. Em 1856, Leon Faucher propunha que o imposto sobre a renda fosse o único imposto: Marx e Engels não se preocupavam muito em financiar o capitalismo, pois que queriam destrui-lo, mas preconizavam transitoriamente como forma de confisco da propriedade privada um imposto fortemente progressivo sobre a renda, assim como um imposto sobre heranças. Neste século, em 1950, esteve em voga durante certo tempo a proposta de um imposto único sobre a energia, propugnado por Eugene Schueller. O prêmio Nobel de economia, professor Maurice Allais, propôs recentemente (1988) um *impôt dominant sur le capital* que unificaria vários impostos

o elenco de impostos clássicos é porque seus edifícios fiscais barrocos, construídos antes da idade eletrônica, ainda são habitáveis. O Brasil tem uma tapera fiscal e, ao refazê-la, é melhor construir um edifício inteligente antes que um barracão para o artesanato burocrático. Donde meu apoio a uma revolução fiscal, baseada em impostos de tipo não-declaratório, cobrados sobre transações bancárias e distribuídos automaticamente pelos bancos coletores aos beneficiários, segundo fórmulas de repartição entre a União, os estados, os municípios e a Previdência Social, anualmente votadas pelo Congresso. As economias burocráticas e o aumento da produtividade resultantes da eliminação das chamadas *obrigações acessórias* do atual sistema, e da corrupção dele decorrente, seriam incalculáveis. Somente poderiam sobre-existir outros impostos quando necessários como instrumentos de política econômica e não de arrecadação. Seri a esse, por exemplo, o caso do imposto federal sobre o comércio exterior e do imposto municipal sobre propriedade urbana e rural.

Compareci como observador a algumas das reuniões da Subcomissão V-C do Sistema Financeiro, curioso por saber que tratamento seria dado a uma criatura da qual eu fora progenitor juntamente com Octávio Bulhões – o Banco Central. O relator da subcomissão era um velho desafeto ideológico, o "burguês de esquerda" Fernando Gasparian, deputado do PMDB paulista. Como todo empresário paulista que se preza, seu relatório era muito mais anti-recessivo do que anti-inflacionário. A expansão desenvolvimentista era o grande objetivo. A inflação, um mal menor. Surpreendentemente, o art. nº 164 era bastante conservador; poderia mesmo ser considerado uma ratificação da tese da "independência do BACEN" consagrada na legislação original (Lei nº 4.595/64), mas

---

e seria complementado apenas por um imposto sobre o crescimento da base monetária e uma tributação geral sobre o consumo. Na Inglaterra, é conhecida a proposta de Nicholas Kaldor sobre a *expenditure tax*, que substituiria os impostos de renda e consumo, incidindo apenas sobre a parcela da renda consumida e não sobre a renda poupada. A grande revolução tecnológica, que transformou a ideia de um imposto único de uma utopia simplista numa possibilidade prática, foi a revolução informática, da qual resultou a moeda bancária eletrônica. Descobrira-se, afinal, um fato gerador de máxima amplitude, que teria capacidade extrativa de gerar grande receita, com alíquotas suficientemente baixas para desincentivar a sonegação. Para um interessante apanhado da história do "mito do imposto único" ver a monografia de Jacques Grosclaude e Robert Herzog na *Revue Française de Finances Publiques* nº 29/1990.

PUBLICAÇÕES DE 1994

prostituída ao longo do tempo, pois o BACEN se tomou num guichê de emissão à ordem do Tesouro Nacional.

O artigo nº 164 confere o monopólio de emissão ao BACEN e, no parag. 1º, proíbe-o de financiar, direta ou indiretamente, o Tesouro Nacional, limitando-se a emprestar às instituições financeiras. Conforme nota Yves Gadra Martins, o fato de não se ter explicitamente vedado o financiamento a instituições financeiras federais, como o Banco do Brasil, a Caixa Econômica Federal e o BNDES, deixou válvulas para a expansão monetária.

Ao longo dos anos o BACEN perdeu credibilidade para agir como estabilizador da moeda. Suas diretorias têm sido instáveis, criou-se uma tradição política de submissão ao ministério da Fazenda e foram absorvidas várias funções estranhas ao propósito central de garantir a estabilidade da moeda. O BACEN se tornou um agente fiscal do governo, acumulando outrossim responsabilidades de fiscalização bancária, regulação de crédito ao consumidor e operações de fomento, estranhas a função exclusiva de controle da emissão de moeda. Houve ainda algumas perversões de comportamento, que vão desde a construção de uma suntuosa sede – o "palácio da inflação" de Brasília, conforme observou mordazmente Paul Volcker, presidente do Federal Reserve Board – até um corporativismo salarial extremo, tornando-se o pioneiro da inflação de custos salariais do setor público. Tendo presidido por vários anos a inflações mensais da ordem de 40%, é praticamente irrecuperável a credibilidade do BACEN como guardião da moeda.

A solução do problema inflacionário brasileiro exigirá a consecução credível e sustentada de um superávit fiscal pelo Tesouro, que seria utilizado para a redução da dívida pública interna, fator causal da exorbitância dos juros no mercado financeiro. Uma alternativa seria a consecução de um déficit zero do setor público, reforçado por receitas de privatização que tivessem o mesmo efeito de redução ou eliminação da dívida pública interna.

Mesmo nessas hipóteses otimistas seria de se considerar a alternativa de confiar

a custódia da moeda, e a responsabilidade pela estabilidade de preços, a um *currency board* (junta de conversão) que nascesse sem o avatar negativo do BACEN. Em vários períodos da história econômica recente, cerca de 70 países, principalmente ex-colônias britânicas, adotaram a

ROBERTO CAMPOS

sistemática do *currency board* com apreciável grau de êxito.[64] Com estrutura enxuta e altamente especializada, o *currency board* teria as seguintes responsabilidades exclusivas:

- Separar completamente a função de emissão de moeda de quaisquer outras atividades bancárias;
- Reter reservas adequadas para assegurar a conversibilidade da moeda local na moeda ou moedas-reservas;
- Garantir ampla e ilimitada conversibilidade de suas moedas e notas a taxas fixas ou dentro de margem estrita de flutuação;
- Transferir ao Tesouro os lucros da *seignoriage*, isto é, a diferença entre o custo financeiro zero de suas notas e moedas e os juros obtidos na aplicação dessas reservas;
- Ajustar o crescimento da moeda em função estrita da variação das reservas e do crescimento real da produção.

57. A utopia social, originalmente publicado no Livro "A lanterna na popa", p.1205-1208

Duas coisas me irritavam profundamente durante o debate constitucional. Uma era que os *retrógrados* que propugnavam um modelo nacional--estatizante, absolutamente anacrônico, se auto-intitulavam *progressistas*. A outra era o discurso sobre as *conquistas sociais*, que se tomou na Constituinte um fenômeno de autossugestão.[65] A cultura que permeia o texto constitucional é nitidamente antiempresarial. Decretam-se *conquistas sociais* que, nos países desenvolvidos, resultam de negociações

[64] Para um apanhado histórico e justificação técnica dos *currency boards*, ver Steve H. Hanke e Kurt Schueler, *Currency boards – A summary*, monografia do Department of Economics da Universidade John Hopkins, Baltimore, 1993.

[65] De um modo geral, o nível intelectual médio dos constituintes de 1988 terá sido talvez o mais bruxo da história constitucional brasileira. Convivi com vários dos constituintes de 1946 e participei depois intensamente, como ministro do Planejamento, da elaboração da Constituição de 1967. Em ambas as ocasiões, o número de personalidades marcantes era muito superior ao da Constituinte de 1988. Talvez tenha sido esse o preço a pagar pela transição da democracia residualmente elitista para a democracia crescentemente de massas.

PUBLICAÇÕES DE 1994

concretas no mercado, refletindo o avanço da produtividade e o ritmo do crescimento econômico. A simples expressão *conquista social* implica uma relação adversária, e não complementar, entre a empresa e o trabalhador. Inconscientemente ficamos todos impregnados da ideologia do *conflito de classes*. Elencam-se 34 *direitos* para o trabalhador, e nenhum *dever*. Nem sequer o *dever* de trabalhar, pois é praticamente irrestrito o direito de greve, mesmo nos serviços públicos. Obviamente, ninguém teve coragem para incluir, entre os "direitos fundamentais", o direito do empresário de administrar livremente sua empresa.

Nossa abundante legislação social indica que os legisladores soem esquecer-se de dois humildes *caveats*. Primeiramente, só legislam para pouco mais da metade dos trabalhadores, porque o resto está na economia informal, à margem da lei e das garantias, refugiando-se ali para escapar à sanha fiscal e à excessiva regulamentação. Segundo, ao encher de garantias os já empregados, esquecem-se de que são os empresários e não os legisladores que têm de criar oportunidades para os desempregados e fornecer novos empregos para a juventude ingressante no mercado de trabalho. Encorajar a contratação é fórmula melhor do que dificultar as despedidas. Foi exatamente assim que os norte-americanos conseguiram baixar sua taxa de desemprego para pouco mais de 6% da força de trabalho, contra mais de 10% na Europa. Eles facilitam a contratação, enquanto os europeus dificultam as despedidas. A cultura antiempresarial de que se impregnou nossa Constituição em breve fará do Brasil o país ideal onde não investir. Esse país ideal é aquele no qual é mais fácil a gente divorciar-se de uma mulher do que despedir um empregado...

Não pude acompanhar de perto os trabalhos da VII Comissão da Ordem Social, e da VIII Comissão, da Família, da Educação, Cultura e Esportes, da Ciência e Tecnologia e da Comunicação, limitando-me a publicar artigos sobre o assunto. Basicamente, para expressar discordância em relação ao caráter antiliberal das propostas vitoriosas.

Havia, a meu ver, uma confusão entre *democracia* e *democratice*. *Democracia*, escrevia eu, é a livre escolha do indivíduo, abrangendo um leque de opções: políticas, sociais e econômicas. *Democratice* é a ênfase sobre direitos e garantias políticas, com descaso pela defesa do indivíduo contra imposições governamentais no plano econômico, cultural e social. Se a Constituição preserva virginalmente nossos direitos políticos, comete vários estupros da liberdade de escolhas sociais e educacionais. O estupro da liberdade de escolhas sociais é duplo. De um lado, a Constituição engessa minuciosamente as relações entre empregadores e empregados, independentemente da situação da empresa e das adversidades da conjuntura. É uma privação da liberdade negocial. De outro lado, temos de engolir, goela adentro, através de contribuições compulsórias, o ineficiente sistema de seguridade social, que gasta mais com os assistentes do que com os assistidos. O razoável, a meu ver, seria deixar a empregadores e empregados a liberdade de escolha entre o sistema fiscal e as entidades privadas de previdência e saúde. Estas operariam em ambientes competitivos, rivalizando-se na prestação de serviços, sob pena de perderem a clientela. Livrar-se-iam do estado, esse "pai terrível", para usar de uma expressão de Octavio Paz.

O título VIII da Constituição – Da Ordem Social – é uma grande mixórdia. Mistura três coisas que devem ter fontes distintas de financiamento:

- A assistência social aos desvalidos, que é função do Estado e exige cobertura orçamentária;
- A Previdência Social, que deve ser essencialmente contributiva, segundo o sistema de capitalização a cargo dos indivíduos, exercendo o Estado papel fiscalizador e supletivo no caso de indivíduos que com a poupança capitalizada ao longo de sua vida laboral não alcancem o "mínimo vital";
- A saúde, que tem uma parte estatal – medicina preventiva e controle de endemias – e uma parte – a medicina curativa – que pode ser partilhada entre o setor público e o privado.

A falência atual do sistema de seguridade, apesar de provido de um sistema fiscal separado do tradicional, testemunha o caráter utópico dos dispositivos constitucionais. Houve uma universalização de cobertura, sem uma universalização de contribuições. Em outras palavras, quisemos ter uma seguridade social sueca, com recursos moçambicanos.

Sempre achei que a seguridade pública compulsória é profundamente antidemocrática. Os pobres ficam impedidos de aplicar sua poupança previdenciária num fundo de pensão por eles preferido, em contas

PUBLICAÇÕES DE 1994

individuais, por eles fiscalizadas. É absurdo crer que os pobres são um misto de menores e imbecis, que devem, portanto, confiar a burocratas esclarecidos a administração de suas magras poupanças. O resultado são os "rombos" na Previdência e as filas intermináveis. No sistema de repartição, é tênue o vínculo entre benefícios e contribuições, de sorte que grupos de pressão política obtêm aposentadorias "especiais" generosas e múltiplas, que redundam em benefícios inadequados para a grande maioria dos assalariados, sem capacidade de pressão política.

Vários países latino-americanos, cabendo ao Chile o pioneirismo da ideia, já optaram pela privatização da previdência com as seguintes vantagens:

- O benefício é ligado à contribuição, eliminando-se a pressão política por aposentadorias privilegiadas;
- Cria-se uma enorme reserva para investimentos, através dos fundos de pensão;
- Respeita-se o direito democrático do cidadão de ser feliz à sua maneira, sem a tutela do Estado;
- Reduz-se o custo direto da mão-de-obra para o empresário, possibilitando-lhe criar mais empregos.

Há também o estupro das *liberdades educacionais*. Ao contrário do que dizem os autointitulados *progressistas*, o dinheiro público não deve ir necessariamente para as escolas públicas e sim para a escola preferida pelos contribuintes, pública ou privada, leiga ou confessional. Não é *democracia*, e sim *democratice*, que os ricos estudem gratuitamente em universidades públicas, enquanto os pobres têm de recorrer a cursos noturnos em escolas pagas.

O sistema instituído, porém, infelizmente não implementado, do art. nº 168 da Constituição de 1967, de cuja redação participei, me parecia muito mais democrático, equitativo e realista. Segundo este dispositivo, o ensino primário dos 7 aos 14 anos seria obrigatório para todos e gratuito nos estabelecimentos oficiais. No ensino ulterior ao primário, ele seria gratuito somente para os que demonstrassem capacidade acadêmica e insuficiência de recursos econômicos. Esse sistema, que nunca chegou a ser implementado; envolveria *vouchers* (vales educação) de dois tipos:

"não reembolsáveis", no caso do ensino secundário e profissional; e reembolsáveis, no caso do ensino de grau superior.[66]

Se os *vouchers* fossem emitidos em favor das famílias, que livremente escolheriam os colégios e universidades, teríamos certamente uma substancial diminuição do grevismo docente e do beletrismo decorativo sem relação com a demanda de mão-de-obra do mercado.

58. Democracia e demoscopia, originalmente publicado no Livro "A lanterna na popa", p. 1209-1212.

Já mencionei que no econômico e social, a Constituição de 1988 reduziu a liberdade de opções do indivíduo, praticando mais democratice que democracia. No plano político seus defeitos mais óbvios são:

- Hibridismo constitucional; e
- Demoscopia partidária.

O hibridismo institucional é caracterizado pela mistura entre presidencialismo e parlamentarismo. Como observei anteriormente, até o estágio da Comissão de Sistematização, a arquitetura concebida era compatível com um modelo parlamentarista. A mobilização do governo Sarney em favor do presidencialismo (com mandato de cinco anos) acabou construindo uma maioria em favor da manutenção do regime presidencialista. Ficaram, porém, alguns remanescentes da concepção parlamentarista, de que é exemplo o instituto das medidas provisórias, copiado dos *Provedimenti provisori*, poder emergencial previsto na Constituição italiana. Houve o que Antônio Paim descreveu como uma "exacerbação dos poderes do Legislativo". Escrevendo sobre hibridismo à época da Constituinte, assim me expressei:

---

[66] Tamanho era meu convencimento sobre a urgência de se alterar a composição do dispêndio educacional em favor da educação básica, que fiz que se redigisse no ministério. do Planejamento um decreto pondo fim à gratuidade no ensino superior e regulamentando a emissão de *vouchers* (vale educação) às famílias pobres. Estas poderiam escolher as escolas, públicas ou privadas, leigas ou confessionais, onde matricular os filhos. As universidades teriam que competir entre si para atrair alunos. As famílias ricas deveriam pagar pelo menos 70% dos custos de tuição.

PUBLICAÇÕES DE 1994

"Aos dois clássicos sistemas de governo – o presidencialista e o parlamentarista – o Brasil acaba, com originalidade, de acrescentar mais um – o promiscuísta.

Não tem nada de parecido com o sistema britânico, que é o de *integração* de poderes. Nem com o americano, que é o da separação dos poderes. No sistema promiscuísta, o que prevalece é a *invasão* dos poderes.

A Constituição dos miseráveis, como diz o dr. Ulysses, é uma favela jurídica onde os três poderes viverão em desconfortável promiscuidade. O Congresso invade a área do Executivo, intervindo na rotina das concessões de televisão, dos alvarás minerais em terras indígenas, da venda de terras públicas; da remoção de índios em casos de catástrofe.[67] O Congresso aprovará não só tratados e acordos internacionais, mas quaisquer atos que acarretem encargos ou compromissos gravosos ao patrimônio nacional. Como essa gravosidade só pode ser determinada *a posteriori*, ficariam paralisadas operações de compra e venda, empréstimos e investimentos, à espera de decisões do paquiderme legislativo, que deixa inúmeros decretos-leis jazendo o sono dos justos nos túneis do tempo construídos pelo Niemeyer ...

Mas não é só o Congresso que invade promiscuamente a seara do Executivo. O Judiciário é convidado para participar dessa *partouse*. É que se criaram as figuras do mandado de injunção e da inconstitucionalidade por omissão.

Através de uma ou outra dessas figuras, o cidadão comum poderá, na falta de norma regulamentativa, pleitear no Judiciário os direitos, liberdades e prerrogativas constitucionais. O Judiciário deixará assim de ser o intérprete e executor das normas para ser o feitor das normas, confundindo-se a função judiciária com a legislativa."

Recentemente, o filósofo André Glucksmann, convertido do marxismo ao neoliberalismo econômico, sublinhou uma opção que se toma cada vez mais necessária para a governabilidade das complexas sociedades modernas. É preciso escolher entre o *princípio da democracia* e o *princípio da demoscopia*. Lembra Glucksmann que escopia vem do verbo grego *skopein*, ou seja, *olhar*. Convida-se o corpo eleitoral a contemplar suas diferenças num espelho. Cracia vem de *kratein*, ou seja, exercer autoridade. Os

---

[67] Conforme a intensidade da catástrofe, os índios poderiam perecer por falta de quórum, ou durante o recesso do Congresso!

361

eleitores são convidados a selecionar os grupos que devem governar em seu nome.

Contrariamente às democracias de tradição anglo-saxã, onde prevalece o bipartidarismo (como nos Estados Unidos), ou há um número reduzido de partidos (como na Inglaterra), a "demoscopia" é frequente nos países latinos da Europa. O exemplo extremo era talvez o da Itália, onde imperava uma verdadeira *partitocrazia*: o país não era governado pelo governo e sim pelos partidos, através do sistema de alocação de cargos pela *lottizzacione*. Recentemente, a Itália adotou uma fórmula mista entre o voto distrital e o voto proporcional, reforma semelhante sendo feita no Japão, praticamente ao mesmo tempo.

O debate entre o voto distrital e o proporcional no Brasil é antigo. A grande querela entre o marquês de Paraná, favorável ao voto distrital, e Eusébio de Queiroz, favorável ao proporcional, ocorreu em 1855, ao mesmo tempo em que na Inglaterra se confrontavam John Stuart Mill, o liberal de esquerda, e Walter Bagehot, o liberal de direita. Bagehot enxergava o voto distrital como o mais apropriado para levar o Parlamento a cumprir sua dual função: a de facilitar a ação do governo, pelo partido da maioria, e a de criticar o governo, pela minoria. Stuart Mill, de outro lado, se preocupava mais com a representatividade do que com a eficácia: o voto proporcional registraria com maior sensibilidade as nuanças de opinião e ensejaria maior oportunidade às minorias. A querela entre o marquês de Paraná e Eusébio de Queiroz era conduzida em termos algo menos elegantes: o marquês invectivava o voto proporcional como trazendo o "voto de enxurrada", enquanto Eusébio enxergava o voto distrital como um meio de tripular o Congresso com "notabilidades de aldeia". O caminho para se chegar a um meio-termo seria naturalmente o voto distrital misto, que a Alemanha viria a implantar quase um século mais tarde.

Convém lembrar que durante o Império e a maior parte da vida republicana prevaleceu no Brasil o voto distrital, desfigurado amplamente pela manipulação do "bico-de-pena". Em 1855, no Império, foi promulgada a "Lei dos Círculos", prevendo um deputado por distrito, elevado esse número em 1860 para três delegados por distrito. Depois de 1875 desapareceram os "círculos" e as eleições se faziam por províncias, de forma indireta, entre eleitores qualificados nas juntas paroquiais. Com a Lei Saraiva, de 1881, voltaram os distritos, mas criaram-se exigências

PUBLICAÇÕES DE 1994

de renda mínima – 800 mil réis para deputado e um conto e seiscentos mil réis para senador. Haveria 125 deputados, um por distrito.

A Constituição de 1891 aumentaria novamente para três o número de deputados por distrito. Talvez a legislação eleitoral mais duradoura tenha sido a Lei Rosa e Silva de 1904, que previa cinco deputados por distrito. Em 1934 apareceria a figura do deputado classista.

A Constituição de 1946 consagrou o sistema proporcional irrestrito. Isso teve vigência até o Ato Institucional nº 2, de novembro de 1965, que implantou o bipartidarismo. Graças às limitações estabelecidas à criação de novos partidos pela Constituição de 1967, o país operou, para todos os propósitos práticos, sob um bipartidarismo constrangido até 1979, quando foi oficialmente legalizado o pluripartidarismo. A partir da Constituição de 1988, entramos num regime de multipartidarismo caótico.

Com a convocação da Assembleia Constituinte, em novembro de 1985, e posterior votação da Carta de 1988, foram removidos três dos tradicionais constrangimentos à proliferação partidária:

- O voto distrital misto, estabelecido pela Emenda Constitucional nº 22, de junho de 1982, para aplicação a partir das eleições previstas para 1986;
- O instituto de fidelidade partidária, previsto no art. nº 152, parág. único da Emenda Constitucional nº 1 (Constituição de 1969);
- A cláusula de *barreira*, isto é, a exigência de um patamar mínimo de votação nas eleições gerais para representação no Congresso.

A cláusula de *barreira* nas constituições anteriores, de 1967/69, era drástica demais, pois inibia a própria criação de partidos. Esta deve ser livre, desde que seus estatutos sejam compatíveis com o regime democrático. Bastaria aplicar a *cláusula de barreira* ao direito de representação no Parlamento (na Constituição alemã a "barreira" é um mínimo de 5% dos votos). Dispositivos desse tipo visam assegurar um mínimo de funcionalidade ao Parlamento.

Ao remover quaisquer barreiras, quer à criação quer à representação legislativa dos partidos, a Constituição de 1988 nos legou um multipartidarismo caótico com partidos nanicos que não representam parcelas significativas da opinião pública, sendo antes clubes personalistas e regionalistas ou exibicionismo de sutilezas ideológicas. Durante certo

ROBERTO CAMPOS

período, o Brasil teve o dúbio privilégio de hospedar três partidos comunistas – o PCB, o PC do B e o PCBR (Partido Comunista Brasileiro Revolucionário). No momento em que escrevo, há 19 partidos representados no Congresso (alguns com líderes que lideram a si mesmos), e 37 partidos registrados no Superior Tribunal Eleitoral.

A desproporcionalidade de representação na Câmara de Deputados, que ganhara alento com o casuísmo do chamado "pacote de abril" do general Geisel, de 1977, em desfavor do Centro-Sul e particularmente de São Paulo, foi agravada após a Constituição de 1988, com a criação de cinco novos estados, cada um com oito deputados.[68] Essa desproporcionalidade acabou violando um dos princípios básicos da democracia *representativa*, "uma pessoa um voto", devendo o número de deputados federais ser rigorosamente proporcional às populações (ou eleitorados). O princípio complementar da democracia *federativa* se aplica ao nível do Senado Federal, onde todos os estados são iguais. Foi esse compromisso entre a democracia representativa e a democracia federativa que constituiu a genialidade da Constituição de Filadélfia.

Temos hoje muito mais uma *demoscopia* que um a *democracia*.

59. "O porquê da revisão constitucional", originalmente publicado no Livro "A lanterna na popa", p. 1213-1216

Ao publicar uma coletânea de ensaios de vários autores sobre a Constituição de 1988, o eminente jurista e historiador Paulo Mercadante deu-lhe um título apropriado, que retomei aqui: *O avanço do retrocesso*. Para o jurista

[68] Na Constituição de 1967 (art. nº 41, parág. 2º) o número de deputados seria fixado em lei em proporção não excedente de um para cada 300 mil habitantes, até vinte e cinco deputados e, além desse limite, um para cada 1 milhão de habitantes. A cláusula de *barreira* para a organização e funcionamento dos partidos políticos exigia que tivessem pelo menos 10% do eleitorado na última eleição geral para a Câmara dos Deputados, distribuídos em dois terços dos estados, com um mínimo de 7% em cada um deles, bem assim 10% de deputados em, pelo menos, um terço dos estados, e 10% de senadores. As coligações partidárias eram proibidas. Após a Constituição de 1988, a desproporcionalidade de representação na Câmara ficou substancialmente agravada. O Norte e o Centro-Oeste têm 42 cadeiras a mais do que lhes caberia, segundo o critério de proporcionalidade populacional. A grande prejudicada é a região Sudeste, que ficou com 51 cadeiras a menos.

Miguel Reale, a Constituição de 1988 é um ensaio de "totalitarismo normativo". Yves Gandra Martins chamou-a de "Constituição da hiperinflação". Atentando para a sangria fiscal decorrente do capítulo tributário, Wilton Lopes Machado descreveu-a como "oclocracia utópica". Mais pitorescamente, Eliezer Batista acusou-a de instalar uma "surubocracia anárquico-sindical". Diogo de Figueiredo chama-a de "interventiva e providencial". O ex-ministro Gonzaga do Nascimento e Silva vê nela um "espartilho à sociedade".[69]

Contrariando as tendências mundiais já perceptíveis à época de sua promulgação, transformou-se num "anacronismo moderno". Costumo descrevê-la como um misto de regulamento trabalhista e dicionário de utopias. Foi em verdade o canto de cisne do nosso nacional-populismo.

Ulysses Guimarães, seu grande paragon, descreveu-a como "a Constituição dos miseráveis" e a "guardiã da governabilidade". O contrário é verdadeiro; é uma Constituição contra os miseráveis e o que garante é a ingovernabilidade.

No momento em que escrevo, discute-se o tema da revisão constitucional prevista no art. 3º das Disposições Constitucionais Transitórias. Bizarramente, os partidos de esquerda, notadamente o PT, que hostilizavam a Constituição por considerá-la insuficientemente socializante e "progressista", desejam obstaculizar sua revisão, conquanto seja evidente o estrago que o documento causou à governabilidade do país.

Nunca entretive ilusões sobre sua inviabilidade operacional Antes de assiná-la, notifiquei Ulysses Guimarães de que só o faria com ressalvas. Respondeu-me que o regimento não previa assinaturas com cláusulas restritivas. Tive que me limitar com cinco outros congressistas, na sessão de 22 de setembro de 1988, e uma declaração de voto em que nos referíamos aos:

---

[69] Ney Prado identifica entre os "vícios materiais" da Constituição de !988 "a tendência utópica, a tendência demagógica e o corporativismo". O texto é rico em dispositivos corporativistas, como os relativos a) Às empresas estatais; b) À magistratura; c) À representação classista; d) Ao ministério público; e) À procuradoria geral da Fazenda Nacional; f) Às polícias Rodoviária e Ferroviária Federal; g) À polícia civil; h) Às universidades estaduais; i) Aos notários; j) Aos fazendários; k) Aos delegados de polícia; l) Às escolas oficiais; m) Aos servidores públicos civis; n) Ao ministério público do Trabalho e Militar; o) Aos índios; p) Ao empresariado nacional; q) À advocacia. Ver Ney Prado, *Razões das virtudes e vícios da Constituição de 1988*, São Paulo, Inconfidentes, 1994, pp. 45-53.

"Dispositivos retrógrados que significarão considerável recuo na caminhada do país para o desenvolvimento e a justiça social."

E acrescentávamos:

"Não é hora de enunciá-los, se nosso voto em plenário os verberou embora a maioria da Constituinte os tenha aprovado, acolhendo preconceitos ideológicos ou deixando prevalecer interesses pretensiosamente populares, e na verdade demagógicos."[70]

Cinco anos passados, apesar da evidência *estagflacionista* da Carta de 1988, não parece infelizmente haver clima senão para uma revisão limitada. São poucas as chances de transformá-la de uma "Constituição dirigente, iterventiva e providencial" numa Constituição principiológica. Isso exigiria escoimá-la das cinco deformações com tanta acuidade especificadas por Diogo de Figueiredo.

- O irrealismo antiprogressista;
- O estatismo cartorial;
- O estatismo inconsequente;
- O estatismo burocrático paternalista;
- O estatismo tecnocrato-xenófobo.[71]

O ilustre constitucionalista acima citado nos fornece os seguintes dados sobre construtivismo exacerbado desse texto, se comparado às constituições de 1967/69, que estavam longe de ser consideradas "constituições sumas" ou "principiológica". O intervencionismo do estado hipertrofiado é estatisticamente evidenciado pelo fato de que, nas Cartas de 1967/69, havia quatorze estatutos de intervenção estatal, ampliados para quarenta estatutos na nova carta.[72] Essas intervenções configuram

---

[70] Os signatários da "declaração de voto" contrária ao texto constituinte foram os deputados Oscar Corrêa (PFL-MG), Luiz Eduardo Magalhães (PFL-BA), Gilson Machado (PFL-PE) e os senadores Roberto Campos (PDS-MT) e Irapuan Costa (PMDB-GO).

[71] Ver Diogo de Figueiredo, *Ordem Econômica*, op. cit., pp. 89-90.

[72] Na realidade, se computado o monopólio de telecomunicações, haveria quarenta e um estatutos de intervenção, ou seja, trinta e sete a mais que na Carta anterior.

um estado com quatro facetas: dirigista, empresário, cartorialista e paternalista.

Dessa interessante e alarmante anatomia do Leviatã Diogo de Figueiredo extrai o seguinte quadro sobre o intervencionismo estatal na Carta de 1988:

- Intervenções regulatórias   28
- Intervenção concorrencial   1
- Intervenções sancionárias   5
- Intervenções monopolistas   7[73]

Note-se, finalmente, a extraordinária generosidade na outorga dos direitos e garantias fundamentais, que faria inveja aos norte-americanos com seu modesto *Bill of Rights*. Na Carta de 1967, elencavam-se 36 direitos; na atual, 77 direitos (art. 5º). Tudo se passa como se se tratasse de um problema numérico ou voluntarista, quando o que interessa não é a multiplicação abstrata de direitos, mas sim a eficácia de sua implementação, o que depende da cultura político-social assim como da capacidade econômica da sociedade. Note-se, a propósito, uma bizarria. A palavra *deveres* só é mencionada no cabeçalho do cap. I, tít. II – Dos direitos e deveres individuais e coletivos, desaparecendo do resto do art. 5º.

[73] A enxundiosa Lei Magna encerra ainda duas curiosidades. É ao mesmo tempo um hino à preguiça e uma coleção de anedotas. Os dispositivos apontados pelo professor Figueiredo como "estímulos à ociosidade" são os seguintes: a) Redução a seis horas dos turnos ininterruptos de trabalho; b) Adicional de 1/3 no pagamento de férias; c) Licença paternidade; d) Aviso proporcional ao tempo de serviço; e) Proibição de distinção entre trabalhadores braçais e intelectuais; f) Exagerada estabilidade no emprego (art. 7.1); g) Grevismo incentivado. Não faltam também dispositivos *anedóticos* entre os quais vale citar: 1. O tabelamento de juros reais em 12% ao ano; 2. A garantia de direito à vida para os idosos; 3. O *morbonacionalismo*, isto é, a proibição de investimentos estrangeiros em hospitais; 4. O tombamento do mercado interno como patrimônio nacional; 5. O direito de todos a um meio ambiente equilibrado, o que tornaria as favelas inconstitucionais; 6. A eliminação da pobreza por *fiat* constitucional através da definição do salário mínimo; 7. A multa imposta às empresas que se automatizam ou robotizam (art. 239, parágrafo 4º). Notem-se, outrossim, algumas estatísticas curiosas. A palavra *produtividade* só aparece uma vez no texto constitucional; as palavras *usuário* e *eficiência* figuram duas vezes; fala-se em *garantias* 44 vezes, em *direitos* 76 vezes, enquanto a palavra *deveres* é mencionada apenas quatro vezes. Para quem duvida da tendência antiliberal do texto, basta dizer que a palavra *fiscalização* é usada 15 vezes e a palavra *controle* nada menos que 22 vezes!

Pode-se dizer, com justiça, que a Constituição de 1988, que em breve será submetida a processo revisional, é *utópica* no social, *intervencionista* no econômico e *híbrida* no político.

Na Ordem Econômica seria indispensável, no mínimo, eliminar as discriminações contra as empresas estrangeiras, extinguir os sete monopólios estatais existentes, eliminar restrições a investimentos na mineração e reformar drasticamente o sistema fiscal, seja para tornar a União viável, seja para simplificar dramaticamente o sistema fiscal, aliviando a carga para empresas e indivíduos.

Para criarmos um estado enxuto teríamos também que eliminar dispositivos que inviabilizam qualquer reforma administrativa profunda. Há um pentágono de ferro que protege o corporativismo e o cartorialismo: a estabilidade do funcionalismo, a irredutibilidade de vencimentos, a isonomia salarial, a autonomia dos poderes na fixação da remuneração e o direito de greve, quase irrestrito, do funcionalismo público, mesmo nos serviços essenciais.

A *Constituição cidadã* tudo piorou para os cidadãos: caiu a taxa de desenvolvimento, subiu a da inflação, aumentou o desemprego, piorou-se a distribuição de renda, agravando-se, consequentemente, a injustiça social.

São ridículas as ideias de que a revisão constitucional deve ser modesta. Ela deve ser ampla e, por assim dizer, filosófica, deixando o governo de ser um engenheiro social para tornar-se um jardineiro: criar o clima para que as plantas cresçam, ao invés de aprisioná-las em treliças geométricas. Felizmente, isso pode ser feito por uma cirurgia de amputação, antes que por enxertos rejeitáveis. A Constituição *instrumental* deve transformar-se numa Constituição clássica, principiológica e não preceitualista. Deve muito mais proibir o governo de fazer coisas do que mandar o governo fazer coisas.

Infelizmente, as perspectivas de uma cirurgia simplificadora são apenas moderadas. Do lado favorável, há dois fatores: a mudança do clima mundial num sentido mais liberal e pós-estatista; e o fato de que o Congresso constituinte, em 1988, foi renovado pelo expurgo de 62% de seus membros, um altíssimo coeficiente de renovação.

Do lado negativo, há que registrar que as esquerdas e os estatolatras são mais organizados que os liberais e privatistas. Num livro sobre o cálculo político, publicado na década de 60, os economistas Buchanan e Tullock estimaram que uma minoria de 24%, coesa e mobilizada, pode desorientar assembleias majoritárias. Na Duma imperial, os sovietes de Lênin conseguiram implantar a Revolução Vermelha, que aboliu a democracia, com menos de 1/4 dos votos. No Brasil, as esquerdas representam proporção equivalente no Congresso. Mas são muito mais motivadas e mobilizadas que os partidos de centro ou de direita: e têm desproporcionado poder de bloqueio. Podem assim conseguir que o Brasil prossiga na marcha para a decadência. Sem a revisão constitucional estaremos fazendo uma opção pela mediocridade e não pela modernidade.

8. Publicações de 1995

60. Assim falava Macunaíma, originalmente publicado no Folha de S. Paulo, 26 fevereiro 1995

> "Confusão das línguas do bem e do mal – vos ofereço esse sinal como a marca do estado"
>
> Nietzsche, em "Assim falava Zarathustra"

Mal foram enviadas ao Congresso Nacional as primeiras propostas do governo para a reforma de dispositivos da Constituição de 1988, e antes mesmo que se conheçam os projetos de lei necessários para resolver problemas criados por essa "Constituição besteirol", voltam à tona posturas obscurantistas que se conhecem desde 1985. Podemos classificá-las basicamente em quatro categorias: (1) as posições ideológicas de esquerda; (2) a persistência de ideias populistas e nacionalistas típicas dos anos 50 e 60; (3) a pressão dos interesses corporativos e patrimoniais das empresas e da burocracia do Estado; e (4) os efeitos paralisantes do atual sistema eleitoral e partidário sobre um bom número de membros do Congresso.

As esquerdas não têm conseguido aumentar significativamente seus números no Congresso nem nos governos dos Estados e prefeituras (nem, aliás, nos Legislativos estaduais e municipais). Fenômeno, de resto, hoje mais ou menos universal. E nas últimas eleições, sofreram uma derrota acachapante frente a um candidato à Presidência que se apresentou com um programa ortodoxo, dentro da linha mundial de economia de mercado, abertura econômica, estabilidade da moeda e "reengenharia do Estado", para torná-lo mais eficiente e menos opressivo e corrupto.

ROBERTO CAMPOS

Temos de reconhecer que a situação das esquerdas brasileiras, depois da desintegração do bloco soviético e da rejeição mundial das ideias econômicas socialistas, ficou bastante embaraçosa. Não tendo mais alguma ideia respeitável para o gasto, o papel que lhes sobra, agora, é o de amolar os outros ao máximo. É uma forma de chamar a atenção sobre si e, quem sabe, aqui ou acolá, pegar uma beirada...

O populismo e o nacionalismo são um pouco mais complicados, porque têm origens distintas, mas ficaram presos a um casamento de conveniência desde os tempos de Stalin, que manipulava as chamadas "frentes populares", primeiro em busca de apoio contra a ameaça nazista, e depois, como arma tática de propaganda antiamericana e antiocidental na "Guerra Fria". Teve mais êxito no Terceiro Mundo que na Europa, pela boa e simples razão de que as massas europeias viam o que estava acontecendo com os países "socializados" pela ocupação militar soviética, e com os trabalhadores destes países quando reclamavam um pouco mais de liberdade.

Já o nacionalismo é um fenômeno mais antigo, mas que, no período de entreguerras, esteve associado principalmente aos regimes "de direita" e ao militarismo, sobretudo na Itália e na Alemanha, onde se combinou, na ótica dos conflitos externos, com concepções de autossuficiência econômica. Sua significação não deve ser menoscabada. Depois da Segunda Guerra, o nacionalismo serviu, durante algum tempo, como mobilizador político das massas, nas lutas de independência das antigas colônias e, na América Latina, como propulsor da ideologia da industrialização. O que não é difícil de compreender, porque o mundo estivera, durante mais de 30 anos, num processo de crises brutalmente traumáticas, e os países menos desenvolvidos que já possuíam a independência política tinham pressa de encontrar atalhos para o desenvolvimento acelerado. Em muitos deles, entretanto (e no Brasil, em especial), o nacionalismo tendeu a associar-se a movimentos populistas, ao mesmo tempo que servia como pretexto ideológico de grupos militares que queriam assumir o controle do Estado.

Essa dupla corrente, nacionalista e populista, está hoje fora de moda em praticamente todo o mundo porque se revelou ainda mais inconsistente e incompetente do que as esquerdas tradicionais, deixando uma herança de governos desastrados e corruptos. Mas, tanto quanto as esquerdas, estão na situação dos Bourbons, depois da queda de Napoleão, dos quais

PUBLICAÇÕES DE 1995

Talleyrand dizia que "não esqueceram nada, nem nada aprenderam". Na verdade, é preciso muita inteligência para saber amortizar e depreciar ideias na medida da sua obsolescência.

E a inteligência não é mercadoria com excesso de oferta... O nacional populismo ficou preso, como peru de roda, num círculo de giz. Mas nem por isso deixa de ter capacidade de atrapalhar onde menos se espera, porque um dos problemas da burrice é a sua imprevisibilidade...

Os interesses corporativos e patrimoniais das empresas e da burocracia do Estado utilizam, conforme calhe, o nacionalismo e a retórica das "conquistas sociais" – que são, na verdade, conquistas ou preservação de vantagens para si mesmas. Esses são realmente difíceis de lidar, porque não estão perdidos nas ideias e princípios. Pelo contrário, sabem o que querem, e o sabem muito bem. Eles formam a nova e poderosíssima "burguesia do Estado". Apropriam-se da coisa pública com uma sem--cerimônia possivelmente sem paralelo em qualquer nação medianamente civilizada, ajudados, nisso, por um sistema jurídico que cobre com um formalismo extremo de "direitos adquiridos" o que não passa de descarados assaltos ao dinheiro do povo. Não há exemplo, que eu conheça, de país onde remunerações de dezenas de milhares de dólares mensais sejam conquistadas judicialmente por ex-servidores dos governos e dos legislativos, sobretudo de Estados e Municípios, assim como empregados de empresas estatais. As leis que dão tais vantagens malandras só o são, na verdade, numa ótica puramente formalista. Na substância, elas agridem a Constituição, a consciência jurídica e a moral. São "abusos adquiridos" e não "direitos adquiridos".

Mas, em defesa de osso, cachorro embravece feio, e parece que estamos ouvindo a versão do "Manifesto Comunista" atualizada pela nossa "Nomenklatura": privilegiados de todo o setor público, uni-vos! Em breve veremos na televisão sindicatos de estatais, por elas financiados, insultando os parlamentares que querem extinguir os monopólios!

Nos países ex-socialistas, o povo se encheu. Mas aqui, na terra de Macunaíma, não tem problema. Há sempre a desculpa do "social" e do "estratégico", slogans polivalentes que servem para ocultar safadezas corporativistas.

Nada disso, no entanto, seria decisivo, porque o governo de Fernando Henrique Cardoso recebeu um mandato revolucionariamente claro: o povão quer moeda estável para a economia crescer, quer segurança, quer

ROBERTO CAMPOS

o fim da mentirada e do empulhamento político, quer probidade. No duro, no duro, é a mesma coisa do que "perestroika" e "glasnost". Com um mandato desses, e com a lucidez que lhe é reconhecida, o presidente tem nas mãos os meios básicos para levar adiante o seu programa.

Os efeitos paralisantes do atual sistema eleitoral e partidário sobre muitos membros do Congresso Nacional não devem, porém, ser subavaliados. E é preciso ver as coisas com realismo. O político tem de eleger-se. Sem mandato, estará fora do jogo. O atual sistema proporcional para a Câmara dos Deputados (e para os legislativos estaduais e municipais) tem dois aspectos negativos: força o parlamentar a ir catar votos por todo o seu Estado, e deixa-o exposto a pressões dos grupos de interesses mais articulados e a propostas demagógicas. E esvazia os partidos, porque obriga os deputados a disputarem votos uns às custas dos outros. É claro que cada candidato tem os seus redutos, e que os "puxadores de legenda" são apreciados pelos que têm menos eleitores.

Os membros do Congresso, na sua maioria, têm espírito cívico. Mas o peso da opinião pública é decisivo quando estão em jogo, como hoje, profundas mudanças constitucionais. O governo tem o mandato popular para fazê-las, e a composição do Congresso espelha a vontade popular. Mas convém que faça um esforço maior para explicar bem ao povo as razões e os efeitos das reformas. O apoio que o real recebeu da população mostrou que esta sabe escolher. E o apoio do povo é o que permitirá impedir que as quatro categorias de problemas que examinamos acima possam combinar-se para reduzir o alcance das reformas necessárias do Estado Brasileiro.

61. Três vícios de comportamento, de 7 de maio de 1995, originalmente publicado no Livro "Antologia do bom senso", p. 347-350

> "É opção brasileira ignorar o protocolo da modernidade.
> É opção do mundo ignorar o Brasil. Chega de cair no erro.
> É tempo de cair na verdade."
>
> Do Diário de um diplomata

Noto na paisagem nacional três vícios de comportamento que dificultam a modernização do país. Modernização tanto mais necessária quanto, na

PUBLICAÇÕES DE 1995

década passada, sofremos dois retrocessos: a política de informática, pela qual nos auto-excluímos da corrida tecnológica, e a Constituição de 1988. Esta, ao manter e ampliar monopólios estatais, justifica a definição de um jornalista inglês sobre "serviços públicos" no Brasil: "são os serviços que fazem falta ao público"...

Os três vícios a que me referi são:

- A diarreia normativa;
- A pirataria preguiçosa;
- O complexo de avestruz.

Infelizmente a votação provável das emendas constitucionais sobre flexibilização de monopólios não nos livrará rapidamente da insolência dos petroleiros grevistas da CUT e da mortificante ineficiência dos serviços telefônicos. O Brasil não se modernizará à vista e sim a prestações. No caso do petróleo, tudo fica dependendo de lei regulamentadora que substituirá a estulta lei que criou o monopólio da Petrossauro. Racionalmente, não há por que subordinar a concessão de refinarias privadas ou a contratação de transportes a qualquer nova lei, pois foram passadas recentemente leis sobre licitações e concessões. Com elas poderíamos rapidamente aliviar o Tesouro falido e gerar empregos para a juventude universitária. A modernização a prestações permitirá indecente sobrevida aos dinossauros. No caso do gás canalizado, a coisa é pior: derroga-se o monopólio permanente dos estados, mas mantém-se o monopólio temporário em favor das concessionárias atuais, carentes de recursos e agilidade gerencial.

Nas telecomunicações é o Congresso que, possuído de diarreia normativa, insiste em exigir regulamentação. Não há falta de diplomas legais sobre os quais basear a imediata abertura, ao setor privado, da telefonia celular, da transmissão de dados e outros serviços adicionados. Além das leis já citadas, existe o vetusto Código de Telecomunicações e a Lei de Radiofonia e TV a Cabo. Sob certos aspectos é prematuro tentar-se reformular o modelo de telecomunicações, antes que amaine o vendaval tecnológico que sacode o mundo, do qual emergirão novos modelos. Estão se diluindo as fronteiras tradicionais entre telefonia básica, longa distância, TV a cabo e transmissão por computadores (via Internet e rodovias de informação). Bastaria no momento observar dois princípios na privatização. Maximizar a competição e separar nitidamente a função operadora, a cargo dos atuais monopólios, da função reguladora, a cargo do governo, em consulta com os usuários.

O monopólio brasileiro é artigo de museu, de vez que mesmo os países ex-socialistas já admitem a concorrência privada na telefonia celular, na transmissão de dados e nos serviços de valor adicionado. Cabe aliás notar que o ex-presidente Collor, cujos impulsos modernizantes a história registrará com justiça, havia iniciado a abertura da chamada "banda B" da telefonia à iniciativa privada, através do decreto 177 /91. O PT, fiel à sua clientela corporativista, recorreu ao Supremo Tribunal Federal alegando a inconstitucionalidade do decreto. O processo, com voto do relator rejeitando essa alegação, jaz há mais de três anos na gaveta do ministro Sepúlveda Pertence, o que constitui crime de responsabilidade por patente desídia no cumprimento dos deveres do cargo (Lei 1079/50, art. 39, parágrafo 4º). Os historiadores brasileiros saberão que a defasagem tecnológica do Brasil reflete menos uma insuficiência intelectual do que miúdas sabotagens burocráticas...

Em matéria de telecomunicações, parece termos escapado de dois perigos. O primeiro seria a conversão, por alguns desejada, dos dinossauros estatais Telebrás e Embratel em entidades reguladoras. Trata-se de empresas viciadas pela cultura monopolística e, portanto, incapazes de supervisionar a guinada competitiva. A Telebrás é estelionatária, pois vendeu telefones sem entregá-los, e a Embratel é um monopólio despótico, ineficiente e caro. O segundo perigo, que parece afastado, é a pretensão da Embratel de monopolizar o acesso à Internet. Essa organização espontânea, nascida sob o signo da liberdade seria, asfixiada – *"cruz credo"* – por um pedágio cobrado para sustentar privilégios corporativistas!

O segundo vício de comportamento é a pirataria preguiçosa, revelada na longa e tortuosa gestação da Lei de Propriedade Intelectual, que levou dois anos na Câmara e dorme por igual tempo no Senado. Nossa indústria farmacêutica e de química fina quer ser um perpétuo pingente tecnológico: viajar no trem do progresso sem pagar passagem. Há 50 anos o Brasil deixou de pagar patentes de produtos farmacêuticos e há 24 anos não paga patentes de processos. Imaginar-se-ia que, passando esse calote intelectual, teríamos vantagens competitivas, que ensejariam um rápido crescimento da indústria. Mas somos piratas preguiçosos. A participação da indústria nacional no mercado era superior a 50% em 1945 e está hoje reduzida a 30%, apesar de várias multinacionais terem deixado o país, desencorajadas pelo controle de preços e pela falta de proteção de patentes. A pirataria farmacêutica trará o mesmo resultado da pirataria informática: cópias inferiores, a preços iguais ·ou mais caros do que os originais. Na feitura de uma lei de patentes biotecnológicas as três figuras menos ouvidas são precisamente as mais importantes: o inventor que descobre, o investidor que traz capitais e o doente que sofre. O Brasil precisa mudar sua cultura, segundo a qual roubar um automóvel é um crime, mas roubar uma patente é patriotismo. Se quisermos receber investimentos, precisamos deixar de ser piratas preguiçosos e pingentes tecnológicos.

O terceiro vício é o complexo de avestruz que se revela na revolta contra as emendas constitucionais relativas à Previdência Social. O atual sistema tem três defeitos: sofre de uma dinâmica perversa – os beneficiários crescem muito mais rapidamente que os contribuintes – que em breve o levará à falência. É injusto para com os pobres, que recebem aposentadorias miseráveis para financiar aposentadorias precoces. E não serve de alavancagem para investimentos produtivos.

A crise do Estado assistencial é mundial. O candidato presidencial Chirac, o presidente do Bundesbank e o premier da Itália advogam o abandono de fundos estatais, baseados em tributos, em favor de pensões privadas, pagas por poupança pessoal. Dois modelos começam a ser debatidos: o modelo asiático, em que a função social do Estado é diminuta, recaindo a responsabilidade sobre as famílias e empresas; e o modelo chileno de privatização, que vincula diretamente o benefício à contribuição e permite o uso da poupança capitalizada para alavancagem de investimentos.

Os três vícios de comportamento a que me referi acima revelam:

- Desrespeito ao usuário;
- Desinteresse na geração imediata de empregos produtivos;
- Indiferença à falência do Tesouro.

ROBERTO CAMPOS

62. O Estado do abuso, 21 de maio de 1995, originalmente publicado no Livro "Antologia do bom senso", p. 339-342

> "Libertas et speciosa nomina praetexuntur; nec quisdam alienum servitium et dominationem sibi concupivit, ut non eadem ista vocabula usurparet."
> (A liberdade e outros nomes pomposos são usados como pretexto; e não há quem queira dominar e explorar de outros que não os usurpe.)
>
> Tácito

Diante do espetáculo das greves ilegais coordenadas, de sindicatos monopolistas de serviços públicos monopolizados, permanecer *cool* pode ser uma tática politicamente válida, a curto prazo. Dá tempo para a maré baixar. Esses movimentos grevistas, sempre organizados por dirigentes sindicais empenhados sobretudo em jogadas pessoais de prestígio ou poder, via de regra acabam se esgotando por si mesmos. No longo prazo, tem se provado mais saudável o tratamento de choque, usado pelo presidente Reagan ao demitir controladores de vôo, ou de Mrs. Thatcher, ao derrotar uma greve de mineiros de carvão que se estendeu por nove meses.

Muitos políticos brasileiros, por velhos hábitos ainda impermeáveis à modernidade ou isolados na ilha da fantasia de Brasília, não conseguem assimilar direito o papel das expectativas na economia, e como elas influenciam as decisões dos agentes econômicos. E entre as situações que mais costumam toldar as expectativas econômicas estão a falta de segurança da ordem jurídica e a tolerância diante de grupos poderosos que se colocam acima da lei, quando não a afrontam pela violência, como nestas greves de empregados do setor público e de empresas monopolistas.

A tolerância nunca foi uma virtude das esquerdas, que hoje a pregam em favor de grevistas que desafiam o governo, o judiciário e desrespeitam o consumidor. Para os marxistas, a tolerância em relação à democracia burguesa chama-se intolerância. Quem tolerava o inimigo de classe era considerado herege. Trotsky, quando no Exército Vermelho, na Revolução, andava com um milhar de sentenças de morte em branco, assinadas por Lenin. Uma espécie de cheque pré-datado...

Não é essa, evidentemente, a noção de tolerância que deva ser praticada por um regime democrático representativo. E o povo brasileiro aspira a chegar lá, embora de democracia e de representativa nos falte ainda muito. O que foi muito agravado pelo frenesi da democratice de 88, que deixou o Estado brasileiro aleijado, e empurrou o país ladeira abaixo para a ingovernabilidade. A Constituição de 88 inventou problemas econômicos literalmente insolúveis. Não nos resta senão emendar os piores pontos do seu texto, solução que, infelizmente, só se dará ao preço de sacrifícios que não teriam razão de ser num país medianamente decente, e que recaem pesadamente sobre as camadas mais pobres da sociedade....

Nem todos os que precipitadamente se deixaram levar pelos equívocos de 88 estavam mal-intencionados. Muitos estavam apenas curtindo seu pifãozinho ideológico pós-estudantil, impressionados com as posições de uma subintelectualidade que havia parado no tempo desde as badernas da garotada na primavera de 68 em Paris. Intelectual subdesenvolvido é fogo... Uma parte do "é proibido proibir" se compreende: o regime militar deixara o país em suspenso, sob o ponto de vista político. Mas, em 88, essa desculpa não justificava mais a ignorância do que estava acontecendo no resto do mundo, fazendo ruir no ano seguinte o socialismo real. Nem justificaria confundir democracia com falta de ordem e de normas e com incapacidade de distinguir entre delinquente juvenil e congregado mariano.

Na matéria trabalhista, a Constituição, pessimamente redigida, é contraditória: assegura irrestrita liberdade sindical, mas estabelece em seguida o sindicato único por categoria e município! E, embora o texto constitucional reze que ninguém é obrigado a sindicalizar-se, continuamos a ter contribuições sindicais obrigatórias. Por fim, os constituintes de 88 escancararam o direito de greve para todo o setor público, com apenas algumas pífias restrições para manter os serviços em funcionamento. Com supina obviedade, o texto diz que "os abusos sujeitarão os responsáveis às penas de lei" – como se abusos, por definição, pudessem fazer outra coisa!...

A greve é um instrumento válido nas disputas entre empregadores e empregados privados, isto é, que mantêm entre si uma relação contratual. Ela funciona criando inconvenientes para ambas as partes: o patrão corre o risco do prejuízo, e o empregado, o do desemprego. No setor público, entretanto, não há patrão. Este é o povo – o mesmo povo ao qual pertencem os empregados do Estado. Os chefes e diretores não podem legitimamente negociar coisa alguma porque literalmente não são donos da coisa pública, seja ela um ministério, seja uma estatal. E se o próprio presidente da República o fizer, estará extrapolando do seu cargo, porque não lhe cabe criar ônus ou obrigações para os cidadãos, a não ser nos estritos limites de suas atribuições constitucionais, que não reduzem a majestade do cargo ao ridículo nível da barganha sindical.

Além disso, é óbvio que empregados que gozem de estabilidade não podem fazer greve, porque nada arriscam. Sua ação torna-se, assim, apenas chantagem, isto é, um crime praticado contra o conjunto da sociedade. E mais cruelmente contra os pobres, os que mais precisam dos bens e serviços oferecidos pelo setor público, e que não têm meios de defesa. A grande crise brasileira é política. Tudo mais é derivado. Desemprego, juros malucos, pobreza desatendida – é o preço de um processo político perverso, que vinha de longe, naturalmente, mas que levou o país, em 1988, à beira da irracionalidade total.

O povo compreende, ainda quando não o saiba expressar bem, que a economia tem de funcionar com eficiência; que é preciso produzir; que os serviços públicos têm de ser bem prestados. Não precisa de economistas para lhe explicar que uma boa distribuição da renda pressupõe a maximização da eficiência. Ele sabe por que paga o preço da lambança pública todos os dias, nas filas de escola, de transportes, de hospitais – e pode muito bem compará-lo com os privilégios das novas classes das estatais.

O modelo monopolista sindical que temos é fascista. Só que o corporativismo fascista falava, pelo menos, na harmonização dos interesses de toda a sociedade, em oposição à luta de classes, que o ex-recente líder socialista Mussolini conhecia bem. Conseguimos combinar resíduos do corporativismo fascista com o mercantilismo colonial, e acabamos reduzidos à condição de súditos, não de cidadãos. Os funcionários são donos das estatais e não servos dos consumidores. Se quisermos um país realmente democrático, e uma economia eficiente, temos de ser intolerantes com o Estado do abuso. O direito de greve, no setor público, deve ser condicionado à responsabilidade civil e penal dos sindicatos pelos prejuízos causados. O melhor remédio, naturalmente, é a abolição dos monopólios estatais que transformam o instituto da greve num instrumento de chantagem.

PUBLICAÇÕES DE 1995

63. Falsidade ideológica, 4 de junho de 1995, originalmente publicado no Livro "Antologia do bom senso", p. 343-346

> "A CUT é uma falsidade ideológica ambulante. Intitula-se central 'única' dos trabalhadores quando é apenas uma das quatro".

> De um líder da Força Sindical

A greve dos petroleiros vale por uma advertência de que o país não pode mais continuar a varrer para debaixo do tapete o lixo constitucional e jurídico acumulado nestas últimas décadas. Porque o que está em jogo é nossa viabilidade como país moderno, e a possibilidade de virmos a ser uma democracia, hoje deformada pelos monopólios. Os petroleiros lançaram um tríplice veto: ao Judiciário, que foi desobedecido; ao Executivo, acionista controlador, que foi desafiado; ao Legislativo, que se procura intimidar previamente à votação da flexibilização do monopólio. Houve invasão de propriedades públicas. E de lambuja, foram desrespeitados os consumidores que, numa economia de mercado, são soberanos e não reféns.

A oportunidade da greve surgiu de um conjunto de fatores que há muito não mais deveriam estar no nosso horizonte, dos quais referiremos cinco:

- O monopólio estatal da empresa petrolífera;
- O monopólio sindical;
- A intervenção do Executivo no processo negocial trabalhista;
- A mediação de conflitos trabalhistas por uma justiça especializada; e
- O desejo de uma minoria radical de desestabilizar o atual governo.

Em relação ao primeiro e ao segundo pontos, o país vê-se diante da surrealista situação de um monopólio estatal de produção e refino que discute consigo mesmo – isto é, com o monopólio sindical que é composto do mesmo pessoal que dirige a estatal – para fixar as vantagens que terá seu funcionalismo. Este se senta, por assim dizer, dos dois lados da mesa negociadora. Os resultados, pagos por todos nós, o resto do povo, são

ROBERTO CAMPOS

aqueles que seriam de esperar-se em tais condições. Os *petroleiros* têm, entre salários e vantagens, um dos níveis mais altos do país; vantagens sociais suecas para uma produtividade de cucaracha... É claro que seu pessoal técnico especializado deve ser bem pago. Apenas, o processo atual equivale a os petroleiros negociarem consigo mesmos e fixarem (por *comum acordo...*) quanto irão ganhar.

Há outro aspecto a considerar: o governo. Este é obrigado, pela natureza do monopólio da empresa estatal, a exercer funções decisórias que, no setor privado, caberiam a diretores e gerentes. Se a Petrobrás fosse privada (ou, pelo menos, se fosse administrada como tal, incorrendo no risco eventual da falência se mal gerida) sua direção já teria há muito delimitado a margem factível de concessão. E os trabalhadores, em regime de liberdade sindical, teriam maior realismo em suas reivindicações, refreando a influência de ideólogos corporativistas. E teriam que se preocupar com a concorrência das empresas não grevistas.

Sabemos que o Executivo interveio nas negociações, no final do ano passado, e que vantagens foram prometidas, com acompanhamento de chope em Juiz de Fora, pelo ex-presidente Itamar, ansioso por reforçar, na despedida, sua imagem paternalística. Não foram obedecidas as normas salariais do Executivo para as estatais, nem firmado acordo pelos órgãos diretores da empresa. Gestos da espécie, que gerariam reivindicações em cadeia nos outros dinossauros estatais, refletem uma situação antidemocrática e pré-moderna, própria de quando o soberano absoluto distribuía moedas entre os pedintes. O governo não tem o direito de representar nenhuma das partes numa disputa contratual. E a Justiça julgou de acordo com a lei, declarando inválidas as concessões. Resultado: confusão. Os petroleiros, frustrados, descambaram por um caminho de ilegalidade tão grave que não se conhece precedente. E agora, seja por culpa de umas cabeças esquentadas, seja por desígnio de uma minoria ativista, seja simplesmente porque todo o assunto foi malconduzido desde o começo, o país se encontra na situação de refém, sem lei, sob riscos enormes. Só o custo do movimento em termos de importações já constituiu uma ameaça perigosa para a estabilidade interna e externa do Real.

Considere-se, também, o papel da minoria radical derrotada nas urnas. Entre eles, no PT e no seu braço secular, a CUT, existem elementos provindos ainda da desastrosa *luta armada* do fim dos anos 60 e começo dos 70. Greves políticas vêm sendo preparadas desde a vitória de Fernando Henrique, com uma ostensiva mobilização nos setores-chave da economia, exacerbada assim que o presidente demonstrou vontade de cumprir sua plataforma eleitoral, propondo a reforma de dispositivos da Constituição que, hoje, inviabilizam economicamente o país. Nem todos são xiitas irredutíveis, mas as vicissitudes do PT nestes últimos tempos mostram que os que o são têm muita capacidade de ação. É claro que suas táticas, afiadas desde Lenin – palavras de ordem, provocações de rua, ocupação de fábricas e de prédios públicos, piquetes violentos, greves orquestradas (a greve geral é a arma máxima na doutrina revolucionária) – estão hoje obsoletas no resto do mundo. Mas nem por isso serão inócuas se encontrarem um governo *bocó*, estilo Kerensky, que achava democrático não botar na cadeia os culpados dessas ações. Os bolcheviques tomaram o poder com 24% do Parlamento e de 30% de infiltração nas Forças Armadas russas. O preço, 50 milhões de vítimas, seria pago por outros...

A falência do socialismo dirigista não impressiona nossos radicais, por duas razões. Primeiro, porque eles vivem fora do mundo e do tempo, numa realidade imaginária de sua própria criação, com as cabeças bloqueadas por palavras de ordem, fervendo de velhos e novos ressentimentos das derrotas e fracassos históricos que não conseguem compreender. E segundo, porque o Brasil atravessa uma fase crítica, em que o fracasso do plano de estabilização de Fernando Henrique parecerá aos nossos xiitas uma oportunidade para recuperar prestígio e, quem sabe, ganhar uma voz na ordem das coisas.

Quando Getúlio Vargas adotou o modelo trabalhista-sindical do fascismo italiano, o que ele tinha em vista era um Estado corporativista, em que os grupos de interesses seriam tutelados pela autoridade, ao invés de disputarem entre si, na arena democrática e no mercado. Depois, com o *peleguismo*, imaginou poder organizar uma base política incorporando, sob controle, o novo ator, que eram as massas trabalhadoras urbanas. O esquema, inerentemente instável, saiu de controle com João Goulart, vice minoritário, que chegara ao poder por acaso. Ficamos, assim, com um modelo *disfuncional* já nos anos 60. E quando, no final da década seguinte, começaram a surgir lideranças sindicais mais modernas, encontraram uma estrutura obsoleta. Esta, graças à desastrada Constituição de 1988, com o sindicato único e as contribuições obrigatórias, serviu para arregimentar empregados de estatais, do serviço público e assemelhados que entre outros privilégios têm, para todos os efeitos, o da estabilidade. E gostam de transformar greve em férias remuneradas, pelo perdão dos dias parados...

O Brasil pode ser estrangulado por um punhado de gente entrincheirada em posições estratégicas em setores tais como eletricidade, petróleo, transportes e comunicações. É dever absoluto do Estado impedi-lo, acabando com a habitual farsa da impunidade, sem leniência para os que desafiaram publicamente a lei.

Mas só isso não basta. É preciso fazer reformas estruturais: acabar com o sistema de monopólios estatais e sindicais, que é a origem de tudo; mudar o conceito de Justiça do Trabalho; e criar o contrato coletivo. A liberdade resultante acabará com a politização e a irresponsabilidade dos falsos sindicatos atuais, possibilitando o aparecimento de um sindicalismo legítimo e autêntico, do qual o país muito precisa.

9. Publicações de 1996

64. Reforma política, de 28 de abril de 1996, originalmente publicado no Livro "Na virada do milênio", p. 448-451

> "A política é a arte de fazer hoje os erros de amanhã,
> sem esquecer os erros de ontem".
>
> Do Diário de um diplomata

Desde pelo menos a República Velha, a reforma dos costumes políticos é um tema que reaparece sempre, das conversas de café aos discursos solenes. Incontáveis vezes são ladainhas de boas intenções, repletas de aspirações morais genéricas. Não é, aliás, um vezo só brasileiro. Pode ser universal. E é compreensível, porque as pessoas, quando não veem saída para as suas insatisfações e dúvidas difusas com o que acontece no seu mundo, recorrem ao imaginário, atrás de alguma espécie de mágica escapista.

Mas o tema das reformas políticas é especialmente habitual no Brasil, sociedade feita de camadas históricas superpostas e de elementos que não se interpenetram bem. Nossas contradições são digeridas devagar, sem nunca levarem a explosões, é verdade, mas reduzindo muito a eficiência do sistema para responder às necessidades emergentes.

A modorra da oligarquia de antes de 30, com que o país conseguiu subtrair-se à instabilidade dos "pronunciamentos" militares típicos (de que a violência de Floriano parecia uma espécie de "prévia") foi garantida pelas eleições a "bico de pena", pelas "degolas" no "reconhecimento dos eleitos" e pelas "intervenções". Mas era uma solução ilusória, que servia para uma economia agrária de baixa produtividade, com ilhas urbanas consumidoras – comerciantes, funcionários, bacharéis, e a "ralé". Essa sociedade era desestabilizada por rivalidades tradicionais, levantes armados e, mais tarde, pelo "tenentismo", quando os militares, que depois da Guerra do Paraguai tinham desenvolvido uma identidade ideológica modernizadora com o positivismo, se tomaram outra vez turbulentos num caldo de cultura de aceleradas mudanças econômicas e sociais.

Não há mistério algum em que a Revolução de 30 houvesse coincidido exatamente com a grande Depressão, a maior crise econômica mundial jamais registrada, quando nossa exportação de café e outros produtos agrícolas se viu fortemente atingida. Falava-se, é claro, contra os "carcomidos". Mas a explosão das forças que fermentavam só foi possível quando o sistema, como um todo, bambeou. E como a situação mundial se agravou ainda mais sem que o Governo Provisório de Vargas pudesse fazer alguma coisa a respeito, reivindicações urbanas legítimas, misturadas com os interesses da oligarquia do café, conseguiram se juntar na Revolução Constitucionalista de 32, em São Paulo. Não paramos por aí. O Brasil teve a originalidade de duas tentativas disciplinadamente ideológicas de mudar a ordem das coisas: a dos comunistas em 35, e a dos integralistas, em 38. Acabou entrando numa ditadura de verdade, conscientemente assumida por Vargas. Não foi coincidência, tampouco, que o fim da ditadura fosse logo depois da Guerra e do retomo da FEB.

Desde 45, já tivemos quatro Constituições, com inúmeras Emendas, golpes e contragolpes, várias moedas, a maior inflação do mundo, e não sei quantos pacotes e planos econômicos. Para quê?

Na verdade, não conseguimos ainda chegar a um equacionamento estável político-institucional para uma sociedade e uma economia em rápida modernização. Depois da Guerra, embarcamos num acelerado crescimento por substituição de importações, sob a liderança do Estado. Foi razoavelmente bem-sucedido – tão bem que logo precipitou suas contradições implícitas. Estas, canalizadas em parte para uma solução populista por João Goulart, geraram uma reação de autopreservação das classes médias e das forças modernas do país, em 64. Tudo isso num quadro muito turvo, quando a instalação de mísseis nucleares soviéticos em Cuba, e a organização da intervenção subversiva com guerrilheiros treinados nesse país e no Bloco Socialista Leste-europeu, estavam provocando uma polarização reativa. Esta só afrouxaria com as crises dos anos 70.

Coube-me por acaso participar intensamente, em 1964, da tarefa de modernização econômica que se tinha iniciado nos anos 60. Tratava-se de uma modernização capitalista, pois já àquela época eu pressagiava a inviabilidade do modelo socialista. O país devia preparar-se institucionalmente para tomar-se um protagonista ativo no palco econômico internacional, superando as limitações inerentes da fase da industrialização por substituição de importações. Tínhamos todas as condições para fazer aquilo que os países da orla asiática iriam fazer mais tarde – crescendo, em renda per capita, de 2 a 6 vezes mais do que nós. O projeto político de Castello Branco, que previa uma rápida normalização democrática, não pôde, porém, ser levado adiante por causa da densa reação ideológica dos meios militares. Tivemos um período de enorme expansão econômica até 1974. Mas, subsequentemente, a crise iniciada com os preços do petróleo nos levou, por uma leitura equivocada do cenário mundial, a uma política hiperprotecionista de substituição de importações, num modelo francamente autárquico como o dos regimes ditatoriais da Alemanha, da Itália e do Japão na década de 30. Chegamos ao extremo da busca de auto-suficiência em bens de capital e tecnologia, um óbvio erro que geraria a jusante, por toda a cadeia de produção, durante quase dois decênios, as ineficiências resultantes da inferioridade inicial dos equipamentos e processos.

As distorções então criadas continuam ainda a perturbar nossa situação, apesar dos espalhafatosos gestos modernizadores de Collor, e do mais discreto projeto de Fernando Henrique, que já conseguiu, com bom senso, conter a inflação e abalar nossa "cultura inflacionária". Mas ainda muito pouco se fez sob o ponto de vista da democratização econômica. Continuamos classificados entre os países "menos livres" do mundo. E não é só isso. Nem sequer ao elementar direito, o de saber qual é a lei do seu país, o cidadão brasileiro tem acesso garantido. Ao contrário dos países civilizados, no Brasil as interpretações dos tribunais superiores não vinculam as instâncias inferiores. Há tantas normas quantos são os intérpretes. Há ano e meio, um Tribunal Eleitoral anulou, por meras suposições da sua própria cabeça, os resultados de uma eleição – dez milhões de votos perdidos – para, ano e meio depois, o Tribunal Superior inverter o julgado. Onde, no mundo civilizado, isso poderia acontecer?

ROBERTO CAMPOS

Tudo isso são sintomas de que continua a existir um profundo desacerto político e institucional. Pouco antes de desaparecer, Ulysses Guimarães – que embora incapaz de entender as questões econômicas modernas, e avesso ao pensamento quantitativo, era um político decente – havia desfraldado a bandeira do "Parlamentarismo já", depois de desiludido com as "Diretas já" do presidencialismo. Compreendera que se tornara necessário mexer na estrutura, para que não se reproduzissem indefinidamente os mesmos vícios do sistema eleitoral.

Parlamentarismo, naturalmente, não é panaceia. Mas, se combinado com eleições distritais mistas, com a exigência de fidelidade partidária e alguns contrapesos às instabilidades ocasionais, tem uma grande vantagem. Põe o foco do processo político nos partidos, e os fortalece como canais de expressão da sociedade, porque quem faz a lei é quem irá cumpri-la; e o partido ou coligação no poder, que perder o apoio necessário, cai sem os traumas que o "impeachment", por exemplo, provoca. O regime presidencialista é, na realidade, uma semiditadura temporária, instavelmente equacionada numa complicada interação de conflitos com os outros poderes. No Brasil, esses conflitos viram fisiologismo ou tetraplegia política, com custos cada vez menos toleráveis.

65. Os sem-teta, de 9 de junho de 1996, originalmente publicado no Livro "Na virada do milênio", p. 427-430

Antes da física do século passado, costumavam aparecer, nos escurinhos da credulidade humana, engenhocas baseadas no princípio do moto perpétuo. Não faltou quem sacasse por conta alguma coisa. Afinal, qual é o bobo que não gostaria de um mecanismo que se movesse ininterruptamente, a custo zero? Mas com a descoberta da Segunda Lei da Termodinâmica a farra acabou. Não dava mais para vender a nenhum governo nenhum projetinho maneiro que ficasse funcionando sem parar, e de graça, ainda por cima...

São dessas tristezas da ciência, que estragam a mágica da vida. Mas como nem tudo são matemáticas e físicas, ficou sobrando, aqui no patropi de Macunaíma, alguma oportunidade para o "subdesenvolvido militante". E o grande refúgio – como não havia de ser? – foi na política. Descobriu-se no *annus mirabilis* de 1988, ao votar-se a nova Constituição, algo que ninguém no mundo, antes de nós, havia pensado: qualquer grupo, associação, classe ou categoria de pessoas tinha direito a tudo aquilo que gostaria de ter. Bastaria fazer suficiente barulho. Maravilha de simplicidade e lógica: descobrimos que é sempre possível agrupar as pessoas em classes negativas, segundo aquilo que lhes falta. Ou seja, as classes dos que "não têm" alguma coisa ...

As conclusões vieram fulminantes. Como os princípios da lógica não foram incluídos na Constituição, nem estão contemplados e nenhuma Emenda, e não podem ser objeto de Lei Complementar, e ainda menos ordinária, ou Medida Provisória, não são aplicáveis no país. Assim, qualquer raciocínio em termos de que a soma das demandas é maior do que o total dos recursos é considerado antidemocrático e não válido. E, afinal, livres que estamos da tirania estrangeira do FMI e da lógica, por que não haveríamos de deitar e rolar se o "governo" está aí para isso mesmo – para pagar as contas de todo o mundo? Pois a maior de todas as classes dos que não têm, é a dos que não têm vontade de pagar!

Os "sem" alguma coisa estão se multiplicando mais do que coelhos desocupados. Temos, por exemplo, os "sem-terra". Nos velhos tempos, eram uns quantos posseiros, com alguns malandros de permeio, cavando lotes para passar adiante por alguns trocados. Do ano passado para cá, o governo fabricou uma crise na agricultura, por descompassas no crédito agrícola. Milhares de desempregados da agricultura saíram por aí procurando um canto. Não muitos – afinal o Brasil é 80% urbano, e possui uma vasta agricultura moderna, graças à qual comemos (por enquanto). Mas era perfeito para dar ocupação a uma categoria que estava quase toda no desemprego: os "profissionais da radicalização". Estes vivem às custas de gente pobre, inventando movimentos e associações e explorando políticos bobos e clérigos metidos a espertos. Com algumas ocupações de fazendas e prédios, e violências sortidas, dá para tirar do governo muita retórica e algum dinheiro. Ninguém, é claro, parou para examinar o desempenho dos assentamentos feitos até agora, para calcular custos e benefícios (atividade que, por pertencer à família da lógica, não é politicamente correta...). O difícil não é fazer assentamentos. É manter o pessoal assentado.

Os agricultores de verdade (aqueles que produzem) juntaram-se à classe dos "sem-financiamento" (mas com voto), e armaram um berreiro dos diabos... Os bancos – sorrateiramente, como é do seu estilo – reclamaram

ROBERTO CAMPOS

assistência para escaparem do bloco dos "sem-liquidez". O gato acabou escapando do saco, porque o Banco Central organizou sozinho o grupo dos "sem-informação"... O governador Covas, comprovada a falência do estado-locomotiva, começa a resignar-se a ficar na turma dos "sem-estatais".

E daria para esquecer os "sem-teto"? Ninguém sabe quantos são – há quem fale de três a doze milhões de moradias faltantes. Qualquer número dá para sacar, de modo que é possível aos políticos acomodar absolutamente qualquer demagogia imaginável. E os "sem-escola"? Bem, todo o mundo sabe que o dinheiro do governo é gasto para sustentar universidades ruins e grátis – duas indiscutíveis vantagens – para classes médias que podem pagar. Nada melhor. Garante comícios das UNEs e UMEs da vida, ótima preparação para futuros políticos analfabetos!

Há também o grupo dos "sem-telefone" ou "sem-celular". Estes se contam por milhões. São vítimas de estelionato, pois a Telessauro cobra à vista por aparelhos que entrega a perder de vista. Candidatei-me a um celular na teleloteria de Brasília, mas não fui premiado no sorteio. Pertenço à ralé dos "sem-celular" ...

E os "sem-tela"? Afinal, nem todo o mundo tem computador, e hoje não se concebe nem mendigo sem o seu *notebook*. Reunir os sem-tela, portanto, seria um carnaval! Daria para enredo sobre tecnologia, multimídia, cultura, pró ou contra capital estrangeiro ... E os "sem-segurança"? Ainda não são muito populares, é certo, porque esse negócio de repressão ao banditismo não soa muito politicamente correto. Há por aí muito órgão da CNBB na angustiante dúvida sobre se assaltante é vítima inocente da sociedade burguesa, ou um comuna que ainda não deu o salto da escala privada para a pública – ou, quem sabe, um santo desorientado?... E os cariocas, que, com todo esse tiroteio, ainda não se resignaram à condição dos "sem-Capital"...

Os funcionários públicos perderam a paciência e formaram a associação dos "sem-data base". Foram ao gabinete do ministro Malan (que é membro do seleto clube dos "sem-publicidade") dar o seu recado. Com a grossura de praxe de todos os oprimidos sindicalizados da CUT. Mas não fizeram tanto sucesso quanto estavam esperando, porque os eletricitários, cansados de ser apenas os "sem-subestações", ocuparam umas quantas, com a mensagem (bem iluminada) de que com corporativista não se mexe...

O pobre Fernando Henrique está agora enrolado na classe única dos "sem-base parlamentar". Mas não seja por isso. Com jeito, vai... O diabo é que está se reunindo a vastíssima classe dos "sem-teta" – aqueles que, antigamente, ficavam do lado de fora do governo, olhando, e sonhando com o dia glorioso em que passassem para o lado de dentro e entrassem para a maravilhosa classe dos clientes do Estado – os "sem-preocupação"... Foi o que a Constituição de 88 procurou resolver na mais democrática das soluções jamais pensadas em qualquer parte do mundo, e a mais livre de qualquer opressão de matemática: a cidadania com direito inato à teta estatal. Uma "teta" para cada cidadão!

Lembro-me da velha história de nosso erudito historiador Capistrano de Abreu. Esse grande ranheta, sentado na rede, cuspindo numa lata, respondia ao repórter que o procurara: "o Brasil só precisa de uma Lei: Artigo primeiro e único – todo brasileiro fica obrigado a ter vergonha na cara". Pois é. Ora, quem diria. Não é que já naquele tempo havia a classe dos "sem-vergonha"?...